传统村落

档案『泛化』现象及管理模式研究

徐欣云——著

浙江大学出版社
ZHEJIANG UNIVERSITY PRESS

序

　　如果有关估算准确的话,我国绝大多数人的上几辈都生活在农村。也就是说,相对城市而言,农村实际上已经成为一种传统的集聚和留存。随着我国城镇化进程的推进,那种保留着"传统"的农村会越来越少,其研究的价值则势必物以稀为贵。在这些日渐稀少的农村中,有一些形成较早、拥有较丰富的文化与自然资源的地方,被人们称为传统村落。作为一个拥有悠久农耕文明史的国家,我国广袤的国土上遍布着众多形态各异、风情各具、历史悠久的传统村落。传统村落不仅凝结着历史的记忆、反映着文明的进步,还对推进生态文明和社会发展具有重要价值,因此,逐渐成为学界的一个新的关注对象。

　　在这些关注传统村落的群体中,徐欣云博士应该是档案学界熟悉的学者。她曾经以《档案"泛化"现象研究》为题,完成了自己的博士论文,并相继在国内有影响的期刊上发表《档案"泛化"背景下文化遗产档案式保护》《建构的相对性:非物质文化遗产档案与集体记忆建构的关系》《非物质文化遗产档案式保护中的"新来源观"研究》等文章,将自己的研究推向了一个全新的领域。当然,如果将档案作为一种社会活动的伴生物,那么无论是非物质文化遗产还是传统村落,都会在其产生、发展的过程中出现一些被后世认为具有保存价值的东西,有时甚至是唯一可以印证这些文明曾经出现过的东西。于是,档案的价值就又一次被凸显。但是,至少在徐欣云博士所关注的传统村落档案研究中,却出现了一些令人不安的情况。比如,以往乡土社会的状况,使得无文字交流方式、宗法制度和传统建筑利废无序等,对今天的传统村落档案管理仍然有着隐性的制约作用;近现代农村的城市化、工业化过程,也没有带来人们所预期的传统村落档案内容的秩序井然。因此有可能出现传统村落档案"泛化"现象,即档案界和社会大众对"传统村落档案"概念偏离传统的使用,产生档案概念的延伸、扩张或借用甚至误读。在这种形势下,十分有必要在梳理传统村落档案内容的基础上,根据理论和实际相结合的方法,确立符合我国"传统村落档案"状况的档案管理原则、方法和路径。如果说重视档案"泛化"现象彰显了实事求是的态度和宽广的视野,是对档案理论和社会文明的积极回应的话,那么徐欣云博士的《传统村落档案"泛化"现象及管理模式研究》就是实现这种理念的有益尝试。

传统村落的档案管理与人世间的许多情况一样,大家不可能都有现成的解决方案。有鉴于此,勇于尝试就成为先行者区别于常人的基本标志。我有理由相信,无论这些尝试的结果是成功还是失败,对于包括档案学人在内的探索者来说都是一种进步,我们的社会也会伴随着这些进步而发展。这些也许会成为大家打开此书阅读的动力。

胡鸿杰

2021 年 5 月 30 日于北京

前　言

由于全球化、同质化力量的影响，以及工业化、城镇化运动的推动，传统村落正在全球范围消逝，成为"蛮荒""落后"的代名词。传统村落是人类的起源地，它依附有人们的乡恋，代表了依靠习惯法、宗法礼制秩序运转的农耕文明。我国自 2012 年起实施传统村落保护的名录制度，这与国际上始于 20 世纪 30 年代的对历史村镇、历史文化街区、乡土建筑的保护相呼应。传统村落作为典型的古村落，是另一类文化遗产，如今其保护和建档实践主要是由文物保护部门及很多跨学科领域的专家在推行。我国档案界虽有一系列相关研究文章，但基本上是在正统档案学或城市档案工作模式下的推论，因而实效不大。传统村落能否作为"立档单位"构成一个全宗，这还需要论证，因此传统村落档案研究需要正统档案学思维之外的另一种思维方式。本书贯通了档案"泛化"论，以及后现代档案学理论的本土化实践研究成果，目的就是表明这是在与正统档案学相比较下的新的思维模式，这种"新"也与文化遗产学、人类学、社会学等多学科的引入相关。

为了从档案学视域更好地切入传统村落档案研究，本书中"传统村落档案"概念被解析为三层涵义，即：一是传统村落整体作为"活态"文化遗产，其本身就是档案；二是传统村落以文化遗产为身份证，通过文化遗产证明其是历史底蕴深厚的传统村落；三是文化遗产本身的档案或记忆，如乡土建成遗产的图纸、碑刻或题记，非物质文化遗产档案等。在此解析的基础上，传统村落档案可更好地被认识和掌握，以纠正那种笼统的、无法深入的探索。本书逻辑上分为围绕传统村落档案主题的现状及挑战、世俗万象、现象分析、特征和价值、动因、内容新架构、原则要求、收集路径及管理模式八章。

本书以田野开放式调研，即承认自己的"他者"身份、不过度走进传统村落领地的私域的方式，形成"江西传统村落档案的世俗万象"这一章的主要内容，图文并茂地展现传统村落档案的可能存在的各种形式。接着对"传统村落档案世俗万象的主体、非正式文本及普遍性"进行了分析,总结出多元主体的具体特征,如边缘人式地才的"活态"传承、村民群体画像、政府官员和精英学者的研究报告、旅游公司的打造、公众游客的参与等。各种正式与非正式文本交错形成,并且拓展到世界范围的普遍性建档案例如美国老斯图布里奇村。自然而然地,接下来一章,总结传统村落档案的"泛化"特征、价值和作用,论证非正式文本的"合法性"、档案"泛化"现象的"合理性"等。

本书以史论结合的方式,分析了传统村落档案"泛化"现象的动因。乡土社会秩序,如无文字交流方式、宗法制度、传统建筑修旧利废制度等,对今天的传统村落仍然有隐性的制约作用。近现代农村的城市化、工业化过程,带来记录方式的现代化,如土地契约的盛行、均等化时间的推行、簿计账目的增多,还有农村档案工作制度,是当下传统村落档案的主导制度等。在上述种种背景下,传统村落档案内容需重新架构,使得看似庞杂的内容走向秩序井然,这需要一个更开阔的学术视野。传统村落档案包含农村档案和文化遗产档案。传统村落文化遗产档案可分为乡土景观遗产、传统建筑遗产、非物质文化遗产、传统村落保护材料等档案。农村档案是现行主流档案工作模式下的村委会等形成的村级档案。

"传统村落档案的'泛化'管理原则要求",是正统档案学的管理原则之外需要注意的特殊原则,因为毕竟传统村落倘若作为"立档单位"或"全宗"还没有定论,它与城市机关、企事业单位不同,它的边界完整性及非正式文本的相对真实性,也需要尊重。这些原则要求是传统尺度掌控的原则、显性制度与隐性秩序共存的原则、公权与私权博弈与统一的原则、真实性和完整性原则、中国的道器观与西方文化遗产观交汇的原则等。传统村落"泛化"档案的多元收集路径,拓宽了主流档案学为保证客观性的档案"接收"模式,并借鉴文化遗产学和文化人类学的田野调查等方法。本书论证了"全宗模式"的需要改进之处,分析了现实中传统村落博物馆化标本化管理的合理性及弊端,并认为传统村落档案就是类"社群档案",从而提出其后保管模式的路径设计及档案双轨制模式。

本书与其说是为传统村落建档寻找合适的理想的路径,不如说是为当今传统村落保护及其建档运动建立一份存照、描绘一幅画卷,揭示大量有价值却貌似不相关思想背后的相关性。

目　　录

1

绪 论

一、研究背景

在一个日益受到全球化以及同质化力量影响的世界,世界文化遗产保护和世界记忆工程延伸和扩展到全球,在我国,传统村落作为另一类文化遗产①,体现了对文化多样性的保护,更关注手稿、口述史的记录。"目前在国际上,遗产的记录建档可说已逐渐形成一门保护领域中的次专业"②,传统村落的档案研究,成为当下传统村落保护时期特别重要的事项。

村落是与城市相对的一个存在。虽然在文化遗产体系中,传统村落是比较新型的文化遗产,而在人类历史上,村落却是远早于城市的存在,是人类的起源地。传统村落是聚居年代久远拥有丰富文化遗产的村落,它常与一种理想的安宁而稳定的田园生活景象相联系,正如《庄子·胠箧》所描绘的(古帝王时)景象:"乐其俗,安其居,邻国相望,鸡狗之音相闻,民至老死不相往来。"还如东晋浔阳陶渊明表达的乡村宁静纯美,"暧暧远人村,依依墟里烟。狗吠深巷中,鸡鸣桑树颠"(《归田园居》)。还如 1854 年亨利·戴维·梭罗(Henry David Thoreau)的《瓦尔登湖》记载了他两年零两个月的湖边自给自足的生活,梭罗因此认为自己找到了一种诗意地栖居在大地上的理想生活方式。芬兰文化遗产学家尤嘎·尤基莱托(Jukka Jokilehto)也写道:"在传统社会中,人类的村庄与整个宇宙息息相关。……万物都与当地传统相联系,形成了所谓的'生命的所在地',即'地方—灵魂'。"③东西方农耕文明时期有相似的村

---

① 冯骥才:《传统村落的困境与出路——兼谈传统村落是另一类文化遗产》,《民间文化论坛》2013 年第 10 期,第 7-12 页。

② 黄明玉:《文化遗产的价值评估及记录建档》,上海:复旦大学,2009 年,第 146 页。

③ [芬兰]尤嘎·尤基莱托:《建筑保护史》,郭旃译,北京:中华书局 2011 年版,第 8-9 页。

落景象,传统村落依附有人们的乡恋,是觉悟者的精神领地。

然而,这样的血缘村落、宗法社会,即费孝通先生笔下的"熟人社会"①,原来依靠习惯法、礼制秩序运转的自给自足的农耕文明,随着工业化、城市化日益受到全球化以及同质化力量的影响,正在全球范围消逝,村落正成为"蛮荒""落后"的代名词,"古村开发"又使大量村落变成"文化空巢"。"这个文明在生存了10个世纪之后死去了。它是科学的诊断,而不是思辨的发问。"②法国农村社会学家孟德拉斯(Henri Mendras)如是说。联合国教科文组织1977年的《马丘比丘宪章》精准地描写了正在席卷世界各地的农村城市化过程打破了农业文明的平衡状态、引发了种种矛盾的景象,从而提出了保护历史遗迹前提下的城市规划的方案。村落保护成为世界范围关注的问题。

国际上从20世纪30年代开始对历史村镇、历史文化街区、乡土建筑等文化遗产进行保护,如联合国教科文组织(UNESCO)1964年《保护文物建筑及历史地段的国际宪章》(简称《威尼斯宪章》),考虑到"世世代代人民的历史文物建筑,饱含着从过去的年月传下来的信息,是人民千百年传统的活的见证",因而提出对历史建筑的保护修复措施;1999年的《关于乡土建筑遗产的宪章》认为,乡土建筑遗产是社区自己建造房屋的一种传统和自然的方式,是社会与它所处地区的关系的基本表现,也是世界文化多样性的表现,因而建立关心和保护乡土建筑遗产的准则,等等。

中国传统村落保护正是发生于这个大背景之下,它与国际上历史村镇、历史文化街区、乡土建筑保护相呼应,也与我国乡土建筑、民间文化保护紧密相连,我国20世纪90年代开始关注村落保护。乡土建筑保护先驱陈志华说:"我不能忍受千百年来我们祖先创造的乡土建筑、蕴藏着那么丰富的历史文化信息的乡土建筑被当作废物,无情地被大量拆除。"③民间文化保护推动者冯骥才说:"数千年的中华文明,基本上是农耕文明。这文明的基础在农村。其中相当一部分农村是古村落。……可以说,非物质文化遗产的载体在村落里。

---

① 费孝通:《乡土中国 生育制度 乡土重建》,北京:商务印书馆2011年版,第10页。
② [法]孟德拉斯:《农民的终结》,李培林译,北京:社会科学文献出版社2010年版,第212-213页。
③ 陈志华、李秋香:《中国乡土建筑初探》,北京:清华大学出版社2012年版,后记。

如果村落荡平,皮之不存,毛将焉附?"①文博界苏东海也陈述农村文化的独立性和价值,说"农村文化不应取代"②。因而,传统村落"是华夏文明渊源有自的实证,是中国传统文化活态传承的载体"③,小村落体现的却是大文化。

我国住房城乡建设部、文化部、财政部(以下简称住建部等)为建立长效保护机制,于2012年启动《中国传统村落名录》,2013年发布"科学调查和中国传统村落档案制作说明",要求各地建立"一村一档"。2012年成立的"中国传统村落保护和发展委员会"将习惯称谓"古村落"改为"传统村落",以体现生产生活基地的农村社区性、乡土建筑修缮更新的现时性、独特民俗民风的活态性,以指称"至今仍为人们服务的村落";古村落是一种自然称谓,其内涵广泛,而传统村落是纳入保护名录的有代表性的古村落,是特殊政策下特殊阶段的一个称呼,传统村落是对古村落范围的一个限定。显然有更多的古村落没有入选"中国传统村落名录",但是还在不断被挖掘和发现之中,每年都有古村落入选名录,二者没有本质的不同,因此名称会偶尔互换。

如今,乡村记忆、身份认同、乡愁回归等名词此起彼伏,用来表述传统村落的"以古人之规矩,开自己之生面",在保护传统村落的同时,振兴乡村发展。因而传统村落档案也超出村级档案的层次,而具有了国家层次档案的性质,属于稀缺资源。传统村落名录制度是这一特殊时期保护农耕文明的特殊政策,它在广袤的农村背景中,使得农耕文明遗产保护有了尺度和边界。要把"传统村落"放在一个社会大网络中去考察,因为村落远非是一个完全自给自足的小社会,它一直在响应大社会的现代化而产生一系列的适应性变化,在与城市相比较中存在、相博弈中变迁,我国传统文化中的礼制秩序与现代文化中的经济理性交织,也使得传统村落变迁过程丰富多样。

"传统村落"进入我国档案学领域,正是"在当代古村落价值重新发现时,古村落档案研究进入学者的视野,档案学领域从现代信息和档案管理角度出

---

①　梁洪生:《"中国传统村落"的评选与保护及江西现态初步考察》,《农业考古》2015年第6期,第298-307页。

②　苏东海:《新农村·农村文化·生态博物馆》,《中国文物报》2006年11月17日,第5版。

③　潘鲁生、萧放、胡彬彬:《保护传统村落,守护乡土文化之根》,《光明日报》2019年07月9日。http://www.wenming.cn/djw/djw2016sy/djw2016whdg/201907/t20190709_5179529.shtml。

发,认为古村落是信息的'荒野之地'"①。如今档案界认同传统村落承载的丰富的传统文化和信息,从而也加入保护和弘扬中华文明这一传统村落档案的研究和实践中。浙江省是较早开展传统村落档案工作的省份,磐安县档案局2012年尝试"对接特色文化村档案元素"②,冯惠玲教授课题组"在数字记忆理念的引领下,以浙江台州古村落为对象,探索依托档案资源构建乡土中国文化记忆新模式"③。许多档案同仁近来从多方面分析了传统村落建档的困境并提出对策。

传统村落建档是保证传统村落"原真性"的方法、路径,包括不同学科对于档案的认识多元化,这也意味着"档案"并不是档案学专有的名词术语,对档案部门而言则面临着新的挑战。传统村落档案是古村落历史变迁的见证,其研究客观上应包括传统建筑、民俗民风、社区村民及文化传承档案研究等。目前传统村落作为文化遗产,保护其的方式有一种"博物馆化"保护的趋向,传统村落"档案化"与"博物馆化"也紧密相联。本书是在与正统档案学思维相比较下的另一种思维方式。传统村落如今是作为文化遗产在被保护、被研究、被建档,我国档案界虽有一系列关于传统村落档案的文章,但基本上是在正统档案学或城市档案工作模式下的推论,因而实效不大,无论是档案机构还是档案学术都被边缘化。传统村落能否作为"立档单位"构成一个全宗?如果这没有定论,运用的研究方法也会不同。传统村落本身是档案、遗产、记忆融合为大数据的"活"载体,物质文化遗产如传统民居几乎没有像故宫有"样式雷图档"为证,非物质文化遗产如礼仪节庆需以口述等方式重构,这类特性与档案的"实践副产品"等特征不符,是一种"泛"档案现象。档案"泛化"现象是档案一词偏离术语的延伸扩张,容纳"朴素的、简单的、有时甚至可能是不完全符合科学的认识",表达了民间社会对档案的历史认知。④ 传统村落档案"泛化"现象,指档案概念、主体的多元化,它与"正统"现象相比较而存在,它是社会档案"泛

① 徐欣云、刘霄霞:《古村落档案与农村档案的内涵及异同解读》,《档案学研究》2017年第4期,第43-48页。

② 周峰林、张大华、胡良田:《延续古村落的文化血脉——磐安县档案元素对接特色文化村保护利用》,《中国档案》2012年第6期,第22-23页。

③ 冯惠玲、梁继红、马林青:《台州古村落数字记忆平台建设研究——以高迁古村为例》,《中国档案》2019年第5期。

④ 徐欣云:《档案"泛化"现象研究》,上海:世界图书出版公司2014年版,摘要。

化"现象的一部分。

无论西方还是东方,在当今全球一体化形势下,人类共同体都在寻找人类的出路和发展方向,对于传统文化的保护,世界遗产的评选和非物质文化遗产公约的推行,都是一种尝试。无论"文化遗产西方话语权"之论,还是文化遗产保护"本土化"的论述,都是实现文化多样化的一种手段。传统村落是一个广袤的学术天地,其研究是一个多元的文化视野、一个横断的研究课题,各种混杂的问题存于其间,其研究可延伸到多种学科领域,除了从档案学专业角度研究,更是人类学、社会学、经济学等领域经久不衰的研究对象。也因此,当笔者站在一个个"谜"一样的村口,感觉到限定研究范围和深入论述都较艰难的同时,也觉得其有无穷无尽的探索价值。

传统村落档案"泛化"研究也是建立在文化多样性的共识基础之上,承认多元化,也就是尊重差异化。本文用"泛化"来概括传统村落档案的这种现代特征,强调对传统村落档案"泛化"现象的关注,着重以传统村落档案实践来论述对于"泛化"档案包容的重要性,并寻找"泛化"的动因以及档案机构面临的挑战。传统村落的自律性与他律性、封闭性与开放性、乡土性与城市化等交陈,东西方遗产观的交锋在传统村落中尤为激烈。本文需进一步探讨档案概念、档案管理以及档案学如何适应传统村落档案"泛化"现象,研究新来源观、后保管模式、社群档案理论等如何在传统村落应对档案"泛化"的挑战,并提出管理原则、模式和路径,从而搭建沟通过去、现在和未来的桥梁。

二、研究综述

"传统村落"是世界范围文化遗产保护运动和中国传统文化复兴、乡村振兴背景下"中国特有"的说法[①],国外没有直接的对应名词,因而以"传统村落"档案为关键词的文献主要是国内文献,是综述的主要对象。而且"传统村落"一词不是来自档案学领域,"传统村落档案"这一概念也非档案学领域专属,传统村落及其文化遗产的档案研究是一个多元的文化视野,除了档案学专业角度文献之外,文化遗产学、人类学、社会学等领域皆有涉猎,因而本综述从档案学领域到其他学科领域对传统村落档案、记忆的间接研究都需涉猎。更重要

---

① 李梦影:《基于图像的湘西传统村落数字化研究》,长沙:湖南大学,2018年,第14页。

的是,传统村落档案"泛化"现象并非个案,它是社会档案"泛化"现象的一部分,相关研究成果的引介如档案"多元"观、新来源观、后保管模式甚至社群档案理论也很重要。

(一)我国档案学领域的传统村落档案研究

"传统村落档案"专指列入"中国传统村落名录"中的村落的档案。因而,其研究起始时间就在中国传统村落委员会发布第一批名录的 2012 年,而之前,多是以"农村档案""乡村档案"为标识的文章。我国档案学核心期刊总的来说对于村落档案研究比较重视,犹如"三农"问题是我国的基础问题,传统村落档案研究也在档案学研究中占一席之地。档案学期刊对于传统村落档案研究发文数量的排序大致为:《浙江档案》《档案学研究》《档案学通讯》《中国档案》《北京档案》《档案与建设》《城建档案》《兰台世界》《档案管理》等,这一排序结果也处于变动之中。其中,《浙江档案》最早率先报道古村落档案、历史文化名村档案调研,也是刊发这类文章最多的期刊。

为从相关论文的数量方面做一个概观,笔者 2020 年 5 月在中国知网(CNKI),以"传统村落档案"为关键词检索,检索出百篇左右,从中筛选出题名中包含有"档案"的条目为 50 多篇;再以"古村落档案"为主题又检索出题目包含有"档案"的条目约半百,但其内容真正论述"古村落档案"的不足 10 篇。2017 年、2018 年、2019 年、2020 年相关论文数量匀速递增,间或出现小高峰。还有用更具时代特色的"文化数字资源""文化建档""乡村记忆"等名称的一系列论文,如《我国传统村落文化数字资源库建设初探》(2018)、《以村民为主体的传统村落文化建档策略研究》(2018)、《台州古村落数字记忆平台建设研究——以高迁古村为例》(2019),这也说明了"传统村落档案"这一称谓还没有取得共识。

传统村落档案研究历史短暂、论文数量偏少,暂时没有统计学上的意义,但数量统计还是有助于掌握研究的一个轮廓。有两篇论文尝试了"传统村落档案"数量统计分析。陈阳 2017 年初在 CNKI 检索得 88 篇,筛选后得出 31 篇相关文献,然后"基于知识图谱"运用 Cite Space V 文献计量分析工具评述,结论是档案工作者对传统村落文化建档的研究热情不高,而且研究缺乏深度和广度,但 2017 后才出现一个发文小高潮;韩瑞鹏于 2019 年在 CNKI 数据库检索得 72 篇相关文献,结合 BICOMB 和 GCLU-TO 工具进行数据挖掘、分析主题,主题数量分析说明了一定程度的研究热点,但没有赋予关键词、作者以权重。两文是小样本数据抽象,筛选方式有异,得出的数据结果稍有出入,但这样的尝试都有借鉴作用。笔者下面从学界和业界两方面对这些相关论文主题进行分析。

1. 学界相关文献

档案学学界最早以"传统村落档案"为主题进行研究的,首推山东大学的王云庆教授及其学生韩桐、刘佳慧、何思源等,四川大学王萍教授及其学生满艺、卢林涛等则后来居上,黑龙江大学任越教授及其学生也有超越之势,江西师范大学徐欣云及同事也有所贡献。最近中国人民大学冯惠玲教授及其项目团队,深入浙江乡间,以高迁古村为基地研究传统村落档案及其数据库。学界相关研究文章从主题方面分析,大概有传统村落研究语境或背景、概念和内容、收集方式、管理模式等几方面特征,常从"困境"和"对策"两方面入手。

在语境或背景研究方面,大多学者把传统村落的衰退归咎于当下的现代化和城镇化,也即冯骥才所描写的村落急速消亡之背景,如城市扩张和工业发展突飞猛进、拆村并点、农村空巢化等。刘佳慧(2016)认为传统村落在城镇化的冲击下生产方式、经济结构、管理组织和文化信仰等都开始处于现代性改造与变化中,很多村落衰落和消亡;何思源(2017)认为随着城镇化、城乡一体化的推进以及新农村建设浪潮的兴起,传统村落日渐凋零;王萍、卢林涛(2017)认为,随着城镇化的快速推进,传统村落数量迅速减少;任越(2018)认为,在城市现代化进程中很多不恰当的城镇化、新农村建设以及乡村旅游开发导致农村土地被强行分割,使得乡村格局变化、村落特色丧失等。

在概念和内容研究方面,一是对概念的内涵进行铺陈,王云庆、韩桐(2014)认为传统村落档案应包含传统村落的基本简介、物质文化(衣冠服饰、乡土建筑、交通生产生活工具、农林牧渔业和手工业商贸生产情况、村落自然和历史景观、名人实物等)、非物质文化(节日、宗教信仰、婚丧习俗、娱乐和民俗、传统手工艺、地方戏曲、特色音乐、民间美术和舞蹈、传统医药、口头表演艺术等)。二是尝试下定义,王萍(2017)写道,"传统村落档案是对传统村落进行保护和开发的信息资源基础,更是见证传统村落历史和发展、留存社会记忆、促进社会认同的重要载体";连湘、翟倩妮(2017)认为传统村落档案是村民在长期的生产生活中形成的与村落基本概况、物质文化、非物质文化相关具有一定保存价值的记录;徐欣云(2017)认为古村落档案是村落历史变迁的见证,凝结着乡村记忆,也将是村落保护和循环使用的凭证及工具;赵丽(2017)提到传统村落档案与乡村档案、乡村记忆关系。

在收集方式方面的讨论上,王云庆、韩桐(2014)有多篇文章讨论传统村落档案的收集、整理工作的对策,如建议村委会制订详细而全面的传统村落档案收集范围,要体现传统村落的特色和独特生活方式;王萍(2017)提出多方协同合作但以村民为主体的收集方式;徐欣云(2018)认为传统村落是对档案机构"接收"模式的挑战,提出博物馆征集方式的运用。

在性质方面的讨论,包括话语权和村民主体地位的讨论。刘佳慧(2016)在界定传统村落档案的时候认为,住建部等实施的"一村一档"实则是调查记录材料,是"关于他们的档案"。刘佳慧(2017)进一步强调,住建部等实施的"一村一档"和"对中华民族文化家底负责"的"严格的学术档案",虽以"档案"冠名,实则"这种合作建档方式既未涉及传统村落本身自然积累的原始记录的管理,又未关注档案对传统村落成员本身的情感、记忆、认同的意义"。王萍、满艺(2018)认为,在当下传统村落文化建档实践中,村民的文化主体地位被严重忽视,在国家投入重金自上而下发起的诸多传统村落及村落文化抢救和保护项目中,世居于此的村民仅仅作为"他者"和"沉默的大多数"置身事外,所形成的传统档案只是"关于"社群而非"属于"社群的档案。徐欣云、刘迪(2017)分析了传统村落档案与农村档案的关系,认为古村落是当代农村"建制村"的一部分,那么传统村落档案和农村档案也自然相关;从形成者角度描述古村落档案的"泛化"现象,分为"他者"调查记录的文本,村民"自我"传世的文献、乡村博物馆的记录。徐欣云、刘迪(2018)认为,主流档案观认为只能经过正式程序接收文件,档案机构在介入方式上是具有临时性、未能持久的抢救式收集,而且田野采集技术落后,《档案法》是公法因而档案法规对于古村落文化遗产档案的私有性规范不足。何思源(2017)把传统村落档案分为原生性和次生性档案。

在管理模式的困境和对策讨论方面,王萍与满艺、卢林涛合作多篇文章,如认为"低水平建设、低效率利用"、传统村落档案实践时间短、建档主体多元,以及立档范围、标准管理模式、利用路径等缺乏统一认识(2017);认为权力主控模式、知识精英主导模式、村民自治模式三种模式下,由于不同建档主体对传统村落的不同理解,建成的传统村落档案在建档的目的、收集、分类、著录、描述格式、成果价值判断诸多方面存在不同(2017);认为档案机构在当下传统村落档案工作中处于边缘或缺位状态,未能有效履行法定职责、发挥专业能力(2018);散落于乡村社会的民间记忆、经验,资料性大于档案性,这些材料若非主动普查收集很难靠接收获得(2017)。卢林涛(2018)从数字化的技术角度研究传统村落档案数字资源库建设。王萍(2020)针对传统村落档案管理体系割据式建档造成的多元建构、多头管理、信息重复采集且碎片化,提出顶层设计,科学合理分工,协同建设,整合共享。

任越(2017)提出的对策有加强村民文化自觉、加强档案机构在传统村落文化建档中的职责等。刘佳慧(2016)认为,"地方文化遗产意识和档案意识日渐觉醒,相关部门开始协助传统村落对村落档案进行'自治',其蕴含了传统村落及个人对档案的所有权、保管权和控制权等意义"。李健、王运彬(2018)针对传统村落档案目前"政府机构＋传统村落档案管理""社会组织＋传统村落档案管理"等为主的人文引导管理模式引发了文化环境失序、文化内涵失真、文化表达失传等村落文化生态失衡倾向,提出了文化生态模式。冯惠玲等(2018)以浙江台州高迁古村落为对象,探索依托档案资源构建乡土中国文化记忆新模式,等等。

近来硕士论文以"传统村落档案"为研究主题的也逐渐增多,如唐思卓(2016)的《我国传统村落文化建档探究》,向怡泓(2019)的《新时代我国乡土档案资源及其管理模式研究》,高晗(2019)的《吕梁市李家山传统村落建档式保护调研分析》等。

2. 业界相关文献

档案业界围绕古村落或传统村落建档实践有一系列文章,浙江省档案部门及人员对传统村落建档的研究走在前列。枫林、李兴祥(2012)参与浙江省档案局对磐安县古村落盘峰乡、双峰乡的调研后报道,浙江省委省政府把历史文化村落保护摆上更加突出位置,档案部门应进行古旧资料普查登记、古老建筑实测建档以及抢救保护村里老人口述档案、家谱族谱及村落文化传承记忆。周峰林等(2012)分别为浙江省档案局、磐安县档案局、磐安县政府办公室的工作人员,他们发文分析了档案与村落的紧密关系,建议按照"一村一策、一村一色"挖掘村里的传统档案文化,增强各村的人文底蕴,促进乡村旅游发展等。

浙江省台州市档案局在古村落保护上工作出色,特别是编研出版了浙江省百项档案编研精品《台州古村落》(中国文史出版社,2014),吴志刚是编纂者之一,他在《最忆是乡村——写在〈台州古村落〉出版之际》(2013)中记录了编撰过程,即如何选择有代表性的65个村落、照片拍摄、编排设计、真实记录等,他总结到,这样的编研精品归功于档案部门的丰富经验和一整套的工作流程,及考证研究历史沿革、家族变迁、建筑形制、文明传承等方面的优势。2017年吴志刚再次总结台州市档案局"为古村落存史留档"的主要做法,有摸清村情、制定标准,有与台州市农办搭建《临海市东塍镇岭根古村落(资料库)目录》,形成了"岭根经验",有编制《台州市古村落建档方案(试行)》,有按照"一村一档"建立档案信息数据库,还有科研立项助推建档以及向冯惠玲等专家请教并合作实施"台州古村落数字记忆"项目等。浙江省台州古村落建档工作的探索实践引起较大反响,各地纷纷出版当地"传统村落"书籍,勘察者、编写者身份不完全来自档案行政机构,如《北京传统村落》(薛林平等,中国建筑工业出版社,2015)、《贵州传统村落》(贵州省住房和城乡建设厅,中国建筑工业出版社,2016),《贵州传统村落全景录》丛书(全十册)(单晓刚,贵州人民出版社,2018)、《江西传统村落》(闵忠良等,中国建筑工业出版社,2018)、《20个古村落的家底——中国传统村落档案优选》(冯骥才,文化艺术出版社,2016)等,都以档案文献、图片展示古村落。在此,传统村落档案工作更被看作一种编研工作。

荥阳市档案局司俊贤(2016)认为古村档案是一座蕴藏丰富的宝藏,但普遍以各种载体形式散存于乡村田野,如名人档案、宗谱、文物器具、民俗民风、传说等,建议档案部门按照"一村一策"进行挖掘,从而建立村级档案馆,并加速档案文化资源与旅游业的融合。北京门头沟区档案史志局的安宏清(2017)则分析了档案机构介入传统村落档案工作的诸多问题,如收集不全、信息丢失、以单一的纸质档案为多,家底难清,各自为政、难以共享,区农委、区旅游委都对传统村落项目建档有不同要求。

传统村落档案实践也以城建部门建档运动的发动为契机,陶帆依据《关于做好2013年中国传统村落保护发展工作的通知》,呼吁在村落"空巢化"、城镇化的情况下,各级城建部门开启中国传统村落档案建档之旅。平湖市城建档案馆何斌(2018)认为传统村落保护发展主要有两股力量:一是住建部四部委开展的传统村落科学调查，为掌握传统村落现状填写登记表，以行政力量推进"一村一档"；二是中国传统村落保护与发展研究中心调查和盘点而形成田野手册，以民间力量记录民俗资料。但陶帆、何斌没有关注到档案机构为传统村落建档的重要力量。

3. 研究文献评析

上述许多文章提出传统村落档案面临的"困境"并开"药方"，大多赞同档案机构介入并担当传统村落建档重任，希望有顶层设计的出现从而有规可循，也多提出数字化技术的采用等，也大多提倡村民"文化自觉"或"村民自治"，显示了对村落档案自然形成规律的尊重；出现许多新颖、宽泛的关键词，反映了时代特色，也是对时代的一种顺应；档案学者调研的平台也宽广，上可达各部委办局，下可深入乡村农家，改变了过去机关档案研究方式，积累了一定的田野调查经验。

然而也存在一些问题，如对于收集、管理、信息处理困境的种种描述也有些矛盾的说法，有的说已经建立了规范，有的说还没有规范；有的对传统村落草根、非正式档案的合法性还没有完全认同，大多没有深入讨论档案管理原则、法规的相对性和适用性。还有一些问题如下。

（1）关键词没有焦点。"现代村落"的提出与传统村落相对照，但没有深入研究"现代"与"传统"的含义；"一村一档"提到的很多，但运用档案学理论如全宗理论、来源原则等来探讨其整体性的比较少；"社区博物馆""生态博物馆""活态档案馆""乡村博物馆""村史馆"此起彼落，作为传统村落的另一种记忆方式，试图走出传统档案管理的单一、静态模式，但被没有加以区别地混用，缺乏进一步甄别。"辅导员身份""公法""知识产权法""物权法"也有提及，多作为对档案行政机构权力的限定并与村民自治相呼应，以解决传统村落档案公私产权掺半的情况，但常昙花一现，缺乏理论支撑；"自者"和"他者"的提出，显示对于农村社群的独立性问题的关注，但缺少文化人类学、社群档案理论的深入分析。这些宽泛的关键词，也表明研究者没有形成焦点、共识及有效争论。

（2）研究语境的不真实。许多学者在进入"封闭落后"的村落时，认为传统村落档案工作基础"薄弱"，试图把"进步的"城市档案理念变成村民的理念。那么，这就像乡村正进行"城市化"建设一样，传统村落档案也要"城市化"，这样的做法对村落本身特征有欠考虑。这种做法虽有让默默无闻的草根的乡土记忆显性化的作用,也会破坏传统村落的记忆生态,因为正是"城市化"导致了传统村落急剧衰亡,当"城市化"档案理念难以推行之时,研究者们求诸"村民自治""文化自觉",营造"乡土中国"氛围,期望即可自给自足形成传统村落档案。"乡土中国"的语境其实早已改变,学者们把传统村落等同于"乡土中国",传统村落档案等同于书写或还原乡土中国记忆,似乎农村从来未发生过任何变化,显然是不现实的。

(3)缺少平等的视角。当一些学者诉说村民没有文化或档案意识时,实际上学者对村落文化更陌生,如丁华东提出的乡村档案记忆建构赋权于"乡民"、扎根于"乡土"时的说法[①],再如王萍等提出的"建档为民、赋权予民、用档惠民"档案建构方式的说法[②],表现了一种自上而下的视角。

(4)实践与理论脱离,业界相关文章有纪实价值却被学界忽视。业界的实践调研有先天的纪实优势,特别是浙江省档案部门"以时不我待的紧迫感加强古村落保护工作"的报道,把古村落档案工作纳入全省工作规划,其他省份也在逐渐探索档案机构介入古村落建档的方式。在业界相关人员看来,古村落本身就是一部敞开的档案卷宗,对于古村落档案的认识很鲜活,也认识到传统村落档案更突出"文化"这一面,与县乡镇档案馆、村委会档案室保管的"行政事务档案"不同。业界的传统村落建档工作虽有局限性,最突出的一点是"暂时放下"主流档案工作观念,认识传统村落的"文化性"一面,但其纪实价值不应被忽视,倘若学者没有便利深入接触到村级档案机构、村民,正可以通过这些纪实文字观察村落建档的事实成效。然而学者常常忽视了业界的努力,却一直强调档案行政机构在传统村落保护中的缺位,并把行政机构的介入当成解决困境的对策之一。

(二)非档案学领域的传统村落记忆和建档研究

国内外相关领域研究在传统村落的记忆和建档方面多有所建树。

1. 国内非档案学领域传统村落"档案"研究

在文化遗产保护领域有很多文章内容提到建立档案。冯骥才在《传统村

---

① 丁华东:《讲好乡村故事——论乡村档案记忆资源开放的定位与方向》,《档案学通讯》2016年第5期,第53-58页。

② 王萍、满艺:《以村民为主体的传统村落文化建档策略研究》,《档案学通讯》2018年第5期,第73-77页。

落的困境与出路——兼谈传统村落是另一类文化遗产》(2013)中写到:我国传统村落是另一类文化遗产,每一个村落必须有自己的档案。2015 年《人民日报》海外版刊登了冯骥才在全国政协会议上的讲话《应为北京传统村落建档案:绘制文化地图、纳入法制轨道》;编制了《传统村落立档调查体例》(2014),该书成为知识精英民间调研的模本。中央民族大学潘守永介绍了关于中国北方乡村田野研究的《一个中国的村庄:山东台头》(杨懋春,1945)的主要内容,认为该书既考虑到村外关系,又仍以村内和家庭生活为主,实在是抓住了中国乡村社会文化的本质(2004)。复旦大学黄明玉在其博士论文《文化遗产的价值评估及记录建档》(2009)中,尝试从理论和实务两方面去整合遗产学界论述的记录、建档和信息管理实践和理论,认为"遗产的记录建档可说已逐渐形成一门保护领域中的次专业,其理论框架即在阐述如何系统性地收集、评价、存放和利用遗产的所有相关信息。在遗产保护的过程中,记录建档和信息管理在其所有阶段都是基本的必要活动,应完全整合到保护程序中"。

在建筑学领域,重庆大学陈蔚(2006)的博士论文是当代较早梳理国际社会从建筑遗产出发形成的文化遗产保护的理念与管理方法,并剖析我国传统建筑价值观对古建筑修缮方法与技术的影响,认为我国建筑从古到今都在传递着自己的印记,比如历代修缮建筑时工程人员、工匠在构件上作出题记,工程完工后,一般立石碑记载维修情况,等等。

在历史学领域,历史学从"宏观"走向"微观",曾被当作"记忆碎片"的民间档案大放异彩,如美国历史协会 1989 年口述史访谈原则规定"访谈资料送交档案馆收藏",郑振满等(2002)认为民间碑刻是"正在消逝的档案";散落于城镇乡村的大量碑刻,记载的多是民间生活,虽大多不是名家手迹、收藏价值不大,绝大多数仍在旷野中栉风沐雨,但这些碑刻却是传世文献之外的史书、民间的历史档案馆,有计划地收集和研究是当务之急。周新国(2012)认为,口述史学的主张与 20 世纪初以来兴起的"新史学"潮流是合拍的,口述史学者通过严谨的工作、规范的访谈,与被访者一起记录下相关的历史记忆。中国电影研究中心张锦认为现代口述历史"本质来看还是一项档案实践",陈墨(2012)认为口述史工作者要学习档案学。钱茂伟(2018)认为公众史学是乡村文化记忆提炼的有效途径。

人类学对传统村落档案的研究很多,如文化人类学家张小军(2011)认为,非物质文化遗产保护中存在"文物化"困境,即"有文物,没文化"的状况,例如丽江古城,已经成为一种文化空壳,这是由于对文化权利、文化自由、文化多样性的乏知,没有尊重民族文化生态中有潜在的一些基本天理、伦理和道理,应将"文化保护"而非"遗产保护"作为文化遗产保护的核心,从而减少和避免文化遗产保护中的"文物化"困境,防止陷入"越保护越破坏"的保护悖论。

近来更有一系列关于乡村记忆和传统村落保护的硕士论文,来自不同的学术领域,虽然没有把"档案"作为直接研究对象,但其中的"记忆""博物馆"都与"传统村落档案"相关,可以说是传统村落特有的"泛化"档案。法学硕士吕雪在硕士论文《社会变迁中的乡村记忆》(安徽大学,2015)中讨论了乡村文化变迁的表现及原因,如个人主义、消费主义文化蔓延,社会交往理性化,农民身份转变与文化认同危机。文物学与博物馆学硕士谢奇伶在硕士论文《乡村如何记忆?》(山东大学,2018)中从西河阳村的文化记忆入手,分析西河阳传统村落的历史记忆、经验知识记忆及记忆场所和文化空间,并且认为实施路径是乡村记忆工程和乡村博物馆建设;刘万春在硕士论文《论生态博物馆在传统村落保护中的作用》(南京师范大学,2018)中梳理了我国传统村落保护的历程,建议以村落为单位建立生态博物馆进行整体保护,并介绍了凤堰古梯田移民生态博物馆、宜君旱作梯田农业生态博物馆。新闻传播学硕士李梦影在《基于图像的湘西传统村落数字化研究》(湖南大学,2018)中介绍了县住房和城市建设局对湘西传统村落档案的数据采集过程并进行了评述。建筑环境艺术设计方向硕士肖佰通在《"乡村记忆工程"课题下的传统村落保护研究——以济南章丘东西田广村为例》(山东建筑大学,2019)中按照住建部一村一档的调查内容布局论文,认为传统村落是我国建筑文化的基因宝库。还有城市规划专业的郭永军硕士论文《山西省传统村落的传统资源分类研究》(太原理工大学,2019)的相关研究等。

2. 国外乡村建档及保护研究

对于国外乡村档案的研究综述的文献带有偶然性,也就是说收集得并不全面,而且目前借鉴的多是译著。

(1)涉及乡村档案的认知和乡村保护

国外有很多文章涉及对乡村档案的认知。法国农村社会学家 H. 孟德拉斯(1965)认为,在农村存在着两种类型的信息传递系统:一种是基于邻里互识关系的信息系统，信息和影响是沿着传统的、个人的和整体的渠道传递；另一种是更加分化的社会的信息传递系统，大众传播手段具有更大的作用，组织和机构是一些比近邻关系更具有约束性的框框。民族学家迪斯金（Martin Diskin）在《农民家庭档案：民族学的史源》（1979）一文中认为，农民家庭档案提供罕见而有趣的机会生成民族学档案：文件作为法律凭据使用的习惯一直延续至今，今天某些土生土长的农民也把各种书面文件作为处理日常事务的必要的工具。日本学者正雄三好氏（Masao Miyoshi）认为，在当今的日本，政府运用"乡恋"进行管理，因为"乡恋"可增强通过历史连续性和身份认同获得社会凝聚力，政府尝试固化田园牧歌式的传统乡村生活。日本在1970年组成国家级的"日本历史性风土保存同盟"，组织并开展地区性的文化遗产保护工作，西村幸夫的《再造魅力故乡：日本传统街区重生故事》（2007），其中心词汇是"社区营造"，提出保护应当是一个地方自治团体与专家联合的工作过程，以社区发展为目标来实现历史文化遗产保护目的；小林正美的《再造历史街区：日本传统街区重生实例》（2015），以作者带领的"专家工作营"作为独立的第三方历经20多年对日本冈山县高梁市的本町、绀屋川等地的再造，获得居民和当地政府的认可。美国历史遗存保护专家威廉·J.穆尔塔夫（William J. Murtagh）在《时光永驻：美国遗产保护的历史和原理》（2004）一书中认为，在乡村环境中，开放空间占主导成分，建筑物、桥梁和灌木篱墙等在乡村景观上打下烙印，农业经济的维护也是乡村保护要素之一，对此需建立全方位的数据库；乡村的修复和振兴提高了当地的经济活力和公民自豪感，阻止了珍贵土地资源的消耗，对偏远乡村产生了积极的影响。

（2）关于乡村秩序和建成遗产的研究

西方学者关于聚落和乡土建筑的研究相对较早，西方学者注重运用人类学、历史学、社会学和现象学等方法分析传统的聚落成因。

英国的梅因（Sir Henry Maine），是19世纪英国著名的法律史学家，历史法学派在英国的代表人物，他在1871年用演讲稿串成的《东西方乡村社会》（刘莉译，2016）一书中，通过实地考察印度地区的习俗、本土习惯、法律制度、法律意识、英国影响等诸多方面，论述了习惯法或不成文法的重要作用，用从"他们"的现在发现"我们"的过去的比较类似法，来研究英国的古代史，书中的"村落共同体"及其土地清算档案、权利和法庭纷争等档案研究，证明了他的一个著名论断——"从身份到契约"的社会转型过程。

美国建筑与人类学研究方面的专家阿摩斯·拉普卜特（Amos Rapoport）在《宅形与文化》（常青等译，2007）中从社会文化的角度研究世界范围内的一些聚落住宅形态，对木骨泥屋或无足轻重的茅屋等占建筑"大头"的风土建筑的文化性的论述："原始性社会中人人皆知建筑的类型，甚至知道如何建造，工匠的把关不过是个程度问题。农夫不仅仅是使用者，也是设计过程中的一个重要角色"，而现在的"建筑与聚落设计开始愈来愈依赖建筑师了"。

美国纽约现代艺术博物馆的伯纳德·鲁道夫斯基（Bernard Rudofsky）于1964年11月9日至1965年2月7日承办冠名为"没有建筑师的建筑"的展览，并把展览内容集结出书为《没有建筑师的建筑——简明非正统建筑导论》（高军译，2011），书中认为乡土建筑通常与时尚无关，它确实近乎永恒，而且是无可改进的，因为它所达到的目标已至善至美，通常乡土建筑的形式与构建方法的起源已经在漫长的历史长河中失落了，我们对此领域知之甚少，甚至连个正式的名字都没有。《没有建筑师的建筑》通过介绍鲜为人知的非正统建筑，试图冲破我们对建筑艺术的狭隘观念。

芬兰文化遗产学家尤嘎·尤基莱托（Jukka Jokilehto）的《建筑保护史》（郭旃译，1999）是对建筑类文化遗产保护历史整体回顾的重要著作，他认为人们最初关注的是有拉丁文题字的传统遗迹，因为它们有记录历史的价值；后来，一些没有题字的物体和构筑物也被认为具有这种文献价值，因为它们的材料本身就是文献。他认为，保护运动实践促进了研究领域新的科学方法的进步，并提升和发展了对保护对象和建构物实际保存状况及劣化原因、登录建档的技术以及维护政策和保护性维修分析研究等。

日本池田雄一所著的《中国古代的聚落与地方行政》（2017）一书，结合传世史料和考古学成果，厘清了新石器时期至汉代处于社会生活末端的聚落面貌，否定了自古以来城郭都市普遍化或曾出现过居民"集住"化之类的观点，指出除了政治性功能高的居住地之外，普通民众的居住环境许多都保持了自然村的形态。

（三）民族档案、乡村记忆工程、农村社区档案管理研究

1. 民族档案、村寨档案研究

传统村落既有少数民族村寨也有汉族村落，民族档案学较早研究少数民

族古村寨档案现象,开启有特色的民族档案的田野调研,以云南大学为代表。杨中一(1991)认为民族自治区党政机构的"现行档案"是民族档案的一部分,虽多普遍使用汉字,但民族档案"不能绝对地以档案的来源和形式"划分,而梅先辉(1992)认为应以"档案的来源即民族区域作为标准划分"(1992),华林(2003)总结这种歧义后认为,少数民族档案包括"少数民族原生"和"官方汉文"历史档案;陈子丹研究傈僳族的原始记事方法与文书档案(2002)、白族档案(2002)、傣族贝叶档案(2004),还有纳西族档案、少数民族谱牒档案等研究;杨毅、张会超(2012)探讨民族档案在田野中生成和重构的现实性,总结出 3 种田野档案:一是散落民间的碑刻、账簿、契约、书信、谱牒,二是田野中的用文字、影像等实体媒介留存的"文本"档案,三是"在当场"的观察、访谈、领悟的田野解读档案,并指出乡村田野复杂多样,界限漫无边际,"村民日常生活沉淀下来的村寨记忆,不适宜用档案学的传统概念去框束"。他们认为 2008 年出版的《勐马档案》给人以启示:要把书写文化的权力还给文化的主人(2013)。

民族档案学如今似陷入研究瓶颈,如陈子丹(2007)认为其还只是学科"拼盘"和"杂陈",杨毅、张会超(2011)分析其原因是传统学术"范式"的作茧自缚,以汉族文化为主线的传统档案学片断性地截取民族档案"标本",无法面对"活着的民族档案",从而提出"范式转换";杨毅等(2012,2013)进一步探讨民族档案在田野中生成和重构的现实性,认为民族档案学为适应现代生活转型而进行的重构,超越了原有档案学科的思维路径,如约定俗成的村寨记忆已不适宜用传统档案概念去框束;吕榜珍、胡莹(2010)提出数字化视野下的当代民族档案管理;郑惠(2012)研究了广西少数民族档案史料编纂述问题等。

2. 乡村记忆工程研究

乡村记忆工程中对待"记忆"的零碎性、草根性、边缘性的方式可为传统村落档案研究提供参照。乡村记忆工程是我国地方政府部门的自觉意识和自觉行动,浙江省 2011 年启动"浙江记忆工程",山东省实施"乡村记忆工程"(2014)、天津市实施"天津乡音记忆工程"(2014)、山西省实施"乡村文化记忆工程"(2015)等。随着"城市记忆工程"与"乡村记忆工程"的陆续推开,引发了学者们对乡村记忆的广泛关注,国内档案学领域的代表学者是丁华东。

丁华东(2015,2016)多篇文章研究乡村记忆工程,认为乡村记忆泛指在一定地域范围内的乡村或村民所保持和传承的记忆;乡村记忆是乡村社会生产与生活的全部,是乡村历史与现实的全部,也是乡村历史、文化、传统和变迁的总和。他总结了乡村记忆的乡土性、地方性、多样性、弥散性、潜在性等特质。丁华东、余厚洪(2017)解释了乡村档案和乡村记忆的关系,认为"乡村档案记忆"则是符号与意义的完美结合,记忆中的秩序和结构,无疑是现实秩序和结构的"档案副本"。丁华东把乡村记忆资源划分为四类:口头传承记忆、体化实践记忆、文献记载记忆和器物遗迹记忆,这种类型划分在李玉珂的硕士论文《档案学视角下乡村记忆建构研究》(2018)得到延续,李玉珂进行了具体化描述和采集方式的探讨。

蒋国勇等(2012—2014)在社会认同视野下论述了乡村档案发挥文化建设功效的类型、动力与条件:乡村档案文化建设与处于中心地位的"城市档案文化"相比,易唤醒乡村记忆及文化认同;乡村档案从总体上看是在乡村社会生产实践过程中为了满足日常管理控制的需要。赵丽(2017)在硕士论文中论述乡村记忆工程视角下城子古村建档。张佳欣(2019)在硕士论文中以乡村记忆视角考察、以清代内蒙古土默特地区契约文书这种民间档案,等等。

3. 农村社区档案研究

传统村落档案就在农村社区内,显然,农村社区档案研究与本文主题密切相关。农村社区档案研究者多来自基层如县区档案局、街道办事处、村委会,反映了现实中另一个角度的传统村落档案工作状况。"社区档案的研究类文章出现过两次峰潮",大庆市让胡路区乘风社区工作站的孙一鸣(2017)总结到,"第一次在 2004 年,当时我国正大力主张建设社区,所以在这一时期以研究分析社区特点、介绍社区档案概念的文章居多。第二次是在 2007—2008 年期间,这期间我国建设和谐社会,故对于社会结构的分析类文章又出现一次高峰。"南昌大学甘敏(2017)在其硕士论文中也认为"社区档案"的研究始于 1998 年,2001 年以前发文量较少,但从 2002 年开始呈极值增长趋势,到 2003 年达到总趋势图中的最高值。2003 年笔者(徐欣云)与吴建华、何小菁的《我国社区档案管理的现状与发展趋势》一文,以全国首批社区建设试点街道的南京市玄武区新街口街道为例,分析了社区档案的权属、管理体制、管理标准和管理设施等问题,认为社区档案应该更务实,以免社区居委会"苦不堪言"。据胶州市阜安街道办事处陈梦(2017)统计,截至 2016 年年底,我国的社区服务站数量已经成功突破 35000 所,社区内的服务设施覆盖率也高达 51%。

　　这类文章多强调了社区档案工作的重要性、内容、性质、问题及解决途径。在重要性方面,诸城市档案馆娄红、徐健(2010)说,2008 年 12 月全国农村社区建设试验工作经验交流会在诸城召开,之后诸城的农村社区工作事迹先后5 次在 CCTV-1《新闻联播》《东方时空》栏目中播出。长春市双阳区清江社区张晓红(2019)说,社区档案管理作为一个全新领域,是政府为提高人民生活质量利用的一个全新手段。在概念和工作内容方面,章丘市档案局黄艳楠、许立强(2013)认为农村社区档案有效记录了区域内社会发展进步历程和历史文化传统,记录了当地农业、农民的物质文化生活面貌,反映了社区发展工作取得的成就;胶州市阜安街道办事处陈梦(2017)认为社区档案则是对社区的各项建设活动所作出的详细记录,等等。在性质方面,娄红、徐健(2010)认为农村社区档案工作是"一些由政府和单位承担的社会管理职能正在逐步转向农村社区"的体现;依安县依安镇东北社区佟大莉(2013)认为这是"让档案走进家庭,走进居民生活,能够使档案工作与家庭美德建设融为一体";胶州市阜安街道办事处陈梦(2017)认为,社区的规模虽然不大,"麻雀虽小,五脏俱全";孙一鸣(2017)、张晓红(2019)都认为"社区工作量非常大",社区档案工作也是如此,等等。

　　对于农村社区档案工作存在的问题,孙一鸣(2017)分析得全面而且有深度:社区实行"权随责走、费随事转、事费配套"的原则在现实中往往不能落实,社区档案的建设资金款项很少到位,许多社区包含乡镇村中的居委会形同虚设;社区档案管理人员不专业,大多数都仅迎合检查;民众认为社区档案有较浓的政治色彩等。对社区档案工作提出的对策大同小异,如提高认识、明确归属、依法治档,规范管理,加大业务指导、资金扶持力度等。但有一些特殊的对策,如天津市档案局法制处崔平(2009)认为现行《档案法》缺乏对社区、农村档案管理的规范,应将社区、农村档案工作纳入法制管理;山东大学陈建、赵丽(2017)认为社区档案应参与社会记忆构建的路径,除了政府主导之外,还有市场参与、公益补充;甘敏(2017)则认为应构建"居民至上"的社区档案生态服务模式,如社区"一站式"档案服务普及、"社区 APP"档案服务推广,等等。

　　(四)档案"泛化"论研究

　　档案"泛化"论是本文立论基础之一,而且本书是笔者博士论文研究的延续和深化。笔者的博士论文《档案"泛化"现象研究》(中国人民大学,2012),于

2014年由世界图书出版公司出版,书中对档案概念、工作、学术的"泛化"现象和特征进行了分析,并分析了"现代化""后现代"交融的复杂动因,在现代化的困境下对档案概念、档案工作和档案学所进行的反思和建设。胡鸿杰(2014)评价该书道:"在档案学通往学术'坦途'的道路上,徐欣云的《档案'泛化'现象研究》似乎是一个不可以绕过的门槛。即大家必须解决如何看待这个纷繁的世界,如何从中找出属于滋润学科发展的营养而不被表面现象所迷惑。……在世风日下、人言不古的学术圈中,人们还能够读到这样的文章,发现这样的观点,不能不说是一种幸事。"

我国档案学者对于档案概念的"泛化"现象的关注,始于20世纪90年代末,如郭红解(2005)认为"泛档案"现象的出现有历史必然性,它既折射了社会上档案观念的嬗变,也凸现了档案人开放、包容的胸襟;赵永强(2005)认为"泛档案"现象是"某活动主体在某行为过程中形成的记录或结晶体";高大伟(2010)认为"档案泛化"并非绝对合理,但通过对它的扬弃却给我们提供了一个让"制度档案学"勾兑些"人文"内容的方法;也有任汉中(2008)认为以档案为卖点的图书等是把"档案"一词当成了狗皮膏药;胡鸿杰(2009)认为档案学术"泛化"是一种"去档案化"、学术泡沫等。图情界对于学科"泛化"这种学科外延的扩张持正面态度较多,如《图书馆学研究中的泛化》(赵春旻,《中国图书馆学报》1999年第2期)、《扩张与虚化——图书馆学理论研究50年反思》(邱五芳,《中国图书馆学报》2000年第2期)、《情报概念泛化论——兼析尤斆、徐捷的情报观》(姚健,《图书情报工作》1996年第1期)、《关于情报学泛化现象的思考》(谢恒,《农业图书情报学刊》2008年第8期)等。徐欣云(2012)界定的档案"泛化"是指档案界和社会大众对"档案"概念偏离传统的使用,是传统档案概念的延伸、扩张或借用,并保持与传统"档案"语义的关联度,并认为档案"泛化"是一个普遍的社会现象,已远远超出档案学术定义的范畴,这种现象使"档案"走下了神坛,消解了"档案"权威性的同时维护了信息公平,也因此档案"泛化"是档案与民俗、习俗结合后的产物,是政治开明、技术发达下的档案大众化和平民化现象,从而使传统"国人最重典籍"的通性得到极大的发扬。徐欣云根据库恩学科"范式"论而用教材作为"范本",分析档案工作原则变迁中的"现代化""理性化"的趋势,在认同现代性有摆脱愚昧、迷信、专制并追求理性、科学、自由的积极作用的同时,也认为带来了机械化、教条化的负面影响,造成"理性的暴力"。在这过程中,她认为泛化的"民间档案"在增长,即"产生于民间并留存于民间的档案",这与当下研究热点的"社群档案"的定义已很接近。徐欣云认为档案"泛化"现象可以用后现代档案理念来包容,但在后现代档案学理念本土化过程中,一些错解造成这些"泛化"档案仍然被排除在主流档案观念之外,因而坚守什么样的"来源观"变得更为重要,从而提出重构档案文明的设想,等等。

　　近来又有一些学者讨论档案"泛化"现象。冯占江(2012)认为,一直以来档案概念泛化现象的争论主要集中于"口述档案"和"实物档案",而现在更关注民生档案、健康档案、家庭档案、新农村档案等,这是在文化强国战略的推进、社会记忆工程兴起下的档案"功能"的拓展,是广义的、合乎大众口味的、适应不同媒介传播的、社会各界共同打造的大众档案文化的表现。归吉官(2013)认为档案"泛化"本身并无优劣之分,适时适度的档案"泛化"将有助于提高社会档案意识,开阔档案工作领域如向农村地区挺进,但档案"泛化"过度则会导致档案概念的模糊化和复杂化、庸俗化、基本概念长期无法统一等,因而应趋利避害,避免用"概念"代替"理念"等。归吉官(2013)还认为,档案"泛化"不是凭空想象而来,而是要有一定的现实土壤才可以萌芽、成长,比如文件生命周期理论将文件运动全程纳入档案学研究范畴,就是一种档案"泛化"。刘晋如(2018)认为档案概念泛化就是人们精神文化需求、社会档案需求日益扩大的表现,体现为世俗化、动态性的特征,"泛化"内因是档案学界自身对文档一体化的思考、开放的学术思维和工作理念,外因有社会实践方式和记录方式变革的要求、国家文化战略和信息战略的导向、后现代思想的融入、信息文明的影响等的硕士学位。徐子娟的硕士论文《档案"泛化"纵横论》(苏州大学,2019)取《简明不列颠百科全书》中对"泛化"的阐释,将档案"泛化"现象概括为:区别于传统档案的一些事物被冠以"档案"之名从而导致档案外延和边界扩大的现象,其中包括档案学术研究以及档案工作领域的拓展;她论述了在文件纵向运动即文件生命周期过程中和文件横向运动即档案边界向田野、乡间扩展时候的档案"泛化"现象。

　　总之,重视档案"泛化"现象,彰显了实事求是的态度和宽广的视野,有对档案理想和文明的积极的建构作用。但上述徐欣云的"泛化论"也有所不足,一是在当今档案"多元论""社会模式"等已有厚实的理论和现实土壤的情形下,似乎再无必要再为档案"泛化"现象辩驳,研究重点更应放在档案"泛化"实践考察上;二是对于"泛化"现象的二元划分过于绝对,如社会大众和档案界"泛化"主体、"官方"和"民间"立场的二元划分等;三是对于"泛化"的"尺度"研究不足。近来一些其他档案"泛化"论文章有一些独到的分析,如认为文件生命周期理论、文档一体化实践就是一种档案"泛化"现象,且都提出了"泛化"优劣两面的影响,意味着"泛化"亦应有度,这些都提供了借鉴。无论如何,档案"泛化"实践中的合法性研究,本课题仍需要面对。

（五）后现代档案学理论研究

这部分综述反映了档案学的理论研究的新动向,也是本课题档案"泛化"合法化研究的理论基础。

1. 社会档案观、社会记忆观研究

徐拥军、李孟秋（2020）写道,自 2008 年以来,档案事业从"国家模式"走向"社会模式"的趋势更加明显、维度更加多元,主要表现为档案管理转向档案治理、档案行政管理部门的职能调整、档案资源结构的多元化、档案工作的公众参与、档案服务的社会化等方面。在 1996 年加拿大特里·库克（Terry Cook）在第十三届国际档案大会上指出 20 世纪末公众对档案的认识已发了根本变化、档案理论和实践正经历着从"国家模式"向"社会模式"的转化之后,张斌与徐拥军（2008）认为"社会档案观"越来越为我国档案界所认可,档案工作的重心正从高层、宏观转向基层、微观,从政治领域转向经济、科技、文化、生活领域,从党政机关转向企事业单位、社区、农村和家庭。

"社会档案观"正是起源于对非正式文本窘境的关注,如口述档案合法性的确认（傅华,1993）、谱牒在档案领域无话语权的困惑（张全海,2010）、梁启超档案拍卖绕开档案部门的反思（蒋卫荣,2013）。有档案利用社会模式表现为档案神秘性的解除、公众依法利用档案意识的强化、政府和档案部门对档案走向社会的宣传力度（吴剑梅,2005）,档案的平民化（徐欣云,2006）,非国有档案应由公民自主市场调节（蒋卫荣,2013）、实现与社会的良性循环（黄芮雯、黄项飞,2014）等研究。

社会档案观下保存的档案更侧重非正式文本,甚至是口口相传的记忆。社会记忆研究的相关文章中,就承认记忆本身就是一种档案或集体记忆的档案。我国档案界的"记忆热"被称为"档案记忆观",是一种新的思维方式和管理理念，丁华东发表了近十多篇以档案"记忆"为主题的文章，是国内档案"记忆观"的核心作者。他关于档案记忆观的代表作有《档案记忆观的兴起及其理论影响》(2009)、《论档案记忆研究的学术坐标》(2011)、《论档案与社会记忆控制》(2011)、《档案记忆能量探论》(2011)、《论档案记忆的真实性和客观性》(2012)、《论档案传承社会记忆的机制》(2013)、《昔日重现：论档案建构社会记忆的机制》(2014)等等，而且丁华东继续用"记忆观"来解读和推动"城乡记忆工程"。还有一系列档案与记忆关系的论文，如认为非物质文化遗产档案本身就是一种社会记忆，是"记忆的记忆"(吴红等，2007)，档案要经过社会认知、重构才能成为社会记忆，但档案是重构社会记忆的重要工具(卫奕，2008)，档案是一个国家的记忆(潘连根，2011)，有的记忆是对档案资源的扩充，档案又是记忆构建不可替代的要素(冯惠玲，2012)，等等。

2. 多元论、社群档案理论研究

档案"泛化论"与"多元论"联系紧密，"泛化论"只是更强调对于主流档案界而言非正式文本存档具有挑战性。"多元论"的研究是起源于国外学者，如苏·麦克亨米什(Sue Mckemmish，2011)认为，"我们面临的挑战是建立一个能够允许多个知识体系和多种形式记录共存的体系"，米歇尔·卡斯威尔(Michelle Caswell，2013)从宗教的多元引述出档案的多元化，等等。

多元论的研究还没有成独立的体系，安小米、郝春红(2014)对英文文献以档案"Pluralism"或"Multiverse"为标题和关键词的文献进行了综述，认为这类文献是越来越多，均倡导档案多元视角对社会实践的积极正面影响，关注焦点从保管转向利用，从档案自身发展转向档案权力、话语、知识及其对社会实践的影响，其中安·吉利兰(Anne J. Gilliland)是代表性作者，而我国许多研究也"存在对档案多元现象的关注"；她们继而认为，档案多元论"实质为21世纪档案学领域对档案多种可能存在形式及其属性认识的一套假说"，涉及多学科、跨机构对档案的认知和工作方法。李子林(2018)也综述了国外档案多元论，认为在西方后现代主义以及历史、文化、社会学研究新要求推动下，吉利兰等在2011年首次界定"Archival Multiverse"为"档案多元论的研究对象是存在于多样性的社会、文化和技术环境中的复杂档案现象"，而"Archival Multiverse"则指"涵盖证据性文本，即产生于多样文化背景下的各种形式的记录的档案多元化体系"，"多元论"是在多元世界观下档案学领域为应对复杂的挑战而产生的多样化合作途径与多主体共同参与模式。陈智慧(2018)讨论了非物质文化遗产档案管理过程中的档案多元理念的运用,认为"多元主体合作就成为趋利避害的最佳选择"。钱明辉、贾文婷(2018)则认为,相较于"多元性","包容性"更重要,包容性在承认并尊重不同主体差异性、鼓励具有多样性的不同主体共同参与的基础上,更加强调利用这些差异性获取更好的发展,社群档案的兴起和发展正是档案领域对包容性思想的一种典型实践,等等。

社群档案理论可以用来更好地解释我国乡土社会中具有相对独立性的宗族文化特征的传统村落档案形成的机理。社群档案(Community Archives)一般被认为是近年来欧美国家新出现的一种档案类型和档案现象,最早出现于英国,是"社会融入"政策的一部分。英国伦敦大学学院(UCL)的安德鲁·弗林(Andrew Flinn,2007)认为"社群档案是记录、存储和挖掘社群遗产的草根活动,其中社群参与、控制和拥有所有权至关重要"。弗林等人文章强调了社群档案中长期可持续发展的三个核心问题,一是社群档案馆"在关键创始人的参与之外"如何维持社群档案馆(弗林等,2009),二是能否在没有公共资金资源情形下自筹资金维持社群档案机构生存(弗林等,2009),三是如何保留对社群档案的保管、控制和所有权(弗林,2011),"这些问题的核心在于如何获取资源(财力、人力、物力、技能和专业知识)的问题,以及缺乏资源是怎样阻碍社群档案的生长和未来的发展能力"。加拿大的特里·库克(Terry Cook,2013)认为"社群档案"是档案、记忆、证据之后的新范式。

莎拉·贝克(Sarah Baker,2013)创造了一个术语DIY(Do-it-yourself)。贝克(2015)认为,大量基层的档案馆、博物馆和名人堂这类DIY机构类似于社群档案,它们致力于文化遗产如流行音乐遗产的收藏、保存、策展和盛会,从而使社群作为遗产形成者的角色合法化、民主化,这种流行音乐遗产DIY机构历史悠久,并仍在全球范围稳步增长;贝克和杰兹·柯林斯(Jez Collins,2016)认为社群档案中保存的文物和风俗知识,由于缺乏资源和技术变革有可能存在丢失"文化记忆"的风险,历史材料可能被当作垃圾丢弃,因而讨论了DIY机构中长期可持续发展面临的挑战。米歇尔·卡斯威尔等2016)认为在社群档案中"会突然发现你自己的存在",他们通过一个社群档案的定性访谈,从实证角度研究独立社群档案对社群的影响;米歇尔·卡斯威尔等(2018)又以南加州五个不同社群档案的54位社群档案使用者为研究对象,探讨边缘化社群的成员对社群档案所居住的现实空间的认知,发现社群档案空间有的被视为一个象征性的、情感性的活动场所、"家外之家",有的社群档案网站被描述为"政治生成空间"等。贝琳达·巴特莉(Belinda Battley,2019)根据自己将近三十年的档案工作实践经验,认为专业档案管理员总是假定专业知识利于"保存"或"保管"社群档案,而没有考虑到社群内现有的复杂文件保存结构,在"拯救"社群档案的同时,也将它们与社群环境割裂开来,从而讨论"一种复杂的自适应的文件保存系统的社群集体记忆"的"自组织管理"系统,以保证社群集体记忆在归属地的真实性。利萨·吉本斯(Leisa Gibbons,2019)以23年的公开资料为基础,研究由澳大利亚国家图书馆运营的社群遗产资助项目机构(CHG)的有效性,该机构为许多从事社群记忆生成的小型组织提供基础性支持,等等。

在我国,连志英(2014)较早引述欧美国家社群档案的概念、形成背景及发展现状,其研究对我国档案工作的启示是,认为因此档案工作者有了新角色即协助社区实现自治、与其他机构合作共建群体记忆、实现社会公平与正义,档案记忆构建有了新模式即社会参与模式和后保管模式。谭雪(2015)研究社群档案理论引入我国遭受挫折的原因,如我国缺乏相应的政治哲学思潮和权利意识、文化转译壁垒与学科归属问题、与中国档案理论与实践的相容相适问题。黄霄羽、陈可彦(2017)论述了社群档案工作的参与模式,认为"社群成员主导、档案工作者辅导的共同参与社群档案管理模式",既尊重了社群成员对自身档案的熟悉,又保证了社群档案工作的专业性。陈珍(2017)用"多元论"构建社区群档案资源体系,提出政府模式、公益模式和合作互补模式,并认为乡村记忆工程就是一种社群档案项目。李孟秋(2019)在《我国社群档案建设的意义、困境与路径》一文中,认为社群档案"中国化"任重而道远,现实困境有群聚而居的传统社会习惯、对中庸之道的曲解、重社区而轻社群、社群成员尚未实现身份觉醒等,因而需要来自国外社群档案概念的包容性、对抗性减弱、加强合作的启示,从而发展中国特色的社群档案;李孟秋(2019)在《社群档案研究进展与趋势》一文中,认为是1986年美国档案部门"编制一份更加平衡且更具有代表性的社会记录"的报告间接宣告社群档案在欧美档案学界"登堂入室",并认为社群档案并不能被简单理解为档案的下位类概念,在一定程度上,社群档案的存在与发展是对传统档案学的挑战与质疑,等等。

3. 后保管模式研究评析

后保管模式的提出已经有 30 多年。最近冯惠玲、加小双(2019)对于档案后保管理论的演进与核心思想再次进行了梳理,认为自美国档案学者杰拉尔德·汉姆(Gerald Ham)1981 年首次提出"后保管"概念以来,其内涵逐渐丰富深刻,对于数字时代档案馆职能转换和扩展有重要影响;后保管是档案学基础理论的一种新的理念、模式(范式)或革命,是在后现代语境下阐释对于传统保管理念和方法的质疑与超越,主要表现为超越实体保管,关注背景与联系;超越保管地点,聚焦保管需求和能力;超越闭门保管,扩展档案管理功能;超越阶段性保管,在合作中走向连续。国内外关于后保管模式的研究文献很多,安德鲁·弗林(2007)认为,后保管模式适合于社群档案,解决了社群将档案存放在正式遗产机构时的矛盾心理,也避免了专业档案管理员常要做出困难且常令人不安的决定;张衍、黄清晨(2020)则认为,文件连续体理论是对后保管理论的内容的充实与完善,等等。最近,闫静、徐拥军(2019)研究后现代档案学理论的思想实质,认为"后现代兴起于对现代性种种弊端的批判",如对理性主义档案观、对科学主义档案观、对机械主义档案观的批判与超越,因此后现代档案学是理论发展的活力源泉,其思维更新主要体现在档案理论从宏大叙事转向微观表达、从主流话语转向边缘声音、从权威建构转向权力解构三个方面。但是,最近徐拥军、熊文景(2019)基于唯物史观的视角对后现代主义档案观进行了批判,认为唯物史观下后现代主义档案观所追求的不确定性导致档案客观性的迷失、倡导无中心意识导致档案整体的碎片化、推崇解构主义导致档案叙事的游戏化、主张多元价值观导致档案文本意义的颠覆;徐拥军等(2020)认为国内学者虽然对后现代与档案学、档案工作的关联进行探讨和分析,但是并未能系统、全面总结出在后现代主义影响下档案学理论的发展与新立,等等。

综上所述,后现代档案学理论研究,使得我国档案观越来越开放包容、多元,档案措施越来越公众化、平民化,对"后保管模式"这种新范式也越来越达成共识,而笔者 2012 年论述的"泛化"论的动因也正是对"现代性"的反拨,如上述徐拥军等认为的"后现代兴起于对现代性种种弊端的批判"。在社群档案方面,其涵义和价值也基本取得了共识,即社群参与、控制和拥有所有权至关重要,然而提出的实现路径多样化,有的重点在"档案治理",有的重点在"社会参与",但基本可归入"共同参与"模式。

三、本成果独到的学术和应用价值

概言之,前贤的研究既是本课题开展的坚实基础,亦留有极大的拓展空间。但笔者认为,已有研究中至少存在两种互有分歧的观点。一种认为传统村落档案与现代正统档案管理方式相同,是以正式"立档单位"档案为代表的拓展,沿用现有路径以主流档案为中心,但这种观点缺乏对乡土档案文化的尊重,如此的档案文化"扶贫"也许同样难逃"越扶越贫"的怪圈。一种认为传统村落档案根本不同于现代档案,是"被忽略的乡村领域"信息荒野,被看作纯粹应是自下而上的村民自觉、自治建设,它与农村档案制度、文化遗产保护档案关联性研究不足,但这种观点又缺乏对体制内农村档案工作的认识。具体来讲,本成果相对于已有研究独到的学术价值和应用价值如下。

（一）后现代档案理论的本土化实践研究

我国的后现代档案学理念的研究很多,但以之指导档案实践的较少,这与国外对其实践研究的高频率形成鲜明对比,这种现象的出现,主要还是一些术语的语境转换问题,"新来源观""后保管模式""社群档案"等术语在中文语境中不那么容易理解。笔者认为,后现代档案理论的关键词就是"多元化",然而多元来源、多元主体现象的复杂性,难以被把控或规范化而被简化或忽视,在主流档案学理论中常被看成"泛化"现象,在实践中不能被完全接受。如档案学者们提出的"村民自治"对策显示了对村落文化的尊重,但也反映出对传统村落档案实践的无力感;再如社群档案理论停留在学者的研究上,而基层档案工作用的是社区档案这一称呼,档案理论与基层实践有了分水岭。正因此,后现代档案理论研究的热度不能保持及深化,也难以持续有效解决传统村落建档问题。本文对后现代档案理论进行本土化解读,以应对这种复杂性,认为传统村落档案就是类社群档案,其建档模式就是社会模式。

（二）传统村落档案"世俗万象"的合法性解读

"新来源观"等的难以把握和理解,原因还在于我国档案界把"新来源观"等神圣化、抽象化,而忘却其在实践中的指导功能。"新来源观"除了是对信息社会数字技术等的适应外,更重要的是一种档案来源范围的拓展,即从正式组织来源扩展到非正式组织来源,档案来源走向世俗化。本文以开阔视野包容传统村落档案"世俗万象",分析了传统村落档案的"泛化"主体、来源、文本类型等,"泛化"一词也即多元化的另一种表达方式,是对主流档案理论的挑战。如果对之认识单一,机械套用现代主流档案制度,就无法应对传统村落及其文化遗产档案的活态性、多元性。本文侧重纠正这种做法,论证传统村落档案"泛化"的合法性,并从文化遗产学视域解析传统村落档案,一是认为一个传统村落本身即是"活的"整体档案,二是认为文化遗产本身有档案或记忆,三是认为传统村落以文化遗产档案为身份证,四是关注农业遗产档案和农民档案。

(三)传统村落档案秩序及制度嬗变的跨学科研究

传统村落及其文化遗产的档案研究是一个多元的文化视野,各种混杂的问题存于其间,但档案学领域对传统村落档案的已有研究的学科视野过于单一。本文从档案学、社会学、文化人类学、文化遗产学等多学科进行探索,总结出传统村落档案现代化演变的动因,从而提出对策。本文避免把传统村落档案作为落后的代名词的"扶贫"基调,提出其为"母文化""根文化"的说法,并关注大、小传统的转化和互动;本文总结出乡土隐性档案秩序,一方面坚守了档案领域来源原则,另一方面也保护了传统档案文明中"国人重典籍"的本性。

(四)传统村落档案"泛化"管理的原则要求

传统村落倘若作为"立档单位"或"全宗",它与城市机关、企事业单位这类正式组织单位不同,传统村落的边界完整性需要讨论,而非正式文本的相对真实性需要尊重,本文提出了传统村落档案的"泛化"管理需要遵循的几个原则,这是正统档案学的管理原则之外需要注意的特殊原则。本文在承认档案法律法规的神圣性的同时,也正视法律为解决现世问题、平衡利益关系的世俗性,在推行"档案治理"之外还关注习俗、民俗等约定俗成的隐形规则;遵照国家档案制度的同时,重视民众的档案认知,尊重传统村落档案的独立性,认为传统村落档案公私产权掺杂,若被共享便会破坏民间档案文化生态。本文尝试提出传统村落档案管理的几个原则要求,一是传统尺度掌控的原则,二是显性制度与隐性秩序共存的原则,三是公权与私权博弈与统一的原则,四是真实性和完整性原则,五是中国的道器观与西方文化遗产观交汇的原则。通过这些原则,掌控传统村落档案"泛化"的尺度,也树立科学和学科的相对性理念,在坚持档案学核心理论的同时对档案"泛化"现象兼容并包,在坚持现代的科学直线发展观的同时也横向研究和反思档案学。

总的来说,从学术价值来看,本书立足于档案学,兼顾文化遗产学、博物馆学、建筑学、人类学、历史学、农村社会学等多学科的交叉与渗透，以更符合现实世俗表征的"泛化"论包容传统村落档案，摒弃"范式"转换的两极对立，具有理论逻辑上的创新性；以传统村落档案"正统"现象为参照研究其"泛化"现象及管理路径，联接各领域的档案解读，转向非主流人群的非正式文本，具有方法论上的革命性。可以说，传统村落档案研究既是档案学研究的挑战和机遇，更是责任和义务。从应用价值来看，本书结合民族文化复兴和新农村建设战略，正视城市和乡村档案的分野，尊重乡土档案文化，以"泛化"管理应对传统村落档案的"泛化"存在，增强档案工作应变能力，为档案机构介入传统村落档案工作提供参考，扩大工作范围；防止破坏和滥用乡土档案习俗，促进档案文化的公平交流，避免政府、学者、民间社会重复劳动，协同工作提高效率；确立传统村落档案管理路径，实现传统村落信息化保护，协助原真性保护传统村落，为传统村落保护及振兴民族文化服务。

四、本成果研究方法特色

（一）多学科交叉融合运用

多学科交叉融合在本文的运用，不单是因为档案学是一门综合性学科，更因为农村并没有如城市一样有学科、职业、专业的划分，而是浑然一体的自然和社会。如法国农村社会学家孟德拉斯所说："乡村生活是浑然一体的，这使所有把经济学和社会学区别开来的努力在这儿比在其他领域更为徒劳无益。"[①]文化遗产保护的国际文件中也有多学科参与研究的要求，如《华盛顿宪章》(1987)指出：在作出保护历史城镇和城区规划之前必须进行多学科的研究，保护规划必须反映所有相关因素，包括考古学、历史学、建筑学、工艺学、社会学以及经济学。本文有博物馆的文物征集方法和人类学田野采集模式的运用，有建筑学领域关于乡土建成遗产及其档案的研究，有社会学领域关于村落生产力和生产关系的研究、人类学关于村落文明的阐释等。

（二）史论结合同时关注现实

传统村落及传统村落档案是特殊历史时期出现的特殊称号，因而对其之前的称号及历史进行回溯非常必要。本文梳理了近现代农村变迁和城市化、

---

① ［法］孟德拉斯：《农民的终结》，李培林译，北京：社会科学文献出版社 2010 年版，第 16 页。

工业化的过程,以及其中记忆方式的改变;梳理了世界文化遗产保护运动对传统村落档案工作的推动;梳理历史上农村档案、农村文物、文物保护单位等记录规定及对今天传统村落档案的影响等,目的在于辨析和定位传统村落建档重点,系统性思考传统村落的内容、特征和管理路径等问题。本文同时关注当下我国农村档案和文物制度、传统村落保护现行法规和政策,认为已有的农村档案研究成果和乡镇、村档案室,就像设立的一个个村落观察站,与"蜻蜓点水"式的田野调研相比,它们更是天长日久地在保存村务记录,还有最近我国村史、村志在陆续编写和出版,这些都需要在传统村落档案研究中加以关注。

(三)田野开放式调研

在国家社科基金项目的促进下,笔者会同项目组成员带领学生多次进行传统村落开放式田野调研。项目组在村落有深度访谈,有问卷调查,更有走马观花,类似一个个古村旅游者,即承认自己的"他者"身份,不过度走进传统村落领地的私域,体会、观察而不是"挖掘"传统文化的存档情况,笔者称这种调研方式为泛游民间的档案田野"开放式调研"。

目前虽有民族档案、社会记忆、口述档案等类似田野调查研究,但档案学者包括笔者还是缺乏相关的技术训练。项目组在调查初期,也有调查提纲并散发问卷,并也走访了当地县区档案局。调查问卷设计了"针对古村落村民对于档案认知的调查问卷"和"针对县乡档案机构关于古村落档案的调查问卷"两种(见附件)。但现在流行的问卷调查习惯于把人口的性别、年龄、文化程度等方面的分布作为分析社会结构的切入点,其实这些还只是社会表层的结构,并不代表社会结构的本质。传统村落之广阔在我们想象之外,每个村落都有其特征,任何预先的设想也许都是一种束缚,为避免被有限的经验所框束,项目组在调研时不再预设主题和框架,放弃了问卷调查的方式,更多采用随机访谈、录音、拍摄的方式捕获档案现象。调研采访对象有留守老人,有退休回村的老人,有当地教书先生,有放暑假回村落的大学生,有打工回来的年轻人,有当地村委会干部,有古建筑修复公司的工人,有当地村落文物收藏爱好者,等等。项目组的这种尽量不干扰当地的生活而是观察村民并参与到人们"日常生活"中去的方法,与人类学以香客或游客身份进行调查异曲同工,以此保证调研者平等的旁观者身份,避免为迎合预设武断下结论。如王文章曾追溯

"1925年农历四月八日,容肇祖、顾颉刚、孙伏园等5人扮作香客,进行实地考察"①,后期尝试运用在伦敦大学学院访学接触的有关"社群档案"方法,以及"联合教科文组织亚太地区世界遗产培训与研究中心"的村落田野调研的培训成果。

传统村落档案研究,田野调研和长时段观察非常必要,笔者一直与村落中的受访对象保持联系,曾经建立了"江西传统村落调研微信群",包括地才、村民、非遗传承人、县档案局人员、项目组成员,经常交流和沟通,并多次回访。

五、研究成果逻辑框架和不足之处

(一)研究逻辑框架

本书着重研究传统村落档案的建档现实及困境、"泛化"现象和特征、"泛化"动因及其合法性的理论解释和可能管理模式等方面。本书逻辑上是先谈传统村落建档现状及政出多门等问题及面临的挑战,然后根据实地调研、文献调研,描述传统村落档案"世俗万象"及其普遍性,对其类型、特征、动因进行分析,进而根据国际、国内及乡土社会档案秩序,提出原则要求,重新架构传统村落档案内容,提出"泛化"收集路径及后保管模式。

第一章,界定目前被认可的传统村落档案的定义和内涵,回溯传统村落与古村落、历史文化名村的继起关系,分析住建部门、冯骥才团队、档案机构对之的建档现实及不足,提出传统村落建档面临的挑战。

第二章,描述江西传统村落档案"泛化"的世俗万象,主要以笔者实地和文献调研的抚州、吉安、南昌地区的传统村落为例,以村落为单位展示各类"档案"现象。

第三章,分析传统村落档案"世俗万象"的多元主体:地才、村民、政府、学者、游客等,及各种非正式文本,如导游词、传说、铭刻、游记等,提出传统村落档案就是为这多元化记忆做集结。

第四章,对传统村落档案"泛化"特征(世俗性、草根性、相对真实性、开放性等)、价值(社群价值、教育价值、政治经济价值)进行总结,重点在真实性、世俗性、活态性等方面进行论述,并以后现代档案学理论解释其合法性,承认"档案"并不是档案学界专有的术语。

---

① 王文章:《非物质文化遗产概论(修订版)》,北京:教育科学出版社2014年版,第50页。

第五章，寻找传统村落档案"泛化"动因，认为乡土社会隐性秩序的作用，以及世界范围的乡村变迁特别是城市化、现代化带来的记录现代化，两者同时对传统村落的记忆和建档方式发生作用。

第六章，对传统村落档案"泛化"内容进行新架构及重点介绍一些关键文化遗产的档案内容，如乡土景观遗产、传统建筑遗产、非物质文化遗产、传统村落保护材料等的档案内容。特别是，在新架构中增加了农村档案，这一现行主流档案工作模式下的村级档案，它还包涵了人——农民、农户档案，甚至农民工档案。

第七章，研究传统村落档案管理原则，笔者根据档案学、文化遗产保护及其他学科领域的要求尝试总结出五个原则，一是传统尺度掌控的原则，二是显性制度与隐性秩序共存的原则，三是公权与私权博弈与统一的原则，四是真实性和完整性原则，五是中国的道器观与西方文化遗产观交汇的原则。

第八章，研究多元收集路径，拓宽主流档案学为保证客观性的档案"接收"制度，观察到现实中传统村落中的藏品、文化遗产的收集方法及论证其合理性、可借鉴性。最后，尝试提出传统村落档案多元管理模式的建议，论证在"全宗"模式下，传统村落的边界完整及作为一个完整立档单位的可行性；论证现实中传统村落博物馆化管理的合理性；论证现有农村社区档案与社群档案本土化实践的关系，认为传统村落档案就是类社群档案，从而提出其后保管模式的路径设计。

本书与其说是为传统村落建档寻找合适的理想的路径，不如说是为当今传统村落保护及其建档运动建立一份存照、描绘一幅画卷，揭示大量有价值却貌似不相关思想背后的相关性。

本书逻辑框架如图 0-1 所示。

（二）本研究不足之处

本书研究对象是广袤的乡村，"传统村落"研究是一个非常广泛而又变动着的主题，每个村落轮廓不清、交错绵延，头绪纷繁，称不上一个传统的"立档单位"，其内涵之广阔超出笔者最初的想象，而且笔者因所受的现代教育背景影响，常常对于村落文化理解不足。具体来讲，有如下不足，一是跨学科的知识储备不足，虽花费了较多时间调研和阅读相关文献，但涉入多学科领域后常思绪发散乃至浅尝辄止，逻辑上难以周全，多处显得不甚清晰。二是对于传统

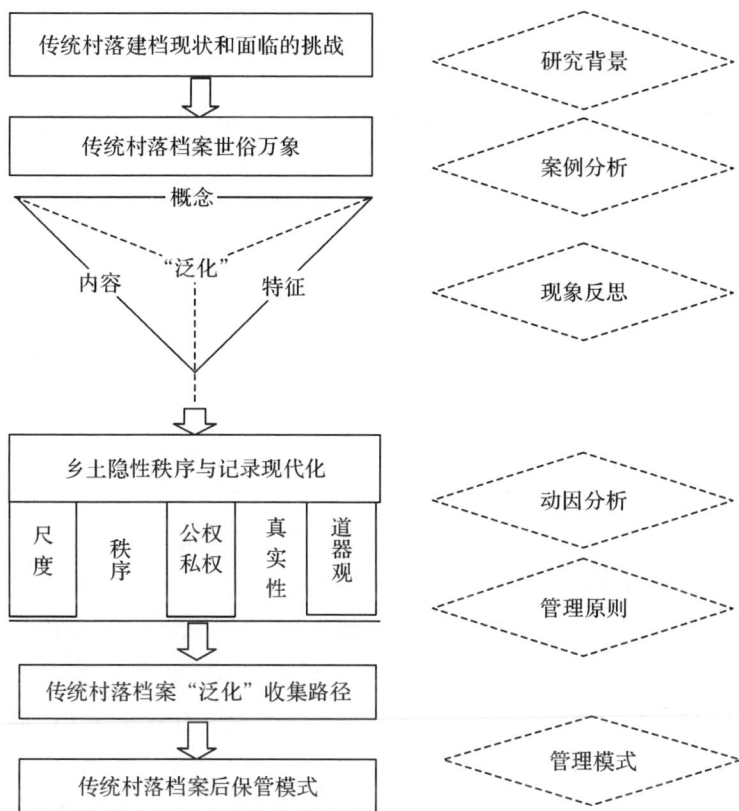

图 0-1　本文逻辑框架

村落调研,有深度和"长时段"调研的力度不够、程度不足,对采集数据的范围常感迷茫或力有不逮,也没能像一些档案学者有宽广的调研平台,上可达各部委办局,下可深入乡村农家;也没能像一些研究者采用"蒙塔尤"的研究方法,从微观入手对某个具体村落档案进行深描。项目组的调研难免挂一漏万。项目组对于负责传统村落保护和建档的住建局、文化局等部门一直无缘得访,因而借鉴其他研究者成果,认为在全国一盘棋情形下传统村落保护政策的实施大同小异,但不同之处难以发现。三是档案"泛化"论,与"多元论""后保管模式""新来源观"等后现代档案理念的接轨还需要深入研究,笔者同样也一定程度受制于主流档案学的立档单位、正式文本、档案形成流程等思维方式的影响。因此,在今后的研究中还会持续关注。

第1章 传统村落档案涵义、建档现状及挑战

　　"传统村落"是一个非常广泛而又变动着的主题，每个村落轮廓不清、交错绵延，头绪纷繁，称不上一个传统的"立档单位"。这种纷繁以丁华东对乡村田野记忆的描写为例："一座山、一座桥、一座庙、一棵树、一口井、一方水口、一把农具、一件器物、一封家书、一本家谱、一本乡志、一帧画像，还有地方性戏剧、地方节庆风俗、地方婚丧嫁娶仪式、地方民间故事和传说等等，都是乡村的记忆，是乡村生产与生活的全部，也是乡村历史与现实的全部。"[①]例举的这些乡村记忆内容，也许只是全部"乡村历史与现实"的沧海一粟，因而用内容列举法来展现乡村记忆的面貌，会使人更陷入头绪纷乱的"茫然"中。这也正如杨毅、张会超所分析的："如果档案学研究者长期习惯于用既有的专业理论框架来研究现成的档案，一旦进入田野，就会陷入到个人感性经验所能及而又抓不住、理不清的茫然、混乱中。"[②]笔者进入传统村落田野调查时也同样茫然，在接触住建部等通知中关于传统村落调查建档的纷繁的内容之初，感觉失去了曾经对"档案"的掌控力。

　　然而，这也许如陈志华所写："起始阶段的调查，还不足以指出深入的研究，因此调查的结果会遭到一些袖手旁观者或'摘桃派'的讥讽，被称为'资料学派'，但资料积累到一定程度之后，一定会有深入的成就。"[③]

　　本章首先梳理有关传统村落档案的涵义，分析传统村落档案与文化遗产、乡村记忆工程、历史文化名镇（村）、古村落档案的继起关系，以及评析传统村

---

　　① 丁华东：《论社会记忆数字化与乡村档案记忆工程推进策略》，《档案学通讯》2015 年第 4 期，第 36-39 页。

　　② 杨毅、张会超：《民族档案在田野中生成的实践探索》，《思想战线》2013 年第 5 期，第 72-76 页。

　　③ 李秋香、楼庆西、叶人奇：《中国古代建筑知识普及与传承系列丛书（中国民居五书）》，清华大学出版社 2010 年版，丛书序言。

落建档现状以及档案机构面临的挑战,从而先有一个"传统村落档案"的整体
轮廓。

1.1　传统村落档案概念及涵义界定

传统村落档案研究,首先的问题是"它是什么"。"传统村落"是在西方文
化遗产保护理论的话语框架下,兼具中国特色的一个概念,本文传统村落档案
专指被列入《中国传统村落名录》的村落而建立的档案,是这一特殊时段的档
案研究。"传统村落"不仅是"历史"更是"现实",是收藏过去的"博物馆",也是
还在使用中的"活化石",是仍然在提供服务的"活着的"村落;它是典型的有代
表性的古村落,是动态发展的"历史文化名镇名村";它强调邻里和农民社区的
参与。"传统村落"一词不是来自档案学领域,"传统村落档案"这一概念也非
档案学领域专属,而且这一称谓也还没有达成共识,还有如"传统村落文化档
案""传统村落资源"等称谓,本文选用"传统村落档案"这一用法。在有关讨论
中,概念的清晰一致是非常必要的,当通用语汇无法保证所指的准确性时,就
会使用一些约定俗成的用法,来保证论述的严谨性。

对传统村落档案的定义,学界目前众说纷纭,许多定义是列举式或只是现
象的某一个方面,或仅是权宜之计。在档案领域,目前对传统村落档案的列举
式定义,都尽量囊括非正式的边缘性材料。如司俊贤建议,古村档案主要有村
庄集体档案和村庄记忆(征集生产生活中"弃"而不舍的实物,征集农村文化档
案如名人档案、名村记忆、村规民约、家谱族谱、历代名人能人、风景名胜档案
等)。[1] 王云庆等认为,传统村落档案收集范围应该包括传统村落的基本简
介、物质文化、非物质文化等。[2] 连湘、翟倩妮认为,传统村落档案是村民在长
期的生产生活中形成的与村落基本概况、物质文化、非物质文化相关的真实历
史记录。[3] 王萍、满艺认为,传统村落档案包括历史记忆、宗族传衍、俚语方
言、乡约乡规、生产方式等材料,及传统村落保护规划、政策和管理制度等材料

---

[1]　司俊贤:《荥阳古村落档案记忆保护现状及对策》,《档案管理》2016 年第 5 期,第 96 页。

[2]　王云庆、韩桐:《传统村落档案的收集整理》,《中国档案》2014 年第 7 期,第 54-55 页。

[3]　连湘、翟倩妮:《我国传统村落档案管理初探》,《档案时空》2017 年第 10 期,第 12-13 页。

以及过程记录。① 笔者也曾论述：就古村落(此处等同于传统村落)兼具"历史"与"现实"的特征,古村落档案可分为文化遗产档案与农村档案②;而从历史角度看,"古村落是文化遗产的'活'载体,文化遗产档案是古村落价值彰显的凭据,是古村落之所以是'古村落'的'身份证';……谱牒、碑刻等形成过程不若正式文件有'归档'环节,非物质文化遗产如民俗需重构等,这类'档案'与传统档案的特征不符,是一种档案'泛化'现象"③。

目前我国有关机构正进行的传统村落建档实践,也是以内容列举代替概念解释。住建部等的"科学调查和中国传统村落档案制作说明"(建村〔2013〕102 号)要求传统村落档案包含七大类:一是村域环境、二是传统村落选址与格局、三是传统建筑、四是历史环境要素、五是非物质文化遗产代表性项目、六是文献、七是保护与发展基础资料。④ 冯骥才 2013 年成立"中国传统村落保护与发展研究中心"(以下简称"传统村落研究中心"),主编了《中国传统村落立档调查田野手册》,调查立档的内容从载体角度分为文字和图片两个归档表,文字归档表包括年代(形成年代、依据)、形成原因(迁徙)、类型(山村、水乡、丘陵、平原等)、地质(特征、地势)、自然面貌(山川河流、森林等)、民族(主要民族、民族村、多民族)、姓氏(主要姓氏)、人口(户籍人口)、生产(产业类型,主要物业、副业、养殖和新兴企业等)、非物质文化遗产(各类民俗、民间文艺、手艺和传承人)、自然遗产(特殊的风物、景观)、村落简介(村庄概况)、其他(如特有的动物);图片归档表也分为七大类,包括:A 村落面貌;B 村落历史见证;C 物质文化遗产;D 非物质文化遗产:列入名录的"非物质文化遗产"、未列入名录的"非物质文化遗产";E 民俗生活;F 生产方式;G 村民肖像、历史上重要人物肖像;其他。

简而言之,笔者认为,传统村落立足于乡土传统社会与现代村落之间,它

---

① 王萍、卢林涛:《传统村落档案研究——现状、困境与展望》,《档案学研究》2017 年第 2 期,第 15-20 页。

② 徐欣云、刘霄霞:《古村落档案与农村档案的内涵及异同解读》,《档案学研究》2017 年第 4 期,第 43-48 页。

③ 徐欣云、刘迪:《古村落档案的"泛化"现象及"泛化"收集研究——以江西古村落为例》,《档案学通讯》2017 年第 6 期,第 76-80 页。

④ 中华人民共和国住房城乡建设部、中华人民共和国文化部、中华人民共和国财政部:《关于做好 2013 年中国传统村落保护发展工作的通知(建村[2013]102 号)》,2013 年 7 月 1 日,http://www.mohurd.gov.cn/wjfb/201307/t20130705_214236.html。

是相对于现代村落(新农村)而言。因而从内容上来讲,传统村落档案主要包括乡土社会记忆(旧农村),也要包括新农村建设,还要包括传统村落保护的记录。传统村落的保存,也是传统文化载体——实物档案的保存,也是对传统村落的信息性维护,即通过记录或复制对象的某些特征来运作。此处"档案"被认为是约定俗成的没有异议的专业词汇,而"传统村落档案"只是"一村一档"策略下的一个建档单位形成的档案。实际上,在传统村落保护过程中,"档案"一词会以很多名称出现,如有清册、清单、记录、历史见证、史书、保护规划等,它们是档案在传统村落田野的"泛化"表现形式。

为了便于展开讨论,本文尝试定义"传统村落档案",即:反映传统村落流传至今的悠久、杰出的历史文化和有代表性的文字材料、实物载体或影像等。本文定义所指传统村落,特指《中国传统村落名录》中"村落",其档案侧重乡土社会的原生文化遗产档案。这个定义内涵也与四部委"一村一档"建档要求和冯骥才倡议的"传统村落调查建档"的内容一致。传统村落及其文化遗产的记忆,是特殊历史阶段的特殊事物和行为,本文拟定的传统村落档案的概念的范畴逻辑见图 1-1。

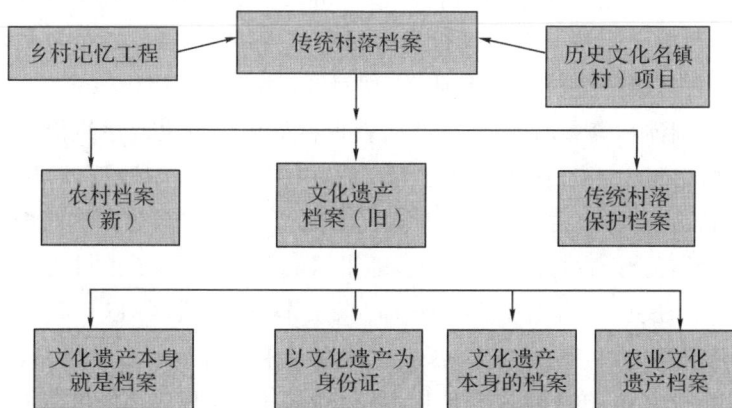

图 1-1　传统村落档案"泛化"概念的范畴逻辑图

1.2   传统村落保护运动的历史回溯

传统村落的"抢救"建档运动,缘于传统村落的传统文化处于劣势,以商业文化为主体的外来文化正以沙尘暴式的姿态迅速蔓延,冲击和消解我国的传统村落及其中的文化传统。

1.2.1   传统村落与古村落、历史文化名镇(村)继起关系

"传统村落"从字面上看是一个与"现代村落"相对应的一个词,如有认为"传统村落是相较于现代村落而提出的一类具有悠久历史文化传统与底蕴,具有良好文化积淀与传承的历史村落"①。传统村落名录制度设立之前,我国的经验是"古村落保护""中国历史文化名镇名村"制度等。

古村落是一种自然称谓,内涵广泛。我国古村落保护一开始时是民间自发行为,如 1989 年"上海登陆根文化发展中心"(前身为"中国古村落保护与发展专业委员会")的张安蒙和她所在的摄制组发现了湖南岳阳张谷英村,此后出版《屋脊与根·足迹——中国古村落保护与发展纪实》(2013)一书。1999年"中国古村落保护与发展首次研讨会"召开,郑孝燮、罗哲文、杨鸿勋、阮仪三、朱光亚、刘沛林等参加了会议,共同就古村落作为历史遗存的价值乃至保护发展各抒己见。2006 年由冯骥才倡议的"中国古村落保护(西塘)国际高峰论坛",被认为是"撑起古村落的保护伞",形成了《中国古村落保护西塘宣言》。此后,更多学者介入古村落保护研究,郭崇慧 2017 年综述了古村落研究的团队有潘英伟、庄兆声、陆林、卢松、刘沛林、王军、肖大威、薛林平等带领的团队。② 刘沛林将"古村落"界定为:"古代保存下来村落地域基本未变,村落环境、建筑、历史文脉、传统氛围等均保存较好的村落,是现代环境里所能见到的古代村落。"③后来学术界普遍认为古村落的"古"字,"不能更好地表达文明价

---

① 任越:《基于文化自觉的我国传统村落文化建档理论探究》,《兰台世界》2017 年第 2 期,第 10-12 页。

② 郭崇慧:《大数据与中国古村落保护》,广州:华南理工大学出版社 2017 年版,第 1-2 页。

③ 刘沛林:《古村落——和谐的人居空间》,上海:三联书店 1997 年版,第 6 页。

值和传承的意味"①;冯骥才曾说,"古村落"一称是模糊和不确切的,只表达一种"历史久远"的时间性,"传统村落"则明确指出这类村落富有珍贵的历史文化的遗产与传统。②

传统村落是纳入《中国传统村落名录》进行保护的"古村落",即典型的古村落。正如陈志华所说:"全国范围内确认为文物保护单位的古村落应包含各种功能类型、各种自然环境、各个文化地区及各个民族的古村镇的典型作品。"③这是一类特殊的作为文物保护单位的古村落。笔者认为,"古村落"和"传统村落"有时指同一概念,有时候略有区别:古村落重点强调历史久远度和文化遗产丰富度,而传统村落的概念主要由"传统"一词修饰,来反映历史延续性、传统文化活态传承等方面;传统村落中"传统"一词蕴含了传统文化遗产,它指保留到今天的先人的文化创造和历史的现在表现形式。

历史文化名镇(村)"是一个法定名词,《中华人民共和国文物保护法》(2002)第十四条规定:'保存文物特别丰富并且具有重大历史价值或革命纪念意义的城镇、街道、村庄……'这也是'历史文化村镇'概念首次以法律形式明确提出。"④2017 年的文物保护法修订版中延续了这种称呼。2009 年国务院公布了《历史文化名村名镇保护条例》(中华人民共和国国务院令,第 524 号),规定:中国历史文化名镇名村是指保存文物特别丰富且具有重大历史价值或纪念意义的、能较完整地反映一些历史时期传统风貌和地方民族特色的镇和村。⑤刘奔腾认为:"村镇保护与新农村建设应该是村镇发展的一体两面,它们并不应该是矛盾的对立面。"⑥笔者认同这一说法。从 2003 年起,由各级建设部门和国家文物局陆续评选、公布了不同级别的历史文化名镇、名村。然而,周乾松认为历史村镇保护过程中出现很多问题,如"旧城改造"决策误导历史村镇走向"建设开发性破坏",追求政绩和商业化倾向的"急功近利"使历史

---

① 郭永军:《山西省传统村落的传统资源分类研究》,太原:太原理工大学,2016 年,第 22 页。

② 冯骥才:《传统村落的困境与出路——兼谈传统村落是另一类文化遗产》,《民间文化论坛》2013 第 10 期,第 7-12 页。

③ 陈志华:《乡土建筑保护论纲》,陆元鼎、杨新平主编,《乡土建筑遗产的研究与保护》,上海:同济大学出版社 2008 年版,第 3 页。

④ 刘奔腾:《历史村镇保护模式研究》,南京:东南大学出版社 2015 年版,第 4 页。

⑤ 中华人民共和国中央人民政府:《历史文化名村名镇保护条例》,2020 年 6 月 6 日,http://www.gov.cn/flfg/2008-04/29/content_957342.htm。

⑥ 刘奔腾:《历史村镇保护模式研究》,南京:东南大学出版社 2015 年版,第 2 页。

文化名镇名村遭到"开发性破坏",保护法规不完善、执法不严、管理不到位、规划随意等。① 刘奔腾也说,我国的历史村镇保护"变成是专业人员一厢情愿的热情或者政府官员的政绩工程而已"②或者变成一个宣传意义上的乌托邦活化石;许多传统建筑在当地人眼里不过是一堆破房子,而基层技术人员也轻视历史村镇的非文物建筑、空间要素等的整体价值;保护模式简单化;调研"走马观花",设计"东挪西挪",追求表面的形似或粗糙复制;过度商业开发,造成村人口密集,村镇公共空间更加衰败;保护规划理念只是"墙上挂挂,纸上画画"的口头禅。③ 因而,历史文化名村名镇保护在某种程度上也进一步加剧了村落的消逝。

在《历史文化名城名镇名村保护条例释义》(2009)中,可知政府部门的保护工作倾向于从"文物"的角度——即从村落的建筑、布局等出发,较少强调民间节俗、信仰等"无形"文化遗产的保护,而"中国历史文化名村"认定的对象也较为局限和苛刻,在文物级别、数量上看来,大部分属于古村落中的"精英"。④ "中国传统村落"与"中国历史文化名镇名村"是有区别的,历史文化名镇名村主要保护建筑文物等物质文化遗产,传统村落保护还考虑了村落中无形的传统文化;历史文化名镇名村主要是"博物馆式"静态保护,而传统村落需要"生态博物馆式"的动态保护,强调邻里和农民的参与。"传统村落"不仅是"历史"更是"现实",是收藏过去的"博物馆",也是还在使用中的"活化石",是仍然在提供服务的"活着的"村落。

总的来说,传统村落具有与古村落、历史文化名镇(村)不一样的特征。

1.2.2 传统村落的特征和类型

"中国传统村落保护和发展专家委员会"2012 年第一次会议将习惯称谓"古村落"改为"传统村落",以体现生产生活基地的农村社区性、乡土建筑修缮更新的现时性、独特民俗民风的活态性,以指称"至今仍为人们服务的村落"。2012 年 12 月的《关于加强传统村落保护发展工作的指导意见》中的界定:"指

---

① 周乾松:《历史村镇文化遗产保护利用研究》,《理论探索》2011 年第 4 期,第 86-90 页。
② 刘奔腾:《历史村镇保护模式研究》,南京:东南大学出版社 2015 年版,第 2 页。
③ 刘奔腾:《历史村镇保护模式研究》,南京:东南大学出版社 2015 年版,第 21-29 页。
④ 郭永军:《山西省传统村落的传统资源分类研究》,太原:太原理工大学,2016 年,第 2 页。

拥有物质形态和非物质形态文化遗产,具有较高的历史、文化、科学、艺术、社会、经济价值的村落。"①杨健民等给传统村落下的定义为:"保留了一定的历史面貌,具有较为丰富的文化遗产或非物质文化遗产,至今仍然存在原住民以原始文化心态或生存方式居住、生活的村落。"②据此,传统村落的主要特征有整体性、活态性、社区性、遗产性。

第一,整体性。传统村落是文化、遗产、档案合为一体的新型文化遗产,而它又包含了多种文化遗产类型,如有物质文化遗产、文化景观遗产、非物质文化遗产,所有类别的遗产在相互融合中形成一个独特的整体。

第二,活态性。传统村落文化被誉为中国传统文化的"活化石","凡正常发育的村子大多有一定的内在结构,……它们的结构形态,是动态的而不是固定不变的。"③乡土建筑在历史名镇名村中被看作文物保护单位的传统建筑,属于过去时,与当今现下的生活已经脱钩;如今被称为"乡土建成遗产",则属于现在时,是还在使用中仍须持续修缮维护的建筑,是传统村落历史上不同时代风格的古建筑群的叠加,呈现着丰富的动态的嬗变的历史进程。传统村落中的民俗、节庆、手工技艺等非物质文化遗产表现形式,需要活态传承,村落景观中的树木流水无时无刻不在发生变化;"它的物质遗产也是'活着的',如村落的古井依然清可见底,可以饮用,人工改造的池塘依旧保持着蓄水灌溉的功用。"④

第三,社区性和社群性。传统村落不是过时的"文物保护单位",而是包含有"文物保护单位"同时也是农村生产和生活的基地,是以农民及其家庭为细胞的村级行政单位,有基层的村级组织和村民自治大会,构成独立的实体农村社区。同时,以血缘、地缘为纽带的农民,有可能散落四方,如外出求学、经商、打工,但是同一血缘、方言、风俗等仍然是这一群体的共同特征,有着感情归依。

第四,遗产性。"传统村落"作为一种宽泛的文化遗产,正有"博物馆化"的

---

① 汪欣:《传统村落与非物质文化遗产保护研究——以徽州传统村落为个案》,北京:知识产权出版社 2014 年版,第 40 页。

② 杨建民、曹天一、张家榜:《遗产传承视域下的古村张家塔》,北京:北京理工大学出版社 2019 年版,第 7 页。

③ 陈志华、李秋香:《中国乡土建筑初探》,北京:清华大学出版社 2012 年版,第 49-50 页。

④ 胡彬彬、吴灿:《中国传统村落文化概论》,北京:中国社会科学出版社 2018 年版,第 45-46 页。

趋势,而在本文中,"博物馆化"与"档案化"都是对传统村落的文化遗产进行静态化保护的措施。

传统村落是一个笼统的概念,但实际上应该对其进行类型划分,不同类型的传统村落,其档案内容也不同。传统村落类型丰富多样,具体如下。

第一,以农业占强势的村落在中国传统村落中占绝大多数,农村初期人口稀少时,都以务农为生,"有一些商业、手工业、运输业比较发达的村落和科甲连登、显宦辈出的村落,也多是从农业村落演变过来的"①。

第二,在耕读世家基础上发展起来的以科举功名为特征的村落。在仕宦辈出的村落,学塾、书院、功名牌坊、桅、文会、文昌阁、文峰塔等成为重要的建筑标志。江西乐安的流坑千年古村,耕读世家造就的一门五进士的传奇今天还为人津津乐道,因而也有很多纪念性祠堂。

第三,以手工业发达的村落,如江西省南昌市进贤县文港镇周坊村,有着"精制毛笔名村"的称号,为"天下三大名笔"之一的周虎臣故里,如今已被誉为"华夏笔都",有1700多年的制笔历史;江西景德镇的瑶里古村,古名就是窑里,是"历代制瓷原料的重要产地,有几十个古瓷矿坑,两百多处用于粉碎瓷石的水碓,二十多处宋、元、明瓷窑遗址"②。

第四,以官驿道上驿站和递铺形成的村落。如安徽黟县的西递村,本来就是一座递铺,"清代大朴学家俞正燮写道:'西递在府西,旧为递铺,因以得名。'明代,村人投入徽商的大流之中,以经营钱庄、典当为主,到清代乾隆、嘉庆年间,全村有宅院六百多座,街巷九十九条,水井九十余口。"③作为水陆运输线交点而形成的村镇也很多,如江西婺源汪口村,据传,"1375年前后,明代官府在汪口设立了第一个行政机构——用于投递公文的汪口驿铺"④。

第五,以商人雄厚的资本介入建设的村落。最初的商业资本也是农业和农村手工业提供的,尤其以徽商、晋商、山右商、江右商等大商帮和闽粤华侨的家乡最为突出。"著名的徽州宏村、西递、关麓、南屏等等村子里,精致典雅的

---

① 陈志华、李秋香:《中国乡土建筑初探》,北京:清华大学出版社2012年版,第15页。
② 胡伟:《瑶里·严台·沧溪——景德镇的三个"中国历史文化名村(镇)"》,《江西画报》2012年第6期,第10-15页。
③ 陈志华、李秋香:《中国乡土建筑初探》,北京:清华大学出版社2012年版,第24页。
④ 张翔:《基于共生理论的婺源汪口旅游古村落善治研究》,昆明:云南大学,2018年,第77页。

住宅都是商贾之家。"①晋商、山右商和徽商,都有相同的一条族规,在外经营不得携眷同行,不得在外纳妾,不得在外落籍。因此,经商发了财,按传统老规矩便是买田地造房子。2000 年中国皖南传统村落——西递和宏村入选《世界遗产名录》,世界遗产委员会这样评价:"西递、宏村这两个传统的古村落在很大程度上仍然保持着那些在上个世纪已经消失或改变了的乡村的面貌,其街道的风格,古建筑和装饰物,以及供水系统完备的民居都是非常独特的文化遗存。"②民间称西递、宏村为活的古民居博物馆。

还有的村落特色体现的是考虑社会的安全,如开平碉楼和福建土楼,二者也已入选《世界遗产名录》。

总之,村落的类型特征并不是单一的,而通常是几种类型特征同时并存共同发挥作用。传统村落是一个有机整体,其历史文化意义和功能大于它所有的各个单幢建筑、各个民俗、传统技艺等的简单总和。村域的自然环境塑造着村落,社会文化因素影响着村落,生产作物和手工经济影响着村落形式,建筑形态也影响着村落。每一个传统村落都有其个性,传统村落档案也各自不同,因而传统村落档案研究不能重普遍性而轻特殊性,否则提出的对策笼统而缺乏针对性,容易造成档案上的"千村一面"。

1.2.3　传统村落名录制度的直接起源

目前讨论传统村落档案建档起源时,许多文章只认为传统村落保护发展主要有两股力量:一是住建部四部委开展的传统村落科学调查,以行政力量推进"一村一档";二是中国传统村落保护与发展研究中心调查和盘点而形成田野手册,以民间力量记录民俗资料。③ 而笔者认为我国传统村落名录制度的形成至少有四个直接起源。

第一,乡土建筑保护领域的成果推动了传统村落的整体保护。陈志华1986 年翻译介绍联合国教科文组织的《保护文物建筑及历史地段的国际宪

---

①　陈志华、李秋香:《中国乡土建筑初探》,北京:清华大学出版社 2012 年版,第 89 页。

②　中华人民共和国人民政府网:世界文化遗产——皖南古村落,2020 年 4 月 24 日,http://www.gov.cn/test/2006-03/29/content_239263.htm。

③　何斌:《传统村落档案的收集》,《城建档案》2018 年第 9 期,第 80-81 页。

章》(《威尼斯宪章》)①,他率领清华大学乡土建筑研究组,用近 20 年的调研成果写成乡土古建筑学术丛书《中华遗产·乡土建筑》,罗哲文评价其为"一座座纸上乡土古建筑博物馆"②。随后,在我国城镇化摧毁村落有形实体如民居、宗祠等乡土建筑时,在水泥预制板现代建造代替传统砖木结构情形下,陈志华等考察楠溪江和徽州地区乡土建筑并提出保护建议,其建议引起国际范围对乡土建筑保护的关注,促进了国际文件《乡土建筑遗产宪章》(1999)的诞生。他提出"以乡土聚落为单元的整体保护"策略,建立了《乡土建筑保护论纲》,认为乡土建筑的保护应该以村、镇整体保护为主要方式,乡土建筑保护的第一步工作是在责任范围内进行古村镇的专项调查,选择出其中的典型作品,形成一个有全面代表性的乡土建筑文物系统。③ 笔者认为,"乡土聚落"就是传统村落的朴素称呼,"典型作品"就是代表性村落,这是"传统村落"整体作为一个文物保护单位的直接由来。同时,同济大学阮仪三组成调研梯队,多年利用寒暑假在全国范围内踏察古城、古镇、古村落,他说:"对于如此广博的土地,我们势单力薄。我们的调研活动始终是开放的,……并不只是进行学术研究,更重要的是……防止多元的历史文化遗存不经意间损毁。"④

第二,从中国民间文化的保护角度提出保护其载体即传统村落。代表人物是冯骥才,他以中国民间文艺家协会主席身份,于 2002 年着手推动中国民间文化遗产普查工作,首先在山西晋中榆次后沟村开启一场"中国民间文化遗产抢救工程"。⑤ 他从村落民俗和村落文化保护,逐渐转向正在迅速瓦解的村落保护问题。冯骥才于 2013 年依托于天津大学的文学艺术研究院成立"中国传统村落保护与发展研究中心",启动"传统村落立档调查"工程项目,旨在抢救传统文化,推动传统村落建档。

第三,住房和城乡建设部、文化部、国家文物局、财政部(简称四部委)联合启动中国传统村落的调查与认定,建立传统村落国家名录制度。2012 年 4 月 23 日在住建部官网上发布的《住房城乡建设部、文化部、国家文物局、财政部

---

① 刘奔腾:《历史村镇保护模式研究》,南京:东南大学出版社 2015 年版,第 9 页。

② 陈志华:《乡土建筑就是一部史书》,http://www.chinadaily.com.cn/hqzx/2008-07/08/content_6827253.htm。

③ 陈志华:《乡土建筑保护论纲》,《文物建筑》2007 年第 1 期,第 193-197 页。

④ 刘万春:《论生态博物馆在传统村落保护中的作用》,南京:南京师范大学,2018 年第 6 页。

⑤ 郭永军:《山西省传统村落的传统资源分类研究》,太原:太原理工大学,2016 年,第 1 页。

关于开展传统村落调查的通知》,这是现今第一份开展"中国传统村落"调查的文件①;2012 年 9 月成立了"传统村落保护和发展专家委员会",该委员会将习惯称谓"古村落"改为"传统村落",以突出其文明价值和传承意义,并因此建立了"中国传统村落名录"制度。显然,名录制度的诞生得益于陈文华、冯骥才等有识之士的推动,也是因为"历史文化名镇名村保护"遇到了瓶颈。近年"中国传统村落"成为进展速度远超"中国历史文化名镇(村)"的又一项政府工程,但值得注意的是:"无论这两个不同名目的村镇文化资源的考量评选在国家职能部门存在着什么差异,但在各省分管部门和操作方法上都基本一致。以江西的实际工作经验而言,凡是国家级和省级的历史文化名镇(村),基本都率先直入'传统村落'申报名录。"②随后《传统村落评价认定指标体系(试行)》发行,《住房城乡建设部关于印发传统村落保护发展规划编制基本要求(试行)的通知》发布,这一系列的文件和决定,扩大了传统村落保护内容和遴选范围。

第四,农业文化遗产及农业文献的保护推动传统村落保护。2002 年联合国粮农组织(FAO)启动"全球重要农业文化遗产"项目,界定农业文化遗产为:"农村与其所处环境长期协同进化和动态适应下所形成的独特的土地利用系统和农业景观,这种系统与景观具有丰富的生物多样性,有利于促进区域可持续发展。"③农业遗产的载体是传统村落及其农民。这个农业遗产几乎等同于传统村落了,因此后文的"农业遗产""农业文化遗产"特指联合国粮农组织的界定,偏向农业种植、养殖方面的遗产。

经上述有识之士和相关政府部门的推动,"传统村落"成为"中国特有"的说法。④ 全面认识"传统村落名录制度"的起源和背景,有助于正确认识传统村落及其档案的概念、特指和内容,避免遗漏建档重点。

---

① 梁洪生:《"中国传统村落"的评选与保护及江西现态初步考察》,《农业考古》2015 年第 6 期,第 298-307 页。

② 梁洪生:《"中国传统村落"的评选与保护及江西现态初步考察》,《农业考古》2015 年第 6 期,第 298-307 页。

③ 闵庆文:《让农业文化遗产助力乡村振兴》,《中国政协》2020 年第 7 期。

④ 李梦影:《基于图像的湘西传统村落数字化研究》,长沙:湖南大学,2018 年,第 14 页。

1.3　传统村落档案建档现状及不足

某一个传统村落按理只有一个历史,只有一个档案全宗来证明这个历史,然而,现实情况是,不同主体为传统村落所建的档案可能不同于另一个主体所建,这样的例子比比皆是。如住建部等部门为某村建的"一村一档"可能就不同于冯骥才等知识精英为该村建的档案,而且两者可能又与村委会、乡镇所存的档案资料也大相径庭,也与档案机构征集的古村落材料不同。因此即使是在如此"规划""计划"安排下的材料收集,也是如此多元,村落整体的历史和现实似乎被肢解为随机性的材料碎片。因而,对这种现象进行学理上的分析非常有必要,从而也使档案部门才能正确面对这样的机遇和挑战。

1.3.1　住建部等传统村落建档调查框架及不足

我国住房城乡建设部、文化部、财政部《关于做好 2013 年中国传统村落保护发展工作的通知》(建村〔2013〕102 号)的《科学调查和中国传统村落档案制作说明》要求传统村落档案包含七大类:一是村域环境,二是传统村落选址与格局,三是传统建筑,四是历史环境要素,五是非物质文化遗产代表性项目,六是文献,七是保护与发展基础资料。① 这一调查建档内容设计全面,也是本项目组经常采用的调研框架,但在实施上仍然有不足之处。

例如,李梦影通过对湖南湘西花垣县住房和城市建设局"图文并茂的传统村落档案记录"的形成过程调研,真实反映了住建部等"一村一档"政策下传统村落的建档过程,比如邀请摄影家拍摄的是艺术摄影,而村民迫于交差压力应付调查而拍摄随意、时间短暂、数量不多,调查成果是公共文件却没有放置在便于公众使用的公共场所,也与国际文件精神不符等。李梦影写道:"前 4 批申报成功村落档案大部分为各村寨按制作标准自行采集整理,余下少部分村落是住建局请专业人员制作。……住建局指派的专业人员一般为县市广告公

---

① 中华人民共和国住房城乡建设部、中华人民共和国文化部、中华人民共和国财政部:《关于做好 2013 年中国传统村落保护发展工作的通知(建〔2013〕102 号)》,2013 年 7 月 1 日,http://www.mohurd.gov.cn/wjfb/201307/t20130705_214236.html。

司、县市摄影家协会摄影家等。"①她进而指出"建档形式图文并茂"的同时"建档质量参差不齐",原因是"在规范标准方面,虽然住建部设定了建档制作规范,但只是对内容的有无制定了硬性规定,但对内容数量的多少,内容质量的优劣没有明确的标准";②另外,大部分传统村落没有专门的档案存储场所,申报传统村落的档案则由住建部门批准统一建库管理,而这些档案并没有渠道让普通公众和其他单位获取,重复建档造成资源浪费,增加了村寨基层工作负担③,等等。

　　档案界有研究者不认同这类"档案"的真实性。如刘佳慧、王云庆认为调查者建立的是"他们关于传统村落的档案"最后转变为"关于他们的档案"④,认为"所谓的'一村一档'和'对中华民族文化家底负责'的'严格的学术档案'虽以'档案'冠名,实则有偷梁换柱之疑"⑤。王萍则虽称之为"权力机构主控模式",拥有强大的行政推动力和充足的专项经费、自上而下的成熟的层级管理体系、较高专业水准的拍摄等,但她通过对肇兴侗寨建档过程调查发现,村民在政策要求下自行拟稿和拍摄时材料造假,而住建部则在档案质量监控方面粗糙乏力。⑥

　　笔者认为,在我国行政机构"条条管理"垂直领导下,住建部推行的"一村一档"的政策实施情况在全国各地与湖南湘西花垣县所属村落大同小异,并且认为这种调查者建立的档案有两种性质:一方面,调查材料是住建部这一管理实践的副产品,是调查者的工作证据,因而是档案,这是指住建部及其下属单位在履行传统村落管理和保护工作的实践记录,是传统村落保护过程中对档案工作制度中的"部门立档"或"三纳入、四参加"制度实施的产物,它们当然符合档案的定义,是传统村落保护实践的"副产品",即正统意义上的档案,那些因之而产生的"建档质量参差不齐、监控乏力"等问题,是行政机关工作旧有的

---

①　李梦影:《基于图像的湘西传统村落数字化研究》,长沙:湖南大学,2018 年,第 12-13 页。

②　李梦影:《基于图像的湘西传统村落数字化研究》,长沙:湖南大学,2018 年,第 14-16 页。

③　李梦影:《基于图像的湘西传统村落数字化研究》,长沙:湖南大学,2018 年,第 17-18 页。

④　刘佳慧:《记忆观视角下我国传统村落档案工作的方式与价值》,《档案建设》2016 年 8 月,第 29-32 页。

⑤　刘佳慧、王云庆:《档案部门参与我国传统村落档案工作的方式——档案部门与传统村落合作关系建构探析》,《档案学研究》2017 年第 2 期,第 57-62 页。

⑥　王萍、满艺:《传统村落档案建构模式比较研究》,《档案学研究》2017 年第 6 期,第 61-67 页。

弊病,而这种弊病不仅仅出现在传统村落建档工作中。如梁洪生说:(江西)省级住房城乡建设、文化、财政部门按"一村一档"建立中国传统村落档案后,档案成果以纸质和电子文件形式制作,两种文件的数据要完全一致已成定例,尽管多数"村落档案"基本上是保护发展规划的浓缩而已。[①] 显然,这种定例造成很大的浪费。这些执行过程带来的问题,降低了文件精神所宣扬的功效。另一方面,调查者建立的档案是传统村落某一侧面的反映,对于传统村落而言,是传统村落的"泛化"档案;它们虽不是村落和村民自身自愿形成,但可反映传统村落因保护措施而发生的变迁,体现了另一种真实,对之,档案部门要采取包容的态度。

1.3.2　冯骥才等"中国传统村落立档调查"框架及不足

冯骥才 2013 年成立"中国传统村落保护与发展研究中心",主编了《中国传统村落立档调查田野手册》(简称《田野手册》)并于 2014 年出版。根据该手册可知:中国民间文艺家协会、中国摄影家协会受中华人民共和国住房和城乡建设部委托编制大型图文档案《中国传统村落图典》,因而倡议:"到田野去,盘点我们的家园! 我国五千年历史基本是农耕的社会史与文明史。农耕的家园是村落。然而,过去我们对传统村落这种根性的文化价值认知有限,大部分村落又没有村落志,所以在时代转型中,它们的消亡是无声无息的。我们要为国家确定的传统村落建立基础档案。……十二年前,我们启动了全国民间文化遗产的抢救性调查,十二年后的今天,我们又启动了另一项意义非凡的文化工作与文化行动——为中国传统村落立档。"[②]2015 年该中心向社会通报"中国传统村落立档已逾百村",这一阶段性成果被冯骥才称为"算是走出了第一步"。[③] 这一立档项目是在住建部赞助和支持下的工程。如前所述《田野手册》调查内容从载体角度分为文字和图片两个归档表。"中国传统村落立档调查(图片)归档表"的出发点应是更方便采集图片和摄影,这种内容和建档方式都值得采纳,也是本项目组经常参考的对象。

---

① 梁洪生:《"中国传统村落"的评选与保护及江西现态初步考察》,《农业考古》2015 年第 6 期,第 298-307 页。

② 冯骥才:《中国传统村落立档调查田野手册》,北京:文化艺术出版社 2014 年版,第 15-18 页。

③ 刘万春:《论生态博物馆在传统村落保护中的作用》,南京:南京师范大学,2018 年第 6 页。

　　苑利曾认为，冯骥才的《田野手册》是一种设计文案："立档调查需要模板或体例，……但这并不等于说只要我们按图索骥就能获得每个村落的真实信息。"①笔者认为苑利在提醒手册可能会造成的僵化的模板效应，在运用的时候应保护村落鲜活的个性，否则有可能造成平庸的"千村一面"。笔者还认为不能过分夸大"文化精英"在传统村落"危机"中的贡献。虽然王萍、满艺认为这样的精英主导建档模式"已建立起较大的社会影响力"②，认为精英模式有下列优点：文化功底深厚因而建档质量高，档案叙述感情饱满尤其注重刻画世俗生活，突出村落文化气质的独特性和差异性，以文化场域"意见领袖"的个人魅力和感召力产生较强的辐射和影响作用，不足的是："虽然学者们有见识、有担当，但囿于资源的不足，建档规模太小，成果有限。"③

　　笔者认为，倘若按照《田野手册》前言所说的"大部分村落又没有村落志，没有完整确切的村落档案"，但农耕文化也历经千年传承至今，这说明城市精英对乡土社会记忆的隐性传承方式如家谱、口述记忆、父传子承体系缺乏认知；手册认为他们"为国家确定的传统村落建立基础档案"是历史上的首次，但这也并不是事实，历史上经常有民间采风，远的有《诗经》收集了从西周初年到春秋中叶约 500 年间的诗歌，如有说，《诗经》是从民间采集而来的口述档案，后由乐官保存下来，转化作为文学艺术档案的汇编④；近的有五四前后，我国文化界在"科学"与"民主"的旗帜下，兴起了搜集、整理、研究民间文学和民俗文化的活动，如 1918 年刘半农向全国征集民间歌谣的提议，1920 年北京大学歌谣研究会的成立并出版了《歌谣周刊》，⑤等等。

　　因此，笔者认为，这一由中国民间文艺家协会、中国摄影家协会为成员的对传统村落的立档调查，实际上是一种艺术家的民间采风，这种采风是没有办法承担传统村落建档的重任的。这种"知识精英"采风记录方式，容易形成一鳞半爪的景观式记忆，而且因注重图像信息精美，容易摆拍而导致失真。同时，调查手册专供田野调查的专业工作者使用，门槛较高，缺乏底层思维，忽视

① 苑利：《〈传统村落立档调查体例〉解读》，《中国艺术报》2014 年 11 月 26 日，第 S04 版。
② 王萍、满艺：《传统村落档案建构模式比较研究》，《档案学研究》2017 年第 6 期，第 61-67 页。
③ 王萍、满艺：《传统村落档案建构模式比较研究》，《档案学研究》2017 年第 6 期，第 61-67 页。
④ 丁海斌：《论先秦文明与档案》，《档案学通讯》1993 年第 5 期，第 54-58 页。
⑤ 宋建林：《中国现代对非物质文化遗产的保护》，《文艺理论与批评》2005 年第 6 期，第 53-58 页。

了村落社区和村民参与的重要性。从史料的真实性角度讲,传统村落的信息采集需要的是"长时段"的记录,而不是浮光掠影,从人类学视角出发,"浮光掠影"式采集也是违背田野调查的原则的。朱晓阳称长时段接触是一种人类学"纪录文化"法则:"以'熬时间',即长时段为基础的研究能够得到的重大发现是短时段研究所不能及的。"①孟德拉斯也曾感叹社会学家对村落的调查不够全面,"在法国乃至欧洲的各种地区没有建立起众多的观察站来记录这个深刻变化的所有波折和所有征象"②。

进一步讲,笔者认为,艺术家形成的传统村落图册应列入"艺术档案"范畴。《艺术档案管理办法》(文化部、国家档案局令,〔2001〕第 21 号发布)第二条规定:艺术档案是指文化艺术单位和艺术工作者在艺术创作、艺术演出、艺术教育、艺术研究、文化交流、社会文化等工作和活动中形成的,对国家和社会有保存价值的各种文字、图表、声像、实物等不同形式的历史记录,是宝贵的文化遗产。③ 在《艺术档案管理办法》的附件《艺术档案归档范围》中第 4 类是"美术、摄影材料",比较符合这类"知识精英"形成的"传统村落档案"的属性。也许这种情况,可以用芮德菲尔德的论点来说明,即应该把文人也计入到官方精英阶层里去,同时必须关注从事耕种的农民们与高踞庙堂之上的精英层之间的关系。④

1.3.3　乡村记忆工程项目及不足

我国"乡村记忆工程"是受"世界记忆工程"的影响应运而生,而"传统村落保护"是受"世界文化与自然遗产"的乡土建筑遗产项目的影响的推动,两者研究的村落,是同一实体或对象,只是从不同侧面得出不同的研究结论。档案学目前是乡村记忆研究的主力学科,因而在乡村记忆工程中的成果可以运用到

---

① 朱晓阳:《小村故事——地志与家园(2003—2009)》,北京:北京大学出版社 2011 年版,第 20 页。

② [法]孟德拉斯:《农民的终结》,李培林译,北京:社会科学文献出版社 2010 年版,第 14 页。

③ 文化部、国家档案局令第 21 号:《艺术档案管理办法》,2019 年 08 月 30 日,http://www.saac.gov.cn/daj/bmgz/200112/c30040e015b44b559f0bc0f7fae0b8ce/files/4475b3b2748e438cbc37568c0e2ca023.pdf。

④ [美]罗伯特·芮德菲尔德:《农民社会与文化:人类学对文明的一种诠释》,王莹译,北京:中国社会科学出版社 2013 年版,第 42-43 页。

传统村落档案工作中来,同时要择其善而从之。

在我国,乡村记忆档案这一概念是福建省在开展乡村记忆工作时第一次正式提出,是农村档案与村庄传统文化二者的有机结合;2012 年,浙江省以"省名镇(村)"项目为依托,在国内率先开始实施乡村记忆工程。乡村记忆工程,有由文化部门、档案部门、文物部门牵头的三种类型,着重点略有不同,山西省主要是由文化厅主导推进的,浙江、福建、天津及江苏、河北,由档案部门牵头,山东省由文物部门牵头。[①] 还有,在我国中央电视台播放的百集大型纪录片《记住乡愁》中,江西的婺源县汪口村、进贤县西湖李家村、赣州市塘石村等都被以纪录片手法记录了村落传奇故事和记忆。

乡村记忆工程再度引发了档案学者们对档案记忆观的关注。丁华东曾界定,档案"记忆观"核心内涵是基于对档案基本属性——社会记忆属性的本质性认识,强调档案是一种社会(或历史、集体)记忆,在新的价值取向和意义范畴内展开对档案、档案工作的阐释和分析。[②] 丁华东认为,城乡档案记忆工程,就是由各级档案部门实施的旨在保护传承乡村记忆的有目的、有计划、有组织的行动;[③] 而乡村记忆泛指在一定地域范围内的乡村或村民所保持和传承的记忆,具有乡土性、地方性、多样性、弥散性、潜在性、丰富性,它处于一种自然状态,溶解在我们的日常生活中。[④] 余厚洪、丁华东进一步认为,乡村档案记录、传递和再现着乡村、乡民关于过去和现在的"记忆",其间饱含着乡村特有的观念、心态、情感和习俗;乡村记忆既是乡村档案的起点,也是乡村档案的归宿,只有当乡村记忆与乡村档案两相扣合形成"乡村档案记忆",才能最真实、最恰当地展现与乡村有关的文化事象。[⑤]

笔者认为,乡村记忆比传统村落档案一词更接地气,更能为草根或边缘化的群体所接受,其范围也没有固化,在牵头单位多元化的同时也能多元化实施,因而会更加活跃;而传统村落档案,是经过一系列程序之后的记忆,比如调

---

①　李玉珂:《档案学视角下乡村记忆建构研究》,南京:南京大学,2018 年,第 15 页。

②　丁华东:《档案记忆观的兴起及其理论影响》,《档案管理》2009 年第 1 期,第 16-20 页。

③　丁华东:《在乡村记忆保护传承中不能缺位——论城乡档案记忆工程推进的现实必要性与存在合理性》,《档案学研究》2016 年第 4 期,第 86-90 页。

④　丁华东:《论社会记忆数字化与乡村档案记忆工程推进策略》,《档案学通讯》2015 年第 4 期,第 36-39 页。

⑤　余厚洪、丁华东:《符号与意义:乡村档案记忆解析》,《档案学通讯》2017 年第 2 期,第 4-9 页。

查、拍摄、口述记录,甚至由官方或知名学者认可之后的记忆,是选择性地对村落单位记忆的固化。因此,传统村落档案是"结构化"的乡村记忆,是乡村记忆的一部分,是乡村记忆中具代表性的载体和形态。乡村记忆工程不足的是强调了乡村记忆的迫切性但较少辨别传统模式和现代模式之差别,也因乡村记忆工程的缺少边界,乡村记忆工程实施起来随意性比较大。

1.3.4 档案行政机构相关建档实践及不足

在传统村落档案实践中,如前所述,浙江省各级档案部门"以时不我待的紧迫感加强古村落保护工作",把古村落档案工作纳入档案局的规划,关注古村落中的传统文化保护和传承;相关人员认识到古村落档案与县乡镇档案馆、村委会档案室保管的"行政事务档案"不同,更突出"文化"这一面。周峰林、枫林等的文章是对现实的摹写,凝结着档案行政人员对古村落档案的认知,其中已包括了古村落档案应该具备的元素,如"古村落具有自然天成的档案属性"[①],"特色文化村落具有自然天成的档案属性,档案文化是特色文化村落之魂"[②]。吴志刚的台州古村落档案建设回顾文章,犹如古村落建档大事记,是全国古村落建档的一个缩影,也因此前文曾浓墨重彩地引述。其他省份也逐渐探索档案机构介入古村落建档的方式,在做法上大同小异。总的来说,实际部门把古村落看作一部敞开的档案卷宗,把古村落、档案、文化遗产看成鲜活的浑然的一体。

目前,档案实践部门也尝试着手改变坐等"接收"的方式而主动进行传统村落档案的采集,面对传统村落暂时放下过去的工作思维,"领略千年古村落深厚的历史文化底蕴"[③],采取超出常规的县乡档案工作方法,"主动参与到历史文化村落保护利用工作中去,运用档案关键元素让村庄恢复记忆",搜集挖掘村里的传统档案文化,普查登记古旧资料、建立古建筑数据库、抢救保护老

---

① 枫林、李兴祥:《记忆:传承古村落的文化血脉》,《浙江档案》2012 年第 2 期,第 22-23 页。
② 周峰林、张大华、胡良田:《延续古村落的文化血脉——磐安县档案元素对接特色文化村保护利用》,《中国档案》2012 年第 6 期,第 22-23 页。
③ 枫林、李兴祥:《记忆:传承古村落的文化血脉》,《浙江档案》2012 年第 4 期,第 22-23 页。

人口述档案和家谱族谱等；[①]在收集方面，农委、文委、旅游委多部门协作，在"新农村建设档案工作的基础上，建立了以村书记主管、村委或村官兼任档案员的档案管理网络"[②]。还如《中国档案》杂志社副总编邓小军 2012 年 4 月 18 日在浙江省磐安县作"档案服务于历史文化古村落保护"专题调研；[③]浙江省档案局韩李敏于 2013 年 11 月 8 日到浙江松阳县大东坝镇石仓古村，参观了明清时期古民居建筑和退休教师阙龙兴收藏的石仓契约文书，对如何保护好 8000 多份契约文书进行了深入探讨和商榷；[④]等等。

即使如此，对于传统村落建案，档案行政机构还是有许多不足，笔者曾总结如下[⑤]。

一是，对将非主流纳入主流之中，仍存在争议。传统档案思维还是要重点提高乡村组织部门的档案工作能力，同时努力把乡村以家庭单位为核心的"私性档案"纳入公共档案体系中来，把非主流纳入主流之中。这是一种档案文化"扶贫"，缘于对乡村档案工作"基础薄弱"的定位的认知，但追随城市档案文化的过程使其失去文化自信，同时大规模的家庭档案文化并未真正普及开来。历史学等领域认为古建筑、碑刻是"正在消逝的历史档案"，较少考虑乡村档案机构的现行档案；相反，碑刻等因不能作为客观性凭证，在档案界很长时间不被看作档案，如今虽也以征集方式纳入馆藏，但毕竟是小规模或游击式的，无正规制度约束。因此，收集民间文化遗产档案某种程度上仍会成为"非议"。

二是，介入方式上蜻蜓点水，不能形成有效结论。档案机构及学者对传统村落的调研、抢救式收集，均具有临时性、分散性，未能持久，不能形成有效合力，得出的结论令人存疑。调查者来到某一地方，收集资料走人，然后再到其他地方再收集资料走人，这种调查基本上不能形成一个地方历史变迁的深刻逻辑。在实践领域中，村委会即便设有专（兼）职档案人员，其工作范围也仅局

①　周峰林、张大华、胡良田：《延续古村落的文化血脉——磐安县档案元素对接特色文化村保护利用》，《中国档案》2012 年第 6 期，第 22-23 页。

②　安宏清：《传统村落档案管理工作初探》，《北京档案》2017 年第 5 期，第 29-30 页。

③　磐安新闻网，2018 年 5 月 12 日，http://panews.zjol.com.cn/panews/system/2012/04/20/014956522.shtml.2012-04-20。

④　潘建英：《省档案局副局长到我县调研古村落档案文化建设》，2013 年 11 月 13 日，http://syxww.zjol.com.cn/syxww/system/2013/11/13/017291138.shtml

⑤　徐欣云、刘迪：《古村落"泛化"档案的收集路径探索——档案学与博物馆学双重视域的交融》，《中国档案研究》2018 年第 1 辑，第 221-234 页。

限于村委会管理性质的档案。如今档案机构虽也以征集方式把家谱、田野碑刻等纳入馆藏，但毕竟规模较小；即便能够大量征集传统村落档案，也还要考虑对档案机构常态工作的影响，以及对传统村落文化遗产档案民间性的侵蚀，防止把"民俗"变成"官俗"而制造新的官僚体系和话语霸权。

三是，观念和技术上的准备不足。为保证档案的客观性，受正统档案被动接受方式的制约，传统档案机构对于传统村落零散化的档案需要主动采集的状况未能适应。传统村落文献、无形文化体现的是乡村集体情感认同，一些碑刻、民约、家谱等民间文献虽被档案界认同，但收集方式及其凭证性仍被质疑。而且，档案工作者长期以来还局限于纸质文献范畴，导致应对传统村落多种载体的技术不足，如记录口述、摄影、测量、绘图等技术，同时还需具备传统村落历史、地理的知识储备，而档案机构采集技术落后，由此造成对传统村落档案保护上的底气不足。

四是，档案法制对于私人所有档案的规范不足。我国档案法规是公法、行政法，即更多的是规范国家及其职能部门在档案形成、管理过程中的社会关系，是指令性的强制性规定，却缺乏调整私人或民间档案所有者、传承者的所有权、使用权、支配权、处分权的具体规范，因而面对传统村落文化遗产档案的私有性，便会陷入无法可依的窘境。

1.4　传统村落建档实践面临的挑战及突围

1.4.1　传统村落建档政出多门的学理上的挑战

综上所述，虽然住建部、冯骥才的"传统村落研究中心"对传统村落的调查建档内容，几乎涵盖了村落所有可能形成的内容，档案部门也在响应号召积极介入传统村落保护建档工作，但是在如此"完备"的情况下人们仍然各自在急迫呼吁抢救传统村落档案，其中的深层原因值得探讨。

首先是不同的部门理念上的差异，导致政出多门、重复行政或重复建档，因而彼此无法共融，造成资源浪费。档案部门秉承的是"来源原则"，实际操作中就成为重视"单位来源"如村委会，把一个村落当成乡村记忆的整体来源；在村落中没有明确的立档单位的情况下，就容易临时地、没有系统地进行收集；而村委会不能完全代表传统村落。因而档案工作者不善于从田野调查或文化遗产学视野进行档案内容的分类和采集，因其不符合档案制度和学理，使得许多需要采集的以内容分类的"村级文化"的条文停留在纸上。而住建部、冯骥才等对传统村落档案采用的是"内容"来源的分类和采集原则，因此与档案部门认识上有分歧。更何况住建部等及其下属机构，更着重的是乡土建筑的产权归属，不擅长从事历史材料留存的工作，其主动建构的方式备受诟病，倘若借助档案机构的成熟技能，放手合作，情形也许事倍功半。这也是理念不同带来现实工作的侧重点不同，造成分歧，进而政出多门，因而需要多主体协同、共享、合作。

其次，传统村落中没有明显的"组织单位"和"单位职业"边界，或者说边界常处于变动之中。自然村之间常常是你中有我、我中有你，即使行政村有人为划定的边界，但是邻近的村与村之间的风俗、方言、习惯等也还是相互渗透的，因而对于传统村落"单位制"进行管理如曾经的人民公社或生产小队，也常常是相对的。农村也是浑然一体的"职场"，一个农民可能身兼数职：白天在田里耕作，晚上回家则可能从事手工作业，如磨豆腐、纳鞋底、榨油、舂米、修缮房屋等，工作的同时也会唱唱山歌、喊喊劳动号子；平时可能是种植庄稼，闲时可能会养殖鸡鸭，甚至达到专业养殖的水平；祭祀时庄严肃穆，节庆时跳地戏助兴，修家谱时又变身为地方历史学家，等等，不太可能产生专职档案工作者。

再有，目前档案学者对于传统村落档案还多是按来源进行分类，而不是按内容分类，对于国家相关部门规定的传统村落建档内容难以把握。如杨毅、张会超对民族田野档案现象的来源分类：一是散落民间的碑刻、账簿、契约、书信、谱牒；二是田野中用文字、影像等媒介留存的"文本"；三是"在当场"的观察、访谈、领悟的田野解读。[①] 笔者认为，该文并不是列举这三类的内容，而是指出民族档案有三个来源，民间原有的零散历史文献、对村落遗产的直接调查建构、对村落遗产记忆的解读。再如，丁华东认为乡村记忆是乡村社会生产与生活的全部，大体上划分为四类：一是口头传承记忆，如神话、传说、谚语、往事等；二是体化实践记忆，如婚丧嫁娶、迎神赛会、宗教民俗仪式，乡村四时节庆、

---

① 杨毅、张会超：《民族档案在田野中生成的实践探索》，《思想战线》2013 年第 5 期，第 72-76 页。

文化娱乐、生活与劳作方式、乡村规约等;三是文献记载记忆,如村史、方志、家谱、族规、契约、文集、信札、图像等;四是器物遗迹记忆,如老屋、祠堂、古井、古庙、古桥、古树、水口、码头、生产农具、生活器具等。① 丁华东这段话同样是从形成的载体来源进行分类,即口头传统、身体实践、文献记载,也不是以内容设类,而每个载体下面列举出内容时多时少,比较随意,举不胜举。因此,档案行政机构对于住建部等的传统村落以内容设类的建档方案,认识不太容易到位,实践方式也大相径庭。

1.4.2 档案"来源原则"面对传统村落档案时的局限性

在档案学领域,主流档案收集工作主要是通过接收和移交手续归档、进馆,"为保证档案的客观性,档案主要来源是接受,而不是搜集"②,即"接收"方式,它是一种"被动"等待的方式,避免档案工作者介入文件的价值鉴定,从而保证档案的客观性。在档案学这一"詹金逊模式"中,文件是行政管理无意识的副产品,是行政活动和事务处理的原始证据,那么就不能有后形成者的人为干预,否则就会损害文件的原始证据性。③ 谢伦伯格写道:"档案馆是接受机构,而图书馆是搜集集体……应该着重指出的是,档案机构不从事搜集材料的活动。詹金逊对这一点阐述得非常透彻,他写道:'档案不是搜集物:我甚至希望能够把搜集这个词从档案工作者的词汇中去掉,即使仅仅是为了要使这一重要事实得以成立。'"④缪勒等认为,档案须具备的条件之一便是"正式"文件:"只有公文,即那些由行政单位或行政人员'以正式的资格'受理或产生的文件,才属于档案全宗。"⑤我国民国时期学者何鲁成也说:"档案必须为公文

① 丁华东:《讲好乡村故事——论乡村档案记忆资源开放的定位与方向》,《档案学通讯》2016年第5期,第53-58页。

② 孟若蓝、刘迪:《文化遗产与集体记忆——档案学经典著作的当代价值》,《档案学通讯》2015年第5期。

③ [加]特里·库克:《1898年荷兰手册出版以来档案理论与实践的相互影响》,国家档案局、中央档案馆编:《第十三届国际档案大会文件报告集》,北京:中国档案出版社1997年版,第143-176页。

④ [美]谢伦伯格:《现代档案——原则与技术》,北京:中国档案出版社1983年版,第25页。

⑤ [荷兰]斯·缪勒,伊·阿·裴斯,阿·福罗英:《档案的整理与编目手册》,北京:中国人民大学历史档案系档案史教研室1958年版,第4-5页。

书……惟必须为公务,而办理者又必须循一定之手续。"①档案形成过程客观性的要求使"接收"成为档案收集的主流方式。

但是,这种档案"接收"方式,对于收集传统村落中散落的原生历史文献如碑刻、契约、唱本、家谱及乡土建筑等则难以胜任,但仍有学者沿着主流档案学思维进行界定,并从"接收"模式出发研究传统村落档案收集路径。如王云庆、韩桐认为档案部门应制订详细而全面的传统村落档案收集范围,一则综合体现传统村落的方方面面,具有现代化农村所不可比拟的鲜明特性;二则便于提高各地区档案部门、文化部门及其相关部门的档案收集工作效率。② 蒋国勇认为乡村档案收集的主体层面包括乡村组织与个人两个方面,"乡镇以及行政村因为具有稳定性和权威性,自然成为收集主体的主要方面"③。

笔者以为,传统村落的现代管理档案,其收集可以采用上述"接收"方式。如传统村落保护规划类较正式的文件的收集,就是住建部等部门开展的普查形成的记录,实施主体为县级以上的政府部门,调查过程记录下尽可能完整的档案,这部分档案也即一些学者眼中传统村落的"他者"的档案;再如,"农村档案"工作是城市档案工作的延伸,同属档案体制内工作,也可以采用主流档案"接收"方式,如《村级档案管理办法》(2018)第六条规定的收集方式,"村级组织应当指定专人负责档案的收集、管理和提供利用。有条件的村应当设立专用档案柜和档案库房集中管理档案。"④"农村档案"作为"新"农村建设的管理工具,也可称为"传统"村落的"现代"管理档案部分。因此,传统村落正式文本"接收"方式,其特征有二:第一,从正式档案管理制度出发,即由村级行政组织主导收集的工作;第二,传统村落档案的管理和调查建档,由政府部门存档,定期向档案机构移交,档案机构履行"接收"手续。

然而,档案机构对于"来源"的惯性思维还是基于"单位来源",即"立档单位"制度,单位职能是档案内容分类的基础。在城市中立档单位的职能有明确

---

①　何鲁成:《档案管理与整理》,《档案学通讯》杂志社之档案学经典著作(第二卷),上海:世界图书出版公司 2013 年版,第 122 页。

②　王云庆、韩桐:《传统村落档案的收集整理》,《中国档案》2014 年第 7 期,第 54-55 页。

③　蒋国勇:《社会认同视野下的乡村档案文化建设类型与特点》,《浙江档案》2012 年第 8 期。

④　国家档案局、中华人民共和国民政部、中华人民共和国农业部:《村级档案管理办法(第 12 号令)》,2017 年 11 月 23 日 http://www.mca.gov.cn/article/gk/fg/jczqhsqjs/201801/20180115007254.shtml。

的法定边界,档案内容或者归档范围基本是以法规的形式出现,而不是可以讨论的内容,如"机关文书档案归档范围""企事业档案归档范围""高校归档范围",这些都是从独立的行政单位性质、级别出发制定的建档规定,虽然也有一些专门档案的归档范围规定,但那也是在一个"立档单位"之内针对专门类别档案的规定。在最新出台的《村级档案管理办法》(2018)中,也是一样地遵循"来源原则",如第二条界定道:本办法所称村级档案是指村党组织、村民委员会、村集体经济组织等,在党组织建设、村民自治、生产经营等活动中形成的具有保存价值的文字、图表、音像等不同形式和载体的历史记录。此处的来源则是村级行政、党组织。在《关于加强社会主义新农村建设档案工作的意见》(2007)的《村级文件材料归档范围》中,也是从"村级组织"出发进行档案收集,如村级组织建设、村级事务管理、村级资产债务管理、村办企事业单位管理等档案。比村级更低一级别的组织,则是家庭,因而文件提出"农户档案"的概念,详细地列出农户档案的一般内容。而关于"家庭档案"的研究,也是有许多文章在讨论。对于《村级文件材料归档范围》中的"村级文化建设"内容,如果是列举的话,举不胜举,在这份文件中也以法定的形式大概列举了一些,包括:村级文艺团体、民间艺术、民俗民乐、地方戏曲或曲艺资料;村规民约;家谱族谱;村级重大文化活动;农村历史文化遗产、非物质文化遗产的记录、保护与开发文件材料等。

笔者认为,传统村落中的村级组织处于单位"生态链"的低端,会被视为陈旧、落后、土气,而被一般为正式法人单位立档服务的档案行政机构所忽视,这也是在传统村落建档中档案行政机构被边缘化的主要原因。村级组织行政级别低,甚至成为一种非正式的"立档单位",也就是说满足不了"立档单位"的三要素,即"可以独立行使职权,并能以自己的名义对外行文;是一个会计单位或独立的核算单位,自己可以编造预算或财务计划;设有管理人事机构或人员,并有一定的人事任免权"[①]。村级组织是非正式的组织形式,其交流沟通的方式也非正式,形成的文件也非正式。因而,即使"村级档案归档范围"中有关于"村级文化"建设的归档内容,也会被视若无睹。然而,面对纷繁的传统村落档案,对传统村落建档的"内容"还是应取得共识。

---

① 邓绍兴、陈智为:《档案管理学(修订版)》,北京:首都师范大学出版社2004年版,第82页。

1.4.3　传统村落档案的词义重解及"泛化"突围

为了从档案学视域更好地切入传统村落档案研究,需要对"传统村落档案"这一词进行解析,笔者解析出三层涵义,即为:传统村落作为文化遗产本身就是档案、传统村落以文化遗产为身份证、文化遗产本身的档案或记忆。

首先,传统村落作为文化遗产本身就是档案。传统村落本身就是文化遗产、"活化石"、活态的"档案全宗"。它曾是一个自足的、功能完备的小世界,因而它包含世界遗产保护框架下的所有遗产种类:物质文化遗产、自然遗产、文化与自然双重遗产、景观遗产及非物质文化遗产。传统村落拥有的乡土建筑、导水渠、桥梁、风俗、传说等本身皆是"档案"。比如有"建筑是石头的史书"之说,薛林平写道:"建筑遗产就像一部部史书,也像一卷卷档案,客观地记录着人类的点点滴滴,它是一个国家和民族历史文明的载体。"[1]在这里,文化遗产与档案已经合为一体,保护了乡村建筑遗产,也就是保留了传统村落档案。陈蔚写道:"新的历史观也拓展了西方社会对于遗产历史价值的评价,建筑遗产在某种程度上也被看作一个'扩大化'的历史符号、记忆符号。"[2]19 世纪意大利文物建筑保护学派最重要的代表人物之一盖米诺·波依多胡明确提出:"文物建筑不仅仅是艺术品,更是古代文明史和民俗史的重要因素和珍贵资料,建筑遗产本身就是一部历史文献,它每一页的字里行间,都反映着历史。"[3]我国大量存在于村落民间社会中的传统民居,是富有民族和地方特色的遗产和实物档案,如此等等。

其次,传统村落以文化遗产为身份证。一个文物被收藏的重要特征,就是著录,被著录过,就是被研究过、被收藏过。传统村落也是如此,进入《中国传统村落名录》,村落中的乡土建成遗产、农业文化遗产、手工技艺、节庆礼仪等文化遗产,也一一登记在案,以丰富文化遗产来证明其之所以入选传统村落名录的原因。不同村落有不同特色,如钓源村、渼陂村的特色是庐陵文化,安义古村的特色是赣商文化,婺源、宏村的特色是徽商文化等。

---

① 薛林平:《建筑遗产保护概论》,北京:中国建筑工业出版社 2013 年版,前言。
② 陈蔚:《我国建筑遗产保护理论和方法研究》,重庆:重庆大学,2006 年,第 29 页。
③ 曹永康:《我国文物古建筑保护的理论分析与实践控制研究》,杭州:浙江大学,2008 年,第 33 页。

再有,文化遗产本身的档案或记忆。传统村落中的物质和非物质文化遗产皆有记忆或档案。传统村落作为"文化遗产"来保存,村落中还有很多独立的"文物保护单位",一般来说可移动文物有征收、鉴定、收藏、入库等表格、统计、台账形成的档案,入库之后的提用、修复、展出等档案;不可移动文物作为"文物保护单位"需要"作出标志说明,建立记录档案"(《中华人民共和国文物保护法》(2017年修订)第 15 条),在坊间俗称"四有档案"等。以乡土建筑遗产为例,就说它本身是历史证据,而且另一方面乡土建筑还有自己的档案。我国古代建筑上可识别性的诸多印记在今天看来就是档案,如历代修缮建筑时工程人员、工匠在构件上作出的题记,工程完工后的立石碑记载维修情况[1]。还有当今对乡土建筑保护过程中的调查记录、分析报告形成的调查档案,等等。

从文化遗产角度看传统村落档案的三层涵义,是主流档案学者和档案行政机构不曾关注的,就是"泛化"的,因而档案机构面对着要包容文化遗产及其非正式文本的挑战。传统村落就是保护文化遗产比较完整的村落,文化遗产是传统村落能够成为传统村落的身份证,村落中所有文化遗产的整体保护,形成相互关联的有机整体,成为传统村落及其保护的档案。

---

[1] 陈蔚:《我国建筑遗产保护理论和方法研究》,重庆:重庆大学,2006 年,第 184 页。

第2章 江西传统村落档案的世俗万象

江西传统村落具有南方古村落典型意义,本章以江西传统村落为案例描绘传统村落档案的世俗万象。"江西作为中国封建社会后期经济、文化发达区域之一,出现了数量众多、规模较大、类型和内涵丰富的古村落。进入新世纪以来国家评选'历史名镇名村'和'中国传统村落',江西均名列前茅,自非偶然。研究中国古村落,江西可说是一个理想的地域。当代江西地区的古村落研究成果显著,和这样一个有利条件密不可分。"①《江西省传统村落保护条例》2016年9月22日经江西省人大常务会议通过正式公布,成为全国首部传统村落保护省级地方性法规。"据了解,江西省共有行政村16888个,自然村165107个,但作为一个传统农业大省,历史悠久传统村落的基本形态未改,历史风貌保护完好,这不仅是宝贵的文化遗产,也是不可再生的、潜在的旅游资源。"②江西传统村落是"遗珠遍布人未识",从北部浙赣皖交界处的徽派民居,到赣南的客家老屋,遍布江西全境的古村落异彩纷呈,却又隐隐透露出某种相互联系的共性。③

2.1 中国传统村落数量统计及江西省属的占比情况

中国传统村落数量上的统计,可以反映传统村落保护运动的规模,也可看出江西省是拥有传统村落的大省。见表2-1。

---

① 邵鸿、王德保、黄志繁:《江西古村落档案丛书》,长沙:岳麓出版社2016年版,序言。

② 江西省人民政府信息公开:《我省出台全国首部传统村落保护省级地方性法规》,2020年7月8日。http://www.jiangxi.gov.cn/art/2016/11/3/art_5141_264909.html。

③ 刘华:《江西古村落:遗珠遍布人未识》,《华夏地理》2009年第4期,第114-145页。

表 2-1　中国传统村落各省数量统计表

地区	第一批	第二批	第三批	第四批	第五批	总数	占比（%）
北京市	9	4	3	5	1	22	0.32
江西省	33	56	36	50	168	343	5.03
贵州省	90	202	134	119	179	724	10.62
云南省	62	232	208	113	93	708	10.38
湖南省	30	42	19	166	401	658	9.65
浙江省	43	47	86	225	235	636	9.32
山西省	48	22	59	150	271	550	8.07
福建省	48	25	52	104	265	494	7.24
安徽省	25	40	46	52	237	400	5.87
四川省	20	42	22	141	108	333	4.88
广西壮族自治区	39	30	20	72	119	280	4.11
广东省	40	51	35	34	103	263	3.86
湖北省	28	15	46	29	88	206	3.02
河北省	32	7	18	88	61	206	3.02
河南省	16	46	37	25	81	205	3.01
山东省	10	6	21	38	50	125	1.83
青海省	13	7	21	38	44	123	1.80
陕西省	5	8	17	41	42	113	1.66
重庆市	14	2	47	11	36	110	1.61
海南省	7	—	12	28	17	64	0.94
甘肃省	7	6	2	21	18	54	0.79
内蒙古自治区	3	5	16	20	2	46	0.67
西藏自治区	5	1	5	8	16	35	0.51
江苏省	3	13	10	2	5	33	0.48
辽宁省	—	—	8	9	13	30	0.44
新疆维吾尔自治区	4	3	8	2	1	18	0.26
黑龙江省	2	1	2	1	8	14	0.21
吉林省	—	2	4	3	2	11	0.16
宁夏回族自治区	4	—	—	1	1	6	0.09
上海市	5	—	—	—	—	5	0.07
天津市	1	—	—	2	1	4	0.06
合计	646	915	994	1598	2666	6819	

注：各省传统村落数量占比精确到小数点后两位（徐梓又、段丽萍统计）

从数量上来看，至 2019 年第五批"中国传统村落名录"公布，江西省一共有 343 个传统村落，在全国 6819 个传统村落中，占比 5.03%，名列第 8 位。而其中，由建设部和国家文物局从 2003 年根据不同地域历史文化村镇的传统风貌，陆续评选、公布了不同级别的历史文化名镇、名村，至 2019 年第七批，江西省名村有 37 个，名镇有 13 个，合计 50 个，这 50 个与传统村落是重合的，换句话说，名村、名镇是更有代表性的传统村落。

中国传统村落在江西省各市分布情况（2019）如图 2-1 所示。

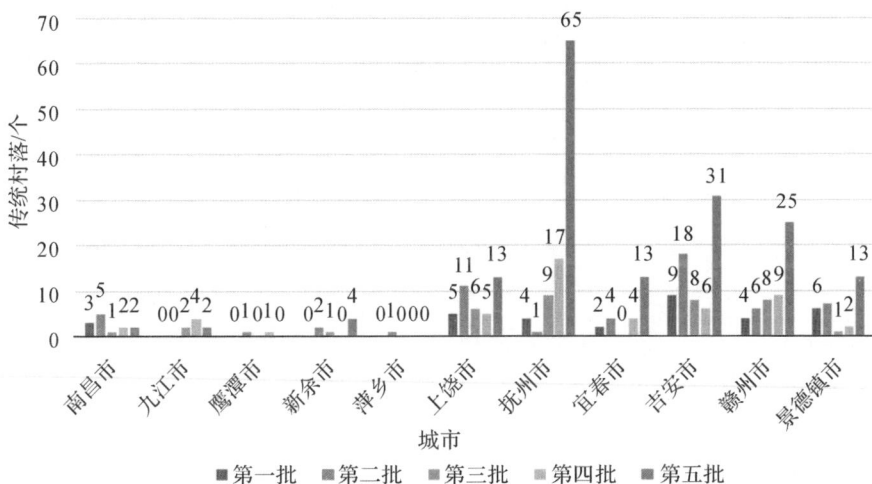

图 2-1　中国传统村落江西各市分布情况（2019）（徐梓又供图）

从"中国传统村落江西各市分布图"可看出，抚州、吉安地区拥有的传统村落比较多，也是本项目组调研最多的地方，如抚州的乐安流坑村、金溪竹桥村和全坊村、宜黄棠阴镇民主村等，吉安的新干燥石村、富田王家村、匡家村和陂下村、青原渼陂村等，还有上饶婺源古村群、南昌安义古村群等。婺源被称为"中国最美丽乡村"，笔者也去调研过多次，其中的思溪延村、汪口、李坑、虹关、黄村等都是中国传统村落，但因为婺源县原属古徽州一府六县之一，体现的主要是古徽州文化，与皖南宏村、西递古村类似，所以后文只会略略论及。

另还据项目组统计，至 2019 年江西传统村落中有 12 处"全国重点文物保护单位"，分别是羽琌山馆和云亭别墅（进贤县架桥镇艾溪陈家村）、婺源宗祠（婺源县江湾镇汪口村的篁村余氏宗祠、阳春方氏宗祠、汪口俞氏宗祠、黄村经义堂、洪村光裕堂、西冲敦伦堂、豸峰成义堂)、理坑村民居(婺源县沱川乡理坑村)、凤山查氏宗祠(婺源县沱川乡理坑村)、新源俞氏宗祠(婺源县思口镇新源村)、龙溪祝氏宗祠(上饶市广丰区东阳乡龙溪村)、流坑村古建筑群(乐安县牛田镇流坑村)、富田村诚敬堂(吉安市青原区富田镇王家村)、渼陂红四军总部旧址(吉安市青原区文陂乡渼陂古村梁氏总祠永慕堂)、"二七"陂头会议旧址(吉安市青原区文陂乡渼陂古村)、关西燕翼围(龙南县杨村镇鲤鱼寨)、东生围(安远县镇岗乡老围村)、浒崦名分堂戏台(景德镇市镇桥镇浒崦村东北隅的程氏宗祠内),还有 28 处国家级"文物保护单位"在其他普通村落中。[①] 这些文物保护单位主要是古墓葬、古建筑和近现代遗址,从另一个角度来说也是"实物档案","实物档案"也常被看作一种"泛化"档案,后文会叙及。

传统村落像谜一样千变万化,特征各异,项目组采用"开放式田野调研"方法,记录有村民所述、勘察所得、研究文献等"档案"的"世俗万象",并尝试分类。

2.2　乐安县牛田镇流坑村

乐安县牛田镇流坑有"千古第一村"之称,是董氏单姓聚族而居的血缘村落,始建于五代南唐升元年间(937—943)[②],远祖追至汉代大儒董仲舒、唐代宰相董晋,在科举仕宦、文教学术和经商贸易等方面英才辈出,其科举仕宦之众、历史名流题赠之多,为中国村落所罕见,成为江西传统村落的代表,被专家评赞为"江西独一无二,全国少见"。[③] (见图 2-2、图 2-3)令流坑人最为自豪的是徐霞客游记中对流坑的记载:"从此婉转山坑,渐次而登,五里,上荷树岭,上有瞻云亭。逾岭南下二里,至坑底,有小溪,一自东北,一自西北,会而南。三里,出源里桥。又三里则大溪自东而西,渡长木桥至西南,是为流坑。

---

① 中华人民共和国人民政府,2020 年 8 月 10 日,http://www.gov.cn。

② 闵忠荣、段亚鹏、熊春华:《江西传统村落》,北京:中国建筑工业出版社 2019 年版,第 154 页。

③ 百度词条:《流坑村》,2020 年 8 月 1 日。https://baike.baidu.com/item/%E6%B5%81%E5%9D%91%E6%9D%91/1458137? fr=aladdin。

图 2-2　流坑村全貌(2020 年 8 月 25 日取自千年古流传的
现状——用航拍去展示. 百度. https://image. baidu. com/
search/index? tn ＝ baiduimage&ct ＝ 201326592&lm ＝
-1&cl ＝ 2&ie ＝ gb18030&word ＝ ％ C1％ F7％ BF％ D3％
B4％ E5％ BA％ BD％ C5％ C4&fr ＝ ala&ala ＝ 1&alatpl ＝
adress&pos ＝ 0&hs ＝ 2&xthttps ＝ 000000.)

图 2-3　流坑纵横交错
的小巷一景(徐欣云摄
于 2016 年 4 月 4 日)

其处阛阓纵横,是为万家之市,而董氏为巨姓,有五桂坊焉。……是日午至流
坑,水涸无舟,又西八里,宿于乌江溪南之茶园。"这是"明崇祯九年(1636 年),
冬至这日,徐霞客来到江西省乐安县的云盖乡,经曾田,过药腊,就看到了使他
惊叹不已的流坑村"①。流坑村耕读世家造就的"五桂齐芳"传奇今天还为人
津津乐道(见图 2-4)。据《乐安县志》载,宋末文天祥也曾访寓于此,并题咏
云:"金鼓峰前草木齐,流坑原是古流溪。大宋老僧何处去,壁上东坡画者
谁?"②流坑董氏宗族遗存积厚流广,有修族谱如《流坑董氏族谱》《胤隆公房
谱》《徙居考》等。据统计,江西省出过 30 名进士以上的村子,还有奉新县的华
林、吉安的秀川和南丰的曾家等,但是这几个在历史上曾经显赫一时的村庄已
无多少文物遗存,惟独流坑,至今仍保存明代建筑(含遗址)19 处,清代建筑
250 余处,全村数以百计的屋宇,堂上有匾,门旁有联,其中保存完好的匾额

① 李秋香、楼庆西、叶人奇:《中国古代建筑知识普及与传承系列丛书(中国民居五书)》,北京:清
华大学出版社 2010 年版,第 121-122 页。

② 乐安县流坑管理局:《流坑:千古第一村——流坑古村》,2020 年 8 月 20 日,http://www.
cnliukeng.com/news/102. html。

400 余幅,楹联 100 余幅,大多数建筑物上都有雕刻、绘画、书法,是丰富的历史文化遗存,而且记载周详,大都有年代可考,就一个村庄来说,实属罕见。[①]流坑村建筑群于 2001 年入选第 5 批"全国重点文物保护单位"[②],于 2009 年首批入选中国历史文化名镇名村名,2012 年入选第一批"中国传统村落名录"[③](见图 2-5)。

图 2-4 五桂坊(2016 年 5 月 10 日取自乐安县流坑管理局微信公众号,现公众号已注销)

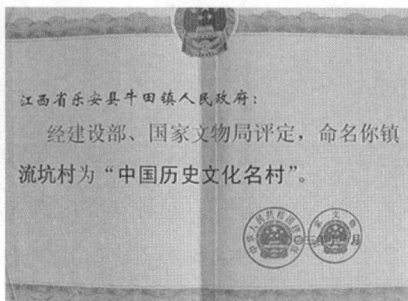

图 2-5 流坑村获得"中国历史文化名村"证书

流坑村档案除有上述家谱、古建还有作为"传统村落",还有新纳入归档范围的"档案"。首先,流坑村保护的历史及其记载。据笔者文献调查得知,周銮书是保护流坑古村及其他江西古村落的先行者。20 世纪 90 年代,时为江西省省委宣传部副部长的周銮书考察流坑村,村中那些古老而精美的建筑,以及随处可见的遒劲古朴的门额、匾联令他叹服、痴迷。1996 年他以江西省文化厅、乐安县人民政府名义邀请了罗哲文、郑孝燮等对流坑村进行考察。1997年他并乐安县委副书记银光灿邀请陈志华为流坑村做保护规划,陈志华随后

<hr>

① 张新民:《流坑——中国传统农业社会最后的标本(摄影集)》,杭州:浙江摄影出版社 2000 年版,第 20 页。

② 中华人民共和国人民政府:《国务院关于公布第五批全国重点文物保护单位和与现有全国重点文物保护单位合并项目的通知》,2020 年 8 月 10 日,http://www.gov.cn/guoqing/2014-07/21/content_2721168.htm。

③ 百度百科:《中国传统村落名录》,2012 年 12 月 17 日,https://baike.baidu.com/item/%E4%B8%AD%E5%9B%BD%E4%BC%A0%E7%BB%9F%E6%9D%91%E8%90%BD%E5%90%8D%E5%BD%95/1647247?fr=aladdin。

带学生去流坑勘测设计,并在第二年拿出了流坑村的保护规划。^① 1996 年 8 月 28 日,《光明日报》头版头条发表一篇长达 2000 字的报道《千年古村说流坑》,独家披露流坑村保留千年的历史原貌,在国内外引起轰动,专家学者及旅游者纷至沓来,访古寻今,远的来自美、英、日、挪威等国家。李铁映对这篇报道作出批示:"给予支持保护好",流坑村由此进入了崭新的保护阶段,因此"地处江西中东部,四周及境内冈峦山丘陵如围如屏的乐安县,也从'小隐隐于野'的半封闭状态走到引人关注的文化 T 形台"^②。乐安县委县政府从此将流坑村的保护列入议事日程,严禁破坏和倒卖文物、拆改古建筑、保护村前村后和河道旁的古樟树等。

周銮书撰写的《千古一村——流坑历史文化的考察》一书,强调流坑是中国古代农村文明的典型,有五百年耕读、五百年农商史。^③ 不仅如此,他还研究其他古村落,其子周克修回忆道:"从 1983 年起,父亲为了解江西,趁下乡的机会,走访了一百多个古村,二十多个古镇,对古村镇的发展历史、人物脉络、建筑特色、艺术特征、风俗人情、山川地貌、风水布局等都饶有兴趣并加以研究。"^④陈志华、李秋香、楼庆西等学者也著有《流坑村》(2003)、《中国乡土建筑初谈》(2012)、《赣粤民居》(2010)等书,写道,流坑村有"大小各级宗祠和香火堂八十三座"^⑤。银光灿则写道:罗哲文先生考察流坑后发出"千年古村今无恙,山环水绕蕴明珠"的感叹;流坑村的村落布局仿照唐宋时代城邑的里坊规制,像一座城池,亦似一方都会,这是一般仅拥有若干古建筑的村落难以比拟的。^⑥ 今有闵忠荣等编纂的《江西传统村落》(2019)一书中关于流坑村的章节,韩锋、徐季丹的《古村流坑的风水格局与环境意象》(2005)等论文,央视《记住乡愁》对流坑村的拍摄记录,及各类当代游记等。

笔者认为,领导批文、光明日报、专家考察报告及流坑村官网,甚至游记等,对于流坑村来说都是不同时代的记录,是其"档案",它随后获得各种称号

①　百度百科:《周銮书》,2020 年 8 月 9 日,https://baike.baidu.com/item/%E5%91%A8%E9%8A%AE%E4%B9%A6/8892124? fr=aladdin。

②　江西千年古村流坑中国古代文明缩影[N].光明日报.2016-11-19/第 1 版。

③　周銮书:《千古一村——流坑历史文化的考察》,南昌:江西人民出版社 1997 年版,序言。

④　周克修:《再忆我的父亲周銮书》,《大江周刊》2009 年第 4 期,第 21-23 页。

⑤　陈志华、李秋香:《中国乡土建筑初探》,北京:清华大学出版社 2012 年版,第 74 页。

⑥　银光灿:《流坑古村的特色与价值》,《江西社会科学》2000 年第 6 期,第 63-65 页。

也是它自身档案的一部分,虽然在村落中或许并没有获奖证书原件保存。

其次,流坑村现今的公开"文件"信息。2016年4月笔者带领项目组成员以旅游者的身份走在村落中,看到许多公共信息贴于祠堂门上或以标语形式刷在建筑物外墙。如流坑村的乐善先生祠大门上,还可以见到一些上级来文广而告之,有一份"关于流坑村24组村民董金×在历山下土地视为被征用的通告"(见图2-6);一张红底黑字的宗族"做事人员安排",厨房切菜、煮饭、管酒等人员名单(见图2-7);农户家里也贴有许多"文件",比如张贴于一户堂屋墙上的"干部结对帮扶联系牌",责任者为乐安县扶贫开发领导小组制,帮扶干部周勇(县政协副主席),帮扶对象吴兴贵,家庭人口有5人,结对日期为2015年10月(见图2-8);宜黄棠阴镇民主村也见到农户室内墙壁上有"'四进四联四帮'活动连心卡"(见图2-9),有干部姓名、单位、职务、挂职职务(如村委会主任助理)、联系电话等,因此可了解到贫困户类型有扶贫开发户、扶贫低保户和五保户,帮扶措施有产业扶贫、搬迁扶贫、教育扶贫、金融扶贫、保障扶贫、就业扶贫等。它们已经具备了一份文件的责任者、标题、内容、落款、时间等,包涵了今天的公文要素,笔者认为,这就是工作文件的公开和执行,农村档案的显性化。

图2-6　流坑乐善先生祠门上贴的"文件"　　图2-7　流坑乐善先生祠门上贴的告示

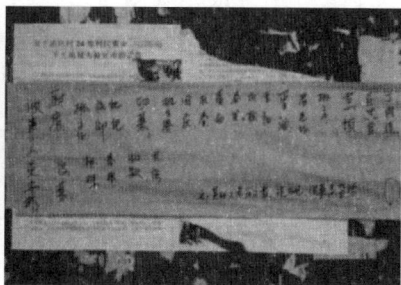

流坑村还有村史馆收藏和展出村落历史,包含当代的获奖文件的复制件、实物档案的照片、各种规划图等,以展板形式呈现在村民和游客面前,并以隐恶扬善、正面形象信息居多(见图2-10、图2-11)。村落中一些私有档案如家谱在公共场所很难见到,但这如同在城市公共档案机构很难见到家庭档案一

样,并不例外。流坑村有由乐安县流坑管理局设计管理的"流坑古村——千古第一村"的官网(http://www.cnliukeng.com/news/102.html),展出有历史人物介绍、流坑传说故事、风土人情、资质荣誉(如中华人民共和国国家文物局颁发给乐安县牛田镇人民政府的命名流坑村为"中国历史文化名村"的证书(2003)、国务院公布流坑村古建筑群为"全国重点文物保护单位"的通知,以及其他数字文件和获奖铜牌等实物照片等)。

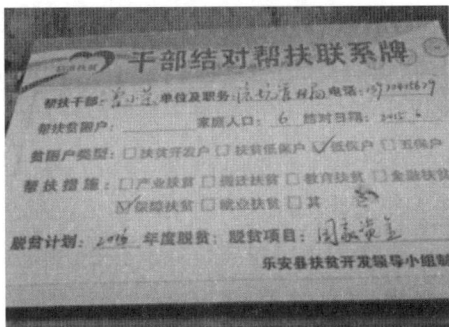

图 2-8　流坑村"干部结对帮扶联系牌"

图 2-9　"宜黄县'四进四联四帮'活动连心卡"

图 2-10　江西乐安流坑村村史馆

图 2-11　领导考察档案展板

再有,流坑村的风水掌故。2016 年项目组去流坑村之前,笔者几乎对"风水"一无所知。翻阅相关资料得知:据流坑的谱牒文献所载,流坑董氏之所以落基于此,与唐末风水家杨筠松、曾文迪有关,他们曾在流坑留居二年之久,为董氏族人占视形胜,留下了许多箝语,如曰:"秀龙多脚似云行,到此尽龙钗脑穴,已山亥向出官班。山后突宝多华盖,只好元辰四绕环。左畔坤申抢入倒,右边子登水朝阳。合归庚酉归乾亥,此时多出绿衣郎";杨筠松的箴语"若见水朝庚,依旧好流坑"更是广为流传。[①] 庚,西向,在此指一条南来而折向西北的乌江,喻意只要此水长流,就有不尽财富源源而来。还有文章说,流坑董氏上至宰相尚书,下至主簿教谕,竟达 100 余人,成为簪缨世族,明、清时期又因从事乌江上游的竹木贸易而富甲一方,故而董氏一族世代尊奉杨、曾二氏为地仙,据明代的著名学者罗洪先说这个掌故后来甚至成为世间谈堪舆者"莫不引重"的典范。[②]

第四,流坑村的清明节记忆。流坑古村的董姓后裔凝聚不散,还有一片坟山让他们寄托哀思。2016 年 4 月 4 日是清明节假期,项目组恰好目睹流坑村后人祭祀先人的景象。上午,我们发现人们陆续从外地回村祭祀扫墓,一位男士在房屋倒塌后的房基上烧纸祭奠先人,更多人去了董氏坟地山祭扫,挑着猪头、酒菜等贡品,这天山上弥漫着烧纸祭奠先人的烟雾(见图 2-12、图 2-13)。

图 2-12　流坑村董氏坟地山,可见山上正冒出烧纸的烟雾

图 2-13　流坑古村董氏后人到坟地山祭祀

我们作为游人在欣赏风景、拍摄满山的映山红时,偶遇来祭奠她外婆的本地一女孩,她前一天曾给我们当村落向导,此时她和她大舅、小舅一家眼红红地闷头而走,表情严肃凝重,回避我们相机镜头,而我们一行还笑着向他们打招呼

---

①　周銮书:《千古一村——流坑历史文化的考察》,南昌:江西人民出版社 1997 年版,第 26-28 页。

②　韩锋、徐季丹:《古村流坑的风水格局与环境意象》,《东华理工学院学报(社会科学版)》2005 年第 2 期,第 123-127 页。

说声"嗨",局面似乎突然尴尬,此时笔者才感觉自己的不敬和失礼:他们处于悲痛中,而我们处于新鲜中。笔者感觉自己离传统文化太远了,也觉察了像我们一样的游客给古村带来的骚扰。后听说江西清明祭祖传统保持得很好,本来联系好的县档案局人员也因回乡祭祖而不能陪同我们。对于笔者而言几乎清明节只剩下符号概念,虽有儿时见过的"招魂""纸幡"的记忆,但由于家乡移风易俗,听闻过"殡葬改革"等字眼,但如今实地观察到清明祭祀场景还是挺震撼的。

最后,流坑村今天的保护及其档案。李秋香、陈志华写道:"今天的流坑村更加珍贵。如果我们重走徐霞客江右之行的路线,就会看到当年他所经行的几百个村镇不是完全埋没,就是面目全非,惟独流坑村较为完整地保留了下来。"①但是我们项目组也发现,流坑村中一些老房子已经破败不堪,站在屋里,就见屋檐上飘飘洒洒往下落木屑,本以为是白蚁作祟,当地人说是黄蜂啃咬所致,一些梁柱已经中空,摇摇欲坠,但没见有修复措施。这既是自然的损毁,也是人为的搁置。由于流坑已经是第一批国家级名村和传统村落,这些老房子不能拆,在此地基上又不能建新房子,而高昂的修复经费,令业主没有意愿和经济实力来维护;国家所拨修复款有时候还轮不到普通房主。于是乎这些老房主另择地新建房屋,任老房子在风雨中飘摇。而且,成为传统村落后的这些自家的房屋也成为国家公共文化遗产的一部分,自主权削弱,村民责任心也随之下降。老房子也在公与私的夹缝中、在南方多雨潮湿的季节里,加速衰败。即使著名如流坑村,由于私人产权、资金、人力等问题,许多古建筑也得不到及时的修缮,更何况其他江西传统村落。项目组发现流坑古村里的一些古建筑被开发为民宿。项目组所租住的一民宿里的女孩儿一大早就帮助家长洗菜做饭以招待游客;村里玩乐的孩子也不时关注游客的眼光(见图 2-14、图 2-15)。在此村民与游客的主客似乎关系已经颠倒,倘若再要求"村民自治"建档难度比较大。2020 年一则新闻报道流坑古村的未来走势,强调流坑古村的悠久历史及以古樟树林为代表的生态旅游资源,以此进一步打造国家5A 级旅游景区。② 这样的未来也似乎与传统村落保护初衷背离了。

---

①　李秋香、陈志华:《流坑村》,石家庄:河北教育出版社 2003 年版,第 1 页。

②　抚州市政府网、乐安市文广新旅局:《谭赣明深入乐安流坑古村和宜黄曹山景区调研》,2020 年 3 月 3,http://www.jxfz.gov.cn/art/2020/3/3/art_3826_3325684.html。

图 2-14　流坑村一民宿家的女孩　　图 2-15　流坑村的玩乐中的孩子
　　　　　　　　　　　　　　　　　　　　　　不时关注游客的眼光

（以上图 2-5 至图 2-15 由徐欣云摄于 2016 年 4 月 4—5 日）

笔者认为建筑群、族谱、匾联、匾额及徐霞客游记等都是见证流坑村风雨历程的原生档案，但传统村落档案包含在这些现实的真实的细节之中。

2.3　宜黄棠阴镇传统村落

抚州市宜黄县棠阴古镇，2016 年 4 月和 2017 年 8 月本项目组两次去调研，棠阴古镇的建设村、解放村和民主村 2015 年同时入选中国传统村落第三批名录，调研组在民主村发放了一些关于传统村落档案的调查问卷。可从两方面认识这些村的档案。

首先，"地导"吴干事的口述介绍。2016 年 4 月笔者初次前去时，宜黄县档案局江苏华局长陪同，请棠阴镇吴小儿干事当向导，2017 年 8 月旧地重游时，笔者直接联系了吴干事，与这位"地导"已经像老熟人了，在想给他一些做"地导"的报酬时，他拒绝了并解释说"在哪儿都是工作"，颇有古风。吴干事土生土长，30 出头年纪，中等身材、瘦削精干，理着平头（见图 2-16），他有先祖留下的老宅（见图 2-17），已经得到了基金资助正在维修，也于早年在老宅旁边建了现代水泥钢筋的二层住宅小楼，他说稍晚一点也许就不被允许建新房了。

吴干事介绍说,吴姓为棠阴大姓,人数最多,在《吴氏族谱·八府君传》中有记载,八府君为棠阴吴氏开基始祖,即种甘棠者也。据悉吴小儿先生于 2018 年 9 月遴选上棠阴镇副镇长。

图 2-16　调研成员和吴干事

图 2-17　吴家大院闺阁楼

　　吴干事作为镇政府的干事,所提供的信息与古镇官网信息比较一致:棠阴古镇始建于北宋年间,因依山傍水,故原名陂坪,临川居士吴竦,号八府君,一日游见陂坪为钟灵毓秀之宝地,遂于宋天圣九年(1031)来此肇基,并亲手种植甘棠树,祝曰:"汝茂,吾子孙茂",甘棠树茂然成荫,其子孙亦兴旺发达,后人不忘其亲植甘棠之宏祝,取"甘棠茂荫"之意,改陂坪为棠阴;棠阴镇现今依然保存完好的明清时期的古街、古巷、古祠、古庙、古塔、古桥、古牌坊等共计 100 多处,但只有鼎盛时期的五分之一,其中八府君祠宅基面积达 4000 平方米,宏观博大,有石础木柱 30 根,柱皆巨大,专家考证为江南民居第一柱(见图 2-18),等等。[①] 八府君祠是吴姓大宗祠,相传每次乡试,皆在此举行,现为棠阴小学所在地(见图 2-19)。棠阴还以广种苎麻茶叶、盛产夏布而闻名,夏布因凉爽宜人常用于夏季穿着,笔者见到了一座民宅改成的"夏布会馆"(见图 2-20、图 2-21)。

　　项目组成员与吴干事的对话,也对于传统村落建档颇有启发,因此摘录几段于下(由胡官金根据 2017 年 8 月 23 日现场录音整理)。

　　问:您说从屋梁上掉下来的是什么? 吴干事答:掉下来的是钱币,钱币压在房屋梁上面用来镇宅的,所以这些房子都是清代的,(因为)有顺治、康熙、雍正、乾隆、嘉庆五帝钱币,这五帝钱币要按顺序排列,串在一起。

---

① 宜黄县政府官方网站:《棠阴古镇介绍》,2019 年 3 月 25 日,http://www.jxyh.gov.cn/art/2019/3/29/art_2029_1891243.html。

图 2-18　民主村八府君祠石础木柱
之一,专家考证为江南民居第一柱

图 2-19　民主村八府君祠,现在小学校
舍里,也是"青少年爱国爱家乡教育基地"

图 2-20　现为"夏布会馆"的一座民宅

图 2-21　村前屋后的夏布的原料——苎麻

　　问:这个地面为什么缺砖呢? 吴干事答:在添这个砖的时候,看起来似乎没来得及添,其实这个叫什么呢? 这个叫"留地以待",给自己的后代留空白,意思是这个路我就帮你铺这么多了,剩下的就要靠你自己走了,这留给后代自己"添砖加瓦",可以教育小孩子奋进。……

　　村落蕴含的文化意蕴,犹如"行不言之教",费孝通说过,"说乡下人愚,显然不是指他们智力不及人,而是说他们知识不及人"[1]。乡下人也许没"文化",但不等于没有智慧,反倒让一直接受现代教育而没有受过传统熏陶的笔者,在此感觉自己没有"文化"。村落蕴藏的生活习俗、文化气息,难以静态笔描,它像那行云流水变幻出万千气象,怎么是一些"档案"就能固化得了的呢!

　　其次,传统和现代保护博弈的记录。棠阴镇的传统村落给笔者最大的感

---

① 费孝通:《乡土中国　生育制度　乡土重建》,北京:商务印书馆 2011 年版,第 12-14 页。

受是村落基本保持着原貌。古建筑有的还在使用中,鹅卵石路还没有被换成水泥路,石缝里是绿绿的小草,各式农具随意散放在谷仓或老房子里,而不是放置在庄严的博物馆里。生活风俗随处可见:孩子们在太阳底下跳皮筋,更小的孩子沐浴着阳光在墙根下玩过家家,成年村民闲适自在,端着饭碗蹲在门口吃饭,热气腾腾,享天伦之乐,人们屋前屋后晒粉皮、舂米糕、擂茶、晒烟叶、采莲,给人一种"世外桃源"之感(见图 2-22、图 2-23、图 2-24、图 2-25、图 2-26、图 2-27)。在此时此地,村民们还是村庄的主人,热情好客,他们还没注重游客可能带来的经济价值,这种处于原生状态的自然村落及文化遗产,正如苑利所说,"就像是一株生长在大自然中的花朵,通常是不需要特别的保护的"[①]。

图 2-22　棠阴镇民主村孩童
在玩过家家

图 2-23　棠阴镇民主村孩子们
嬉戏,大人们在闲谈

图 2-24　棠阴镇民主村村民
在晒烟叶

图 2-25　棠阴镇民主村一村民
在舂黑米米糕

①　苑利、顾军,《非物质文化遗产保护(干部必读)》,北京:社会科学文献出版社 2013 年版,第105 页。

图 2-26　棠阴镇民主村一村民
在晒米皮

图 2-27　棠阴镇民主村的用罐
腌咸菜图

但现代生活方式和理念正使村落从"世外桃源"变成"城中村"。如随行学生胡官金记录道：民主村一些民居上了锁，有一个气势较宏伟的古民居里还住着人，一些窗雕、匾额已遗失，向导说被人偷走贩卖了，前几天一个神龛也被人拿走了；村边有一条小河，飘着生活垃圾，向导说其实这条河在他小时候是非常干净的；小河上面有一座桥，桥面上还修了一座简单朴素的庙（见图 2-28），但冷冷清清，向导说，在祭神的时候庙是全村最热闹的地方，夏天不时有微风吹过，耳边听着蝉鸣声。（那气势较宏伟的古民居是"官帽厅"，桥上的庙是"万寿宫"，向导即吴干事——笔者注）。

据笔者进一步了解，棠阴镇的明清建筑群目前正遭受着自然和人为的刻蚀，不少门窗因破损而被木板或其他物品替代，一幢清代民宅大门的高门槛被村民锯断以方便摩托的进出，许多文物贩子来棠阴疯狂收购古建筑构件等文物，有的人甚至提出要整体收购古建筑，吴家大院上皇帝赐的匾现在已藏起来，留下一块黑乎乎的印迹，吴干事说这块匾他也只见过一次。

笔者也见到一些老宅正在维修中，据了解它们是以苏区红军旧址的项目率先得到修缮，如"宜黄县中共苏区中央局旧址修缮工程棠阴点工程（竣工日期 2016 年 3 月）"（见图 2-29），据吴干事告知，每年政府拨下来的资金可修缮三栋，修缮的木头来自海南或巴西，小桥上的万寿宫和西巷关帝殿的重修则由村民集体信助。修缮的图纸显然是传统村落档案的一部分，吴干事表示对此不知道。但笔者还坚持认为，见到图纸才是见到了"档案"的真容，于是随后的日子里请吴干事通过微信发一些古建修复的照片，但是他说，他问修建的师傅了,说图纸在公司经理手里,而且他说不能经常发照片给我,那好像有点"偷窥""监督"别人工作一样。

图 2-28　宜黄县棠阴镇民主村万寿宫　　图 2-29　民主村正在被修缮的古民居

(图 2-18 至 2-20、2-25 至 2-29 由徐欣云拍摄于 2017 年 8 月 23 日;图 2-22 和图 2-23 由徐欣云拍摄于 2016 年 4 月 2 日)

对于棠阴镇的三个村落保护开发的进展情况,2019 年 5 月 25 日吴干事再次回复笔者说:2018 年 3 月以来,画家来了不少,来写生的学生很多,目前有位辽宁画家在负责这块工作,有时周末我都得去陪他们。他还说,宜黄县文保局 2019 年 1 月对棠阴古镇保护与开发问题发了份文件,文中总结了目前保护的困境:一是古建筑内居民无房可住,由于生活困难无法在外购地建新房,所居住的旧房又不能产生经济效益,因此近年来部分居民私自拆除古建筑建房或在损毁严重的古建筑宅基地上建新房;二是很多古建筑历经风吹雨打年久失修,已腐朽不堪,损毁严重,无人居住的濒临倒塌,有人居住的给群众生命财产带来了极大的安全隐患;三是古建筑维修、古遗址开发的工作量大,所需资金多,依靠每年少量的危房维修资金检漏,房子的每年检漏都保证不了;四是镇政府、村委会阻止居民拆旧建新难度大,古建筑的保护需要国土、城建、文化、公安、电力等部门的共同参与和配合,并且其中的许多部门还是行政执法主体,另外居民拥有古建筑的物产所有权,在拆除古建筑时,感觉是在"拆自己的房子",可不受保护法规约束。

这些文件就是将来的"档案",虽然当地政府对棠阴镇传统村落的保护有着清醒的认识,也采取了不少的保护措施。但还是存在难以破解的困境,对于传统村落档案工作,2017 年 5 月宜黄县档案局江局长答复项目组的调查问卷"县乡档案部门有关古村落档案认知",说道:目前档案县局还没有对古村落档案的收集及参与合作的经历,工作思路上还没有古村落这概念,上级也没这方面的要求,眼下着重于脱贫攻坚、棚户区改造等工作,档案业务工作反倒业余化了,而且古村落保护是文化管理部门的事情,一般仅从明清建筑保护角度向国家文物局要项目。因而,笔者认为,传统村落及其保护方面的档案,实际情况就如上所描绘,一些学者把保护内容作为传统村落归档内容,但是不仅仅有保护规划,保护体现在细节和过程的材料之中。棠阴古镇的传统村落正在走向规范化的保护之路,但笔者却担心在"保护"过程中,那种古朴的小桥流水和自在的民风是否可以永留传。

2.4　金溪县双桥镇竹桥村和浒湾镇浒湾村

抚州地区当地有民谣云:"临川才子金溪书",金溪县是临川文化的发源地,而竹桥村又是金溪书即金溪雕版印刷的发源地,蕴含了"临川文化"圈中多种文化元素。临川自古文风昌盛、英才辈出,临川文化为抚州江右民系创造出来的区域性文化。唐代王勃在《滕王阁序》中就发出过"光照临川之笔"的由衷赞叹,民间俗称临川为"才子之乡",这里孕育了王安石、汤显祖、曾巩等一大批英才,成就了中华民族人文史上耀眼的才子群体。如今据悉金溪县有古建筑 11673 栋,分布于金溪县的 43 个传统村落中,每个村落都有其特色。金溪县曾经保护传统村落的模式被称为"金溪模式",即"政府 30% ＋户主或村集体 20% ＋社会与基金 50%"方式筹资金和"一座古村一个文保员守护,一件文物由一个人保护"等方式。[1] 近几年"金溪模式"迅速发生着变化,旅游开发是其最大特色。最近金溪县又立足当地生态环境和旅游业,鼓励农业公司、种植大户在景区大面积种植特色观赏类经济作物,创建"锦绣金溪、美丽花园"。[2]

---

[1] 邹晓化:《保护古村落"金溪模式"让人惊喜》,2016 年 12 月 4 日,https://www.sohu.com/a/120626573_488785。

[2] 抚州日报:《金溪县:"美丽经济"美村富民》,2021 年 3 月 19 日,http://jx.ifeng.com/c/84iZHIZrb5D。

2.4.1　金溪县双桥镇竹桥村

金溪竹桥古村始于元末明初,距今六七百年,是一个余姓村落,由福建邵武蓝田迁移而来。2012 年竹桥村入选第一批"中国传统村落名录"(见图 2-30)。竹桥村旅游开发较早,香港商报网报道:"700 多年历史的抚州市金溪县竹桥古村成为乡村旅游新宠,乡村振兴在江西绿色崛起中焕发异彩。"[①]

图 2-30　竹桥村(邓兴东拍摄,取自《江西奋力迈向中国旅游强省——专访江西省副省长》。香港商报网. http://www. hkcd. com/content_p/2018-05/21/content_58774. html. 2018-05-21[2020-06-08])

如今的竹桥村用"村标"打造古村品牌,余家大屋改成茶社;还打造沉浸式体验景区:以明朝万历年为背景,植入万历年间菜刀铺、药铺、油面坊、举人还乡等情境元素,以村民生产、生活为主题,真实还原历史场景,营造身临其境的氛围。[②] 据笔者调查,2020 年 1 月"金溪县余氏竹桥古村旅游文化发展有限公司"更名为"江西省余氏竹桥古村文化旅游有限公司",投资人亦变更为余姓后人,这种变更扩大了余姓后裔的范围。从档案学专业出发,笔者进一步探讨其可能有的"档案"。

[①]　香港商报网:《江西奋力迈向中国旅游强省——专访江西省副省长》,2018 年 5 月 21 日,http://www. hkcd. com/content_p/2018-05/21/content_58774. html。

[②]　温凡:《古村留乡愁,活化寻归处》,2020 年 6 月 12 日,http://cpaper. jxwmw. cn/html/2020 06/12/content_5411_2839417. htm。

首先,竹桥村文献类"档案"分析。南昌大学张芳霖在《雕版古村——金溪竹桥村档案》(2016)一书中写道:"《竹桥余氏家谱》记载:'余氏之迁竹桥也,于今六百有余年矣。……稽古五代,时远祖克忠公镇守上幕……我族乃始于元而盛于清。……村门楼边有三井品立,内有水塘七方,中月塘一圆,以形七星伴月之象,媲之三潭胜迹,又何多让焉?'"① 张芳霖分析了竹桥村由盛转衰的原因是:儒商并重的余氏家族,有着"贾而好儒""儒而好贾"的风气,在浒湾开办的"余大文堂"书坊一度十分兴盛,使其宗族成为附近邻里乃至全县范围内的望族,"百余年来,户将三百人,近千丁,家多素封,士有世业",但这多以家庭成员的支持和牺牲为代价,"虽家有老亲,代养者多,伺养者少",因而资助家人成为他们致富后的首要选择,修家谱、建祠堂及资助其他当地公益事业,这使得很大一部分的商业利润转化为消费资金,影响了书坊扩大再生产,从而趋向衰弱。② 村中的黑色石碑"竹桥余氏村居记"(见图 2-31),在张芳霖书中有拓文。张芳霖利用《竹桥余氏家谱》《金溪县志》《西江志》等文献及实地勘察而完成的《雕版古村——金溪竹桥村档案》一书,如邵鸿所示,这是"以保存资料为主要目的的著作"③。然而书名中"档案"二字显然与"档案"专业术语内涵不完全一致,书中除家谱外,还多处用到了"传说",如有:十家弄一间房屋的门额上刻有"拜石"二字,其中"石"字中多了一点,有人解释说"石"字加一点,即有"点石成金"之意。④ 可见她承认

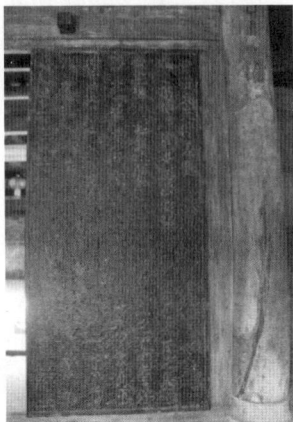

图 2-31 "竹桥余氏村居记"石碑
(徐欣云摄于 2017 年 8 月 24 日)

---

① 张芳霖:《雕版古村——金溪竹桥村档案》,《江西古村落档案丛书》,长沙:岳麓出版社 2016 年版,第 1-3 页。

② 张芳霖:《雕版古村——金溪竹桥村档案》,《江西古村落档案丛书》,长沙:岳麓出版社 2016 年版,第 4-5 页。

③ 张芳霖:《雕版古村——金溪竹桥村档案》,《江西古村落档案丛书》,长沙:岳麓出版社 2016 年版,序言。

④ 张芳霖:《雕版古村——金溪竹桥村档案》,《江西古村落档案丛书》,长沙:岳麓出版社 2016 年版,第 31 页。

这些也是村落档案的一部分。

江西师范大学闵忠荣等实地勘察后也写道：竹桥村为赣东地区典型的村堡式布局，入口处一座锡福庙，旁立古樟，村外一圈村墙仅残存数米，对外的村门也仅存始建于明初的总门楼；村内由门楼引导空间序列，总门楼、上门楼、中门楼、下门楼按照递进的方式组织空间，在村落布局中具有典型性；竹桥古村中尚存"拜石"与曹秀先所提的"对云"等题记，现有 206 户共 820 人等。① 范霄鹏、仲金玲在对竹桥村的调研中写道：竹桥村老屋上木雕石刻由于在动乱年代村民多用泥糊纸盖保护起来，因此大都完整地保留了下来。② 还有《外媒看江西竹桥村延续古老习俗：城市生活未触动淳朴村民》的新闻报道：一个拥有数百年历史的古老村庄，这里的一切似乎都在抵抗时间的流逝；当村民们接待着来自世界各地带着最先进的相机和无时无刻不与互联网相连接的智能手机的游客时，古老与现代在这里形成了强烈的对比。③

其次，竹桥村古建筑意象记忆。我们项目组 2017 年 8 月 24 日初次来到竹桥村时，一位本土的职业导游领着我们参观，笔者认为"导游词"是一部"亮化"的村落历史，是土味和接地气的"世俗"档案，特别是这位地导对于本地有深厚的感情，所以导游词都以"我们村"开头，描述生动、有画面感。据导游介绍，竹桥村是 CCTV-4"国宝档案"栏目、湖南卫视综艺节目《爸爸去哪儿（第四季）》第五站拍摄地之一，节目对古色、幽静的乡村起了推广旅游的作用；竹桥村也是"全国田园乡村博览会""全国村长论坛"的举办地。笔者后来在"竹桥古村官网"（http://www.zhuqiaochina.com/portal.php.）发现了类似的导游词，但两者的差异也应有"版本"之说。下面从建筑意象、风水传说、民俗馆等几方面介绍世俗档案现象（导游词由胡官金根据现场录音整理）。

"品字三井"，村口三口多边形古井据说建于清代，成"品字形"排列，每口井周边均被十根雕花石栏杆围住。导游说，"品字"寓意为人、为学、经商要有品德，每方水井的十根柱子寓意着十全十美，其外圆内方是讲究天圆地方等，

---

① 闵忠荣、段亚鹏、熊春华：《江西传统村落》，北京：中国建筑工业出版社 2019 年版，第 160 页。

② 范霄鹏、仲金玲：《赣东地区竹桥村古建田野调查》，《遗产与保护研究》2017 年第 2 期，第 106-111 页。

③ 参考消息网：《外媒看江西竹桥村延续古老习俗：城市生活未触动淳朴村民》，2016 年 12 月 27 日，http://www.cankaoxiaoxi.com/china/20161227/1556733.shtml。

是乾隆年代的古建图像(见图 2-32)。张芳霖书中也采纳了这一传说,并认为这体现了儒家的德教思想,还写道:传说在总门楼前下方的水井按照风水师要求所挖,名为"剑井",寓意在与外敌战斗结束后用水洗刷剑上的污血,邪气不会进村。① 传说虽然不一,在此处"真相"已经不重要,重要的是寓意。

"本字人",在中门楼的空地上,有一个用青石板铺就的"本"字(见图 2-33),本则根也。导游说,这是告诫后人不论在外读书、为官、经商,你的根在竹桥,人不可忘本,"本"还有书本的意思,指竹桥是金溪书的发源地等。

"惜字炉"(图 2-34),以示对文字的重视。导游说:惜字炉是对文人雅士的一种约束,最早的时候是希望文人不要用恶语伤害他人,它也体现着对文化的尊重,因为以前的雕版印刷用剩下来的材料,要捡起来放在这边集中焚烧,不是随便丢弃或用脚去践踏。

图 2-32　竹桥村村前　　　　图 2-33　竹桥村中门　　　图 2-34　竹桥村
　　"品字井"之一　　　　　　楼前地上的"本"字　　　　"惜字炉"

"七星伴月塘",导游说是根据天上的北斗七星来设计的,它是日常生活用水,也改善风水,也提供日常用水(见图 2-35)。再引竹桥村官网的介绍:这八方水塘与各条排水沟(明沟和暗沟)连为一体,雨水通过排水沟渠排入水塘,当水塘的水涨到一定程度,溢入水沟再排到下一方水塘,一方接一方,最后排到村外的小溪之中,其人工水体处理极具科学性和实用性,为中国古代村落水体布局典范之作。②

"拐弯抹角"墙角,导游说在这个墙拐弯的地方,把那个角抹掉了,就是出

---

① 张芳霖:《雕版古村——金溪竹桥村档案》,《江西古村落档案丛书》,长沙:岳麓出版社 2016 年版,第 18-19 页。

② 竹桥古村官网,2020 年 7 月 20 日,http://www.zhuqiaochina.com/portal.php。

自拐弯抹角的成语,它首先是方便老人、小孩子,以免磕磕碰碰,其次是告诫后人做人要圆润一点,不要太直来直去,第三是不要冲撞,因为这巷子比较窄,如果太直的话结婚抬轿子就会冲撞,而墙裙全部是用手工凿的荔枝纹的表面可以起到吸音的作用,是独特的赣派建筑技艺。(见图 2-36)

 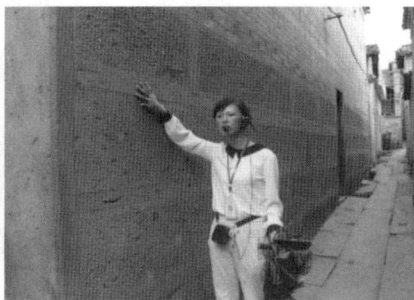

图 2-35　竹桥村"七星伴月塘"之月塘　　　图 2-36　竹桥村一建筑之"拐弯
　　　　　(人物为地导)　　　　　　　　　　　　　抹角"和"吸音墙"

建筑风水的寓意。导游介绍说:我们竹桥整个发展史和这个门楼的风水有很大的关系,对面这座山是我们竹桥的一座风水山,著名风水师廖瑀的后人到我们村给这个总门楼定过方位,定方位时放了一把太师椅,正好对着风水山,但太师椅在没人看管的情况下被一个小孩子牵着小黄牛走过时撞歪了,廖先生回来听完原委后说了一句天意不可违,因此竹桥村按被撞后的太师椅的方位布局,我们村本来至少要发展到 1000 户,但是门楼撞歪掉了只能发展到1000 丁,所以现在这个村子的常住人口是 206 户,800 余人。导游又介绍了"芋头胖子土坯房"(见图 2-37)的风水传说:房子的主人有财但喜欢吃芋头又非常胖,就得了芋头胖子的外号,他说自己属鼠怕火不能用砖,所以不用青砖灰瓦而是做了一个土坯的房子,这个瓦还是斜放的,这是因为古代这一带经常有风,做斜屋顶起挡风带作用,等等。

图 2-37　竹桥村"芋头
　　　　胖子土坯房"

再有,竹桥村历史建筑及历史

人物的现实"刻痕",如总门楼入口的现代化标志。2017 年夏笔者见到古村游人如织,月塘旁的古宅上有"晒秋"景观(图 2-38),古墙和红辣椒非常贴合。两年后 2019 年同一时段笔者再访竹桥村时,发现从村外沿着古驿道有了竹桥村村标(图 2-39),总门楼入口处用多种语言表达着"竹桥村"这一村名,期望着国际化旅游市场的到来,旅游设施也更加完善。但事实不尽如人意,古村曾经火爆一时,如今显得冷清,也许是因为电视节目等推广效应的减退,倘若如此,吸引人们前往竹桥村的不是古村文化,而是流行文化符号。

笔者以为,为了适应旅游开发的需要,两年来村落就发生了快速的、浮躁的变化,也意味着村落不再是那曾经稳定、安宁的乡土社会。总门楼上的一些标牌信息,如"金溪县人民检察院文化生态检察工作站""星级文明户"(图 2-40)是当代政府对竹桥的行政管理和关注留下的"刻痕"。还有其他历史建筑进行了现代化改造。

图 2-38　竹桥村的　　　　图 2-39　竹桥古村　　　　图 2-40　"星级文明户"
墙上"晒秋"景观　　　　　　的村标　　　　　　　　标牌

祠堂变成博物馆。文隆公祠为纪念竹桥开基祖文隆公建于明洪武八年(1375 年),是村中最早的祠堂,如今辟为博物馆,祠内展示了一些农业用具旧物什(图 2-41),享堂前走廊放置了余氏先祖的生活塑像,其中一厢是余鸿恩(1797—1859)塑像,他年少弃儒经商,在湖南承系祖业,富甲一方,咸丰七年(1857)捐金万两助军饷,是竹桥史上最大、最成功的商人(见图 2-42)。塑像栩栩如生,让先人从高高的祭台上走下来,平视孩子们在祠堂玩乐(见图 2-43),但神圣意味减弱,笔者认为农家物什和塑像并不适合祠堂的身份,一般来说祠堂放置的是鼓、钟、牌位,以示庄严和敬祀。再看仲和公祠,本为纪念竹桥余氏三世祖余仲和(1352—1435)所建,如今成为村史馆所在地,"其陈列主要分为五大部分,分别是'村落历史与环境''历史人物''古建筑与遗址''刻书业与地方建设''民情风俗'"[①]。

图 2-41　竹桥村文隆
公祠放置旧物什

图 2-42　竹桥村文隆
公祠余鸿恩塑像

图 2-43　竹桥村余鸿恩
塑像旁孩子们在嬉戏

　　建筑本身成为景观。步云公祠,据"标识牌"说明得知,它是村中保存得最好的一个祠堂,现在是村里的活动中心,里面陈列了村里的历史、人物及有关文献,红十军、红十一军军长周建屏曾在这里建立第一个农村革命委员会。导游告诉我们周建屏祖籍是在双塘镇祖园村,但曾与竹桥古村同属一个大队。苍岚山房,是竹桥的大房书院,为余钟祥(十家弄的老大)修建,山房前面是私塾,正堂是住房,右侧是雕版印刷作坊及晒书楼;养正山房,是刻印古籍的作坊,上堂及后堂为印书之所,乾隆时期书版盈架,直到解放后刻版方才被毁,等等。

　　余地山故居成为景观。导游带我们走访了余地山后人余秀峰。余地山,毕业于日本东京士官学校炮兵科,参加过湖口起义,反对袁世凯称帝,孙中山北伐时任先遣军军长,逝世后被民国政府追封为陆军中将。余地山儿子余秀峰先生(见图 2-44),现一人居住于老宅,编织菜篮等维继生活;他四书五经

图 2-44　竹桥村余地山
儿子余秀峰(左,83 岁)

　　① 张芳霖:《雕版古村——金溪竹桥村档案》,《江西古村落档案丛书》,长沙:岳麓出版社 2016 年版,第 53 页。

样样精通,写得一手漂亮的毛笔字,淡泊如墙上一幅字一样:"看得破跳得过世事如云"。

"农家博物馆"展览,是余姓后人余广成先生自己办的展览,它在一个挂有匾额"乐盛善举"的"大夫第"中展出。项目组 2017 年 8 月 24 日在村中偶遇余广成,余广成告诉笔者,他自己爱好收藏,包括周边的家具、农具、古建构件等,目前提供免费参观,有时候也不怎么开放;他还说,"我也想为村里做点事。村里奖励过我什么? 又没给我一毛钱,还处处刁难我!"(见图 2-45、图 2-46)2019 年 8 月 26 日笔者再访竹桥村时,没再见到这座农家博物馆。据笔者调查,余广成目前是"江西省余氏竹桥古村文化旅游有限公司"负责人之一。

图 2-45　竹桥村余广成的收藏之一　　　图 2-46　竹桥村余广成的收藏之二

"金溪传统文化博物馆",是竹桥村另一个民间博物馆。2019 年 8 月 26 日笔者再访竹桥村时(图 2-47),馆主何长恩(见图 2-48)介绍了该博物馆的起源和馆藏。何先生说自己从事收藏已有 20 多年,2017 年下半年自费在竹桥村做展览,因为建新房子办展览比较麻烦,放在景区与旅游公司合作还有一些补贴,2017 年 12 月份竹桥村为配合上级政府的检查,他被邀做了现在这个"民间博物馆"。他说这边民俗馆的藏品分为匾额、木雕、石碑、竹编民俗用品几大类(见图 2-49、图 2-50),另外还有一个数字化匾额馆、红色馆,其中除木雕是金溪地域范围的外,其他的都不限制地域,因为文化是相通的。他说江西师范大学新闻学院曾发了一篇关于他的报道,笔者也发现了一个"何长恩和他的博物馆"的腾讯视频①。

---

①　《何长恩和他的博物馆》,2019 年 12 月 12 日,https://v.qq.com/x/page/n07298o0j9f.html?。

图 2-47　2019 夏的竹桥村,游人稀少

图 2-48　竹桥村馆主何长恩(右)

图 2-49　竹桥村何长恩的收藏之一

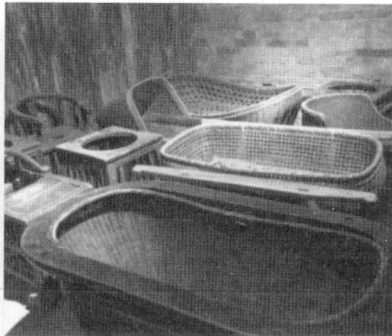

图 2-50　竹桥村何长恩的收藏之二

古建修复。据报道,近年来金溪县启动古村保护和开发利用工作,抢救、修缮、复原了"品"字三井、镇川公祠等 30 余处古建筑和 10 余处珍贵文物,经过修缮的古村依旧保留着几乎原汁原味的村落原貌。笔者再访竹桥村时,正碰见古建修复公司的一位员工(南昌建设集团)运用电子测量仪在测量待修复的房屋(见图 2-51),他告诉笔者:"现在是国家出钱要求修复,正在修复的这个房子是搞古村保护之前新建的,它本身贴了外砖,现在要敲掉外砖,重新搞仿古建筑,这一片建筑都要求仿古。"一旁帮忙的村民则说,房子修好后,展示给游客可赚钱,反正农具也生锈了,没法耕种了。近年来,金溪县专门成立领导小组负责竹桥古村规划、建设、管理和开发工作,制定了竹桥古村旅游开发

和保护性规划。① 然而,县局形成的保护规划文件会保留在县局而不是村落里。

余氏大屋做成茶社。余氏大屋古人设计得别出心裁,依照风水学的角度把正门开在了侧边,做成了明朝官帽的样式,寓意以官威镇煞气,导游如此告诉我们。2019年再访时,笔者发现"余氏大屋"做成了茶社(见图2-52、图2-53),余家大屋的四进的照壁都被拆除,成了一个通透的茶屋,四个天井都放置了桌台,厢房做成了茶社包间,后厢做成了一个小戏台和大的屏幕,古为今用,茶社的娴雅与古宅的雅致风格挺浑然一体,又迎合现代人的消费理念,从而实现文化遗产的自我造血功能,但不足是游客寥寥。

图 2-51 竹桥村中正为一民宅做修缮测量的古建修复人员和村民　　图 2-52 竹桥村"余氏大屋"改造成的茶社之一　　图 2-53 竹桥村"余氏大屋"改造成的茶社之二

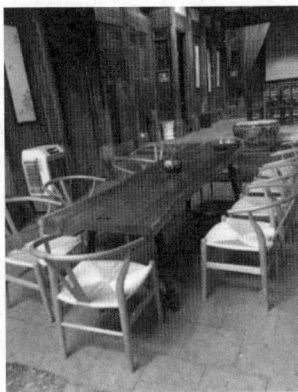

(图 2-32、2-33、2-34、2-35、2-36、2-38、2-43、2-44、2-45、2-46 由徐欣云摄于 2017 年 8 月 24 日;其余由徐欣云摄于 2019 年 8 月 26 日)

总的来说,竹桥村"档案"多元化、动态化,它与村落本身在发展变化一样也在动态变化中,因而动态变化的"过程性"档案也很重要;竹桥村古建筑的意蕴、口传历史,不是笔者一两天就能参透的,上述记录也是挂一漏万。

---

① 范霄鹏、仲金玲:《赣东地区竹桥村古建田野调查》,《遗产与保护研究》2017 年第 2 期,第 106-111 页。

2.4.2　金溪县浒湾镇浒湾村

浒湾镇浒湾村,第 4 批入选"中国传统村落名录",浒湾镇古建筑群为"省级文物保护单位"。2017 年 8 月初访的时候,它给笔者的印象还是一个生机勃勃的村镇,静谧优美(图 2-55),阳光中的"漱石山房"门上有鲜艳的对联,表示它是活着的建筑(见图 2-56),"漱石山房"标牌上写着:著名的刻版、印书作坊的堂号,创始于明代中晚期,天一阁及国内外较大的图书馆均有该堂刻印的古籍善本收藏。这个标牌就是《文物法》中要求的不可移动文物作出的标志,是比较可靠的历史证据。笔者看到,另一座印书作坊——"旧学山房",则改造成"中国印刷博物馆浒湾分馆",其数字展示水平可与一流博物馆媲美。两年后的 2019 年 8 月 24 日笔者再到浒湾镇,发现很多处建筑上被贴了新标牌,即:"历史传统建筑——金溪县人民政府办",并被贴有封条,上书:"此房已征收,禁止入内",落款公章是金溪县政府办公室和金溪县公安局;有的还有一个大大的红色的"征"字。漱石山房也被贴上封条,门神和横幅已经破旧,门上贴有"此房已征收,禁止入内"封条,似乎已成了一个"死地"(见图 2-57),它已失去了往日的功能,将成为静态的实物"档案"。

图 2-55　浒湾村巷道,静谧优美　　图 2-56　浒湾村阳光中的漱石山房　　图 2-57　浒湾村漱石山房被贴上封条

(图 2-55 和图 2-56 由徐欣云拍摄于 2017 年 8 月 24 日,图 2-57 由徐欣云拍摄于 2019 年 8 月 27 日)

据一村民告知笔者,浒湾镇很多古建筑被政府征收,大概 2000 多元一平方米,这里村民普遍认为出价太低,有一些住户的房子快倒塌了就愿意出让给政府,但如果房子没有倒塌,政府又没有补贴另外住房的话,他们就不愿意房

子被征收。目前村民房子还没有被强迫征收,但是如果将来大部分都被征收,只剩下一两户的情况下,可能会有强制性征收的行为。

养正山房、苍岚山房、漱石山房如今成为雕版印刷遗址,已失去了往日功能而成为建筑景观,它们将成为静态的"文物""档案"。笔者以为,有一点可以肯定的是,私权和公权在传统村落发生激烈的冲突,最后往往是公权占了上方,这虽然是文化遗产保护的必要措施,因为文化遗产保护的主要责任在政府,但是地方政府征收历史建筑之后,地方政府机构人员较少,如何管理好曾经属于一个村镇几千人的文化遗产,还值得再三斟酌。

2.5 金溪县合市镇全坊村和琅琚镇疏口村

2.5.1 金溪县合市镇全坊村

据《全氏宗谱》记载,全坊村建村于北宋,已有千余年的历史,是金溪、临川、东乡三县十余村全姓的发源地。[①] 全坊村文化底蕴深厚、风貌古朴、格局独特,2014 年被列入第三批中国传统村落名录。笔者目前还没有检索到以全坊村为标题的正式出版的论著,闵忠荣等《江西传统村落》一书的章节中有所介绍。还有一些新闻报道和"游记"式网络文字介绍全坊村。邓兴东 2017 年在《抚州日报》发表一则题为《全坊古村:家训家风励后昆》的报道,写道:据该村民国戊子年(1948 年)修的《全氏宗谱》载,该村清朝年间共有 15 人登仕,全氏家训家风赫然入目,如"不孝父母,开祠责罚;不悛,革胙出宗。妇不孝公姑亦如之。弟辱兄,开祠责罚;兄欺弟,开祠指戒。后龙及案山、包山、各处坟山,俱要加意培植封蓄,倘有戕害地脉、盗伐树木者,开祠责罚。子弟赌博,开祠呈官究治。子弟不务正业流入优隶者,责罚其父兄,本人革胙。败类乱群革胙出宗。人有终身之慕,孝为百行之先"[②]。邓兴东为《抚州日报》特约记者,获得过一系列表彰,如"2012 年度江西日报优秀通讯员""抚州日报优秀特约

---

① 闵忠荣、段亚鹏、熊春华:《江西传统村落》,北京:中国建筑工业出版社 2019 年版,第 167 页。
② 邓兴东:《全坊古村:家训家风励后昆》,2017 年 03 月 29 日,http://www.zgfznews.com/dianzibao/B/B/2017/0329/1477119.shtml。

记者""金溪县局馆优秀人才"等,[①]他 2020 年以"书中自有哈哈哈"网名发布的"航拍江西金溪全坊古村(组图)"(图 2-58)[②]说它藏着诗一样的乡愁:屋舍俨然、古风浓郁、古韵悠长,村内至今仍保存着全氏宗祠、"科第"门楼、节孝牌坊、官厅等明清时期建筑 77 幢,清一色青砖黛瓦,这组图还被人民网图片版以"江西金溪:全坊古村古韵悠长"标题转载[③]。

图 2-58　航拍江西金溪全坊古村

(邓东兴摄,2020 年 10 月 8 日取自:航拍江西金溪全坊古村(组图).百度百家号 https://baijiahao.baidu.com/s? id＝1679998765392655408&wfr＝spider&for＝pc.)

因而,全坊村正从深藏不露走向更大的展示舞台。笔者在 2017 年 8 月 23 日由金溪县档案局左会明副局长引领,来到全坊村,村中长者正在守候,他们已惯于接待村外访客,全镇刚老先生是全村的核心人物。全坊村可记忆如下。

首先,全坊村核心人物、文保员全老先生侧记。据了解,全坊村的保护得益于村民同心协力,特别是这一位核心人物全镇刚老先生,他 72 岁了,从村农

①　桂林理工大学:《学员风采——邓兴东》,2015 年 7 月 16 日,https://lyxy. glut. edu. cn/info/1087/2840. htm。

②　邓兴东:《航拍江西金溪全坊古村》,2020 年 9 月 8 日,https://baijiahao. baidu. com/s? id＝1679998765392655408&wfr＝spider&for＝pc。

③　江西金溪.《全坊古村　古韵悠长》,2020 年 9 月 8 日,http://vip. people. com. cn/albumsDetail? aid＝1368809。

机站退休后一直是村庄历史的守护人,也是县政府正式聘任的"文保员",用他自己的话来说,就是"为这个村落保护的事跑了十来年了,就喜欢搞这个,老祖宗留下的文物,就发动大家来一起保护",也正因此,全坊村也还是一个"活着"的仍在发挥作用的传统村落。目前金溪县有许多文保员,根据大江网的一则报道得知,胡庆华(67岁)2013年成为合市镇游垫村文保员,是金溪县第一个文保员,至2020年全金溪县已有76名文保员。[①] 笔者认为,文保员可起到村民参与村落保护的示范作用,在此文保员的价值得到了最好的体现,这是政府引导与公众参与并重的方式。

其次,全老先生口述中的传统村落"打造"记忆。2017年8月23日项目组首先被接到全坊村村委会会议室,它在一栋传统和现代相结合风格的古建筑内,一个长条会议桌放中央,顶上挂着一个醒目的条幅——"全坊古村传统建筑修缮项目专家现场评审会"(见图2-59)。村民领头人全老先生解释这一条幅的缘由说:中国文化基金会的理事

图2-59 全坊村村委会会议室和条幅

长、中国文化部的副部长励小捷、科学院的院长贺艳、国家文物保护基金会人员等,前天到这里坐了一下,我带他们走了一圈。昨天就开了一个中国文物保护基金会关于拯救老屋行动的调研座谈会,县长主持,县委书记做报告,后来是励部长做了总结,会议从三点开到六点半,会议结论是要对我们村加大保护力度。我们村有几个优点,第一是县政府重视,第二是古建筑很多,第三是群众都很拥护、很期待,第四就是环境很好,所以我们中国准备打造的两个县,就是浙江松阳和我们金溪,我到松阳开过会,还领了奖,等等。

全老先生积极、健谈,回答了我们项目组很多问题。全老先生说:"我们这里现在还有108户,有426个人在家里种田的,有山地3126亩,有耕地725亩。现在还有5条200年以上的古巷道,都是青石板铺的。"他说,早期村里老

---

① 温凡:《古村留乡愁,活化寻归处》,2020年6月12日,http://epaper.jxwmw.cn/html/2020-06/12/content_5411_2839417.htm。

屋修缮都是村民自愿集资修建,如集资 9 万多元钱修建成的这个会议室、集资修缮通天祠(始建于元朝)、关帝庙,都有功德碑记载,而现在国家准备"打造"了等。老先生把国家对村落的保护用"打造"一词来形容,形象地反映了传统村落保护项目的人为性。这一"人为性"正被一些学者讨论,如刘奔腾认为我国的历史村镇保护"变成是专业人员一厢情愿的热情或者政府官员的政绩工程而已"[①],显然身于其中的村民并不这么看,村民是很欢迎"被打造"类的重视的。全老先生讲:如今国家拨款开始打造我们村了,修缮过程是我们监督他们做,图纸是县里请师傅来设计的,也要招投标,钱保存在县里,得我们同意后才给钱等。

再有,全老先生口述的"全氏宗谱"重修过程。全老先生笃信宗谱、家谱的真实性,他告知我们:"村里历史上一共有 19 人登仕当官,谱上有记载的,很多房子是先祖告老还乡后建的房子,贞节牌坊的来历家谱也有记载,全部记载得很清楚,去年我们村重修了谱。""全氏宗谱"之完备如今也名声在外,如《抚州日报》的新闻报道,项目组在老先生家见到供在条案上的"全氏宗谱"(见图 2-60)。

全老先生是 2016 年宗谱重修的参与者,他回答我们提出的一些奇怪的问题(见图 2-60、图 2-61),如:"排号会不会有重复?"他答:修谱有时会有重掉的情况,比如一人在外地,修谱时没有来,一回来就带来两个小孩子,如果改谱,这样一改前面的都要改,写个"又"就可以了,对于重掉的情况,用"又"很

图 2-60　全坊村被供在条案上
的"全氏宗谱"

图 2-61　全坊村项目组在听全氏
宗谱形成过程,右一为全老先生,
右二为金溪县档案局副局长左会明

---

① 刘奔腾:《历史村镇保护模式研究》,南京:东南大学出版社 2015 年版,第 2 页。

方便。对于有大学文凭的毕业生入谱一事,老先生回答说,我不晓得你毕业没毕业,拿毕业证来!在读生还没拿到毕业证的,先拿草谱登记上。左局长解释说,要拿毕业证来核实,要不然大家都写怎么办,草谱就是各个房派自己先形成草稿,核实之后都填入正稿,40 年再印刷一次正式的家谱。可见,家谱形成过程审核详细,以保证真实性,犹如今天的干部人事档案的审核制度。

最后,在全坊村关于家谱要不要征集进档案馆的讨论。全老先生说:"过去没人提入馆这样的事,我们用活字印刷重修印了 13 本,以前规定四十年修一次,后来破四旧不要家谱了,本来找不到了,有人冒着危险留了一箱,这次重修才可能续谱的。"我们告诉他家谱交给档案馆的好处:一是万一后代对修谱不感兴趣,档案馆给你保存着,二是研究族谱的可直接到档案馆查阅不用跑村里来了。左局长说:"美国、日本很多图书馆收藏了许多家谱,我们中国的家谱大多在民间,修了新谱,旧谱就不要了,就可以进馆。"笔者认为很有道理,本来以为家谱进馆会让家谱断了根,家谱应随着村落生长而续修,但现在知道修新谱后,旧谱完全可以进馆,旧谱就像生活褪下的"壳"。

2.5.2 金溪县琅琚镇疏口村

疏口村地处疏山东北,南邻疏溪河,地势西高东低,村前村后均青山密林,于 2014 年入选第三批《中国传统村落名录》,2019 年 1 月入选第七批"中国历史文化名村"。李豪、南雪倩写道:据《疏溪吴氏宗谱》记载,疏口吴氏祖籍延陵,宣公吴守德为始祖,于后晋天福二年(937 年)从四川阆中县迁江西临川长乐乡石井,北宋初再迁居疏溪,距今已有 1000 多年历史,因村处疏山北口,后人将村改名为疏口,"疏口村是明代哲学家,南京刑部侍郎、大学者文庄公吴悌之故里"[①]。关于疏口村的世俗档案,略记录于下。

首先,关于疏口村的网络报告和游记。关于疏口村的正式文献很少,说明它目前较少引起关注,李豪、南雪倩发表的论文《赣东民居聚落走访实录》也算是纪实笔录,村落也还没建官网,但笔者发现两篇比较重要的网络文章,一是

---

① 李豪、南雪倩:《千年民居藏古韵——赣东民居聚落走访实录》,《北京规划建设》2016 第 4 期,第 134-147 页。

"江西省金溪县老科协疏口古村保护
开发调研报告"(图 2-62)①,写道:疏
口村绕地势而建,北面是疏山,南面
临水,临村水塘多达 21 方,村前村后
均植被茂密,村落沿着上边街与下边
街展开,形成十八纵两横的巷道格
局,站在疏山看疏口村,就像一柄巨
大的拂尘,故人称疏口为"拂尘地";
疏口村的古建筑多由科举致仕的学
子们衣锦还乡后建造,如今仍有很多

图 2-62　疏口村,江西省金溪县
老科协干部调研情景

明清建筑,宅第中三堂直进的天官第(吴仁度故居)保存较好,还有疏溪书院、
东壁书房、"两节孝"石牌坊,有古老但已废弃的水井,有戏台、石亭和石桥,有
嵌镶"书山垂荫"石匾的八字门楼等,武汉大学王炎松教授考察后认为其文化
价值"远优于丽江古城","为此,我们在 2014 年的调查报告中提出建议,要引
进外资,进行保护性的开发"。于是金溪县委、县政府大手笔招商引资,江西省
坤宏文化发展有限公司表示要让"千古疏口,浴火重生",选择了该村小官厅、
水阁凉亭和书山垂荫三栋古屋打造成民宿,等等。笔者发现的另一篇是"十象
书坊"的一篇游记《书山垂荫——金溪疏口村》②,描绘了相传因施舍建曹洞祖
庭寺院而整族迁居的"拂尘地"建村传说,及历史人物吴会、吴悌、吴仁度等载
入史册的事迹,该游记特别对聚落建筑技艺的观察有深度:穿斗木屋架为主体
结构,建筑底层空间高大开敞,建筑墙体是料石砌筑墙基及空斗砖内填黄土砌
筑墙体,并且有夯土与一皮砖铺垫间隔的构造做法等。

　　其次,疏口村"保护修复档案"的调研记录。2019 年 8 月 27 日项目组来
到此村,发现疏口村"打造"现象最为明显。进入村落满眼所视,不是藤蔓缠绕
的房屋就是正在修缮的建筑工地,只有少许村民,仿佛成了"文物"村(如
图 2-63),许多住宅门上有"金溪县第三次不可移动文物普查点"标牌(见图 2-

　　①　《江西省金溪县老科协疏口古村保护开发调研报告》,2018 年 3 月 18 日。http://blog.sina.
com.cn/s/blog_55dd06050102xoxa.html。
　　②　范霄鹏,李尚,《十象工坊,书山垂荫——金溪疏口村》,2015 年 9 月 19 日,https://weibo.
com/p/230418537278ee0102wpce。

64)。如王炎松等写道:疏口村村民大多废弃老宅另选址建新宅,目前疏口村已被旅游开发公司收购,"在当地政府的配合下,开发公司陆续投入7000万元,政府投入661.5万元,相继完成了70余栋传统建筑产权的收购,村落总体规划设计,6栋传统建筑修缮项目以及村内18口水塘的环境整治工作"[①]。这看来就是"江西省金溪县老科协"推荐下的成果。

图 2-63　疏口村爬满藤蔓的村景

图 2-64　疏口村"金溪县第三次不可移动文物普查点"标牌

在疏口村的曾祠,笔者偶遇一位长期从事古建修复的老木工,师傅姓余,江西鄱阳人。据他说,他到过全国很多地方修缮古建筑,因为年轻人已不会修。他说:这些维修是按照古村旅游公司的要求做的,坏了的地方修,让修的地方修,不让修的地方就不修,整个村子里,像这个房子(曾祠)还好,有些已全部倒塌了,"我们都不知道那个房子原来的样子,却要我们把这个房子做到以前的模样"。余师傅讲,这个修缮工程以前价格低,几十元一平方米就可以把这一片都买下来,但现在价格高了,修缮后的房子做到了防水,材料是从外地买回来的从旧房子拆下来的老木材,价格很贵,等等。

笔者在修缮工地也发现了很多新型建筑材料,材料上还有商标如"莫干山香樟烘干集成材"一类的三合板。类似疏口村村民对祖先的土地和房子也没有了情感上的依恋,而是把它们当成资产走向市场买卖。几近被荒废的村庄,

---

①　王炎松、王必成、刘雪:《传统村落保护与活化模式选择——以江西省金溪县四个传统村落为例》,《长白学刊》2020年第2期,第144-150页。

由于政府关注和被旅游企业承包将重焕生机,但也许这个村庄已经不是过去的村庄,其所承载的乡村记忆是否可以产生身份认同,需要打个问号。目前疏口村犹如一个古建筑修复工地,正在紧锣密鼓地修缮,以备接待游客。但这样的修缮过程也使得木建构技艺得到了传承,而"中国木结构建筑技艺"已经入选《人类非遗名录》,成为人类非物质文化遗产;笔者看到工程过程有材料和出勤情况记录表,如"疏口古村劳工出勤记录表",应该是真实的档案了。在这样没有水泥搅拌机轰鸣,安安静静地手工就能打造的房子中,还是很令人感觉舒适和安宁的(见图 2-65、图 2-66、图 2-67)。

图 2-65　疏口村一正在修缮的祠堂场景

图 2-66　疏口村民宿改造室内景色之一　　　图 2-67　疏口村民宿改造室内景色之二

(图 2-59 至图 2-61 为徐欣云摄于 2017 年 8 月 23 日;图 2-63 至图 2-65 由徐欣云摄于 2019 年 8 月 27 日;图 2-62、2-66 于 2020 年 7 月 8 日取自江西省金溪县老科协疏口古村保护开发调研报告。http://blog.sina.com.cn/s/blog_55dd06050102xoxa.html.2018-03-18.)

总之,我们项目组与全老先生、左局长、木工师傅上述的一问一答,勾勒出了当今传统村落"保护"档案的形成过程、村民介入和参与保护的方式及修缮图纸的收藏处等,并还原了续谱过程,讨论了家谱档案进馆的现实性。档案馆里都有村落什么样的档案呢? 金溪档案局左副局长告诉我们:县档案馆里面,没有什么关于村落的材料,就是最近才把新编写的一些关于村落的书收集进馆。相比之下,全坊村是一个"活着"的传统村落,疏口村则是成为静态文物的村落,已经没有村民在维护其生机。全坊村中,全老先生的墨宝随处可见,对联、匾额、诗谜,散发出村落活泼泼的生机。

2.6 吉安富田镇王家村等和文陂镇渼陂村

吉安,古称庐陵,自古人文荟萃,素有"江南望郡""文章节义之邦"之美誉。唐宋至明清,庐陵科举进士近 3000 名,民间有"一门六进士,隔河两宰相""五里三状元,九子十知州,十里九布政,百步两尚书""父子探花状元,叔侄榜眼探花"等歌谣和美传,居丞相之位的刘沆与周必大,民族英雄文天祥,一代文宗欧阳修,独创一体的大诗人杨万里,忠烈名臣胡铨、杨邦义等在庐陵家喻户晓,他们光耀中华。

2.6.1 富田镇匡家村、文家村、王家村

富田古镇,是庐陵文化重要发祥地,拥有 1800 多年历史,很多历史建筑照壁上留有"魁"字,文天祥被视为魁星的化身。如今富田镇的王家村、匡家村、陂下村、奁田村、横坑村五村落被列入"中国传统村落名录",境内文天祥陵园、王家村诚敬堂是"全国重点文物保护单位",陂下村是中国历史文化名村。富田古镇除古色之外,还有红色文化和绿色资源,绿色资源主要指生态资源,红色主要体现近代毛泽东等在这里战斗和生活过遗留下来的遗址、旧居、标语。1929 年至 1931 年,江西省苏维埃政府、江西省行委、红四军总部、赣西南特委、红军医院等先后驻扎于此,1930 年 12 月,著名的"富田事变"也发生在此,目前红色遗址有"富田中国工农红军学校旧址""富田陂下村省苏四次重要会议旧址(含省苏四次重要会议旧址、喜鹊闹巢门楼、谷仓、红军标语)""富田陂下村公略县中心县委旧址""富田陂下村赣西第一次党代会旧址";"富田匡家村中华全国总工会苏区执行局暨江西省赤色总工会旧址""富田匡家村江西省苏维埃财政总局暨江西省工农银行旧址""富田匡家村江西省赤色邮局旧址暨陈毅旧居""富田匡家村中共江西省行政委员会旧址""富田匡家村肃反委员会

旧址"等被列入"省级重点文物保护单位"。[①] 从某一个角度来说,它们是实物档案。

2019 年 8 月 12 日项目组来到富田古镇,这一有丰富文化底蕴的庐陵地区,如今显得有些安静。据导游告知(导游词根据现场录音,后经段丽萍整理),富田镇有一顺口溜"匡家有座娘娘庙,文家出了个文丞相,王家建了个大祠堂",涵盖了富田三个特色古遗址景点。

首先,匡家娘娘庙侧记。匡家娘娘庙也即匡氏宗祠崇孝堂(见图 2-68)。

图 2-68　匡氏宗祠崇孝堂
(娘娘祠),长度有 98 米

据导游讲,它是庐陵地区唯一一座为皇亲国戚修葺的祠堂。据传明朝时匡家村的匡鹏中的大女儿嫁给了明高帝,即朱元璋的第六世孙建安王之孙朱拱通,匡家特地修建了这个祠堂,但因男尊女卑,不允许单独为女性修建祠堂,所以在这个祠堂前面加了一个阁楼,阁楼的形状也就像古时候女子出嫁时乘坐的花轿。笔者认为这个阁楼实际上是当代宗祠门楼庐陵"鹊巢宫"建筑的源头;崇孝堂大门对联是"齐国将军府,汉朝宰相家",齐国将军指战国时期的匡氏子孙匡章,汉朝宰相指匡衡,也即"凿壁借光"典故的主人公匡衡;匾额上"崇孝"二字落款是明高帝七世孙多烺题,也即匡娘娘的儿子,该祠堂建筑体现了明朝的简洁、大气之风格。

其次,文家村文天祥祠堂记忆。据标志牌得知,文天祥祠堂始建于元朝元至年间,历经三建三毁,目前存在的建筑是第四次重修的祠堂,即于 2013 年 9 月开始按照族谱记载的原址原貌重修并于 2016 年 6 月正式对外开放,里面有文天祥生平大事年表、状元录取通知书(复印件)、文氏族谱和祖先牌位等。导游告知我们,文家村不是传统村落,因为文天祥抗元时将文家村的人都拉出去抗元,这导致本土文氏后裔已经非常少了。这座祠堂,天井大,但没有树木,因为是文天祥被砍头之后建的祠堂所以不会栽树,它更类似一个纪念馆而不是宗族祠堂(见图 2-69)。后经笔者调查,北京也有"文丞相祠",明洪武九年

---

① 江西省人民政府,2019 年 12 月 15 日,http://www.jiangxi.gov.cn/artl。

(1376年)建,明永乐六年(1408年)正式列入祭典,在中国十大名人祠堂中名居第二。历史名人专祠是官方或民间为国家和地方名人建立的纪念性祠堂,有别于宗族祭祖的姓氏祠堂,它大都成为爱国主义教育基地。① 这也如王宏钧所说,从曲阜孔子庙堂到诸葛武侯祠,到杜甫草堂、岳飞祠、文丞相祠,再到郑成功祠、林则徐祠等,都是具有中国特色的古代纪念类博物馆。② 王宏钧所论及的文丞相祠,应该是指北京的文丞相祠。"宋丞相文信国公天祥之墓"在富田镇鹜湖大坑虎形山,始建于元代至元二十一年(1284),明、清先后重修,1993年江西省人民政府拨款重建,如今文天祥墓是第七批的"全国重点文物保护单位",从入园口依次有牌坊、石拱桥、台阶、平台、神道、拜谒台等。(见图2-70)

图2-69　富田文家村文丞相宗祠

图2-70　文天祥墓碑(匡家村村民匡贤达摄于2020-4-4)

再有,王家大祠堂记录。王家大祠堂即诚敬堂是全国重点文物保护单位(见图2-71),始建于明朝嘉靖年间(公元1625年),北宋初端拱年间,王家开基祖王经信(字诚敬)由庐陵七十六都甲村(现青原区文陂乡甲村)迁入富田,繁衍至今。诚敬堂有"江南第一祠"的美誉,在全国范围内也极为罕见。导游说,祠堂正厅的两个立柱直径有1米,而且是取自神农架的同一棵树实心整原木,右边是树的上半部分相对小一些,用木板在外面包了一层以达到对称,因而能

---

① 《中国十大名人祠堂,文丞相祠排名第二》,2020年5月14日,https://www.sohu.com/a/395108780_753114.

② 王宏钧:《中国博物馆学基础(修订本)》,上海:上海古籍出版社2014年版,第59-61页。

看到上面有很多铁钉;祠堂穹顶跨度非常大,修建难度极高,2016 年故宫博物馆馆长单霁翔来这里参观时说过:"故宫博物院的穹顶也不过如此";祠堂的后厅祖宗龛的厅门是独特的圆形门,一般称之为"太阳"门,当香火把后面映照得通红一片,就犹如一轮初升的太阳充满着朝气、活力,也意味着祖宗的恩德光辉的照耀,然后为调节风水、调和阴阳,祠堂是罕见的坐东朝西,让后方挡住太阳。而"网宗祠之典,话国家兴盛"宗祠网上又是这样解读的:诚敬堂"坐东朝西",俯瞰呈"丁"字形,与对面呈"人"字形的照壁相对应,暗寓王姓"人丁兴旺",诚敬堂门楼的"喜鹊聚巢阁"风格特异。[①] 对此,笔者更相信本地导游的解释,而且风格特异的"喜鹊聚巢阁"其实在庐陵很常见,"庐陵传统建筑(鹊巢宫)营造技艺"已于 2014 年入选国家级非物质文化遗产名录。因而即使传说也有地域性,其真实性的考证还需要到地方核实。江西省文联主席刘华在《百姓的祠堂》一书中也介绍了王氏大祠堂的形制,特别提到其四角亭式抱厦上面的匾额,"竟是'枢密院'森严的三个大字,毫无顾忌,赫赫然出现在乡野上,着实令我大惑不解"[②],因而刘华记录了关于"枢密院"匾额(见图 2-72)的民间故事,笔者认为其可信度也比较大。

图 2-71　富田王家村王氏"诚敬堂"　　图 2-72　富田王家村王氏"诚敬堂"
　　　　　　　　　　　　　　　　　　　　　　上的匾额"枢密院"

如今,笔者发现王家大祠堂已经被打造成一个景点,入口处一展板上有"现为省级文物保护单位"字样,该祠堂已于 2019 年入选第七批"全国重点文

---

① 宗祠网:《吉安王家大祠堂》,2020 年 8 月 6 日,http://www.100citang.cn/citang/455。
② 刘华:《百姓的祠堂》,北京:商务印书馆 2014 年版,第 142 页。

物保护单位",可见展板没有及时更新,笔者不禁疑惑,难道"文物保护单位"的荣耀对于富田王氏后人并不重要?答案也许是:打造祠堂景观的人并不是拥有祠堂的王氏后人。这正如李军所分析的:假设有一处王家宗祠,当把祠堂、牌位和画像放在较大一些的范围的话,它就变成了一个特殊性,显然不是王家的人,他对这个祠堂就没有一种崇尚的心理。① 诚敬堂入选为文物保护单位之后,已经变成了独特的公共遗产。

另外,富田建筑外墙许多叠加的红白标语也非常有特色,被人称为红白标语的"花海洋",成为红色教育的大课堂,因为以前这里有一条官道,导游说,墙面上的"安内攘外,剿匪救民"是革命时期留下来的国民党标语,之所以能够保存到现在,是因标语曾被白石灰刷了一层覆盖住了,年代久了白石灰粉化脱落之后才慢慢显现出来的;"国民党就是刮民党"红军标语的后三个字,2018年被一辆白色的还没有挂牌子的小轿车撞进去了,所以文物局就请专家来修复,还没有修复好,等等(见图2-73)。

图2-73 吉安富田标语墙,可以看到被小轿车撞出的一个圆洞,如今正由文物管理专家进行修复研究

2.6.2 富田镇陂下村

陂下村古名潭溪,据胡氏族谱记载,陂下村历史可追溯至唐,而陂下望族胡氏历史则始于北宋嘉祐六年(公元1061年),曾为参军的胡晃由文陂甲村溯水而上,在此肇基,为陂下村胡氏始迁祖,自此晃公子孙开始在陂下繁衍生

---

① 李军:《文化遗产保护与修复:理论模式的比较研究》,《文艺研究》2006年第2期,第102-117页。

息。[1] 敦仁堂是陂下胡氏总祠（见图 2-74）。近代陂下村是公略县委所在地，
"中共赣西南第一次代表大会"在敦仁堂召开，红军学校搬至竹隐堂（见
图 2-75），乐善堂成为红军学员宿舍，毛泽覃在"星聚堂"主持召开过中国共产
主义青年团积极分子会，并在会上做了报告；村里参加红军的有 100 多人，曾
担任过各级苏区干部的有 20 多人，革命烈士 58 人，其中有中华苏维埃政府土
地部副部长兼代理部长胡海，新四军第一支队参谋长、江南抗日义勇军副司令
胡发坚等。[2] 因而这里有很多红色遗址；如今陂下村也成为红色电影的拍摄
基地，如《井冈山》《第四道封锁线》《建军大业》都在这里拍摄或取景。笔者在
网络上也发现：陂下村保护过程中有很多政府公开文件如，"青原区富田镇陂
下村等两个镇四个村土地开发项目招标公告"[3]、"关于富田陂下敦仁堂维修
方案的批复"[4]、"青原区富田镇陂下古村景区举行首游仪式"[5]等。

图 2 74　陂下村，敦仁堂

图 2-75　陂下村竹隐堂（红军学校，竹隐
堂始建于明朝嘉靖年间，堂牌为明朝泰
和县万合圩状元曾彦的墨宝，1930 年曾
为中国工农红军校址，时毛泽东任校长）

　　项目组于 2019 年 8 月 12 日到达陂下村，当问村里有没有村史馆时，导游
说："村里面没有博物馆，这里就是天然的博物馆"。这一表达质朴自然，却与

---

[1]　胡名芙：《论陂下古村祠堂建筑的艺术特征》，《中外建筑》2015 年第 5 期，第 53-55 页。

[2]　http://www.jgsdaily.com/2015/1201/1094.shtml

[3]　http://www.qyq.gov.cn/site_qyq/info/11977.jspx

[4]　http://wgxl.jian.gov.cn/xxgk-show-302036.html

[5]　http://www.jian.gov.cn/xxgk-show-9353923.html

后现代的博物馆学、档案学的认识非常吻合。在胡氏宗祠"敦仁堂"有富田镇祠堂图片展,开篇是:"祠堂是合族敬祖聚族、举办大事的场所。富田的宗祠一般位于村落中心,村舍围其左右。为扩大影响彰显实力,往往倾全族之力历多年而建,其外高大宏伟、庄严肃穆,其内制式完备、功能齐全。"

2.6.3　文陂镇渼陂村

渼陂古村始建于南宋(1131—1162)时期,距今850余年,村民都姓梁,留有《庐陵渼陂梁氏族谱》,也称过陂头村。唐代诗人杜甫《渼陂行》一诗写道:"岑参兄弟皆好奇,携我远来游渼陂。"诗句也在当地传颂。据记载:南宋绍兴年间,由户县人梁仕阶带领本姓家族从陕西夏阳(今韩城)迁徙至此,村落慢慢沿富水河边展开,之后便长期定居下来,并把这里命名为渼陂村,而"渼陂"一词是古时候陕西户县一湖泊的名字。[①] 在如今"渼陂古村"官网上,称渼陂村为庐陵文化第一村,是"一座红古绿文化交相辉映的千年古村"(见图2-76):古村芗峰东立、象岭西护、瑶山南耸、富水北流,天然形胜,八卦巷通,有祠堂5座家祠若干、古书院4座、古牌坊3座、古楼阁1座、古庙宇1座、古街道900

图 2-76　渼陂古村村景

(2020 年 9 月 21 日取自渼陂古村官网,"摄影家眼中的渼陂":

http://www.cnmeibei.cn/news/40.html)

---

① 高巍、周清华、赵玫:《赣中地区传统村落公共空间特质研究——以渼陂古村为例》,《华中建筑》2018 年第 3 期,第 79-84 页。

余米,有义仓、码头、教堂、革命旧居旧址等。古村现有民居 582 栋,明清建筑 367 栋,600 余户,2800 多人,俨然是一座"文武合一,耕读合一,官商合一、红古合一,村镇合一"独特魅力的"庐陵文化第一村"。[①] 渼陂村 2005 年被列入"中国历史文化名村",2012 年被列入中国传统村落名录。

2019 年 8 月 12 日笔者与学生来到古村,住在村中的民宿"悦来客栈"。在"渼陂毛泽东旧居"处,知道了"一庭花草半床书"的故事:毛泽东在陂头村住在"名教乐地"民居 4 个多月,其读书堂有一个耐人寻味的书斋,外面小型天井的照壁上,镶嵌有一幅圆形的瓷版画,画的两侧书写着一副楹联:万里风云三尺剑,一庭花草半床书(见图 2-77)。

笔者于村中见到一个"多留余地"照壁和一块广场空地,导游说:"在村落中央这块空地是在开基的时候就留下来的,前面照壁上'多留余地'字面上是多留空地,实际上是教育后人不要乱占土地,做人做事要给自己留一点余地、后路。"(见图 2-78)刘华写道:"我把渼陂看作建筑在文字里的村庄。有大量的文字充满了传统道德的教训意味,富有为人处世的哲理,涉及修身之境界、持家之根本、处事之品行、交往之气量等等。……有一座照壁干脆大笔直书四字警世箴言:'多留余地',真是一语双关,精警动人。"[②]这种村落广场空间的重要性,笔者认为怎么强调也不过分,它可满足居民多方精神和生活需求,如茶余饭后的沟通交流,润滑了社会关系。倘若与如今很多城市楼盘多占面积只是满足居住需求相比,古人的"多留余地",真是远见卓识。高巍等发文研究渼陂村落的广场空间,写道:"在古村中存在一些面积较大的公共空间,如宗祠前开阔的场地空间和'小洋楼'教堂周边的硬质铺地空间等,这些公共广场空间是村落中重要的聚、集会场所,常常是商业、文娱、政教等多种行为活动模式混合发生的地方。在渼陂村自古有鼓励各家各户多留空地、余地的传统,为此还专门建造了一个'多留余地'坊,可见人们对公共广场空间的重视。"[③]该文说的"多留余地"坊,实际上就是这个照壁,这无伤大雅。该照壁与对面的池塘

---

① 渼陂古村:《吉安市文陂旅游发展有限公司》,2020 年 8 月 1 日,http://www.cnmeibei.cn/Home1.html.

② 刘华:《百姓的祠堂》,北京:商务印书馆 2014 年版,第 48-49 页。

③ 高巍、周清华、赵玫:《赣中地区传统村落公共空间特质研究——以渼陂古村为例》,《华中建筑》2018 第 3 期,第 79-84 页。

图 2-77 "渼陂毛泽东旧居"（2020 年 9 月 21 日渼陂古村官网，"作家笔下的渼陂"一庭花草半床书——忆毛泽东的"半床书"及读书故事. http://www. cnmeibei. cn/about12. html? introId＝17）

图 2-78 "多留余地"照壁

（图 2-69 至 2-73、图 2-75、2-76、2-79 由徐欣云摄于 2019 年 8 月 13 日）

围合成一个广场空间。

　　导游还给我们讲了一些其他一草一木的故事，其中既有史实也有为教化作用而演绎的内容，比如依然流传着的"州司马与卧龙樟"的故事：相传州司马回到故居渼陂村修建宅邸时，有一棵樟树阻挡了工程的建设，于是州司马命人挖掉树根，继续修建，但是州司马也遭到报应，自己失去了生育能力，多房妻妾均不孕，司马无奈，娶了一个孕妇，欲以其子为养子，结果其妇流产，州司马绝后，而樟树被几次砍伐后依然长得茂盛，人称该樟树为"卧龙樟"。

　　如今渼陂村还有"万岁军经典战役展示馆"，已成为研学基地，被命名为江西省首批中小学实践教育基地。古村曾经是江西省苏维埃政府所在地，拥有历史上著名的"二七会议"会址、红四军总部旧址、毛泽东红色旧居旧址 10 余处，走出了梁兴初等 4 位共和国将军，电影《闪闪的红星》《决裂》等都曾在渼陂取景拍摄。[①] 渼陂古村的红四军总部旧址（梁氏总祠永慕堂）和"二七"陂头会议旧址是"全国重点文物保护单位"，还有江西省"省级重点文物保护单位"（近现代）如"渼陂红二十军成立旧址""渼陂毛泽东旧居""渼陂朱德旧居""渼陂红

────────

　　① 《渼陂古村》，http://www.cnmeibei.cn/intro/10.html。

106

四军卫生队旧址""渼陂江西省苏维埃总工会旧址"等。

村落建筑实物、民间传说、标语都在讲述村落的历史，而现在到处兴建的村史馆的功能还值得商榷。

2.7　吉安新干燥石村

新干县燥石村又名文溪村，位于吉安市新干县七琴镇境内，是南方山地传统村落的典型代表，是江西省独具特色的山地型石头村，2014 年 11 月被列入第三批中国传统村落名录。燥石村的"档案"可记录于下。

首先，燥石村的独特价值。笔者与学生 2019 年 8 月 11 日一路崎岖来到燥石村，上山只见燥石村别具一格，笔者难以描画，借助他人文字来表达同感：燥石村依托上天赐予的奇石，村民们就地取材，围牛栏、架小桥、铺巷道、垒田埂、搭院墙，无一不是采用山上的石头，就连房屋也是以石头为基础。因地势原因，村中所建房屋大都高低不平，有的人家前庭后院落差达两三米，由此辐射，整个村庄层层叠叠，错落有致地散落在高低不平的群山丛中。[①] 至此，笔者不禁联想到马丘比丘古城遗址，1977 年国际社会于此形成了《马丘比丘宪章》，写道："因为古代秘鲁的农业梯田，由于它的尺度和宏伟，也由于它明显地表现出对自然环境的尊重，它那外表的和精神的表现形式是一座对生活的不可磨灭的纪念碑，而受到全世界的赞赏。"马丘比丘这一云雾遮掩中破败的古老石头城，是失落文明的无价瑰宝，已被废弃几个世纪。而燥石村主要景观也为奇形怪状的岩石、5 月盛放的杜鹃、大小不一的瀑布、石垒的传统古民居、层层叠叠的梯田等[②]，更重要的是燥石村如今还在使用中。燥石村的价值应该受到更加的重视。

燥石村包含下燥石村、上燥石村和大街上三个自然村。在通村公路的路口，有一个现代化水泥钢筋架起来的牌坊式村标（见图 2-79），到了上燥石村，又见到了一块老村落界石（见图 2-80），旁有一个"中国传统村落燥石村"的标

---

① 百度百科：《燥石村》，2020 年 8 月 8 日，https：//baike.baidu.com/item/％E7％87％A5％E7％9F％B3％F6％9D％91/51075127？fr＝aladdin。

② 《中国传统村落——燥石》。新干县人民政府［2020-07-24］。

识牌,上书:"燥石村属于新干县最边远的山区,距今有400余年历史。燥石村现有民居建筑都沿用了原有特色建筑风格,石头房构造,村庄风格独特,村貌停留在上世纪90年代甚至更早时期,整体保护良好,村域内98%居民已搬迁至县城生活,现居住以老年人为主,他们以从事传统农业为生计,且延续着早期传统生活方式和习俗礼仪等。燥石生态博物馆设立三个民俗展厅,再结合整村环境,德华山文峰寺,将燥石人生态文化、民居文化、民俗、宗教——展现给游客。"标牌说燥石村村落历史有400年,而闵忠荣等说燥石村距今有300年历史①。这对于燥石村而言似乎并不重要,重要的是村落今天还活态存在,开基祖的后人还在延续,燥石村这一生态博物馆是一种活着的"档案"。

图2-79 燥石村新村标,项目组调
研人员和因山路特聘的司机(左二)

图2-80 燥石村老村界石和现代标识牌"中
国传统村落——燥石"

　　其次,燥石村的扶贫档案。下燥石村以李姓为主,据族谱记载,下燥石村李氏开基祖为芃英公,其远祖为唐朝西平忠武王李晟,由燥石村始祖光叶公迁至茅头,最终其孙芃英公才迁居至今日的燥石村,鼎盛时期多达1300余人。②在下燥石村,笔者见村口一位奶奶站那儿观望,见我们第一句话就问有没有吃饭,古朴又亲切。奶奶叫李新祥(见图2-81),近90岁,说的是方言听不太懂,但她的信息可从挂在她家墙上公示牌得知——"新干县脱贫攻坚单位干部结对帮扶公示牌"(见图2-82),公示牌上有最新更新,即"吉安市扶贫攻坚领导小组办公室统一制发"的"新干线七琴乡(镇)燥石村贫困户2019年度收益确

---

① 闵忠荣、段亚鹏、熊春华:《江西传统村落》,北京:中国建筑工业出版社2019年版,第289页。
② 闵忠荣、段亚鹏、熊春华:《江西传统村落》,北京:中国建筑工业出版社2019年版,第289页。

认公示表",得知李林祥奶奶有耕地面积 3.5 亩,林地面积 10 亩,住房面积 80 平方米,年终"政策性补助收入"2892.68 元。这犹如扶贫档案的公示,而且有地方管理特色,吉安这一"干部结对帮扶公示牌",与前述抚州宜黄、乐安的又不一样。

江西财经大学艺术学院郑艳萍依托"江西省高校人文社会科学研究项目",以燥石村为例进行"传统村落社会生态系统恢复力评价及调查研究",写道,燥石村全部传统建筑物占村庄建筑总面积的 90％,燥石李氏族谱记载有燥石八景,即"德华文峰、外坑洞口、鼓石岩泉、麻地石垒、坳下牧笛、埭脑樵歌、澄溪钓笠、腰口农蓑";[①]而由于村落对外交通不便,燥石村的资源优势与贫困现状形成了较大的反差,2006 年燥石小学撤并之后,村里学生读书难,98％的群众已自发搬迁至县城及周边集镇生活等。[②] 下燥村的修谱传统延续至今,从谱室(见图 2-83)的存留可见一斑。

图 2-81 下燥石村的李新祥奶奶与调研的学生

图 2-82 下燥石村"新干县脱贫攻坚单位干部结对帮扶公示牌"

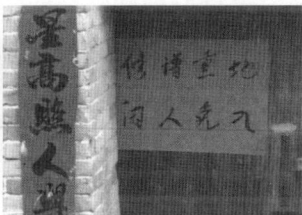

图 2-83 下燥石村谱室

再有,燥石村乡村医生李勤如侧影。在上燥石村,景色又不一般(见图 2-84、2-85、2-87)。笔者见到七琴镇政府成立的燥石风景区管理领导小组和燥石村委会旅游管理办公室(见 2-88)的门牌。特别的是,见到"乡村医生

---

① 郑艳萍、胡林波、胡海胜:《传统村落旅游业扶贫开发的路径选择——以江西省新干县燥石村为例》,《老区建设》2016 年第 6 期,第 25-27 页。

② 郑艳萍:《基于供给侧改革的传统村落旅游转型升级——以新干县燥石村为例》,《旅游纵览(下半月)》2016 年第 9 期,第 96-97 页。

去向告知牌"(见图 2-86),这位乡村医生是李勤如,这种信息的广而告之,似乎让村落一下子有了灵魂和依靠。笔者禁不住搜查了关于李勤如的相关信息和报道,发现有一系列口述形成的采访报道,他是一位了不起的乡村医生。如周靖康(2018)报道"感动吉安人物李勤如"(见图 2-89):燥石村地处新干县最偏远的山区,山高、路陡,山下唯一的一条通往村里的水泥路修建于 2012 年。在如此艰苦的条件下,有人计算过,自 17 岁行医这 30 多年来李勤如在出诊的过程中穿坏了 200 多双解放鞋,出诊走了超过 10 万公里山路。[①] 邹清华、黄新平(2020)以"一诺一生的痴心守护"描述李勤如从良医被推选为燥石村党支部书记、主任的过程:在村民眼里,李勤如不仅是一名医生,更是一位有主见、有能力的亲人,深受大家的拥戴和信任。2011 年底,他经群众推选当选村主任,2017 年 2 月又被推选为村党支部书记、村主任。50 多岁的李勤如进村组、访群众,最终确定燥石村走生态、绿色经济之路。他编制了旅游规划,完善旅游基础设施(修通了一条长约 9 公里的通山水泥路),争取了"中国传统村落"项目资金 300 万元,修建了文溪书院等;此外,对建档立卡的 30 户贫困户 68 人更是切实采取土地流转、入股分红、低保兜底、结对帮扶等方式,全方位助力脱贫致富。[②] 邓勇先报道:李勤如本有 3 次机会离开深山外出赚钱,但都被他舍弃了,翻开李勤如出诊旧账本,据不完全统计,数十年来,他共为乡亲们免收或少收诊疗费 10 余万元;李勤如被评为全省"我最喜爱的健康卫士""江西好人",并入围"中国好人",被评为"中国最帅身影""全省优秀共产党员",走进中央电视台《向幸福出发》栏目,成为全国一等奖微电影《坚守》主人翁等。[③] 笔者认为,李勤如是村落代表性人物,其档案对于村落而言就是"名人档案"。吴宝康先生认为档案主要来源于正式组织,"至于个人,从广泛的意义上说,任何人在社会活动中都有可能形成档案,而从实际的意义上说是指'一定的个人',

---

① 吉安新闻网:《周靖康,平凡中的坚守——记第四届"感动吉安"人物李勤如》,2018 年 1 月 29 日,http://www.jgsdaily.com/2018/0129/67922.shtml。

② 中国文明网:《一诺一生的痴心守护——记吉安市新干县燥石村党支部书记、主任兼乡村医生李勤如》,2019 年 5 月 6 日,http://www.wenming.cn/sbhr_pd/ywjj/201905/t20190506_5103290.shtml。

③ 吉安新闻网—井冈山报:《李勤如——坚守大山的"健康卫士"》,2020 年 5 月 12 日,http://news.ncnews.com.cn/dsxw/202005/t20200512_1580751.html。

即比较著名的和代表性的人物"①，也即名人档案也是传统意义上的档案；而冯占江则认为新农村档案、名人档案都是"泛化"档案。② 笔者以为，燥石村因为有李勤如这样地方的核心灵魂人物，而显示出无限生机；小人物，"大档案"，非常有记录的价值。

图 2-84　上燥石村村景一角

图 2-85　上燥石村村民

图 2-86　燥石村卫生室"乡村医生去向告知牌"

图 2-87　上燥石村的石头阶梯

图 2-88　上燥石村大街上的村民委员会

图 2-89　燥石村乡村医生李勤如

　　（图 2-79 至图 2-88 由徐欣云拍摄于 2019 年 8 月 11 日；图 2-89 于 2020 年 8 月 29 日取自"行医路上的李勤如. 新干七琴镇李勤如：高山深处的健康'守护神'". http://www.jgsdaily.com/2016/1206/33812. shtml. 2016-12-06.）

---

①　吴宝康：《档案学概论》，北京：中国人民大学出版社 1988 年版，第 33 34 页。

②　冯占江：《试析档案概念的泛化》，《档案》2012 年第 6 期，第 46-48 页。

2.8 进贤县西湖李家村

西湖李家村位于鄱阳湖西南的青岚湖畔,是南昌进贤县前坊镇下属的自然村。村庄距今已有 600 多年的历史,村里有李、黄、胡、万四姓,95％以上属李姓。[1] 据《李氏宗谱》记载,明朝时,年少的李胜炯跟随父母躲避战乱迁徙南下,途中父亲不幸去世,(据口口相传)李胜炯和母亲流落到青岚湖边,入赘新郎也归宗改姓,成为胡氏后人,多年后改回李姓,来到青岚湖边开荒建房,繁衍生息。村庄也因此得名"西湖李家"。[2] 现如今,全村有人口 2334 人,共计 500 多户,有耕地 3000 多亩。[3] 西湖李家入选第 4 批中国传统村落名录。

首先,西湖李家"操本存原"的"档案"特征。"操本存原"是西湖李家传承数百年的传统,也体现为动力永存的修谱续谱。西湖李家第 26 代李国英的祖辈曾经参与过续修宗谱,他也因此得以保留了珍贵的族谱资料,虽然数百年间历经编纂,但是这套 1950 年续编的《李氏宗谱》,开篇依然延续明代的修谱小引"尝闻水有源,木有本,人有祖,其来久已。而流长则派别,不溯其流则失其源。族盛则人众,不序其谱则昧其祖"。经溯源,西湖李氏源于甘肃的陇西李氏,是唐太宗三子李恪的后裔,再向上则可追溯到道家创始人老子。老子的"功遂身退,天之道也"让后人有了"生于乡土,归于乡土"的情怀,并传递千年,西湖李氏的祖训"不忘本原,思乡念祖"逐渐形成,并影响了一代代后人。宗谱所承载的凝聚力量让每一个漂泊的灵魂在祠堂里得以安放,见证了跨越千山万水和时间洪流的"海峡两岸一家亲"。[4]

其次,叶落归根的李豆罗乡村治理印记。李豆罗,雅号"青岚农夫",曾任南昌市市长等职,2010 年他"休政回乡"推进西湖李家新农村建设,荣获"CCTV2015 年度十大三农人物"称号。李豆罗说:"我从农民到市长花了 40

---

① 韦星:《"农民市长"李豆罗的田园梦》,《南风窗》2015 年第 16 期,第 82-85 页。

② 中央电视台:《记住乡愁·第二季》第 51 集《西湖李家村》2016 年 2 月 24 日,http://news.cntv.cn/2016/02/24/VIDEhrIlMIMS6iy45WSTc0QT160224.shtml。

③ 李清华:《重墨青山绿水绘我故乡美画》,《江西农业》2014 年第 5 期,第 38-39 页。

④ 中央电视台:《记住乡愁·第二季》第 51 集《西湖李家村》,2016 年 2 月 24 日,http://news.cntv.cn/2016/02/24/VIDEhrIlMIMS6iy45WSTc0QT160224.shtml。

年,我从市长到农民花了 4 个小时。这房子就是我的家,就是我的根。"①中央
电视台《记住乡愁·第二季》第 51 集《西湖李家村》记录了李豆罗等李氏后人
退休之后都自愿回到家乡做起了农民,耕种于田间地头。李豆罗以"传承华夏
文化,恢复古村精华,重墨青山绿水,美我故乡天下"为宗旨,围绕"古村神韵,
田园稻香,塘中莲藕,山间鹭翔,农家饭菜,湖边泳场"的思路,建设西湖李
家。② 李豆罗通过乡邻相筹、友人相帮、项目相凑等办法筹集资金,并且发挥
自身影响力积极争取农业、林业、水利、公路等项目资金,既利用城市建设方面
的新理念,也保存了西湖李家的原有风貌和传统文化。③ 今天的西湖李家,用
当地的话来形容就是:硬件建设"五个一"(房子修了一遍、山塘挖了一遍、道路
铺了一遍、山地绿了一遍、田园整了一遍),古村文化"五个一"(一部村史、一张
村图、一篇村赋、一首村歌、一套村规民约),节庆活动"五个一"(一条龙船、一
台采茶戏、一个艺术节、一桌年饭、一条龙灯)。

再有,"陇西堂"的乡村历史展示。本项目组 2018 年 4 月 30 号来到西湖
李家,在村口牌楼上见镌刻了"操本存原"四个大字,即陇西李氏族谱中记载的
祖训之一,一排排民宅,每一排院门楣祭红石上都镌刻了一名李氏历史人物,
如李世民、李斯、李勣等数百人,既有皇帝,也有文臣武将,通过同姓氏先人的
辉煌事迹教育后辈,如李豆罗所说,"勤学登高堂,为国作栋梁"。这里秀美的
山川、清澈的青岚湖(见图 2-90)、整齐的徽派建筑,红石路,摇曳青竹,时间似
乎就此静止。项目组有幸偶遇李豆罗先生(见图 2-91)。

陇西堂是西湖李家的总祠堂,古朴典雅,如今是村民聚会、文化娱乐活动
中心,又像是一个开放的村落档案和历史展览场所,来来往往的游客络绎不
绝。陇西堂凝聚着农村的深厚文化功底和待客之道,堂内张贴了村赋、村史、
村歌、村规民约等,李豆罗的书法作品"归心"给人以深深的踏实感和震撼力
(见图2-92),从而以此来体现"治村"理念、展开村落"外交"。还有各种"照片

---

① 中央电视台:《记住乡愁·第二季》第 51 集《西湖李家村》,2016 年 2 月 24 日,http://news.
cntv.cn/2016/02/24/VIDEhrIlMIMS6iy45WSTc0QT160224.shtml。

② 胡琳菁:《省级"一村一品"示范村打造生态乡村样本——记南昌市进贤西湖李家》,《江西农
业》2015 年第 6 期,第 14-15 页。

③ 孔鑫:《乡贤文化视域下的乡村治理研究——以南昌进贤西湖李家为例》,南昌:南昌大学,
2016 年,第 25 页。

图 2-90　西湖李家青岚湖畔　　　　　　图 2-91　项目组在西湖李家偶遇李
　　　　　　　　　　　　　　　　　　　　　　　　豆罗(人物中)

（图 2-90 于 2020 年 6 月取自胡琳菁的《省级"一村一品"示范村打造生态乡村样本——记南昌市进贤西湖李家》,《江西农业》2015 年第 6 期,第 14 页）

档案"上墙(见图 2-93),有各级领导视察西湖李家的照片,有村落与国外友人互动的照片,体现的是西湖李家的一种荣耀。还有"农夫"墙,是村民劳作时的一个个剪影;有"好人榜"记忆村落的好人好事,起示范带头作用;有"功德榜",张贴出西湖李家祖先开花散叶后旅居各地的后人捐赠给家乡的善款,以及社会人士和机构的捐赠,向社会表示敬意,等等。除"陇西堂"外,还有"农夫草堂",收藏了数千册图书及众多文化名家的书画作品和国际友人的题词,犹如档案库房。

图 2-92　西湖李家陇西堂　　　　　　　图 2-93　西湖李家"照片档案"上墙
的李豆罗书法"归心"

　　从次,农耕博物馆的记忆。"农具馆"建在村庄附近的田间地头,保存了旧时舂米、榨油、磨面木质材料农具(见图 2-94、图 2-95),各式各样,不经老人讲解,笔者已经完全看不懂这些农具的用途。据了解,农闲时旧时手艺人还会被请回来,现场演示农具的传统用法。"有一些珍贵的农具,是李豆罗四处找人打听搜罗过来的,有一些也是游客参观后自己送来的。"[①]"手工技艺展示馆",这是笔者的命名,也即一个个小屋并排排列,分别展示木匠、铁匠、篾匠、瓦匠等手工技艺流程和工具;"日常用品馆"建在一栋三层小楼中,多是家庭室内的用具、装具(见图 2-96),有时与农具馆的藏品有重复,分类上无伤大雅,因为农具的用途有时候就是多元的。

　　西湖李家还有一个特殊的"家具馆"(见图 2-97),看见这个馆,我们项目组人员不约而同想到了"观复博物馆"的收藏,因为在这村落里看到的旧式家居之精美和保存完好,让参观过诸多城市博物馆的我们眼前一亮,从旁边竖立的说明牌,得知这些藏品原来是"滴水轩中国明清古典家具展览馆"的展品,原主人为"麻利民",它们与西湖李家村的渊源也展示出来了:"麻利民夫人与李豆罗同志的短信"(见图 2-98),这也称得上是一种"文件公开"的行为。"短信"内容摘要于下。

　　1)尊敬的李市长:您好! 很冒昧打扰您,我是江西省图书馆职工麻利民的妻子。我爱人曾与您有过数面之缘,他的古典家具收藏事业也得到过您的热情支持,您还为我们题写了"滴水轩中国明清古典家具展览馆"的馆名。2014 年 7 月 20 日,我爱人因患肺癌离开了人世,生前他交代我将收藏的家具捐献给您,为您的新农村建设出一份力,因为您干事业的魄力和坚持让他非常敬佩。不知道李市长您的意愿如何? 盼回复。(因怕打扰到李市长,所以不敢贸然打您电话。我的电话是 138＊＊＊＊＊＊＊＊)

　　此致

　　敬礼!

麻利民夫人:张伟 2016 年 3 月 10 日

---

　　① 潇湘晨报:《南昌老市长李豆罗的田园梦》,2015 年 6 月 12 日,http://www.xxcb.cn/depth/shendu/2015-06-12/8992592.html。

2)张老师:看到这条信息我很痛心。首先对麻利民同志逝世表示沉重悼念!务望节哀顺变!利民同志来过西湖李家。他的人缘特好!我对他印象很深!望您有空来西湖李家走走!欢迎您!向您致敬!

敬礼!李豆罗叩首 2016 年 3 月 10 日

图 2-94　西湖李家农具博物馆实物和说明(加工谷物的踏碓)

图 2-95　西湖李家农具博物馆(榨油工具)

图 2-96　日常生活用具馆的一隅

图 2-97　西湖李家传统家具馆一景

图 2-98　"麻利民夫人与李豆罗同志的短信"展板

(图 2-90 至图 2-98 由徐欣云拍摄于 2018 年 4 月 30 日)

西湖李家由叶落归根的乡贤进行管理、保护和开发,是一种村民自治和官方支持的良性循环、可持续的做法,其中的乡村记忆和村落档案自然也得以可持续的保留和传承。

2.9　南昌安义古村群

安义古村落群位于江西省南昌市郊西山梅岭之麓,由罗田村、水南村、京台三大自然村组成。罗田村为黄姓后裔,民谣有云:“小小安义县,大大罗田黄”,足见罗田黄家名声之大。黄庭坚曾为黄姓族谱所作序,这则序也挂在安义黄氏宗祠里,村人津津乐道黄庭坚、朱熹与古村人交往的传说。安义古村群近省会南昌市城郊,便于城市市民一日游,也成为中小学乡土教育研学基地。项目组于 2016 年 5 月至 2019 年 12 月多次对之调研,并发放“古村居民档案认知”的调查问卷,访谈古村旅游公司及档案机构有关人员。从村落建档主体角度,安义古村“档案”建设可有如下类型。

第一,村民对档案的认知。从项目组第二次调研收回的“古村居民档案认知”实名填写的 23 份调查问卷中,统计发现,有一半的村民听说过“档案”一词,但几乎都没有确切的认知和定位;对于档案包括家谱、族谱的认同率达 17 人次,家庭老照片、日记信件的达 7 人次,名人字画有 5 人次,民间故事、村史有 4 人次,村委会公共、房屋图纸都只有 1 人次。“家族或家庭有无档案”流传下来选项中,认为“有”的 9 人次,“不清楚”的 6 人次,“没有”的 8 人次。鉴于所访村民绝大多数是中老人,23 人中年龄在 46 岁以上的有 16 人,其中 61～75 岁的有 9 人,统计所覆盖的古村人口并不全面,统计结果也有偏差。但是,总的来说村民对于“档案”缺乏认知,这让我们感觉村民似乎无法完成古村落建档的重任,村民对于“档案”不会主动收集和保管,即使有无意识的收集行为,也不应属于现代档案行为。

项目组于 2017 年 6 月 8 日第二次访问安义古村时,祖祖辈辈生活在罗田村的黄宜凡老先生(罗田小学退休老师,现 70 多岁,见图 2-99)热心为我们讲述村落历史,我们作了录音、笔记及摄影。黄老先生说到:“古道中间原有一条车辙,现在被改造了。这是唯一留下的车辙、证据,其他的都被换掉了,说是路

图 2-99 黄宜凡老先生

不平。本来改造可以遵循祝义八卦,你们看这块石头是乾卦,那块石头是交卦,表示是大路。村子现在的格局也被改造了,比如村外围做宾馆,把风水堵塞了。街道有前街、横街和后街,横街好比人的一个颈。……"我们随即看"横街"的标志牌,上书:"横街建成于明代,长约100米。过去是开饭馆、茶庄的地方,后来也因生意萧条而衰败,至今面目全非,变成了一条村巷。尚可作为佐证的是街口一块门坎石,那深深的车辙就是昔日繁华的印记。"黄老先生的观感代表了大多数原住村民的想法。

第二,村管委会建档。对于传统村落而言,村管委会这一村级组织也是形成者,也即人类学意义上的"自者"。据说在古村旅游开发早期,村委会主任由县长兼任,现在村委会基本是空置,门也常常锁着。笔者却发现黄氏宗祠同时挂牌"石鼻镇罗田水南先行示范中心村建设指挥部",起到了行政村管理机构的作用,巧妙地体现了古村落保护与新农村建设的博弈。为弥补没有进入村管委会的遗憾,项目组在2019年6月29日在进贤晏家村对村管委会人员进行了调查和访谈,发现在村委会会议室有"档案岗位职责"等一类制度上墙,一办公室里立着两个档案柜,当笔者问柜子中都存有什么类别档案时,得到的答复是:"贫困户档案";笔者还见旁边墙上挂着"精准扶贫建档立卡贫困户基本信息一览表",可见,村委会建立了一些反映当下活动的档案。

第三,市、县档案局的关于村落的档案。项目组于2016年5月24日还调研了安义县档案局,时任王局长领我们翻阅卷宗,可找到县志及生产队一些名录、账目,没发现有村志、村特色文化等内容。2017年5月,针对项目组的"县乡档案部门有关古村落档案认知"的问卷,现任安义县档案局宋大根局长答复我们说:县局对古村落进行了相应的帮扶和指导等。项目组还曾于 2015 年 6月某日就安义古村档案问题访问南昌市档案局,市局黄局长告诉我们:市局受安义古村旅游公司邀请进行档案业务指导,因此而介入古村落建档,这既是缘于一种抢救古村落的责任,也是顺应时代延伸工作范畴,档案部门要与当地文化部门如文管所合作建设古村档案,比如合作查找熊式辉(安义人)故居的资料等。

第四,"安义古村群旅游开发有限公司"的建档。"安义古村群旅游开发有限公司"旅游公司成了安义古村群的实际管理者,因此也是其档案的形成者。该旅游公司聘用附近中学退休教师龚声森做文案和遗产旅游规划,他对安义古村的掌故如数家珍,并把村落历史传说、民间故事诉诸文字,如"罗田村名来历""从士大夫第楹联看黄氏家训""传统村唢呐""安义俚语谚语解析"等,关于罗田士大夫第屋主黄秀文的传说(罗田人故事之一)从第一回写到了第十回,并挂在古村官网上。[①] 龚老师带项目组参观了黄氏宗祠、民俗博物馆、珍和堂、馀庆堂、闺秀楼等。在黄氏宗祠墙上有"黄姓宗族之家律":"家训家规家戒,皆为吾族先贤所遗之瑰宝,是历代效忠国法之补充更是教育后代为人处世立业之本";在民俗博物馆中,有织机、神像橱、农具、民间丧葬习俗展板,龚老师展示了织机的操作手法。龚老师抒情到:"这儿古风民俗乡情,宛如村边的涓涓细流,年复一年不知疲倦地流淌着;故乡就是风筝上的线,无论游子在天涯海角,都是心甘情愿被她牵着。"随后几次回访古村,龚老师都是项目组的向导。几年来,安义古村发生了很多变化。

旅游公司包装了当地的历史,建设有许多"类乡村博物馆",以舞台化、可视化的方式展现村落历史。据笔者的研究生段丽萍 2019 年夏的调研,安义古村共计有 20 个左右"类乡村博物馆",如罗田村的潦河奇石馆、开大炉踩金砖展馆、安义影视展馆(涉及的影视有《古村女人》《睡城》《可爱的中国》《朱元璋决战鄱阳湖》以及微电影《安义恋情》等)、民间绣品收藏馆(展馆由黄本谦建于清宣统元年(1909 年)的绣花楼改成)、十甲碾坊(主要陈列了碾槽、礱、风车、

---

① 安义古村群旅游开发有限公司:《安义千年古村》,2018 年 3 月 5 日,http://www.anyigucun.com/about.html。

米筛、箩筐等农具,可亲身体验古法制米的过程);水南村的水南民俗馆(展馆由私塾先生黄皋九的谦益堂改造),京台村的古今馆(展示国家级非物质文化遗产夏布)、造物馆(展示文港毛笔、万家绘染、剪纸、糖人、面人、走马灯等)、神绣馆(展陈"以针代笔,以线为墨"的"豫章绣"、以发丝为线的"赣发绣"、以八大山人作品为独门技法的"国画写意绣"等)、匠心馆(展示糕点印模技艺、皮雕皮具技艺等)、赣商博物馆(展示"一个包袱一把伞走遍天下"的江右商帮的兴起、老字号、万寿宫以及著名商人朱仙舫、康文卿等,有杆秤、商船、道具、书籍、报纸、奖章藏品等)。[①]

第五,专家学者的研究记忆。阮仪三于 20 世纪 80 年代对安义传统村落群进行"踏察",亲眼观察、拍摄场景照、向老乡们核证等,形成系列报告《中国传统城传统镇传统村踏察》,有"安义传统村群完整的宗族里甲制度、雕饰精湛的天井式民居、尊师重教的耕读文化"等图文记录。施由明认为,江西安义千年古村群还保留有乡土社会宗族结构控制的痕迹。[②]

2.10 小结:传统村落档案"世俗万象"启示

传统村落档案的世俗万象表明,每一个村落都是个性的存在,每一个村落的历史形成路径都有特殊性,表现出传统村落的个性和多样性。因此,每个传统村落都不可复制,也才体现为村落记忆或"档案"的世俗万象:"地才"是"活历史",古建山川草木就是无言的证据,民俗文物巧夺天工,风水传奇、祖先传说源远流长。这样的档案难以一言以概之,难以用统一模式进行框束。

倘若一定需要对之进行归类的话,江西传统村落"世俗万象"依据其主要的来源特征可归纳为:(1)纯粹地才式——棠阴镇吴干事、全坊村全镇刚老先生、竹桥村地导、燥石村乡村医生李勤如等;(2)叶落归根式——西湖李家李豆罗等;(3)旅游开发式——竹桥村旅游公司、疏口村旅游开发、安义古村群旅游开发、渼陂村红色旅游开发等;(4)政府接管式——浒湾村雕版印刷遗址、渼陂

---

① 段丽萍:《安义古村群的乡村博物馆考察和研究》,南昌:江西师范大学,2020 年,第 47-51 页。

② 施由明:《明清时期宗族与农村社会控制——以江西安义县千年古村为例》,《农业考古》2006年第 4 期,第 90-93 页。

村红色遗址等。许多村落都是综合了政府指导、地才和乡贤村民自我管理以及旅游开发等多种方式,使得"档案"来源路径多元,"档案"管理手段多样。

　　传统村落档案的世俗万象表明,倘若推广固定模式的保护和建档,或许会使之走向同质化、官俗化,个性的消失会导致传统村落的消失,结果就是"保护一个消失一个"。如今这种同质化在村落中已渐渐显现,比如普遍设立的村史馆千篇一律,因而在其建档过程中也不能想当然推行固定的"归档范围"等措施。传统村落如今发生着迅速的变化,即使在被保护当中,其变化速度也依然惊人。江西传统村落如金溪竹桥村,仅在笔者项目在研期间内,就发生了很多质的变化,可以用"变迁"来形容,而且很多"适应性"变化是不可逆的,这也带来一系列记录方式的变化。这种变化有时候与文化遗产的保护宗旨背道而驰,此时此刻,留住祖先的记忆尤其重要。

　　总的来说,在传统村落保护中有两个层次,即"活态"保护和"静态"保存,在动态中维护传统村落文化,以静态方式来存档立照。如今传统村落"静态"保存方式有乡村博物馆、村史馆、祠堂建筑等记录手段,把传统村落留在记忆中,这样的记录手段虽也必不可少,但这类"档案"是零碎的、草根的、非正式的,从档案专业术语来衡量,它们是术语的扩展和日常用语化,即"泛化",也是世俗化。

第3章 传统村落档案"世俗万象" 的主体、文本及普遍性分析

每一种声音都值得被听见,每一种理念都值得被重视。江西传统村落档案的"世俗万象",描绘了一幅幅"浮世图",体现出传统村落在生命长河中时而奔流、时而转弯、时而静默,留下一处处刻痕、一圈圈年轮、一幅幅画面,这就是它的"档案"。对此的描绘,类似于澳大利亚档案学家贝琳达·巴特莉对她出生的村镇档案的描绘,她写道:"记录被深藏并体现在社群的人、故事、经历和归属地中。……一个社群通过由一系列要素构成的网络维护其'业务'记录,这些要素包括人际关系、文化措施、故事、具体的知识、反复发生的事件和特殊场所。"[①]传统村落档案是它本身的一圈圈年轮褪下的生命之"壳",它超出了档案学或专业意义上的范畴,因而是"泛化"的。

本章主要分析传统村落"世俗万象"中的多元来源主体、"非正式文本"类型,并且继续展示国内外其他历史村落的建档情况,以浙江兰溪诸葛村和美国著名的村庄老斯图布里奇村(Old Sturbridge Village)为个案,说明传统村落保护的多样性、"泛化"的普遍性,同时也说明它们在"一村一档"、博物馆化管理方面殊途同归。

3.1 传统村落档案的"多元"主体来源

"来源原则"是档案学的基本原则,如杨毅、张会超把民族田野档案现象分为散落民间的、田野中媒介留存的以及"在当场"观察的三类,丁华东把乡村记

---

① Belinda Battley. (2019). Authenticity in Places of Belonging: Community Collective Memory as a Complex, Adaptive Recordkeeping System, *Archives and Manuscripts*, 3, 59-79.

忆分为口头传承、体化实践、乡村生活与劳作方式、文献记载和器物遗迹四类。"新来源观"是当代对于"来源原则"的发展,以"新来源观"分析传统村落档案,可扩展传统村落档案的范围,把在主流档案视域之外的"泛化"档案容纳进来。因而,按照来源分析传统村落档案的"多元主体",就变得十分必要。前述笔者已尝试从"多元主体"角度观察安义古村可能有的档案,一是村民对档案的认知,二是村管委会建档,三是市、县档案局的关于村落的档案,四是"安义古村群旅游开发有限公司"的建档,五是专家学者的研究档案。笔者进一步从地才、村民群体、政府和专家学者、旅游公司、公众等方面,分析传统村落建档主体的类型和特征,认识不同主体所形成的文本、文种、文献类型的侧重点。

3.1.1 地才及其"边缘人"特征——活态传承和口述档案

地才,指村落的核心人物,有的文章称呼他们为"乡贤",他们形成许多重要的活态档案和口述档案。在非物质文化遗产项目中有"代表性传承人"一说,俗称"人间活宝",而地才是传统村落中的活宝,他们是村落文化熏陶下体现村落风骨并给予回报的领头人,他们也拥有一定的技能水平,如书法、医学、匠才,能断文识字、治病救人并处事公平,因而在地方具有一定的社会声望。地才还是宗谱修编的参与者,是村里事务的知情者和决断者,也是传统村落档案的维护者和建立者,同时他们本人就在"活态"传承村落文化。

上一章中,笔者把传统村落档案的"世俗万象"分为"纯粹地才式""叶落归根式""旅游开发式""政府接管式"等建档模式。其实无论哪一种模式要取得成效都必须有地才的介入,地才在不同模式中所起作用有大小而已,因而所进行的类别划分也是相对的。地才类型是多种多样的,同时他们都具有人类学上的"边缘人"特征。

首先,地才的类型多样,有资深原住民、有叶落归根人士、有投资家乡公益事业的商人,还有村落周边不以牟利为目标的爱好者等,他们本身就是一部"活档案"。

资深原住民,有前述全坊村的全镇刚老先生(见图 3-1),他热爱家乡、识文断字,参与全氏宗谱修编,如今也被政府选为文保员成为全坊村历史守护人,多次参与全国性传统村落保护会议,接待过文化部级别的专家干部。有宜黄棠阴镇的吴小儿干事(见图 3-2),他是吴氏宗族文化遗产和遗风的继承者,目睹了棠阴镇传统村落这十几年来的现代化、文物化过程,而且作为村干部也是国家传统村落保护政策的具体执行者,他随性的口述看似无意却有深意。有燥石村乡村医生李勤如(见图 3-3),以治病救人之技和医者仁心而被拥戴为村干部,成为燥石村的现实管理和文化遗产保护的规划决策者。还有流坑村董兆荣,根据张新民的调研,他是董氏第 33 代孙,是流坑村最有学问的老人之一,1939 年毕业于南城师范学校,1988 年在乐安县志办公室做编辑,董兆荣说:"我们这个房(的谱)由读书人保管……我的是坦然公房的,比这本完整,省里拿去修补去了。我比较年长、辈分比较高,所以现在由我保管。"[①]对资深的原住民式地才口述的记录,就形成非常有价值的村落口述档案。

图 3-1　全坊村全镇刚老先生(72 岁)(徐欣云拍摄于 2017 年 8 月 23 日全坊村)

图 3-2　棠阴镇民主村吴小儿干事 2018 年 9 月为副镇长(徐欣云拍摄于 2017 年 8 月 22 日民主村)

图 3-3　燥石村乡村医生李勤如(取自"行医路上的李勤如. 新干七琴镇李勤如:高山深处的健康'守护神'. http://www.jgsdaily.com/2016/1206/33812.shtml. 2016-12-06[2020-9-21]")

　　叶落归根式地才,功成身退建设家乡,当代最典型的就是西湖李家李豆罗(见图 3-4)。李豆罗从南昌市市长位置退下来回归家乡做农民,今天这样的"叶落归根"人士尤其显得珍贵。我国周代就有退休制度,《礼书》讲七十要致

---

　　① 张新民:《流坑——中国传统农业社会最后的标本(摄影集)》,杭州:浙江摄影出版社 2000 年版,第 1-10 页。

仕。古代致仕的人回到乡里,利用自身深厚、广博的社会阅历反哺家乡,成为"乡贤",使农村发展良性循环。在流坑村,徐霞客在 1636 年所看到的"万家之市",正是流坑名宦董燧 1562 年弃仕返乡以后,对流坑村重新规划整治的结果,现在流坑的平面布置,还基本上保持了明代中晚期的格局。① 叶落归根式地才,还有一类是"归隐"式地才,古代耕读生活培养出来的乡村知识分子,科场不得意就奉献乡里,功没成而身退,一般在乡里担起了"化民成俗"的责任。如明代戏曲家汤显祖,万历十九年(1591)贬任徐闻典史,徐闻县民风好斗人皆轻生,他为了化土著之俗创办了一所"贵生书院",教民知书识礼而化其轻生之俗;万历二十六年(1598)他弃官归里,在抚州云山乡和汤家山潜心创作出闻名中外的"临川四梦",即《还魂记》、《紫钗记》、《南柯记》和《邯郸记》,《牡丹亭》(即《还魂记》)中个性解放的思想影响深远,"一时文字业,天下有心人";其《宜黄县戏神清源师庙记》也是中国戏曲史上一篇重要文献。② 再如江西九江东晋名士陶渊明,他的《归去来辞》是归隐意识的创作之高峰,"云无心以出岫,鸟倦飞而知还;景翳翳以将入,抚孤松而盘桓。"这类归隐精神也是道家文化在乡土社会的保留和体现,影响了江西这一带的民风,也形成当地文化特色。

　　商人式地才,投资家乡公益事业。如竹桥村的余氏,历史上在浒湾等地开书坊致富后,首要选择是回家乡修家谱、建祠堂及资助其他当地公益事业。如流坑村富商董学文投资建设流坑村,至清代前期流坑董氏垄断乌江上游竹木贸易,在村里出现"木纲会"的行业组织,成为典型的"江右帮"商会。③ 还如"著名的徽州宏村、西递、关麓、南屏等等村子里,精致典雅的住宅都是商贾之家"④。还如吕梁市李家山传统村落也是碛口经济辐射的产物,它是李氏家族在碛口经商者的"家属宿舍"⑤;从民国到清以前的各个阶段,李家山村在碛口

　　① 张新民:《流坑——中国传统农业社会最后的标本(摄影集)》,杭州:浙江摄影出版社 2000 年版,第 24 页。

　　② 杨安邦:《汤显祖家世述略》,《抚州社会科学》2006 年第 3 期,第 211-214 页。

　　③ 林立:《从明清流坑竹木贸易看我国封建经济的内部关系》,《抚州师专学报》1998 年第 4 期,第 13 页。

　　④ 陈志华、李秋香:《中国乡土建筑初探》,北京:清华大学出版社 2012 年版,第 89 页。

　　⑤ 杨眉、张伏虎、奉朝洋:《凤凰展翅——李家山明清窑洞古村落研究》,《西北美术》2017 年第 2 期,第 134-137 页。

镇从商人数及生意铺面相当可观,经商的行业也很广泛,[①]等等。

村落文化爱好者式地才,他们生活和工作在传统村落周边,由于强烈的爱好而不以牟利为目的积极投身于传统村落保护之中。如有安义古村旅游公司聘用的中学退休教师龚声森(见图 3-5)、"金溪传统文化博物馆"馆主何长恩(见图 3-6)、办农家博物馆的余氏后人余长庆(见图 3-7)、《抚州日报》特约记者邓兴东等人,他们热衷于发现身边家乡的美和收藏家乡文物。何长恩知晓全国许多类似的民间博物馆情况,他告诉笔者说,竹桥村的建筑保存得比婺源江湾等的要好,但没有宏村西递保存得好,而乌镇的木雕馆很单调。他说自己收藏的东西不是自己私有的,"最终应该回到它们自己本来的地方,回归社会,做博物馆意义不大,我只是暂时保管一下"。在"何长恩和他的博物馆"的腾讯视频,讲到他几十年如一日痴迷于匾额收藏,别人的家里金玉满堂或书籍充栋,而他的家里则藏满了各种古代木质的匾额,他的住处只可侧身而卧。[②] 村落文化爱好者式地才都在保留和记录着村落历史。

其次,地才的特征。一是地才的"边缘人"特征。地才不仅生活在家乡,他们还往往见识过其他世界,在人类学上被称为"边缘人"。杨懋春的《一个中国的村庄:山东台头》(1945),被当时哥伦比亚大学人类学家拉尔夫·林顿(Ralph Linton)称赞为代表了"社区研究"的某种趋势,即本土人类学时代的

图 3-4 "青岚农夫"李豆罗耕田图(取自韦星的《"农民市长"李豆罗的田园梦》,刊于《南风窗》2015 年第 15 期第 82 页)

图 3-5 安义古村旅游公司龚声森(徐欣云摄于 2016 年 5 月 4 日安义古村)

---

① 高晗:《吕梁市李家山传统村落建档式保护调研分析》,哈尔滨:黑龙江大学,2019 年,第 27-28 页。

② 《何长恩和他的博物馆》,2019 年 12 月 12 日,https://v.qq.com/x/page/n07298o0j9f.html?。

图 3-6　"金溪传统文化博物馆"馆主何长恩（徐欣云摄于 2019 年 8 月 26 日该博物馆门口馆主介绍照片）

图 3-7　竹桥村农家博物馆余广成（人物中）（徐欣云拍摄于 2017 年 8 月 25 日竹桥古村）

来临；林顿认为人类学"异文化"研究是非常困难的，发展人类学的一条捷径就是培养本土人类学家，而本土人类学者一旦掌握了科学研究的技术，就等于有了一把测量自己社会的尺子，这样实际上已经成为所谓的文化"边缘人"（marginal man），拥有了解释自己文化的"能力"；林顿甚至认为未来社会科学里最有价值的成就将是由这些"边缘人"来完成的（Linton,1945）。[1] 如董兆荣在地方政府地志办公室编史修志，有了专业训练，又是土生土长流坑村的董氏后裔，对于流坑村来说，就是典型的边缘人式的"本土人类学者"了。边缘人式的地才应该拥有解释自己文化的权力，如果他们的解释得到重视的话，他们的解读胜过"异文化"学者的调研，所以政府也应给予他们一定的物质和精神上的支持。事实上也是如此，政府给他们如文保员、村干部之类的任职，也是对这类地才的承认。二是，地才也具有乡贤和地方名人的特征，如西湖李家李豆罗、全坊村全老先生也是乡贤。赵世瑜先生曾提到：地方士绅的问题一直为中外历史学家所瞩目，由于他们在地方社区的突出作用，也往往成为汉学人类学研究乡土社会中国与社会关系时的重要对象，他们不仅具有功名，不仅是致

---

① 潘守永：《"一个中国的村庄"的跨时空对话——"台头"重访》，《广西民族学院学报：哲学社会科学版》2004 年第 1 期，第 69-75 页。

仕的官员,而且可能是族长、祭祀族长的会首,或者担任着政府基层族长如里甲之类的负责人,因此他们对社区生活的介入可能是多方面的。① 三是,地才具有一种对家乡和历史的认同感,以及光宗耀祖的责任意识。由地才解读的传统村落档案,都富有生机,是一种活态档案,这种档案与地才融为一体。

总之,地才是传统村落保持真实性、完整性和活态性的最重要主体,各种地才类型的多元身份也常常处于变迁之中,他们的视野也会随身份和阅历的变化发生相应的改变,因而所记录和讲述的事情在不同时段、不同地点也会不同。换句话说,地才在村落中发挥功效或履行"职能"的变化,也值得记载,因为这与传统村落的历史形成过程相关。

3.1.2 村民及其社区、群体——人物画像、口述档案

传统村落的村民及其结成的社区和群体,是传统村落的主体,村民画像和口述是非常重要的传统村落档案。在传统村落中,有起领头作用的地才,但更多的是"泯然众人矣"的村民群体,集体无意识地传承和维护着传统文化,他们习得和模仿着上一代以及周边人的生活经验,传承传统生活方式。这样的普通村民或许更具有社会学、民族学或人类学上的意义。有安义古村的热爱本土的原住民黄老先生;有村中卖鸡蛋的奶奶(见图 3-8、图 3-10);有流坑村董燧后裔董仁贵(见图 3-9),因为家道中落只读到初中、对于先祖荣耀的意识并不多②,等等。在冯骥才主编的《中国传统村落立档调查田野手册》中,立档调查(图片)归档内容中有关于人物的"G 村民肖像"采集的规定。村落中的非物质文化遗产如节庆风俗、鹊巢宫建筑技艺、农耕技艺等,除了代表性传承人传承外,也更需要这样的群体性传承。

这样的群体,往往生在其中并不能意识到自身文化的特殊意义,因为这是他们日常生活的一部分。如周星写道:"本土的民俗生活世界,其实是充满了隐喻和象征性的空间,通过对一个江南村落的调查,可以'发现'太多的隐喻和象征寓意几乎都有各自的物态表现形式,关于这些物态象征的诸多常识也为

---

① 赵世瑜:《小历史与大历史:区域社会史的理念、方法与实践》,北京:生活·读书·新知三联书店 2006 年版,第 284 页。

② 张新民:《流坑——中国传统农业社会最后的标本(摄影集)》,杭州:浙江摄影出版社 2000 年版,第 26 页。

图 3-8　流坑村　　图 3-9　流坑村村民董寿德在　　图 3-10　安义古村群之罗田
卖鸡蛋的大婶　　　抄写家谱　　　　　　　　　村,笔者在向大夫第中的老奶
　　　　　　　　　　　　　　　　　　　　　　　奶买鸡蛋

（图 3-8、图 3-9 取自张新民著《流坑——中国传统农业社会最后的标本摄影集》,浙江
摄影出版社 2000 年版,第 5-6 页;图 3-10 由项目组成员 2016-5-4 摄于安义古村）

村民们熟视无睹。"①这种熟视无睹也如同档案学者提出的村民缺乏文化自
觉,如任越所说,"大部分在传统村落生活的村民文化程度不高,对村落中文化
现象和文化活动不敏感"②。

　　传统村落"活着"依赖的正是这样生生不息的群体,传统村落的一点一滴
在村人眼里都是那么津津有味。这样的"活态"档案,在他者眼里或许"不入大
雅之堂",或许也只会变成枯燥的数字和文字。因而村民"自者"保存历史记忆
尤其重要。

3.1.3　政府官员、专家学者——调研报告、论著和村网

　　政府官员、专家学者的调研报告、论著等研究成果和提出的政策,有的转
化为正式文献,如陈志华、李秋香的《流坑村》、张芳霖的《雕版古村——金溪竹
桥村档案》;还有一般学者的调研报告,如李豪、南雪倩的《赣东民居聚落走访
实录》发表在 2016 年《北京规划建设》上;有的直接转为政府行为,如《江西省

---

　　①　周星:《本土常识视野中的民俗意味——人类学视野中的民俗研究》,北京:北京大学出版社
2016 年版,自序。
　　②　任越:《基于文化自觉的我国传统村落文化建档理论探究》,《兰台世界》2017 年第 2 期,第 10-
12 页。

金溪县老科协疏口古村保护开发调研报告》写道："为此,我们在 2014 年的调查报告中提出建议,要引进外资,进行保护性的开发。金溪县委、县政府大手笔:招商引资。"①

以流坑村为例,如今来自政府官员、专家学者、学子关于流坑村的正式出版的专著、发表的论文越来越多。如专著有,周銮书的《千古一村——流坑历史文化的考察》(江西人民出版社,1997),张新民的《流坑——中国传统农业社会最后的标本(摄影集)》(浙江摄影出版社,2000),黄更昌的《探古览胜话流坑》(江西人民出版社,2002),万锦和徐恒堂的《千古第一村——流坑旅游导说》(江西美术出版社,2003),李秋香、陈志华的《流坑村》(河北教育出版社,2003),黄更昌的《中国历史文化名村流坑》(江西人民出版社,2011),黄更昌、王春元的《流坑历史文化资料集萃》(江西人民出版社,2014),中共乐安县委宣传部的《赣文化第一村——流坑(英汉对照)》(人民出版社,2017),钱民主的《流坑——中国古代农村文明的活化石》(江西人民出版社,2018),龚顺荣《乐安流坑村》(江西人民出版社,2018),等等。如论文有,张梅生的《流坑古村落的保护利用和可持续发展战略》[江西社会科学,2000(06)],董虹、马智胜的《中国古村落保护与开发的经济学思考——以流坑古村为例》[科技进步与对策,2003,20(07)],肖文评的《地方贸易发展与宗族复兴——以清至民国时期江西乐安县流坑董氏为例》(江西师范大学学报,2004(04)],韩锋、徐季丹的《古村流坑的风水格局与环境意象》[东华理工学院学报(社会科学版),2005(02)],熊伟的硕士论文《流坑村民居建筑形态研究》(南京艺术学院,2008),隋大鹏的硕士论文《明清江西流坑古建筑与宗族文化》(南昌大学,2012),姚妍的硕士论文《江西乐安流坑村传统乡村聚落景观的文化解析》(中南林业科技大学,2013),徐雅芬的《明清时期江右商的宗族教育——江西流坑村的历史人类学考察》[中南民族大学学报(人文社会科学版),2015,35(02)],刘华斌、古新仁的《传统村落水生态智慧与实践研究——乡村振兴背景下江西抚州流坑古村的启示》[三峡生态环境监测,2018,3(04)],闵忠荣、黄萍、段亚鹏的《传统村落理水智慧浅析——以江西省流坑村为例》[城市发展研究,2018,25(01)]等等。

---

① 江西省金溪县老科协疏口古村保护开发调研报告》,2018 年 3 月 18 日。http://blog.sina.com.cn/s/blog_55dd06050102xoxa.html。

流坑管理局(2005)(前身是流坑文物管理局,1998),是流坑村文化遗产实际管理者,它建立的"流坑:千古第一村"网站(见图 3-11),栏目有:网站首页、走进流坑、景区介绍、新闻资讯、流坑文化、交通食宿、风土人情、流坑特产、访客留言、

图 3-11　流坑古村网站标志(http://www.cnliukeng.com/news/102.html)

联系我们(http://www.cnliukeng.com/news/102.html)。网站有历代谱序"云盖乡董氏族谱序""旧谱事略""董氏新谱序"等,碑刻、墓志铭有"万历二十六年五王庙造神捐款碑""重修碑记","杰出人物"历史和故事传说有铁面御史董敦逸、流坑荣耀董德元、名儒董德修、杏林圣手董起潜、兴教治下董尚、国子监司业董琰、理学名家董燧、太子少保董裕、富商董学文等,还有诗词歌赋,如"寄题庐陵董氏桂林书斋(梅尧臣)","送董伯懿归吉州(王安石)",以及非物质文化遗产项目内容等,犹如古村的一个数字档案馆,历史资料的丰富也因为流坑村修谱传统几乎没有中断。"流坑:千古第一村"网站的特殊内容架构可见图 3-15。

传统村落无论是自然村落还是行政村,都有村管委会这一村级组织,对于传统村落而言,它犹如"家长"或管理者,其监督和管理下形成的材料,是村级组织的正式档案,即"村级档案"或"农村档案",后文将会论及,但有时候村落管委会也充当古村旅游开发者。

3.1.4　旅游公司——古村旅游网

传统村落旅游公司有时成了传统村落文化及景观遗产的实际管理者,因而它形成的文件也算是"自者"主体形成的档案,是一种记录和整合传统村落文献的新型机构。 一般来说,旅游公司搜集村落的家谱、风土传说、本地民俗、特产和美食资料等是作为"文旅融合"的一种旅游资源,目前在传统村落中的旅游公司很大程度上都得到了当代政府的配合和扶持。同时它还会利用古建筑办博物馆、开发民宿等,活化当地的文化遗产。

如"安义古村群旅游开发有限公司"包装了当地的历史,建设有许多"类乡村博物馆",以舞台化、可视化的方式展现村落历史,并建立有古村旅游官网,

即"安义古村群"（http://www. anyigucun. com/about. html，见图 3-12），该网站版权所有者是"安义古村群旅游开发有限公司"，其首页栏目有："关于我们、景区介绍、古村文化、新闻资讯、交通食宿、风土人情、

图 3-12　安义古村群网站标志（http://www. anyigucun. com/about. html）

古村特产、客户留言、联系我们"。该网站与流坑古村网不同的是没有"走进流坑、流坑文化"栏目，历史厚度稍感不足，网站主要内容见图 3-16。再如渼陂古村，实际管理者也是"吉安市文陂旅游发展有限公司"，它建立的官网是"渼陂古村"（http://www. cnmeibei. cn/Home1. html，见图 3-13），主要栏目有印象渼陂、渼陂攻略、旅游服务、VR 全景、公示公告、渼陂新闻、联系我们、古色建筑、民俗风情、家训格言、自然风光等（见图 3-17），"印象渼陂"中有"摄影家眼中的渼陂""作家笔下的渼陂"两栏，如其中《庐陵文化走笔之渼陂赏"辇"》博文，实际上就是对江西省非物质文化遗产的纪实和立档。该网站的 VR 技术给人以视觉冲击，渼陂艺术作品、经典文物供人在线欣赏，使人达到情绪上的认同和获得美感。但因为 VR 需要旅游者手动选择和出图较慢，在对村落很陌生的情况下，VR 图景不能提供更多信息；而且渼陂古村每一个条目下内容介绍比较少，因而这类网站提供了旅游信息，但不能用来做为研究参考。还有"西湖李家"网站（见图 3-14）、"竹桥古村"网站（http://www. zhuqiaochina. com/portal. php）等，也还有很多传统村落目前没有建设自己的网站，但显然建设古村官网是发展趋势。

图 3-13　渼陂古村网站标志（http://www. cnmeibei. cn/Home1. html）

图 3-14　西湖李家村网站标志（http://www. xihulijia. com/News. aspx? ClassID＝53）

千古第一村——流坑古村（古村官网）

走进流坑
- 流坑介绍
- 管理机构
  - 流坑管理局
- 杰出人物
  - 铁面御史董敦逸
  - 流坑荣耀董德元
  - 理学名士曾丰
  - 分支主题
  - 名儒董德修
  - 杏林圣手董起潜
  - 兴教治下董尚
  - 国子监司业董琰
  - 董时望
  - 理学名家董燧
  - 太子少保董裕
  - 富商董学文
- 资质荣誉
  - ……
- 陈列馆展
  - ……
- 最新动态

景区介绍
- 状元楼
- 怀德堂
- 大宾第建筑群
- 理学名家
- 文馆
- 大宗祠
- 连表节孝坊
- 龙湖
- 永享堂
- 翰林楼
- 樟树林

流坑文化
- 残垣夜雨
- 着装排练
- 杨筠松相地说流坑
- 流坑小吹会简介
- 流坑傩舞内容简介
- 流坑风水考察
- 流坑非物质文化遗产
- 守着阳光过日子
- 国家文物局考察流坑村
- "中华第一村"的由来
- 流坑文化
- 流坑的历史文化

风土人情
- 风土人情
  - 建祠与祭祖活动
  - 流坑的婚俗
  - 流坑的"玩喜……"
- 典籍碑铭
  - 寄题庐陵董庆桂林书斋（梅尧臣）
  - 送董伯整归吉州（王安石）
  - 参议董君昌裔墓志铭……
- 现存碑刻
  - 万历二十六年五王庙造神捐款碑
  - 重修碑记
- 历代谱序
  - 云盖乡董氏族谱序
  - 董氏新谱序
  - 万历十年董氏族谱凡例
  - 坦然公房新谱事
- 家族规约
  - 经理山地祠宇规约
  - 董氏大宗祠祠规
  - 樟木坑禁约
  - 养正会簿引并规约
- 人物传记
  - 先考讷庵翁行状……

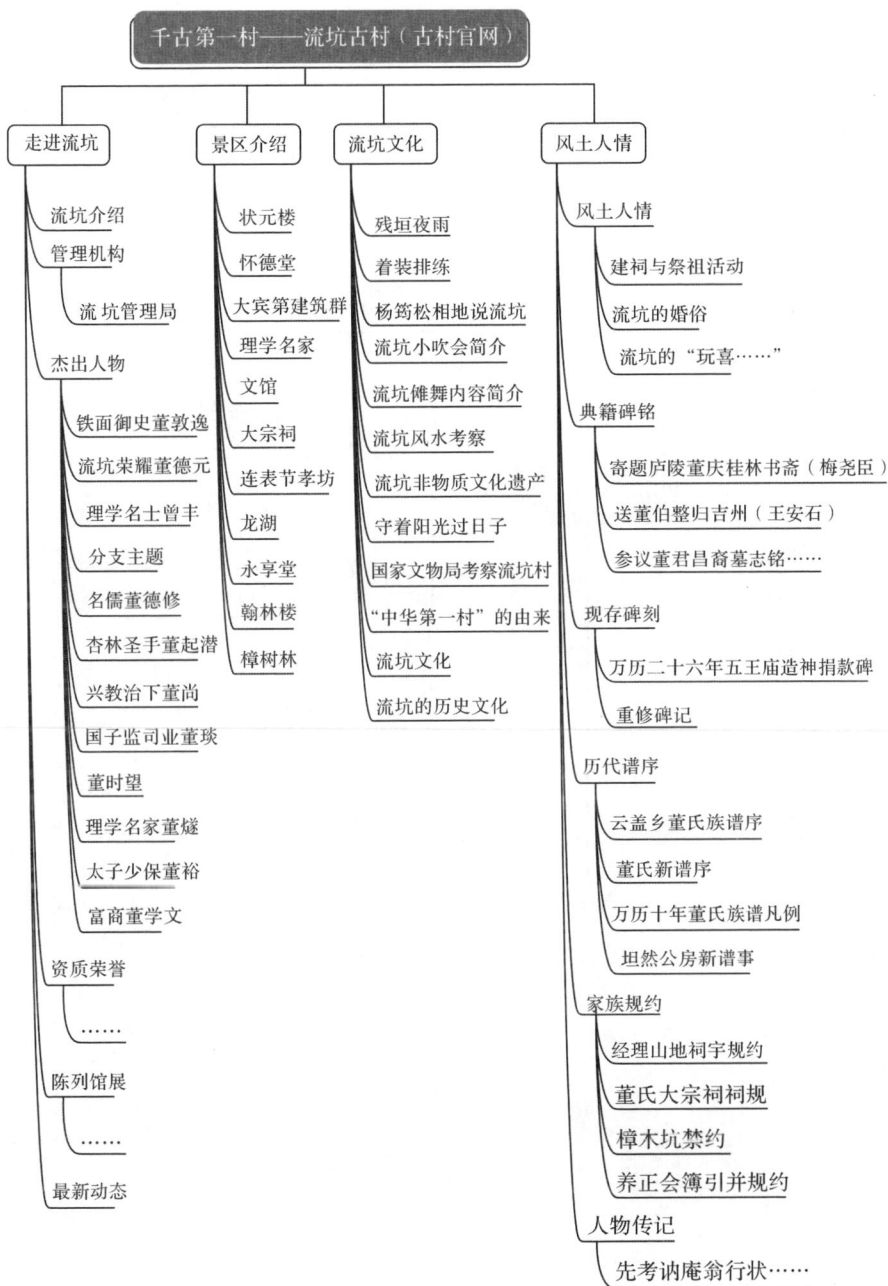

图 3-15　"流坑：千古第一村"网站的主要内容架构图（徐欣云根据流坑古村官网自绘）

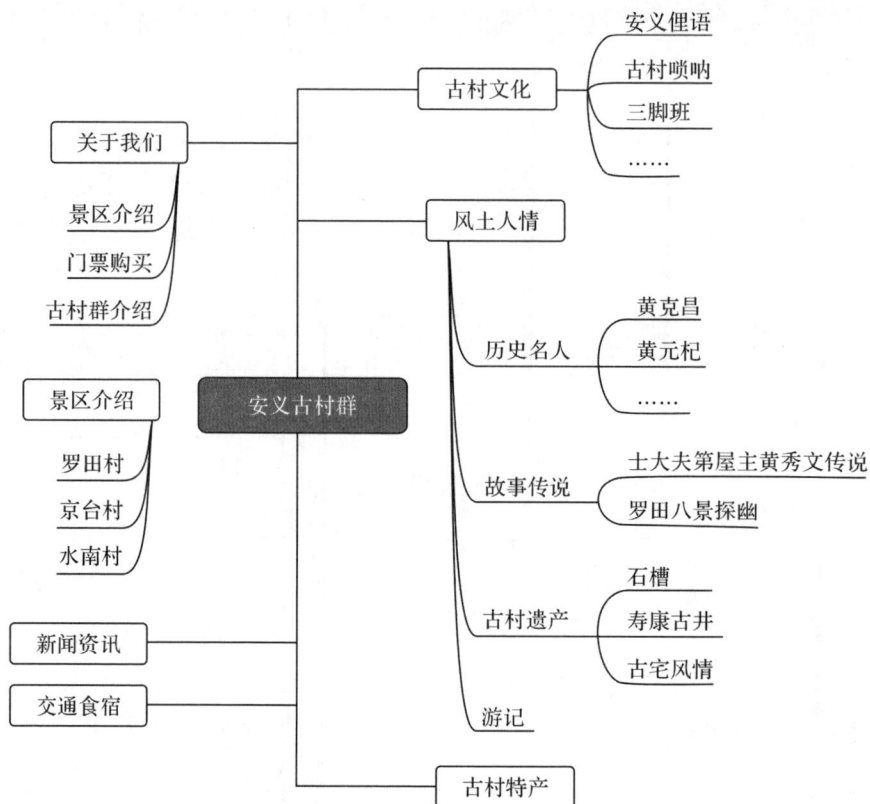

图 3-16 "安义古村群"网站架构(徐欣云根据安义古村官网自绘)

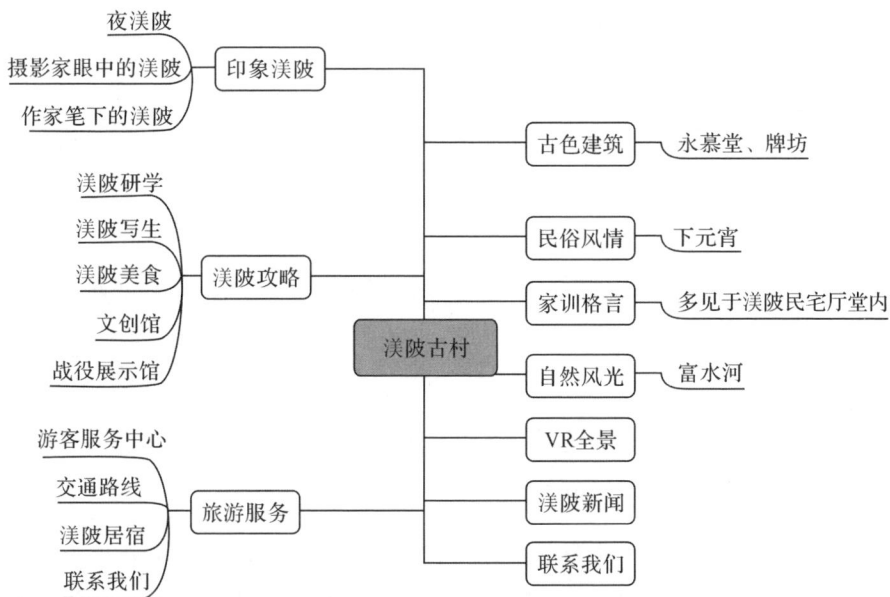

图 3-17　"渼陂古村"网站架构图(徐欣云根据渼陂古村官网自绘)

3.1.5　公众及其参与——游记、微博

公众参与传统村落建档,各学术界对之呼声很高,如档案学的社会模式、后保管模式、社群档案理论等都强调公众参与,各类国际宪章、公约都提出在文化遗产保护过程中公众参与的重要性,特别是对于人居型遗产如传统村落而言更重要。但公众参与管理的路径,大多不甚了了。此处公众指与传统村落关系不大的外围的公民,如游客。笔者认为公众参与目前就体现在游记、网络评论、甚至报刊杂志之中,因而游记、报刊杂志和网络文献,也应是传统村落归档内容之一,在住建部等的建档调查范围内也包括了"游记"。

游记是"公众参与"的重要方式。最典型的是《徐霞客游记》对流坑村的记载,即"其处阛阓纵横,是为万家之市,而董氏为巨姓,有五桂坊焉"的记载,成为流坑村历史档案的一部分。《徐霞客游记》主要按日记述作者 1613 年至1639 年间旅行观察所得,对地理、水文、地质、植物等现象,均做了详细记录,被认为是系统考察中国地貌地质、人物景观的开山之作。《〈徐霞客游记〉序》

中写道:"大抵霞客之记,皆据景直书,不惮委悉烦密,非有意於描摹点缀,托兴抒怀,与古人游记争文章之工也。"[①]还如范仲淹的《岳阳楼记》、王安石的《游褒禅山记》、郦道元的《三峡》、柳宗元的《小石潭记》、欧阳修的《醉翁亭记》等。游记被地方史志采纳,体现了他者的论述转化为自者的一部分,是一种他者与自者文化的互动,同时也证明了今天的游记将有可能载入村史。上述江西传统村落档案"世俗万象"的描述中引用了很多游记,如"十象书坊"的《书山垂荫——金溪疏口村》游记,就深入描写了正式文献较少的疏口村的建筑和聚落生境。

3.2　传统村落档案"世俗万象"的"非正式文本"现象

传统村落档案的"世俗万象"所形成的文本类型,与公务文种相比,它们是"非正式文本",在此从另一个角度稍做归类,可分为:(1)传统建筑意象及祠堂记忆;(2)谱牒和地方志;(3)传说、掌故、民谣、民间故事;(4)口述;(5)导游词;(6)游记;(7)微博、博客、网站;(8)研究论文和著作;(9)纪录片和电视栏目;(10)日常生活中传统文化的"活态"延续;(11)传统村落修缮和保护过程记忆,等。其中谱牒、口述已逐渐被认可为正统档案,而现在也有越来越多的纪录片记录传统村落,挖掘其中的历史文化,对研究论文和著作、游记、村落网站前文也已作了相关交代,此处不作深入探讨,略论其余"非正式文本"现象。

3.2.1　传统建筑意象及祠堂象征

传统建筑这类实物档案所展现的寓意和符号可载入史册,而祠堂是宗族的象征和记忆,传递着实物档案的历史信息。

首先,传统建筑意象,如流坑村五桂坊与"五桂齐芳"历史传奇的结合,竹桥村"品字三井"、"本字人"、"七星伴月塘"、"拐弯抹角"墙、"惜字炉"等建筑意象的不言之教等。周星也曾通过对一个江南村落姚村的调查,分析民俗文物的隐喻和象征寓意,他说,"如果我们能将类似的厅、堂建筑及那些即将被抛弃

---

① ［明］徐弘祖:《徐霞客游记》,上海:上海古籍出版社1980年版,第286页。

的传统民居,都视为'民俗文物',并充分意识到这些民俗文物中积淀和反映着当地民众的智慧与情感,那么,前述社区综合利用厅、堂建筑的民间传统,将有利于我们以类似社区或乡土'博物馆'的形式,有效地实现保护民间文化财富和社区文化生态,使之免遭散失和破坏的目标。"①此处博物馆与档案馆在村落中已合为一体。

其次,祠堂是宗族象征。祠堂是乡土社会最华丽、最高大的建筑。富田陂下村的"敦仁堂"中"富田镇祠堂"的图片展上写道:"祠堂是合族敬祖聚族、举办大事的场所。富田的宗祠一般位于村落中心,村舍围其左右。为扩大影响彰显实力,往往倾全族之力历多年而建,其外高大宏伟、庄严肃穆,其内制式完备、功能齐全";"富田先民建造祠堂,不惜工本,极尽奢华。有的雕梁画栋,有的漆金描彩;不远千里求一木,不吝千金寻一料。充分反映了富田人敬宗之笃,尊祖之诚"。富田镇属村的"总祠高大、气势宏伟""分祠众多,各领风骚";有八卦形(陂下村致中堂)、仿漕运贡船(如横坑村孝敬堂)、朝楼式(匡家崇孝堂又称娘娘轿)。祠堂总体建筑的组织和布局也有相似之处:祠堂一般由正厅、享堂和寝堂三进组成,正厅用于宗族议事,享堂用于祭祖,寝堂用于安放祖先牌位。每座祠堂一般以宗族姓氏或房派之祖的名号命名,祠中的享堂也都有堂名。祠堂前常常有一个水塘和一个小广场,聚风水,也聚人气,常常成为人们茶余饭后活动的公共空间。

再有,传统建筑本身就具有纪念意义,特别是祠堂,被视为村落中最具整合意义的象征符号②;"祠堂不仅仅是一个简单的建筑,而是连接家族关系,维系宗族血脉象征的一个文化符号,……不仅是简单地保存一个老旧甚至残破的建筑,更多的是通过对祠堂建筑的保护进而保护一种精神归宿和传统文化。"③祠堂作为安放祖先牌位和祭祀祖先的场所,也具有了神圣性。祠堂具备记忆功能,是早期和现在存放、收藏珍稀物品和具有纪念意义的地方。王宏钧认为,我国从商代起,王室和贵族搜集和保存的文物多集中于宗庙,公元前

---

① 周星:《本土常识视野中的民俗意味——人类学视野中的民俗研究》,北京:北京大学出版社 2016 年版,第 83-84 页。

② 武志伟、马广海:《仪式重构与村落整合——以烟台市北头村祠堂修缮为例》,《山东社会科学》 2017 年第 3 期,第 71-77 页。

③ 胡伯申、田密蜜:《新农村建设中浙江乡村祠堂的保护与延续》,《建筑与文化》2019 年第 1 期, 201-204 页。

5 世纪在山东曲阜的阙里孔子故居建立的孔子庙堂是中国最早的纪念类博物馆,它的出现渊源于华夏民族祖先崇拜与祭祀;从曲阜孔子庙堂到诸葛武侯祠、杜甫草堂、岳飞祠、文丞相祠,再到郑成功祠、林则徐祠等,都是具有中国特色的古代纪念类博物馆。① 梁启超更早认为仲尼庙堂是"现存之实迹"之类的史料,可与埃及之金字塔及塔中所藏物相比类:"我国人保存古物之念甚薄,故此类实迹能全者日稀,然亦非绝无。昔司马迁作《孔子世家》,自言'适鲁,观仲尼庙堂、车服、礼器,诸生以时习礼其家,低徊留之不能去焉。'作史者能多求根据于此等目睹之事物,史之最上乘也。"② 因而,也有刘华赞叹道:"我把渼陂看作建筑在文字里的村庄。有大量的文字充满了传统道德的教训意味,富有为人处世的哲理,涉及修身之境界、持家之根本、处事之品行、交往之气量等等。如,宗祠的楹联:'世事让三分天空地阔,心田存一点子种孙耕。'民居的对联:'作天地间不可少之人,为伦类中所当行之事。'……其言也善,其意也切。拳拳此心,明月可鉴。"③

如今很多村落中的祠堂变成纪念性博物馆,在祠堂的原始功能逐渐衰退之时,以"文物保护单位"或者"乡土建成遗产"得到关注,祠堂建筑本身成为文化景观、"实物档案"。如竹桥村史馆建在"步云公祠",文隆公祠成为博物馆景观。今天祠堂按照博物馆、村史馆的方式来装扮,已远离祠堂的传统功能,农家物什和塑像并不适合祠堂的身份,一般来说祠堂放置的是鼓、钟、牌位、族谱,以示庄严和敬祀。

还有很多祠堂成为"文物保护单位"。富田镇的王家大祠堂是全国重点文物保护单位。此外,在国家文物局公布的至 2019 年共七批"全国重点文物保护单位"名录中,根据项目组统计,在江西省乡村区域共有 50 处,其中 8 处是祠堂,关涉 16 个宗祠,名单如下:(1)婺源县江湾镇汪口村(包括篁村余氏宗祠、阳春方氏宗祠、汪口俞氏宗祠、黄村经义堂、洪村光裕堂、西冲敦伦堂、豸峰成义堂 7 处),(2)婺源县浙源乡凤山村凤山查氏宗祠,(3)婺源县思口镇新源村俞氏宗祠,(4)上饶广丰区东阳乡龙溪村祝氏宗祠,(5)上饶县应家乡安坑村龚氏宗祠两牌楼,(6)高安市新街镇景贤村景贤贾氏宗祠,(7)瑞金市城西沙洲

---

① 王宏钧:《中国博物馆学基础(修订本)》,上海:上海古籍出版社 2014 年版,第 59-61 页。
② 梁启超:《中国历史研究法》,上海:上海古籍出版社 1998 年版,第 43-44 页。
③ 刘华:《百姓的祠堂》,北京:商务印书馆 2014 年版,第 48-49 页。

坝乌石龙村中华苏维埃共和国中央革命军事委员会旧址（原为刘氏宗祠）,(8)
宁都县竹笮乡赤坎村中共苏区中央局旧址（原名龚氏宗祠）,(9)镇桥镇浒崦村
东北隅的程氏宗祠内浒崦名分堂戏台,(10)青原区文陂乡渼陂古村渼陂红四
军总部旧址（梁氏总祠永慕堂）。在江西省文物局公布的至 2019 年共七批"省
级重点文物保护单位"名录中,根据我们的统计,处于乡村区域的有 540 处,关
涉祠堂的有 42 个。没有包括在"全国重点文物保护单位"和"省级重点文物保
护名录"中的宗祠、祠堂、家祠,更是大量存在,仅仅吉安泰和县乡镇就有 93 个
祠堂。[1]

3.2.2　谱牒、碑刻和匾额

首先,谱牒。江西每一传统村落都有族谱,而且至今还在续谱,如流坑村
的《流坑董氏族谱》、棠阴的《吴氏族谱》、竹桥村的《竹桥余氏家谱》、全坊村的
《全氏宗谱》等。档案同仁大多都把家谱认定为传统村落中最为看重的"原生
性"档案,但是对谱牒的"档案性"曾有过争论,张全海曾说:"谱牒应归属于档
案范畴。目前研究谱牒的人士主要集中在史学、社会人类学和图书馆学界,档
案界在这个领域并无话语权。档案界应该借鉴文化人类学的研究方法,更多
地参与到这个'话语圈'中来,以完善自己的学科领域。"[2]谱牒的最原始意义
就是一个宗族的"花名册",它的重要性在于确认一个始祖之下的宗族的存在,
所以大多数宗谱总要在谱序里写上一句:"家之有谱,犹国之有史也。"大宗祠
里一般都设有谱房,谱房是保存宗族成员档案的地方,都有记录在案。[3] 家谱
记录着家族世系,成员的生卒、婚姻、奖惩、科举、仕途等,因此,宗谱的作用之
一是赋予每个人以宗族归属感,入了谱,他就是宗族的成员,有了依靠和根基。

对于谱牒的记忆方式,可参照费孝通所说:"我们并不记取一切的过去,而
只记取一切过去中极小的一部分。我说记取,其实不如说过后回忆为妥当。
事实上,在当前很难预测将来之用,大多是出于当前的需要而追忆过去。有时
这过程非常吃力,所以成为'苦忆'。可是无论如何记忆并非无所为的,而是实

---

① 肖明卉:《世俗化祠堂与适应型宗族:宗祠的结构与功能分析》,重庆:西南政法大学,2011 年,
摘要。

② 张全海:《漫谈谱牒与档案》,《档案学通讯》2010 年第 1 期,第 101-103 页。

③ 陈志华、李秋香:《中国乡土建筑初探》,北京:清华大学出版社 2012 年版,第 260 页。

用的,是为了生活。"①那就是说,乡土社会没有"记取一切的过去"即如当今的做备忘录、大事记的习惯,而只"回忆一切过去中极小的一部分"。谱牒就是这般的事后回忆,回忆时不免为了当下的需要而对历史进行附会,因此有葛剑雄认为,"家谱中先祖的事迹,这类事迹也可以看成是一种民间故事"②。备忘录和大事记一般被认为是"实践副产品"、历史的"直接记录",而正因此谱牒的档案性质曾受到质疑。

笔者认为,谱牒的档案性质还可以用后现代档案理论来解释。后现代档案思想家特里·库克认为,在档案形成的过程中,贯穿着"记忆"和"证据"的不断斗争,"证据和记忆不是敌人而是友好的表兄弟":"证据与记忆,记忆与证据,它们恐怕是档案这枚硬币的两面,彼此之间充满张力,尽管对档案事业而言它们是一对矛盾体,但缺少一方另一方也失去价值。"③在西方,谱牒很多也是"捏造"过去,"他们需要一个血统"④。笔者以为,从现代档案学出发,家谱本归属于家庭或家族档案范畴,但过去修谱传统已经渗透进国家基层组织村落的礼俗之中,家族正是以血缘村落为单位的,因而家谱也是传统村落公共档案的一部分。

其次,碑刻、题记、墓志铭。碑刻主要记载了传统建筑如庙宇、万寿宫、祠堂的创建、重修的过程,说明了建筑的兴建与选址的原因,构成了传统村落档案的主要内容;此外还有墓志铭的碑刻。社会史学者郑振满、赵世瑜等认为散落于城镇乡村、仍在旷野中栉风沐雨的碑刻是"正在消逝的档案"⑤;朱晓阳说:"小村人的生活世界或生活形成又是如何通过水来体现?今天要研究这一历史,可以注意村中人刻意保留下的石碑、代代相传的口述村史和传说。除此之外就是大地上还留着的水利景观。我们应该同等重视这些材料。"⑥

许多传统村落中有历史碑刻、墓志铭,如流坑村保存有"参议董君昌裔墓

---

① 费孝通:《乡土中国 生育制度 乡土重建》,北京:商务印书馆 2011 版,第 22 页。

② 葛剑雄、周筱赟:《历史学是什么》,北京:北京大学出版社 2002 年版,第 53-54 页。

③ [加]特里·库克:《四个范式:欧洲档案学的观念和战略的变化——1840 年以来西方档案观念与战略的变化》,李音译,《档案学研究》2011 年第 3 期,第 81-87 页。

④ [西]萨尔瓦多·穆尼奥斯·比尼亚斯:《当代保护理论》,张鹏、张怡欣、吴霄婧译,上海:同济大学出版社 2012 年版,第 99 页。

⑤ 郑振满等:《碑刻——正在消逝的历史档案》,《光明日报》,2002 年 1 月 24 日。

⑥ 朱晓阳:《水利、"天助"与乡村秩序——滇池小村的地志》,《法律和社会科学》2009 年第 5 期,第 91-134 页。

志铭""万历二十六年五王庙造神捐款碑""重修碑记";竹桥村有"竹桥余氏村居记"碑记,该碑刻也体现了竹桥古村的雕版印刷技术,两块石碑一块是阳刻的代表,一块是阴刻的代表;竹桥村"捐资碑"记录重修总门楼时村里人捐资的情况,还有一块"禁碑",是关于严禁麻风病人进入村子的公告。李平亮、赵鹏飞研究了江西萍乡清溪万寿宫的碑刻:宫内现存《吉郡五邑会清溪创建会馆序》碑,由碑文可知,乾隆辛丑年(1781)来自吉安府庐陵、吉水、安福、泰和、永新五县的 42 名商人各自捐出一定数额的资金,倡导修建万寿宫,作为"五邑会馆"。[①] 姚佳昌讨论了晋东南北天河村的玉皇庙建筑群的《重修玉皇庙碑记》(康熙五十六年〈1717 年〉,残)、《流芳百世》碑以及《小乘庙创建碑记》(康熙四十一年〈1702 年〉)、《关帝庙增修香亭、配殿并耳房碑记》(康熙十八年〈1679年〉)(残)等,认为村落中散落的碑刻,是村落兴建与选址等村落规划的见证,在碑文中今天通常可以看到"督工绅士""社首"等字样,则是士绅阶层在维护和管理乡村事务的历史见证。[②]

　　我国古代便已十分重视碑刻的史料性。如古文字学家许慎就利用古器物上的铭文做过大量文字演变研究,其研究成果的集中体现为他所著的《说文解字》中;欧阳修的《集古录》,则将碑刻的碑文用拓片加以著录,每个拓片之后加上题跋,将碑文来源和内容进行简要考证,此书"凡所收钟鼎彝器铭刻,必摹勒铭辞原文,再附释文于后,并尽可能简述该器的出土、收藏情况,所属年代及其遗闻逸事等。凡石刻文字,也必考其立石原委,时代更迭,及所记史实的始末"[③],等等。笔者认为,碑刻、金石脱离原生环境需要档案来证明其身份,《考古图》等将碑刻的碑文用拓片加以著录,每个拓片之后加上题跋,将碑文来源和内容进行简要考证,所做的也是为碑刻建立一种身份档案,对于今天而言,就是藏品档案。

　　再有,门额匾额。"芝兰启秀""履泰""渐升""对云"等门额匾联都有教化意义。如,竹桥村牌匾"对云"由曹秀先所题,取"对我生青云,青云直上"之意,

---

　　①　李平亮、赵鹏飞:《清代萍乡许真君信仰的发展与乡村权力格局的演变》,《宗教学研究》2014年第 2 期,第 72-78 页。

　　②　姚佳昌:《村落文化记忆的书写与呈现——以晋东南北天河村为调查对象》,载《传统村落与建筑遗产的保护与活化》,北京:学苑出版社 2018 年版,第 389-406 页。

　　③　肖飞:《〈集古录〉开创"金石学"》,《联合日报》,2017 年 10 月 24 日,第 A02 版。

有堂号、年号、落款和字章。曹秀先(1708—1784)是南昌新建人,中进士后授翰林院编修,充《四库全书》馆总裁,据传曹秀先当时未曾来过竹桥村,这牌匾是建祠堂的余氏十家弄兄弟向曹秀先求取的;商人在当时地位不高,能向中央高官求取笔墨,那恐怕是因为当时修《四库全书》需要大量雕版印刷,曹秀先才与竹桥村余忠祥等人有机会会面。

3.2.3 传说、民谣、民间故事

传统村落流传着很多传说、民谣、故事,也是传统村落"档案",如竹桥村的民谣"临川才子金溪书",安义古村的民谣"小小安义县,大大罗田黄",渼陂村的传说"州司马与卧龙樟"。有的传说已入谱,成为家族史的一部分,如唐末风水家杨筠松、曾文迪为流坑董氏族人占视形胜传说留下的许多箝语,在流坑谱牒文献中有记载。竹桥村"品字三井"的传说也写入张芳霖的著作中:传说在总门楼前下方的水井按照风水师要求所挖,名为"剑井",寓意在与外敌战斗结束后用水洗刷剑上的污血,邪气不会进村。① 但笔者认为,传说、故事虽然不一,但"真相"已经不重要,重要的是寓意;张新民也写道:"1997 年春节期间,我在流坑目睹过董氏族人祭祖游神的浩大场面。……在神像前面开道的,就是这副古老的銮驾,至于它是否宋代遗物,讲述传说的人并不在意。"②

传说有广义和狭义之分,从广义来说,传说即指传述者自己并未亲历,而仅为耳闻的故事,以此与口述史料相区别(口述史一般是指讲述者对自己亲历的事情的回忆);同时,它又与口述史资料有其共性,即同为口头叙事,因此可以与文献相对。③ 就狭义而言,民俗学将其与神话、故事、笑话等一同归类于民间口头散文叙事文学,包括人物传说、地方传说、史事传说、风物传说等。④ 传说显然是民众记忆历史的工具之一,对于那些没有通过文字记忆历史的能力和权利的人来说就更是如此。但由于传说往往经历了许多世代,因

---

① 张芳霖:《雕版古村——金溪竹桥村档案》,《江西古村落档案丛书》,长沙:岳麓出版社 2016 年版,第 18-19 页。

② 张新民:《流坑——中国传统农业社会最后的标本(摄影集)》,杭州:浙江摄影出版社 2000 年版,第 14 页。

③ 钟敬文:《民俗学概论》,上海:上海文艺出版社 1998 年版,第 245 页。

④ 刘慧梅、姚源源:《书写、场域与认同:我国近二十年文化记忆研究综述》,《浙江大学学报(人文社会科学版)》2017 年第 10 期。

此不断叠加了不同时代的讲述者的历史,它也就成为一种"长时段"的历史文本。[①]

有些学者将村落中的传说故事称为民间故事、民间叙事。民间故事,一般是指在非官方的途径产生和流传,并经非正式的历史记载保存下来的内容。就民间故事所体现的档案性或历史性而言,葛剑雄、周筱赟认为:"如果一定要从历史事实,或者是记录历史的方法来谈民间故事和历史的关系,应该讲这两者是没有关系的。"[②]赵世瑜则认为,就故事和史事这两个部分而言,故事是比较纯粹的老百姓的创造,史实则多是文人的传输;老百姓为传说提供了幻想的情节,曲折反映着他们的某种经历和心态,文人则为百姓提供了某种历史的背景和知识,使后者在创造传说时有了依据。[③]

目前关于民间故事的经验和智慧的见证作用,笔者认为台湾《汉声》杂志及主编黄永松使之付诸实践,教化人们行为。黄永松说"每个人都有力量传承传统文化":1971 年第一本《汉声》杂志出刊,目的是为了让在海外的华人了解自己的文化背景,我们把农村变成我们的选题,在这些选题里,碰到最多的就是自己家乡的事。[④]《汉声》杂志编辑的《最美最美的中国童话》,让人们在故事中感知传统,于 1982 年在台湾出版,2001 年在大陆出版发行,该故事集在序言中引述了托尔斯泰的一句话:"将来的艺术家一定会明白:创作一则优美的故事、一首好歌,或是编写人人能懂的传奇、谜语和笑话,可能比创作长篇小说和交响乐更重要……"[⑤]这些丰富的民间故事见证着历史和传统文化的教化作用。

3.2.4　导游词

"导游词"是一部"亮化"的村落历史,笔者认为,它是土味和接地气的"世

---

①　赵世瑜:《小历史与大历史:区域社会史的理念、方法与实践》,北京:生活·读书·新知三联书店 2006 年版,第 114 页。

②　葛剑雄、周筱赟:《历史学是什么》,北京:北京大学出版社 2002 年版,第 53-54 页。

③　赵世瑜:《小历史与大历史:区域社会史的理念、方法与实践》,北京:生活·读书·新知三联书店 2006 年版,第 124 页。

④　黄永松:《每个人都有力量传承传统文化》,2017 年 2 月 28 日,https://www.sohu.com/a/127501919_558478。

⑤　汉声杂志社:《最美最美的中国童话》,南京:江苏美术出版社 2001 年版,序言。

俗"档案,特别是当地土生土长的导游讲述的导游词更生动和具有画面感,因此"导游词"也存在版本一说。如竹桥村的"惜字炉",文管部门立的"标志牌"说它是因为"竹桥先人非常重视文化,如果地上掉有写好字的纸张不能用脚去践踏,而会集中在这里焚烧,以示对文字的重视";而导游的介绍说惜字炉是对文人雅士的一种约束,也是雕版印刷用剩下来材料要捡起来放在这边集中焚烧。笔者认为,多种说辞体现了村落"档案"的多面性,是一种相对真实。"竹桥古村官网"(http://www.zhuqiaochina.com/portal.php.)发现了类似的导游词。三者的差异也应有"版本"之说,但真相不离其核心元素,即"敬惜字纸"。如今,"导游词"通过"亮化"和强化村落历史,也推动村落文化传至久远,这些建筑寓意、风水传说,乃为当地人和游客津津乐道,而有的家谱等文献中并无记载,因此,文字记载是"档案",口头传说也是"档案"。

3.2.5 "活态"延续的记忆

村落蕴藏的生活习俗、文化气息,难以静态笔描,它像那行云流水变幻出万千气象。日常生活如前述"孩子们在太阳底下跳皮筋,更小的孩子沐浴着阳光在墙根下玩过家家,成年村民闲适自在,端着饭碗蹲在门口吃饭,热气腾腾,享天伦之乐"。人们晒粉皮、舂米糕、擂茶、晒烟叶、采莲剥莲子。这样一幅村景图,正如庄子所说的"乐其俗,安其居",也如陶渊明描绘的不失典雅的农人生活:"时复墟曲中,披草共来往。相见无杂言,但道桑麻长。"再如笔者记录的清明时节流坑董氏坟山祭祀的活态场景,见证了节气实实在在的功能,而突破本人对节日符号化的认知,倘若人们逐渐对清明节的认知淡漠,也难以获得生命圆满循环的认知。清明节是二十四节气之一,在清明节慎终追远、祭祀祖先,这是生亡两益的事:没有杂质为清,没有黑暗为明,坟前烧纸,是提醒生者处于光明当中,提醒列祖列宗都处于清明状态,从而得逍遥自在。我们的生命来自于祖先,也需立身、立德、立言给后代做榜样。笔者逐渐明白,丧葬、祭祀之礼,立基于华夏族群对于生命、死亡的理解。

日常生活中难以静态笔描的生活习俗、文化气息是更重要的"档案",有一些非物质文化遗产需要回归和复原传统生活方式,在日常生活中"活态"传承。

3.2.6 传统村落保护和修缮记录

传统村落保护和规划"档案"很重要,"保护档案记录是文物古迹历史记录的一部分,它包含了人们理解古迹的过去、现在及古迹变迁所需要的信息"[①]。它不仅仅限于保护规划申报书和批文,还有过程性细节材料,特别是关于保护"失真"和表面化修复的一些具有警示意义的实践同样应该存档。

首先,保护传统村落的一个重要目标就是保证村落文化遗产的真实、完整和安全,因而青石板路变成水泥路、小河飘起垃圾,窗雕、匾额及建筑构件被偷盗、被破坏的情况也应是记录内容之一,因为这样才可以有针对性地提出对策。比如,笔者观察到的,传统村落保护第一件事往往是修路,因为古道上的青石板和鹅卵石又被独轮车、鸡公车压出深深的凹槽,不适合现代交通工具,青石板就会被搬走浇成现代平整的水泥马路。前述金溪竹桥村的青石板路曾是驿道,如今也只保留了村口的一段;还有棠阴镇的一民居高门槛被村民锯断以方便摩托车的进出等。其次,古建修复公司、修缮工地和过程中的细节材料。当下的修缮招投标、图纸也是档案,然而对传统建筑保护修复的过程材料也是档案,在很多《宪章》中都有相应要求,即使如笔者在竹桥村碰到的仿古式、表面化的修复,也应被记录存档。

总的来说,传统村落"档案"是多元的、动态的,它伴随村落本身发展而变化,因而动态变化的"过程性"档案也很重要。传统村落的朴素的文物保护是一个难题,因为它是开放式的,没有围墙和安保设施的围护,也因为文物保护的等级选择制度赋予了乡土风物经济价值后所带来的偷盗问题等,笔者以为只有"不尚贤,使民勿争;不贵难得之货,使民不为盗"(《道德经》,第二章),才能维护乡村文物的朴素、功能和安全。

3.3 传统村落档案"泛化"现象的普遍性

江西传统村落档案的世俗万象非个别现象。国内前述有浙江台州市档案

---

① 国际古迹遗址理事会中国国家委员会.《中国文物古迹保护准则案例阐释(征求意见稿)》http://www.icomoschina.org.cn/uploads/download/20141113_chanshu.pdf。

局已经出版了档案编研精品《台州古村落》,吴志刚说这本书从档案视角展示古村落文化,全书由"故乡记忆""梦里老家""故土拾遗"三部分组成。① 还有全国及世界各地的传统村落档案"泛化"现象。

3.3.1 国内其他一些省份传统村落的建档案例

云贵高原传统村落在全国传统村落中占比 21%,对它们的保护和存档有一系列研究文献,如季诚迁 2011 年研究肇兴侗寨的文化现象,写道:云南肇兴侗寨虽位于云贵高原上的国家级贫困县黎平县中,却是《中国国家地理》杂志评选的"中国最美的六个古村落"之一,美国《国家地理·旅行者》评选的 2007年全球最具诱惑力的 33 个旅游目的地之一,文化部的 10 个"中国民族生态文化保护实验区"之一,建设部国家重点风景名胜区的核心景区,也是贵州省重要旅游景区,2007 年被建设部列为"中国历史文化名村"。② 杨冰研究云南诺邓村的留存记忆的方式,写道:云南诺邓村通过建立古村落博物馆,以现有的文化资源为基础,开发传统文化类的文创产品等方式,展示与传承古村落不同特质与内涵的文化,把博物馆建成文化传承发扬和社区生活的理想中心。③

广东省的"开平碉楼与村落"于 2007 年入选《世界遗产名录》。"开平碉楼与村落"以用于防卫的多层塔楼式乡村民居碉楼而著称,碉楼与周围的乡村景观和谐共生,见证了明代以来以防匪、避洪为目的的当地建筑传统的最后繁荣。福建省的"福建土楼",于 2008 年入选《世界遗产名录》文化遗产:"福建土楼是世界上独一无二的山区大型夯土民居建筑,以其神奇的聚落环境、特有的空间形式、绝妙的防卫系统、巧夺天工的建造技术和深邃的土楼文化,令世界瞩目。"④关于开平碉楼和村落、福建土楼的书籍和论文逐渐增多。

安徽省的传统村落数量在全国占比 5.87%,对于传统村落中徽派建筑文

---

① 吴志刚:《最忆是乡村——写在〈台州古村落〉出版之际》,《浙江档案》2013 年第 10 期,第 27-28 页。

② 季诚迁:《古村落非物质文化遗产保护——以肇兴侗寨为个案》,北京:中央民族大学,2011年,第 2 页。

③ 杨冰:《古村落保护与博物馆建设——以云南诺邓村为例》,《中国博物馆》2017 年第 3 期,第69 页。

④ 中华人民共和国人民政府网:《生土夯就的中国世界文化遗产——福建土楼》,2008 年 7 月 8日,http://www.gov.cn/test/2008-07/08/content_1038986.htm。

化和徽商文化的研究文献很多,张光玮、徐知兰提出安徽呈坎村建设整体村落博物馆构想,根据文物的建筑特征、环境位置、历史功能和现状产权关系等,设计与之相应的展示和利用模式,力求准确阐释文物的历史和价值,并在沟通、设计、建造及将来管理使用的过程中把居民和社区的诉求放在重要位置。[①]皖南传统村落"西递和宏村"于 2000 年入选《世界遗产名录》,是安徽南部最具有代表性的两座古村落,它们以世外桃源般的田园风光、保存完好的村落形态、工艺精湛的徽派民居和丰富多彩的历史文化内涵而闻名天下,尤其是独特的水系如宏村的牛形水系是实用与美学相结合的水利工程典范。[②]据笔者曾对安徽宏村、西递的走访调查观察,古徽商遗存的经商文化影响着村民,村民积极响应古村旅游开发政策,家家户户乐于开铺迎客,转弯处、深巷里都有各色大小不等的商铺,很是热闹,已经在形成不同于历史的新记忆。

　　浙江省的传统村落在全国传统村落中占比 9.32%,名列第四位,其数量超出江西省所属传统村落数量。陈志化、李秋香、楼庆西等对浙江楠溪江一带古村落的考察,形成一系列勘察报告,陈志华因此提出"乡土建筑保护论纲",强调乡土建筑原生环境即村落环境保护的重要性[③],等等。

　　浙江兰溪诸葛村建档个案值得探讨。浙江兰溪诸葛村是"活着的"传统村落,其中的居民基本维持着原来的生活方式。诸葛村是三国名臣诸葛亮后裔的聚居地,南宋末年,诸葛亮第二十五世孙迁徙于此,至明清两代兴建了三十余座厅堂及大批居住建筑,形成了所谓"九宫八卦阵"的村落布局。如今诸葛村房屋产权公私参半,村民怀有敬重祖先、热爱家乡的朴素情感,因而会自发集资、募捐善款用于氏族祠堂等文物古迹的修缮,诸葛村还结合地方民俗利用村落公共空间开展适当的活动,使其成为社区文化中心。[④]

　　清华大学建筑学院于 20 世纪 90 年代为诸葛村做了保护规划,其保护规划档案在《中国文物古迹保护准则案例阐释》(2005)中有记载并作为范例:

---

　　① 张光玮、徐知兰:《安徽呈坎村古建筑群之村落博物馆构想及其试点探索》,《遗产与保护研究》2016 年第 5 期,第 21-32 页。

　　② 中华人民共和国人民政府网:《世界文化遗产——皖南古村落》,2020 年 4 月 24 日,http://www.gov.cn/test/2006-03/29/content_239263.htm。

　　③ 陆元鼎、杨新平:《乡土建筑遗产的研究与保护》,上海:同济大学出版社 2008 年版,第 4-6 页。

　　④ 国际古迹遗址理事会中国国家委员会:《中国文物古迹保护准则案例阐释(征求意见稿)》,http://www.icomoschina.org.cn/uploads/download/20141113_chanshu.pdf.2005[2016],第 52 页。

"1983年前后诸葛村开始进行自发的维修活动,1986年起由专业设计单位对单体建筑进行保护修缮设计,后兰溪市政府委托设计单位制定《诸葛村保护规划》和《诸葛村保护规划实施建议》,当时诸葛村尚属非文物保护单位,只能按照一般历史文化街区处理;1996年诸葛村成为第四批全国重点文物保护单位,1997年诸葛村保护规划正式通过。"[①]在制定诸葛村的保护规划过程中,"设计者进行了深入的文物调查,调查对象涉及村落历史及相关记载、建筑现状及其环境(包括每座建筑的方位、平面构成、空间特点、构架方式、细部雕饰等,以及保存状况、损毁情况、构件更换状况等)、使用者构成及生活方式以及地方风俗等多个侧面。调查所采用的方式包括查阅文献、族谱、碑文和题记,勘查测绘并填写调查表和入户访谈等。"[②]笔者认为,清华大学为诸葛村做保护规划设计的前期调查内容设计,为住建部的《关于做好2013年中国传统村落保护发展工作的通知》(建村〔2013〕102号)中的《科学调查和中国传统村落档案制作说明》提供了基础。

3.3.2 国外村落遗产保护及档案现象

"传统村落"这一称呼虽然是我国特有的,但是我国传统村落名录制度是在世界遗产和乡土建筑保护运动下的产物,国外有类似的村落保护和博物馆化的案例,很多时候是殊途同归,因而世界范围的历史村落相关保护和建档状况也应被关注和借鉴。国外对于传统村落和乡土建筑的保护日渐增强,联合国教科文组织《世界自然和文化遗产保护公约》(1972年)名录中有诸多村落入选。《乡土建筑遗产宪章》(1999)定义:"乡土建筑是传统和自然的居住方式……是社会与它所处地区的关系的基本表现……也是世界文化多样性的表现。"也还有更多没有被列入世界遗产名录的村落,其留存传统文化记忆的方式多种多样。举例如下。

匈牙利"霍洛克古村落及其周围地区"(Old Village of Hollók and Its Surroundings),于1987年被联合国教科文组织列入《世界遗产名录》,是世界

---

① 国际古迹遗址理事会中国国家委员会:《中国文物古迹保护准则案例阐释(征求意见稿)》,http://www.icomoschina.org.cn/uploads/download/20141113_chanshu.pdf.2005[2016],第53页。

② 国际古迹遗址理事会中国国家委员会:《中国文物古迹保护准则案例阐释(征求意见稿)》,http://www.icomoschina.org.cn/uploads/download/20141113_chanshu.pdf.2005[2016]第37-38页。

上第一个被列为世界文化遗产的小村庄,世界遗产委员会这样评价:"霍洛克是被精心保护下来的传统民居的一个典型范例,该村落主要建立于 17 和 18 世纪,生动地展示了 20 世纪农业革命前乡村生活的生动图景。"[①]该小村建有村庄博物馆,由一个老房子改建而成的,具有传统的内部装饰风格。[②]

美国陶斯印第安村(Taos Pueblo),于 1992 年被联合国教科文组织列入《世界遗产名录》。陶斯的印第安村是美洲前西班牙时期传统建筑群的一个显著例子,它是用泥砖和石块建成的村落,包括一系列的居民点和宗教仪式建筑,它反映了亚利桑那州和新墨西哥州的印第安人文明程度,由于其社区的生活文化,它迄今已成功地保留了其大多数传统形式。[③]

瑞典拉普人居住区(Laponian Area),于 1996 年被联合国教科文组织列入《世界遗产名录》。世界遗产委员会这样评价:"瑞典北部北极圈地区是萨米人或拉普人的家园。这里是最大的也是最后一个人们按照祖传方式进行生活的地区,这种生活以牲畜周期性的迁移为基础。每年夏天,萨米人赶着他们的驯鹿群穿越自然风景区走向大山,这些风景区至今还保存着,如今却受到汽车的威胁。我们可以从冰碛和水流路线的改变中看到历史和现今的地质作用。"[④]

日本白川乡和五屹山历史村落(Historic Villages of Shirakawa-go and Gokayama),于 1995 年被联合国教科文组织列入《世界遗产名录》。世界遗产委员会这样评价:"白川乡和五屹山村座,地处山区,长期以来与外界隔绝。这些村落的居民以种桑养蚕为生,当地的农舍很有特色,在日本是独一无二的,它们比一般农舍略大,为两层结构,屋顶坡面很陡,用茅草覆盖。尽管经历了严重的经济动荡,荻町、相仓和菅沼这些村落依旧体现了当地人那种与自然生活环境和社会经济环境完美适应的传统生活方式。"[⑤]

---

①　Old Village of Hollók and Its Surroundings. http:// whc. unesco. org/en/list/401[2020-08-26]

②　宣讲家园网:《匈牙利霍洛克古村落及其周围地区》,2020 年 8 月 26 日,http://www. 71. cn/2014/0724/775566. shtml。

③　Taos Pueblo. http://whc. unesco. org/en/list/492[2020-08-26].

④　Laponian Area:http//whc. unesco. org/en/list/774. [2020-08-30].

⑤　Historic Villages of Shirakawa-go and Gokayama. http://whc. unesco. org/en/list/734. [2020-08-30].

韩国历史村落河回村和良洞村(Historic Villages of Korea：Hahoe and Yangdong),于 2010 年被联合国教科文组织列入《世界遗产名录》。世界遗产委员会这样评价:"河回村和良洞村始建于 14 至 15 世纪,背倚树木繁茂的青山,面向河流及开阔的农田,它们的布局和选址的目的在于从周围的环境中汲取物质和精神食粮,反映出朝鲜王朝(1392—1910)早期鲜明的贵族儒家文化特点。其建筑包括村落首领家族的宅第、其他家族成员的木框架结构房屋、亭台、学堂、儒家书院,以及原平民居住的单层泥墙、茅草屋顶的住宅群。河回村和良洞村山环水绕,亭台如画的美丽景致,曾被众多 17 和 18 世纪的诗人所咏颂。"①

还有如荷兰比姆斯特迁田(c,1999 年)、西班牙埃尔切的椰枣种植园(c, 2000 年)、葡萄牙皮库岛葡萄园文化景观(c,2004 年)、瑞士拉沃葡萄园梯田(c,2007 年)、意大利朗格-洛埃洛和蒙菲拉托的皮埃蒙特葡萄园景观(c,2014 年)、法国香槟地区的山坡葡萄园、酒庄和酒窖(c,2015 年)等农业景观类遗产。②

3.3.3　美国老斯图布里奇村建档个案

美国著名的村庄老斯图布里奇村(Old Sturbridge Village),建成了有边界的户外博物馆,村落档案保存的内容和状况可供我国借鉴。

老斯图布里奇村是一种新型博物馆即露天博物馆,借用了 19 世纪 90 年代在斯堪的纳维亚建立的露天博物馆的想法,在美国这类户外博物馆并不是由联邦政府发起的,而是得益于私营机构的贡献。兰纳・E. 阿宾(Lanra E. Abing)在《老斯图布里奇村:一种文物的管理机构史》(*Old Sturbridge Village：An Institutional History of a Cultural Artifact*)一书中,把老斯图布里奇村作为一个文化现象和一个文物进行研究,探讨其历史和档案资料,并认为应发挥其教育功能。Lanra 写道:"格林菲尔德村(Greenfield Village)、殖民地威廉斯堡村(Colonial Williamsburg)和老斯图布里奇村是福特(Ford)、

---

① Historic Villages of Korea：Hahoe and Yangdong. http:///whc. unesco. org/en/list/1324. [2020-08-30].

② 注释:c代表"文化遗产"类别,年度是被联合国教科文组织列入《世界遗产名录》的时间.

洛克菲勒(Rockefeller)和威尔斯(Wells)各自的创作。最初,这些露天历史博物馆反映了这些人个人的美国史和美国过去的价值观。因此,共同特征是那一系列展览的选择性和主观性体现了这些特定机构的特征。"①

兰纳探讨"老斯图布里奇村"这一博物馆本身的历史,是为了回应历史博物馆面临的一个问题:"施勒雷斯(Schlereth)评论说,'历史博物馆和许多在其中工作的历史学家,虽然致力于扩大公众的历史意识,但却常常对自己的历史漠不关心。'因此,他和其他历史学家,包括马克辛·本森(Maxine Benson),发出了一个呼吁,要求对各个博物馆背后的历史进行研究。本文是对这一呼吁的回应之一。本文仔细研究了马萨诸塞州中南部的老斯图布里奇村的发展情况。这个活态的历史社区于 1946 年对公众开放,致力于重现 19 世纪的新英格兰从农业经济向工业化经济转型的过程中的农村生活。"②兰纳在正文正是讲述了 1946 年前威尔士家族及其制造业成功的历史、1946 年后开始拥有和改造老斯图布里奇村为博物馆的历史及其艰难时刻和未来展望。老斯图布里奇村成为了一个文化与现象,"这样,博物馆就可以被看作是一件考古宝藏、一件文物。露天历史博物馆作为一种文化现象,有着自己的可视和可访问的历史机构"③。

老斯图布里奇村发展到今天依然生机勃勃、与时俱进,它建立有自己的官网(https://www.osv.org/),网站首页栏目有"游客""会员""住宿、餐厅和商店""项目和体验""探索村庄""教育""资助""关于我们","老斯图布里奇村"网站的"探索村庄"栏目,则是村庄的档案和历史,它包括的主要栏目内容如下。④

1)历史建筑、景观和园林(Historical Buildings, Landscapes, and Gardens):展示了 40 座从新英格兰搬来的古建筑,每一座都进行了修复,以展示它们在 19 世纪早期是如何装饰和使用的。中心村、磨坊社区和乡村三个地

---

①　Lanra E. Abing. Old Sturbridge Village: An Institutional History of a Cultural Artifact(D). Marquette University, 1997: Introudction Ⅶ.

②　Lanra E. Abing. Old Sturbridge Village: An Institutional History of a Cultural Artifact(D). Marquette University, 1997: Introudction ⅩⅧ.

③　Lanra E. Abing. Old Sturbridge Village: An Institutional History of a Cultural Artifact(D). Marquette University, 1997: Introudction ⅩⅣ-ⅩⅦ.

④　Old Sturbridge Village(老斯图布里奇村), 2019 年 8 月, https://www.osv.org/。

区展示了 19 世纪 30 年代新英格兰乡村不同的生活方式。

2)经打造的历史学家、工匠和农民(Costumed Historians, Artisans, and Farmers):展示村庄名人,体验 19 世纪 30 年代日常生活的成功、考验和过程——这是一个由农业、工业、家庭和季节共同驱动的时期,并从他们的故事中找到联系,伸出你的手触碰历史就会有感悟!人们——尤其是我们训练出的民俗历史学家——正是这些人使老斯图布里奇村成为一个真正特殊的、互动式博物馆体验的关键。点击可以了解更多关于你在村落期间可能在村里看到的人。

3)展品和收藏品(Exhibits and Collections):藏品包括 1790 年至 1840 年间由新英格兰乡村居民制作或使用过的 4 万多件文物。威尔斯家族的成员拥有并经营着马萨诸塞州"南桥美国光学公司",于 1935 年建立了威尔斯历史博物馆,以展示他们收集的大量藏品。不久之后,威尔斯家族在附近的斯图布里奇获得了土地,创造了这个博物馆,通过在原生境下展示收藏,来唤起一个早期村庄的工作氛围。1946 年 6 月 8 日起,博物馆村的 13 座历史建筑向公众开放。

4)研究性图书馆(Research Library):图书馆有超过 35000 卷资料,集中在从美国独立战争到内战期间该地农村的历史及物质生活。这些藏品包括教科书、青少年读物、指南、期刊文献、地图、侧记、日记、账本、信件以及手稿、人口普查表、财产契约、遗嘱认证记录和城镇名录。现代学术期刊和二次文献,以及精选的 1790 年前和 1840 年后的资料,涉及农村生活和美国历史的各个方面,重点在地方和区域历史、健康和医学、农业和园艺、家庭生活、教育、宗教、建筑和早期工业历史,其中包含有大量的手稿。研究性图书馆只向有资格的研究人员预约开放。

5)繁育动物传统(Heritage Breed Animals):村中的农场里有一些传统品种的动物,包括鸡、羊、猪、公牛和母牛。所有这些动物都与考证 19 世纪该地养育的动物相似,具有非常理想的适应当地气候和农民需要的独特品质。每年春天,动物宝宝都会加入村里的农场家庭,受到各个年龄段游客的欢迎。

6)自然小径(Nature Trails):河畔漫步(沿着河边散步,游客有机会目睹 19 世纪本地人如何驯服河流,利用水力获得经济和农业的效益);牧场散步(牧场步行道提供了另一个视角,了解 19 世纪和 21 世纪之间的景观变化);林地漫步(在早期新英格兰定居者之前,印第安人通过焚烧和清理树木来管理大片森林,以提高野生动物捕获数和农作物数量)。

7)历史食谱(Historic Recipes):每天,老斯图布里奇村的导游们都在演示 19 世纪的烹饪,经常提供特殊菜肴的菜谱给游客。这里提供了最常用的食谱列表,其中许多链接有一段视频,展示如何制作配方。

笔者认为,"老斯图布里奇村"网站(见图 3-18),相当于虚拟村落档案馆或博物馆,挂在网络上的材料已然公开,如国际相关公约要求档案放置于可以公共获取处。在对老斯图布里奇村村庄的历史探索(图 3-19)中,物质文化遗产和非物质文化遗产并存又不可分,如历史建筑、景观和园林、展品和收藏品、研究图书馆(对应于我国传统村落的文献)、自然小径相对来说偏重物质文化遗产,繁育动物传统(养殖技艺)和历史食谱(烹饪技艺和饮食文化)都可以说是以非物质遗产为主,是对于农耕和养殖技艺以及日常生活方式进行活态展示,并适当传承古法养殖;"经打造的历史学家、工匠和农民"栏目显示出对普通人的重视,相当于在建立新式"农民档案"等,即使他们仅仅是村庄名人而不是什么社会名流;"研究性图书馆"的文献和手稿,更类似于传统认识上的"庄园档案"(见图 3-20);在"研究图书馆"栏目中,又可按主题和载体分类浏览,显示"论文和期刊"有 205 篇,主要的村落原始文件如历史文献、手稿、日记等有 240 篇,每篇都可下载浏览(见图 3-21);又对"手稿"单独设类,"手稿"类可按字母顺序检索。

图 3-18　老斯图布里奇村网站首页　　图 3-19　老斯图布里奇村"探索村落"页面

因此,类似老斯图布里奇村的露天博物馆已经成为一种新型文化遗产,与我国传统村落及其档案一样,而它的教育资源正是来自于它收藏的文物和档

案,展现了历史村落档案化的普遍现象,其露天博物馆的"新类型"也表示其超越了传统方式,是一种"世俗化"或"泛化"的档案,其"一村一档"构建方式与我国传统村落也是殊途同归。

图 3-20　老斯图布里奇村"研究图书馆"栏目页面

图 3-21　老斯图布里奇村一份农民的生平的材料

（图 3-18 至 3-21 由徐欣云于 2019-08-08 日取自 https://www.osv.org/）

3.4　小结:"金溪共识"及"自者"与"他者"的共存

2016 年 4 月 13 日中共金溪县委、金溪县人民政府和清城睿现数字科技研究院在金溪县举办"数字遗产中国行",会议达成"金溪共识",强调外界力量和科学技术都不能替代本乡本土的主体意识,保护古村落最终要依靠的是村民自身,首要的任务就是激活古村人,只有充分尊重村民意愿、维护村民权利,将村民的情感注入古村,唤醒于心,才能留住村民,才能让古村重焕活力。①温凡的报道则肯定了村民作为文保员的意义,金溪县推行的村民当文保员的制度颇有成效,当文保员胡庆华被问到为什么选择做文保员这件事,他说:"老

---

① 新浪江西:《唤醒古村——"重焕活力"数字遗产中国行在金溪》,2016 年 4 月 14 日,http://jx.sina.com.cn/news/wtsh/2016-04-14/detail-ifxriqqx2377176.shtml。

房子是我们老祖宗留下来的,老祖宗的东西不能丢!"[①]"金溪共识"是金溪县实行村民当文保员制度的思想基础,也是前述传统村落档案"世俗化"的实践基础。

因此,对于传统村落"档案"的"世俗万象",应有理解、欣赏、平等的态度,才能从中汲取精神营养。传统村落档案的"世俗万象",表明石碑、口述、传说、游记这类边缘化的非正式文本以及农村景观遗产等,对于村落记忆或档案而言是同等重要的历史材料。这些非正式史料既有"自者"的表述,也有来自"他者"的表述,更有许多无人能表述出来的还停留在人脑中,没表述出来的与已经表述出来的就像根与花、母与子的关系一样。那些重点文物保护单位、建筑意象、家谱及祖先故事、风水传奇、非物质文化遗产项目等都是一种"花"的表述,而其背后往往是在沉默中深藏的"根",大道无言。

那些"自者"是"根"生发出来的一部分。普通村民作为自者往往处于其中而浑然不觉,并不能说他们没有文化自觉、没有遗产保护意识和归档意识,而是因为他们司空见惯、不以为然;镇干事、文保员等"地才"的生活中有时不时促使他们回顾的因素,使他们敏锐地感觉到了自身环境的演变,或者会感叹传统之神奇,从而加以记录;叶落归根的乡贤,在见过更开阔的世界之后,回归乡庭会更加"敝帚自珍"。因而"自者"形成的非正式文件尤其珍贵,如"金溪共识"所言,自者是传统村落档案形成的主要力量,也即传统村落档案的主要形式者,除上述村民、地才外,还包括村委会、古村旅游公司、家族等。

然而"他者"也必不可少。传统村落建档主体多元化,还包括"他者"主体如政府权力机构、知识精英、普通游客,他们的传统村落档案调研是普查实践的副产品,虽然目前档案同仁在质疑这种"他者"形成档案的真实性,但其体现了公众参与,必不可少。如今传统村落城镇化过程中的空心化及其文化遗产保护过程中的标本化,也推动其档案形成过程的"他者"化。

传统村落档案的来源多元化和世俗化,文化遗产的集体性也带来责任者的难以确认,这不是一个"村民自治"或"文化自觉"的说法可以解决的。传统村落档案是现代村落的一部分,它是活态的、富有生机的,笔者这一认识与目

---

① 温凡.《古村留乡愁,活化寻归处》,2020 年 6 月 12 日,http://epaper.jxwmw.cn/html/2020-06/12/content_5411_2839417.htm。

前对其"文物化"的主流认知并不一致。传统村落像一个有机体,有产生、兴旺、衰弱的过程,它根据村落始祖开基时的立意、志向及后代的维护和发展,维持其生命力,有机更新、可持续发展是其不变的主题,而不能仅以"文物化""档案化"的状态静态地延续下去。但是文化遗产保护政策、工业化现代化等人为外在的力量导致的村落衰败、衰弱,还是需要人为的外在力量来纠偏,因而谁对传统村落的保护发展负起责任,谁也应对之档案工作负起责任。一句话,传统村落档案很难用一种标准来框其范围,应以"泛化"视野容纳其多样性。

第4章 传统村落档案的"泛化"特征
和价值、作用

在传统村落档案的"世俗万象"中,每一个都可能成为传统村落档案的"利益相关方",从而合作共建完整的集体记忆,可采用文字、录像、摄像、博客、社会网络多媒体方式来多维度记录。这样的多样性相组合,使得每一个传统村落都是特殊的、不可复制的,也不是由一个模式可以框束出来的,其档案有多元主体、多种形成方式、多样载体。正如安小米、郝春红所综述的"档案记录意图多样,可以是实体的、智力思维的、知识的、情感的和精神的;档案记录形式多样,可以是口述史、文学、艺术品、人工制品、人工环境、景观、舞蹈、仪式和礼制等;档案描述元数据关联多样,可以是事项关联、利益相关方关联、个人和机构集体记忆关联"[①]。

传统村落有多样性、整体性、活态性、社群性等特征,传统村落档案也相应有一系列特征,它在"原始性""凭证性"等本质特征之外,更有其特殊性,体现为"泛化"特征。这些特征之间并不完全并列,而是相互关联或有交叉,但为了叙述的方便,一些特征单列出来以突出其主要方面。传统村落既是传统文化或文化遗产的载体,也是文化遗产和"档案"本身,体现出遗产与档案的一致性。在传统村落中,档案、记忆、文物、文化遗产等已融为一体,这是传统村落档案"泛化"的总体特征。传统村落文化遗产和民间档案公私产权掺杂,有时候其档案若被共享会破坏民间文化生态。下面笔者以正统档案学和传统村落特征为参照,分析传统村落文化遗产及其档案的具体"泛化"特征。

---

① 安小米、郝春红:《国外档案多元论研究及其启示》,《北京档案》2014 年第 11 期,第 16-20+34 页。

4.1　传统村落档案"泛化"特征

4.1.1　世俗性、草根性

传统村落的俗信、民俗、民间技艺、民间美术、民间故事,乡土建筑中住宅、寺庙、祠堂、书院、戏台、酒楼、商铺、作坊、牌坊、小桥等,都高度世俗化,与日常生活融为一体,它们的记忆或"档案"也产生并保存于民间。上述的扶贫"结对帮扶卡"一类是把上级精神传达到每户的"文件",农户外墙上的标语是曾传达时代和政策要求的一种方式,还有祠堂门上的宗族团聚饭局的工作量安排表的公告,等等,上述档案现象都具有草根性的、世俗化特征。

笔者曾写道:一般来说,世俗化被当成现代化的一个重要标志,"世俗化"相对神圣化而言,即非神圣化,表示的是关注现实生活的取向,"草根性"或"民间性"则与低级别组织相关;世俗化不是庸俗化,世俗化除了庸俗、不高雅等含义之外,还有社会风气、风俗、民俗、尘世、大众的、流行的和非宗教等含义,是与现实、日常生活中的物质追求或习俗约束相对应的词。[1] 世俗化完全是一个值得肯定的积极趋向,是传统社会向现代社会转变的尺度。[2] 还有人说,"世俗化"是合理的,在通常情况下,世俗合理性是建立在社会群体共同认可的基础上,来自于广大的支持者,正因为习俗等包含着世俗合理性才经久不衰,历史具体化的过程,则是世俗化的过程。[3] 中国传统文化的儒学就是入世的学问,为民众安身立命提供精神支柱,原始儒学追求"世俗化"的精神倾向,力求消除"贵族化"倾向。[4] 档案来源和利用的多元化,是对正统档案的"泛化",同时也是一种世俗化,是社会大众的从传统沿袭下来的档案意识在起作用,这是对档案神圣性的"祛魅"。[5]

---

① 徐欣云:《档案"泛化"现象研究》,上海:世界图书出版公司 2014 年版,第 27 和 203 页。
② 钱进:《当代中国青年的世俗化》,《青年研究》1999 年第 9 期,第 12-16 页。
③ 兰久富:《世俗合理性与历史合理性》,《学术月刊》1999 年第 3 期,第 48-51 页。
④ 蒋国保:《儒学世俗化的现代意义》,《孔子研究》2000 年第 1 期,第 26-35 页。
⑤ 徐欣云:《档案"泛化"现象研究》,上海:世界图书出版公司 2014 年版,第 204 页。

世俗化还体现为大众化,如冯占江认为,档案概念的泛化是大众档案文化的表现,即广义的、合乎大众口味的、适应不同媒介传播的、社会各界共同打造的档案文化,其行为实施完全不受专业限制,实施主体则涵盖所有社会人,不分职业、地域、文化和动机。[①] 也如杨玉昆所言:"从广义上说,既然'烟文化''酒文化''茶文化'都能冠冕堂皇、热热闹闹地登上大雅之堂,'档案文化'的存在便是理所当然的了。"[②]因此,很多档案学者著文论述社会档案意识不高的同时,也许应认识到这是因为大众的档案认识与档案界的概念不一致而已,如历史上续修家谱以及今天的寻"根"活动,表明"国人最重典籍"的秉性在中国民众中间还根深蒂固。

传统村落档案产生于低级别、非正式组织或村民个人,显示出草根性或民间性,其产生没有正式的流程,形成零碎、不系统的文件,而且多是自发记录,其形成过程随意性大、不可控,即使以记录和口述方式保存,也因其草根性难以被主流档案观所容纳。如今世界范围内,遗产的概念在逐渐世俗化,传统村落作为有典型性的朴素生活见证,正成为一种具有特殊价值的文化遗产。这如传统村落中包涵世俗遗产一样,传统村落也包含世俗的档案文化,对于这类"档案"应包容并尊重。

4.1.2 地域性、社群性及个体性

档案"泛化"也体现出一种群体性或社群性特征,因此档案文化的传承才有了群众基础。地域性就是指这类遗产及档案与环境紧密结合、不可分离,体现一个群体共享的风土建筑、生活方式,一种和环境相呼应的可识别的地方或地区特色。"它们(传统村落)十分完整地保存着千百年来积淀下来的环境适应经验,历史文化信息以及风俗民情,是与地脉环境融为一体的风土生态系统。"[③]正所谓"一方水土养一方人",传统村落保护是一种"文化遗产"就地保护的方式,其信息有一种"地方志"的意味。

社群性是指传统村落档案是社群保存的集体记忆。传统村落的口头传

---

① 冯占江:《试析档案概念的泛化》,《档案》2012 年第 6 期,第 46-48 页。
② 杨玉昆:《杂谈走进大众文化的档案文化》,《中国档案报》,2010 年 4 月 20 日。
③ 常青、沈黎、张鹏等:《杭州来氏聚落再生设计》,《时代建筑》2006 年第 2 期,第 106-109 页。

统、手工技艺、农耕技艺等"活态传承"的"档案",家谱、地契、方志、碑刻等非正式文本,常常与集体记忆相关。"社群档案"的涵义或可表征为档案的"世俗万象",如费林所说,"社群档案中的'档案'包括实物、纸质和数字记录、视听材料和个人证词的收藏品,所有这些都是在社群内部形成或收集、保存的。这个定义可能引起一些关于'创造的'或'人造的'收藏品是否是档案的争论,但是,正如我相信的那样,社群档案运动已经选择使用最广泛和最具包容性的定义。尤其是照片、胶卷、口述材料以及个人生命的短暂事迹都有助于给个人和社群带来生命,否则这些个人和社群在纸质记录中就显得毫无生气或毫无色彩"①。也如前所述,巴特莉认为"记录被深藏并体现在社群的人、故事、经历和归属地中",巴特莉做了将近三十年的档案管理员,并通过参与自己所在社群的"远足俱乐部"的野外营活动,来表述社群记录产生的过程。巴特莉有双栖身份——既是社群内的人员,又是档案工作者,因而她对于档案形成的过程观察是深刻的。她认为社群这种复杂的自适应系统的特征,如米尔顿·凯利(Mitleton Kelly)所描述的自组织是涌现、关联、相互依赖、反馈、远离平衡、可能性空间、协同进化、历史性和时间性、路径依赖以及新秩序创新的自组织;而自组织即指"社群成员决定社群将要做什么,独自决定是否聚起来开展活动、形成、使用和维护文件"②。

"社群档案"已经成为一种有效的分析手段。费林认为,"近年来'社群档案'这一术语已经被越来越多的人接受,作为一种有效的手段(即使有时不那么完美),将这些常常完全不同且名称各异的项目和计划组合到一个社群档案'运动'中"③。笔者认为,"社群"这种复杂的自适应系统,带有普遍性,不单指土著社区或传统村落社区,而是指所有的档案实际上都要通过"社群"来形成。那么对于这种复杂的自适应、自组织的社群,显然任何外来的干预都是干扰或多余的。这么说来,王萍、满艺等所总结的传统村落档案的"权力主控模式、精英主导模式、村民自治模式"三种并驾齐驱建档模式,能否实现自我优化、深度

---

① Flinn A.（2007）. Community Histories, Community Archives: Some Opportunities and Challenges. *Journal of the Society of Archivists*, 28(2): 151-176.

② Belinda Battley.（2019）. Authenticity in Places of Belonging: Community Collective Memory as a Complex, Adaptive Recordkeeping System. *Archives and Manuscripts*, 3, 59-79.

③ Flinn A.（2007）. Community Histories, Community Archives: Some Opportunities and Challenges. *Journal of the Society of Archivists*, 28(2): 151-176.

融合以及发挥档案专业人员的"建档规范制定者""技术输出者""质量把关人"等角色作用①,显然还有待考证。

我国传统村落社区的"社群性"特征,指由共同的地域性、血缘特征,或共同的方言、饮食习惯、俗信而相联结;其传统文化是一种以家庭(家族)传承为基础的群体传承,众多的社会成员(群体)共同参与传承村落文化,如风俗礼仪、岁时节令、民俗节日、建筑技艺,显示了组成这个群体的共同体的文化心理和信仰以及农业技能。如麻国庆、朱伟写道:"中国传统社会中家庭(或家族)结构与传承机制的稳定性,在某种程度上造就了非物质文化遗产传承制度的固定性——不管是依附于家族与地方社会的群体性传承方式,还是父子、师徒之间的个体传承形式,在过去较长时间段中均未曾有过较大的变化。"②李孟秋指出,社群是区别于主流的社会架构,是少数派或弱势群体的联合方式;社群的形成基础是社群内成员的身份共性,这一身份共性能够清晰表述,并具有明确界限。③

传统村落档案的社群性也显示出整体性,笔者认为,传统村落文化遗产在相互融合中形成一个独特的整体,以群体整体为传承载体。乡土建筑是适应地方气候、自然环境的因地制宜的产物,大多不是个别建筑师的作品,而是大众相互模仿的群体性建筑,如流坑古村群体建筑、金溪竹桥的古建筑群、棠阴古镇的建筑群。乡土建筑技艺是在模仿中代代相传,也正因为模仿,适度改良,随着时代而变迁,有很强的群众传承基础,因而反倒成了地域性标志,甚至塑造了传统。而"鹤立鸡群"单体建筑,即使作为"文物保护单位"来保护,其所承载的文化也会显得单薄、脆弱,难以普及和传承。

传统村落档案的"个体性"特征,是其"地域性""社群性"的另一种解读,表明传统村落中的遗产特别是无形文化遗产,是经验的、个性的、难以复制的、难以被替代的,因而其记录、记忆或档案也无法按普遍规律来形成和保管。比如,传统村落的土地是有个性的,种植技能也非常个性化,"南橘北枳"这一成语就是形容农业就是"地方性的艺术"这一特征。因而农业遗产及文献、档案

---

① 王萍、满艺:《传统村落档案建构模式比较研究》,《档案学研究》2017 年第 6 期,第 61-67 页。

② 麻国庆、朱伟:《文化人类学与非物质文化遗产》,北京:生活・读书・新知三联书店 2018 年版,第 47-48 页。

③ 李孟秋:《社群档案研究进展与趋势》,《中国档案研究》2019 年第 1 期,第 142-158 页。

都具有地域性、适用性,在传统村落所承载的农业文明行将消失的时候,人们认识到其稀缺的、无法复制的价值,进而对其进行保护。

4.1.3　活态性、传承性

传统村落是"活着的"村落、"活古迹",它不同于常见古废墟遗址、古墓葬、古石刻等文化史迹,它是一种生活生产中的遗产,同时又饱含着传统的生产和生活,乡土建筑也是现在时的。传统村落是还在被人们使用的村落,仍然与人们的生活休戚相关,并且随着时间的推移而存续。如前所述,传统村落中的民俗、节庆、手工技艺等非物质文化遗产,更需要活态传承,村落景观中的树木流水无时无刻不在发生着变化。

传统村落档案化保护,是一种静态保护,而传统村落的存在需要活态因素。因而,反映"活态"传统村落的档案也应是"活态的",它不能被放入档案柜束之高阁,而是要随着传统村落的演变而有机更新。特别是其中的非物质文化遗产档案更需要"活态传承",正如黄胜进所说,非物质文化遗产通常是那些具有不能用典籍记载、又不能外化的文化内涵的文化品种,有些是难于用语言或其他符号表达,所以非物质文化遗产保护注重的是师徒相授的"活态传承",主要不是通过群体性的档案化来传承。[①] 传统村落的活态性,意味着它的档案很少以静态的文献式的方式存在,而是以活态保护的方式传承下去。

活态性也指档案的存在形态,也即在传统村落中,档案文化是以人为本的活态文化,是一种"不言之教"。比如棠阴镇民主村吴家大院地面空一块砖"留地以待",警示后人要"添砖加瓦";农耕技艺需要在田地里劳作中代代相传,种庄稼好把式不是仅仅通过阅读农业文献可"依葫芦画瓢"养成的;夏布织造技艺的多道工序,需要不断实践和感悟;节日、习俗、信仰、禁忌等民俗及民居建筑技艺,口传心授是其主要的技艺传承方式。因而源自于社会劳动的生活和创造,也要在日常生活中传承,传统村落则给予这种传承提供了土壤。

近来,联合国教科文组织以及世界文化与发展委员会呼吁:"应以发展的眼光而非怀旧的情绪来对待文化遗产,并且强调各国应该从自身实际情况出

---

① 黄胜进:《从"文化遗产"到"文化资本"》,《青海民族研究》2006年第9期,第10-12页。

发,评估文化遗产的性质和不稳定性,以便采取较为合适的措施。"①发展的眼光,就是非静止的眼光。因为活态性而需要传承,因为传承性而是活态的,传统村落档案需要活态传承,需要在生成发展的环境当中进行保护和传承,在人们生产生活过程当中进行传承与发展。传统村落档案"活态性"的另一方面体现,就是其核心载体是农民。这种民间特征被一代代农民"活态地"延续下来,并不断注入新的时代元素。

4.1.4　开放性

传统村落档案具有开放性。笔者认为,如果说哪里的档案更开放,那就是像田野一样开放包容的乡村,它绿色自然生长。有的人认为农村与城市相比的是封闭的社会,常常提到的农村的自给自足似乎证明了农村的封闭性。然而,笔者从档案学角度看,城市中的档案由于单位壁垒,是相互隔离的,即使统一移交到公共档案馆之后,开放利用时间和范围、查阅都有限制。但是传统村落档案是开放的,一是因为传统村落的档案室、村史馆或博物馆一般等级不高,密级也低,常常无条件对外开放,甚至用以招徕游客;二是传统村落村史馆或博物馆的密级低、不设防是表层现象,深层次的原因是由于乡村是熟人社会,有门不闭户、路不拾遗之风。因而乡村无论是同姓村还是异姓村,它的信息是更开放的。

对于这样的开放性,有例为证。费孝通曾说:"江村的房子,一进门就是一大间二三十平方米的堂屋;左邻右舍,户户相连,堂屋里的动静隔壁都听得见。我把这种房子叫'开放式'的。我们家乡小城镇的房子,每家都由高墙隔开,可以说是'封闭式'的。"②陈志华说,乡村里的内院封闭式住宅很多是衣锦还乡或落叶归根的商人、官人所造,而"在纯农业村和山区小村里很少见,可能求财本是市民心理,虽然向乡间弥散,但农人们感受不深;山村里多数住宅完全敞开,不设屏蔽。如果有院墙也不过及胸高,只为了挡鸡鸭猪羊"③。胡彬彬也说,村庄建筑是开放性的④。乡土建筑本身就是文化遗产,也是"泛化"档案,

①　黄明玉:《文化遗产的价值评估及记录建档》,上海:复旦大学,2009 年,第 2 页。
②　费孝通:《怎样做社会研究》,上海:上海人民出版社 2013 年版,第 271-272 页。
③　陈志华、李秋香:《中国乡土建筑初探》,北京:清华大学出版社 2012 年版,第 150 页。
④　胡彬彬、吴灿:《中国传统村落文化概论》,北京:中国社会科学出版社 2018 年版,第 53 页。

这样的"档案"也是开放的。李培林也写过,村落中很少有秘密可言,即便是文字档案资料,借出来复印也并不是很困难的事。① 这种开放在笔者走访的所有村落里都得到印证。比如走访家庭作坊,"周鹏程笔庄"就是家庭和经营场所在一起,项目组走进周师傅的家里,观看他做毛笔,外屋就是店面。再如前述即使笔者以旅游者的身份(无需介绍信)走在村落中,也会看到各种公共"文件"信息张贴出来,有流坑村公共"文件"信息,各种获奖文件的复制件信息,各种规划图、好人好事等信息,有的以展板形式主动呈现出来。

总的来说传统村落档案,看起来如"蛛丝马迹",但它是开放阳光的、绿色的,犹如生长在田野上的庄稼一样。笔者认为,传统村落留存的历史档案,犹如大浪淘沙般的劫后余生,也如大自然的物竞天择后生存的幸运儿,偶然中有必然。

4.1.5　相对的真实性

传统村落档案的世俗性、草根性、社群性等特征需要多元的评价标准来评估其真实性,从传统档案学的"客观性"鉴定标准来看,这种记忆则体现为相对的真实性,如 Battley 所说,"档案的保存和真实性在很大程度上取决于所研究的社群"②。传统村落档案多是非正式组织或个人形成的非正式文件,其真实性是相对的。

真实性是档案获得信任的基本原则,而档案真实性的获得或保证,往往建立在"正式组织"的正式流程的"科学"性上,以保证对象的物理完整性,以减少人为判断带来的主观色彩。吴宝康写道:档案主要来源于正式组织,"至于个人,从广泛的意义上说,任何人在社会活动中都有可能形成档案,而从实际的意义上说是指'一定的个人',即比较著名的和代表性的人物"③。这种正式组织或名人全宗也被称为"立档单位",构成"立档单位"④的三个条件又是指:可

---

① 李培林:《村落的终结——羊城村的故事》,北京:商务印书馆 2004 年版,第 5-6 页。
② Belinda Battley. (2019). Authenticity in Places of Belonging: Community Collective Memory as a Complex, Adaptive Recordkeeping System. *Archives and Manuscripts*, 3, 59-79。
③ 吴宝康:《档案学概论》,北京:中国人民大学出版社 1988 年版,第 33-34 页。
④ 冯惠玲、张辑哲主编:《档案学概论(第 1 版)》,北京:中国人民大学出版社 2001 年版,第 203 页。

单独对外行文,可以编造预算或财务计划,有一定的人事任免权。笔者认为,"立档单位"制度几乎是我国档案管理的根深蒂固的工作基础,显然,个人或非正式组织不可能有单独对外行文等权力和程序,这个"来源"经过"档案形成者"到"立档单位"的转化后,就是指正式组织。"档案来源于正式组织"的思想无意中排斥了非正式组织形成的档案,除非档案概念"泛化"后才能容纳之。[①]如正规单位的科研工作中形成的气象、地震观测记录可以存档进馆,但是普通人在非常规程序中形成的日记、游记、调查记录,在传统档案馆中则不见它们的身影。因而这种真实性原则并不是可通行于一切时代的法则,它反映的也只是詹金逊时代流行的"科学的方法论"或实证主义,库克说过:"至于他(詹金逊)对档案文件可以揭示出'真相'的信念,仅仅是借鉴了 19 世纪编史工作中常见的'经验实证主义'。"[②]

传统村落中正式主体通过正式途径形成的正式档案材料非常少,即使家谱、口述或非物质文化遗产录像,其片面或附会的内容也很多,经常受个人经验、喜好或信念影响,似乎多元又散漫。它们的形成主体多不是正式组织,形成过程没有科学的流程,也不是单线可控,这种非科学方法不被信任,甚至被当作"无知",倘若以上述"真实性"来要求,乡村记忆因此没有"资格"成为档案。正如研究传统村落档案的学者认为村落档案工作基础薄弱、村民文化素质低,也如住建部门、"传统村落保护和发展研究中心"及档案机构在传统村落建档过程中遇到的困境,使得建档运动不可持续。文献遗产被当作一种"文本"或"述事",以强调隐藏在文字之后的"史实"。因而,对于传统村落档案,应如档案多元论强调的不给任何社群提供特权,也不把任何群体边缘化,承认群体组织的复杂性和差异性。[③]

实际上,主流档案学所认为的档案真实性依赖于档案流程的"科学性",然而"收集、选择、鉴定、利用"等科学程序也是"有意识"行为,也是一种不真实。西班牙保护学家萨尔瓦多·穆尼奥斯·比尼亚斯(Salvador Munoz Vinas)认为这种现代"科学的方法"实质是一种"物质至上主义的真实":"一种保护技术

①　徐欣云:《档案"泛化"现象研究》,上海:世界图书出版公司 2014 年版,第 70-71 页。

②　[加]特里·库克:《1898 年荷兰手册出版以来档案理论与实践的相互影响》,国家档案局、中央档案馆编:《第十三届国际档案大会文件报告集》,北京:中国档案出版社 1997 年版,第 143-176 页。

③　陈珍:《档案学领域社群档案理论基础探析》,《浙江档案》2017 年第 6 期,第 21-24 页。

要被完全认可,必须经过基于科学原理和方法(特别是源于自然科学、材料科学的)进行的开发、核定、筛选、执行和监控。……科学成立的原则是对真实性的追求,而真实性是建立在物质的完整性基础之上。"[1]在后现代,这样的科学原则被质疑和反思。

今天国际文件中对于档案"真实性"的界定也越来越宽容。在 2001 年 9 月由国际标准化组织(ISO)正式发布《国际文件管理标准》ISO 15489(2001),它是世界上第一个关于文件管理的国际性标准,界定了"文件的真实性有三重含义:a)文件与其用意相符;b)文件的形成和发送与其既定的形成者和发送者相吻合;c)文件的形成或发送与其既定时间一致"[2]。它传承了经典档案学的衣钵,即为了确保文件的真实性,机构应该指向并记录文件管理方针和程序,以便对文件的形成、接收、传输、保管和处置进行控制,从而确保文件形成者是经过授权和鉴定的,同时文件受到保护能够防止未经授权就进行增、删、改、利用和隐藏。到 ISO 15489:1(2016)的发布,这份国际文件中强调的真实性,已与"詹金逊"时代大为不同,如刘越男追溯了 ISO 15489 修订项目负责人凯西·芬德利(Cassie Findlay)所声明的 2016 版本的五大更新之处,其中有"将真实性、可靠性、完整性、可用性作为'权威文件'(authoritative records)而非所有文件的特征"[3]。林鹏、安小米说,新标准"强调只有具有真实性、可靠性、完整性和可用性的文件才是有效的,才具备证据和资产属性特征"[4]。换句话说,文件也可以不真实、不完整或不具有权威性。现如今国内外档案观正越来越开放包容,笔者认为,ISO 15489:1(2016)吸收了后现代档案学思想,但是一定程度还强调文件权威、程序处置的重要性,如 Battley 认为 ISO 15489:1(2016)对保证文件的真实性在业务规则和流程、政策和程序上作了规定,但是档案工作者会将这样的档案专业知识强加给这些社群记录,而并"不考虑这些影响社群的因素,不考虑这个社群本身已有的复杂的、自适应的和相互依存

---

① [西]萨尔瓦多·穆尼奥斯·比尼亚斯:《当代保护理论》,张鹏、张怡欣、吴霄婧译,上海:同济大学出版社 2012 年版,第 72-73 页。

② 标准导航——档案资讯(第一期):《ISO. 文件管理国际标准 ISO15489:2001》;第 59-68 页,安小米、焦红艳译,2020 年 3 月 4 日,https://max.book118.com/html/2017/0405/98767792.shtm。

③ 刘越男:《关于文件管理国际标准 ISO 115489〈信息与文献—文件管理〉更新之处的思考》,《北京档案》2020 年第 7 期,第 7-11 页。

④ 林鹏、安小米:《新旧 ISO 15489—1 文件管理标准比较》,《中国档案》2016 年 8 月,第 70-71 页。

的文件保存系统,尽管它可能看起来不像档案工作者所习惯的那种文件保存系统"①。把社群文件移入到(正式)档案机构,会使社群文件与社群的人员、经历之间筑起了屏障,损失了文件的大部分背景信息。连志英综述道,如今被主流档案机构所忽视、被边缘化或被误述的群体发起了他们自己的社群档案项目,社群档案的发展对档案学的核心理论——来源原则产生了冲击,因为指定来源其实强调了正式的形成主体优于文件形成过程中所涉及的其他方的权力地位,基于此,很多学者提出了"参与"的思想。②

　　总的来说,传统村落档案的真实性判断,不能局限于正式的形成主体、固定的形成流程,应尊重多方参与者的权利、包容多元形成路径。村民自发记忆,是"个体隐性知识转为显性知识的共享途径,是一种世俗并实用的民间档案"③。况且传统村落中集体无意识的记录,是日常生活中熏陶式、体悟式记忆,有另一种真实性。

4.2　传统村落档案的"泛化"价值和作用

　　在档案学界,档案一般被认为有"双重价值",即原始价值和从属价值(社会价值),前者体现了对其形成者的作用,后者体现了对社会的价值。覃兆刿提出"档案双元价值观"④,将档案价值划分为社会工具价值和文献信息价值,后经过我国诸多学者的认同将其发展为一个具有共识的本土理论,如任越探究了档案双元价值的管理要素和信息哲学依据⑤。如今在后现代档案理论影响下,档案的客观性也受到质疑,建构性在一定范围内受到认可,这种建构性与正统档案相比它的价值和作用是"泛化的"。

　　传统村落档案,要体现传统村落悠久的历史,更侧重于文化遗产及其档

---

① Belinda Battley. (2019). Authenticity in Places of Belonging: Community Collective Memory as a Complex, Adaptive Recordkeeping System. *Archives and Manuscripts*, 3, 59-79,

② 连志英:《欧美国家社区档案发展评述与启示》,《浙江档案》2014 年第 9 期,第 6-9 页。

③ 徐欣云:《档案"泛化"现象研究》,上海:世界图书出版公司 2014 年版,第 59-60 页。

④ 覃兆刿:《档案传统与档案事业现代化》,《档案与建设》2002 年第 8 期,第 4-8 页。

⑤ 任越:《档案双元价值观的信息哲学依据探寻——从理论信息学中信息产生和本质谈起》,《档案学研究》2009 年第 2 期,第 6-10 页。

案,所起的作用不仅是凭证作用,更有身份和情感认同等作用,因而传统村落入选文化遗产名录有一套价值评估标准。文化遗产的"普遍价值",通常由两部分组成:一部分是它被脑力劳动和体力劳动相结合创造出来的那个时代所赋予的价值,另一部分是在以后岁月中各种历史事件与人类需求变化而遗留的印迹所负载的价值。而《实施世界遗产公约的操作指南》(2005)将遗产价值分类描述为:情感价值,包括惊叹称奇、趋同性、延续性、精神的和象征的崇拜;文化价值,包括文献的、历史的、考古的、古老和珍稀、古人类学和文化人类学、美学的、建筑艺术的、城市景观的、风景和生态学的、科学的;使用价值,包括功能的、经济的、旅游的、教育的、展现的、社会的、政治的。一个完善的文化遗产价值评估体系,应可以解决文化遗产诸多利益相关者之间的矛盾,如住建部、民政部、文物局、土地管理部门、村民、学者等各司其职时难免有矛盾,应合作、协同推进传统村落保护,才有助于广大居民对当地文化遗产的认识,促进其保护。

4.2.1 社群价值——促进凝聚力和身份认同

传统村落档案具有历史凭证价值,这是毋庸置疑的,但其证明力是在一定区域内,体现为农村社区凝聚力的价值,即它提供了一种回忆、一种往日的荣耀、一种细小的感动。

日本学者正雄三好氏认为,在当今的日本,政府运用"乡恋"进行管理,因为"乡恋"可增强通过历史连续性和身份认同获得社会凝聚力,政府尝试固化田园牧歌式的传统乡村生活,例如近年来政府已经下拨很多资金给农村社区项目,从乡村档案建设到传统节日的振兴,以致力于乡村生活的复苏。① 日本在 1970 年组成国家级的"日本历史性风土保存同盟",组织并开展地区性的文化遗产保护工作。

2019 年 4 月同济大学召开的"中国建筑学会城乡建成遗产委员会"的第二届建成遗产国际学术研讨会,以"乡村振兴中的建成遗产"为主题,期间东京大学建造环境学方向的村松伸教授所作的报告:"建筑遗产能够拯救日本农村

---

① Masao Miyoshi, H. D. Harootunian. (Autumn, 1991). Japan in the World. *Boundary 2*, Vol. 18, No. 3, pp. 1-7.

的疲敝吗?"给出一幅"遗产价值蝴蝶图"(见图 4-1),生动地体现了乡土遗产价值的演变和情感评估。该"遗产价值蝴蝶图"中蝴蝶翅膀的两边是:日常的评价(大众艺术)和专家的评价(精英艺术)。此处,笔者认为,大众化的乡土建筑与经典的精英建筑之类比,就犹如传统村落档案与档案专家眼中的正统档案之类比,二者的价值类比如表 4-1"乡村建成遗产价值"所示。

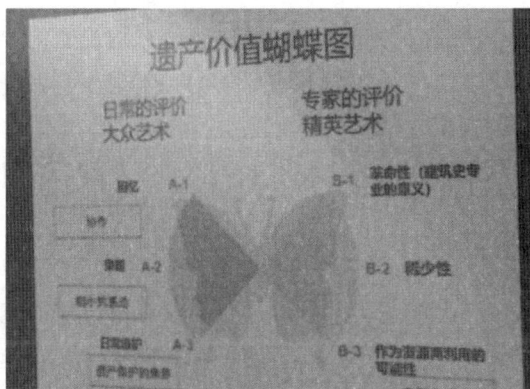

图 4-1　遗产价值蝴蝶图,村松伸(东京大学教授,2019)

表 4-1　乡村建成遗产价值

专家的评价(精英艺术) 作为建筑遗产专家,往往注意建筑遗产的三方面价值		日常的评价(大众艺术) 但很多建筑遗产无法作为精英艺术,对此提出其大众艺术价值	
革命性	建筑史专业的意义	回忆	协作
稀少性	即使不具有建筑史学意义,只要它是独一无二的,也会得到很好的评价	荣耀	细小的感动
作为资源再利用的可能性	最近开始受到重视的遗产价值	日常维护	遗产保护的素养
对比以上,乡村建成遗产与传统建筑的关系就一目了然			

据此，笔者认为传统村落档案有下列价值：

一是回忆价值。指传统村落的乡土建筑遗产或其他遗产，模糊的个体性中显示出一种群体性，带给人们的不是技艺的惊叹，而是一种群体协作完成建造过程甚至居住时邻里间的回忆。而单体精英建筑，一般是某著名建筑师的杰作，在建筑史上代表了杰出的、典型性意义的遗产，是对过去建筑技艺的一种革命性的突破。

二是往日的荣耀价值。村落乡土建筑，即使它是普通的，却具有地方上的纪念价值，比如祠堂以其华丽建筑来光宗耀祖，体现了这种细微的价值和感动。即使不具有建筑史学意义，只要它是独一无二的，也会得到很好的评价。而精英建筑，是一种"物以稀为贵"的不重复的单体建筑，因而作为精英艺术得到很好的价值评估。

三是作为资源再利用的可能性，这是最近开始受到重视的遗产价值。对已经过时的经典的精英建筑而言，一般是作为参观旅游或研究的对象，需要重新考虑其可利用性。而乡土建筑遗产，因一直在日常维护和使用中，反倒体现了一种遗产保护的素养，这也符合中国木结构建筑处于"且修且用"的节省状态这一典型特征的要求。

从蝴蝶两边翅膀的活态变化可想象得知，只有两边翅膀代表的价值达到动态平衡，蝴蝶才能正常飞行。换句话说，乡土建筑遗产及其整体——传统村落的价值，只有进入专家学者的视野，其世俗的"大众艺术"的价值被专家学者认可，取得与精英建筑同等地位之时，就是乡土建筑遗产的价值发挥之时——蝴蝶飞行之时。因此农村社区与专家学者以及政府机构合作、协同发展传统村落档案工作，才能达到一种良性的可持续的发展。

因而，传统村落这一具有优厚自然历史环境的成熟地区，其文化遗产和档案具有社群价值：回忆、荣耀、细小的感动，这些价值能在凝聚人心、教化群众、淳化民风中发挥重要作用。正如莎拉·贝克写道：特里·库克将社群存档视为一种新的存档实践范式，在这种范式中，档案记录的重要性植根于他所说的"身份认同"，从这个意义上说，这些档案表明了由它建档和服务的社群的身份。[1] 通过这些文化遗产和档案，在居民互相协助下可提升地区荣誉感，可以创造其他地区没有而本地人骄傲的场所，创造宜居的且适宜举办各种活动的场所，创造优美环境、躲避自然灾害的场所，强化村落共同体的联系。

正如巴特莉认为，"档案机构要成为社群集体记忆的共同创造者或推动者，首先需要了解社群的记录保存过程。档案工作者可以利用他们的技能和知识，但也必须尊重社群成员的技能、知识和价值观，并且需要承认他们已经有了一个文件保存系统，它仅仅从档案工作者的角度可能看起来不像一个文件保管系统"[2]。记录的社群价值，是档案工作者工作的前提，也意味着要重视社群组织这类非正式组织、民间组织的重要性。米歇尔·卡斯威尔等认为在社群档案中"会突然发现你自己的存在"；[3]卡斯威尔等还发现，"许多用户将他们的社群档案网站描述为'家外之家'，以代际对话和深刻的归属感为标志存在本身就是政治性的，但许多参与者认为，这些网站的全部政治潜力尚未实现"[4]。

4.2.2　研究教育价值——教化功能

首先，在乡土社会，人们依赖风俗习惯行事，村落环境、传统建筑体现了道家的"行不言之教"，是"智慧自备，为则伪也"的运用（王弼《道德经注》）。如"品字三井""本字人""惜字炉""留地以待""留有余地"等建筑意象；还如在竹桥村的"七星伴月塘"中竖立有木桩，可供游泳的孩童抓住避免溺水，而不是如城市公园般池塘围绕起水泥栏杆成为一景观，并制止儿童接触水；因而"七星伴月塘"见证了古人的智慧，特别是见证了古人以疏而不是堵的方式培养孩童亲水能力，值得记录并借鉴。

①　Sarah Baker. (2015). Do-it-yourself Institutions of Popular Music Heritage：The Preservation of Music's Material Past in Community Archives, Museums and Halls of Fame. *Archives and Records*, 37(2),170-187.

②　Belinda Battley. (2019). Authenticity in Places of Belonging：Community Collective Memory as a Complex, Adaptive Recordkeeping System. *Archives and Manuscripts*, 3, 59-79.

③　Caswell Michelle, Marika Cifor, Mario H. Ramirez. (2016). "To Suddenly Discover Yourself Existing"：Uncovering the Impact of Community Archives. *The American Archivist*, 79(1)：56-81, doi：10.17723/0360-9081.79.1.56.

④　Caswell M, Gabiola J, Zavala J, et al. (2018). Imagining Transformative Spaces：the Personal-Political Sites of Community Archives. *Archival Science*,18(1)：73-93.

　　传统建筑上的匾额、照壁上的石刻,都富有深意,具教化功能。如竹桥村,"芝兰启秀"匾额,充分体现了主人对族群后人寄予的厚望,"芝兰"和"玉树"古时都是高尚人家子弟的美称;"履泰"匾额,即登泰山或走得稳当;"渐升"匾额上"升"的一撇在左边,而不是在上面,就是说渐渐地往上升,不要挡住上升的空间;"谏草传芳",谏是向皇帝进谏,草是黎民百姓,意味着希望担任言官的行为传至后世。

　　很多风水术,也有教化伦理功能,婺源李坑风水林、流坑董氏风水山、天宝古村风水林的维护,都需要群体代代相传。如朱熹把风水术与儒学的"诚敬"相关联,变成一种风水习俗;哈佛大学建筑学毕业的汉宝德回到台湾后接触到风水,对中国人的环境观念产生浓厚兴趣,成为建筑学界研究风水的代表,他认为:"风水是一门无法整理的学问",《阳宅十书》风水宅法的"禁忌所形成的固定观念,口口相传,绘声绘影,因而深植人心,无形中影响了居住环境的塑造,并对弗雷泽提出的风水'类感巫术论'表示支持"①。

　　其次,家训、家规,甚至传说的教育作用。家训、格言,过去大部分见于民宅厅堂内,少部分见于祠堂或书院中。它们既是一种室内的装饰艺术,更是一种家庭教育形式,其内容多是朱子格言先贤语录,关涉子弟做人处世的内容,其形式大多为鎏金书法,端庄、清晰,是厅内的书法表现形式。在教育和启迪人方面,与建筑中各类楹联相得益彰。如今家训族规大多贴于祠堂墙上,成为祠堂博物馆或旅游景观的一部分,也许这正因为家训、家风传统面临失传,处于濒危之中。这一切在吸引游客的同时,旅游公司也起到记录村落濒临失传的口头历史的作用。美国老斯图布里奇村也在发挥教育功能,兰纳说:"在20世纪60年代,一场全国公认的'教育危机'可能促进了露天历史博物馆最吸引人的创新,这些创新就是它开始作为教育工具。为了帮助社会学教师认识到露天历史博物馆是一种社区资源,一些机构以老斯图布里奇村为例,举办了教师讲习班,并准备了供课堂使用的视听材料。"②老斯图布里奇村成为了一个文化教育机构。

　　再有,风俗习惯的教化功能。在风俗习惯的教育作用上,东西方没有截然

---

　　①　张瑞:《朱熹风水思想历史学研究》,济南:山东大学,2014年,第51-52页。

　　②　Lanra E. Abing. *Old Sturbridge Village：An Institutional History of a Cultural Artifact*. Marquette University,1997：Introudction ⅩⅣ-ⅩⅧ.

不同。英国学者梅因研究东西方乡村社会的法典法和成文法与本土习俗总体之间关系时,不认为东西方有本质的差异,相反,他认为印度(特殊的东方国家)的"现在"则是英国(西方国家代表)的"过去"。他说:"真正属于一个东方国家的,是它的地方习惯,但在不列颠堡垒的庇护之下,感觉上已经被背井离乡的避难者抛弃了。"①当习惯法一旦被归纳为书面的法律并记录下来,它就确实提供了明确的法条或者原则:明确写出的法律总是与不成文的习惯法同时运行。② 笔者对这一段话的解读是:准司法主体和准立法主体,是指村庄的族长或三老,他们也左右着习惯法的形成和执行。

如今现代化、城市化、全球化等冲击,使得传统文化的智慧趋于湮灭,"号称礼仪之邦的泱泱中华,在'礼失'之后,很多礼法却在农村中'顽强'地保存下来,'礼失求诸野'这句古话在当代活生生地上演着"③。

4.2.3 经济价值——"保护经济"实现工具

首先,传统村落档案的经济价值体现为其有效性。档案学科一般强调档案的凭证价值、历史价值、社会价值,而经济价值很少被提及,我国曾经有一段时期会核算利用科技档案所发挥的经济效益,但今天这种核算方法似乎很少再被提起。但 ISO 15489:1 的 2006 的"新标准提出了有效性文件(authoritative records)的概念,……新标准更为关注文件的'可用性',强调文件作为资产的价值作用"④。文件档案的资产价值被强调,即可评估出经济价值,可走向市场发挥"资本"的作用。

在文化遗产学领域,作为"文化资本"的文化遗产的经济价值如今经常被研究,传统村落作为一种遗产旅游资源,其经济价值几乎跃升到传统村落保护的第一位。张杰、吕舟说,"遗产具有了以下表述的现代含义:遗产是人类创造力的见证,它具有的不可再生性、唯一性使其具有极高的经济价值",这衍生出"保护经济学",主要研究不可移动的文化遗产所涉及经济活动的规律及其影响,它将遗产视为一种具有很长生命周期的经济商品和资产;1998 年,

---

① [英]梅因:《东西方乡村社会》,刘莉译,北京:知识产权出版社 2016 年版,第 28 页。
② [英]梅因:《东西方乡村社会》,刘莉译,北京:知识产权出版社 2016 年版,第 50-51 页。
③ 张全海:《世系谱牒与族群认同》,上海:上海世界图书出版公司 2010 年版,第 79 页。
④ 林鹏、安小米:《新旧 ISO 15489—1 文件管理标准比较》,《中国档案》2016 年 8 月,第 70-71 页。

ICOMOS 的《保护经济学报告：理论、规则和方法》更为系统地论述了建成文化遗产（如城镇、建筑等）作为经济资源的属性和特殊性，以及其所具有的价值和影响，同年，美国盖蒂保护所也召开了一次关于"经济学和遗产保护"研讨会，作了题为《经济学和遗产保护》的报告。[①] 其中，《保护经济学报告：理论、规则和方法》对文化遗产特殊的经济属性进行了归纳，如：供应或需求具有前瞻性；文化遗产本体并不具有交换价值，但在观者看来具有"象征价值"；文化遗产相关服务具有的"使用价值"，取决于消费者的满意程度；供应具有市场垄断性；作为集体物品，提供针对个人和集体的服务；有比其他经济产品更长的生命周期；属于全球性稀缺资源，也是促进当地发展的机会，等等。

其次，文化遗产及其档案的经济价值可作为"保护经济"的工具。传统村落文化遗产及其档案是一种具有文化和经济价值的"文化资本"，它是独特的、不可代替的、不可再生的经济资源，在加强集体身份的认同的同时，可在当代发挥使用价值，取得经济效益，是一种自我造血的"生产式"保护。今天，"保护经济"体现为"文旅融合"，顾名思义，即文化与旅游结合起来，文化特色可以作为旅游产业的一个亮点，同时旅游体验可以传播文化价值。早在 2009 年文化部和国家旅游局就联合发布《关于促进文化与旅游结合发展的指导意见》，2018 年国家文化部和国家旅游局合并，这表明文旅融合发展已是大势所趋，同年国务院办公厅下发《关于促进全域旅游发展的指导意见》，提出要科学利用各种文化场所开展文化、文物旅游。

现在绝大多传统村落都开发了旅游，实现"文旅融合"，旅游公司包装了当地的历史，使之故事化后作为人文景观的一部分，这种遗产旅游景观文化都具有独特性，常令人耳目一新。如西湖李家由叶落归根的乡贤进行管理、保护和旅游开发，调动了村民的积极性，群策群力，成为一种有凝聚力的示范，远胜于单由旅游公司或村委会开发旅游的村落，因为它保存一定程度上的独立自主性，所建成的美丽乡村不仅仅为家乡的人们带来了新的希望，也给予了那些远离故土在外打拼的人们以人生力量。再如安义古村的传统婚俗礼仪的娱乐化，让游客体验古代婚俗流程：抛绣球选新郎、穿戴传统婚仪衣帽、拜堂（传统音乐伴奏）、合影留念等流程（见图 4-2、图 4-3）。这与其他古村旅游开发的项

---

① 张杰、吕舟等著：《世界遗产保护与城镇经济发展》，上海：同济大学出版社 2013 年版，第 14-16 页。

目一样,在传统文化不可阻挡的逝去过程中,保留了一些核心的要素,并且在舞台化娱乐中给予集中展示和传播,让人们有生动的体会。现在这样的非物质文化遗产展示馆在传统村落中也越来越多,总的来说,传统村落作为文化遗产地,以其档案信息在保护过程中形成品牌效应,促进乡镇经济的发展。

图 4-2　安义罗田村的"闺秀楼婚仪游戏"

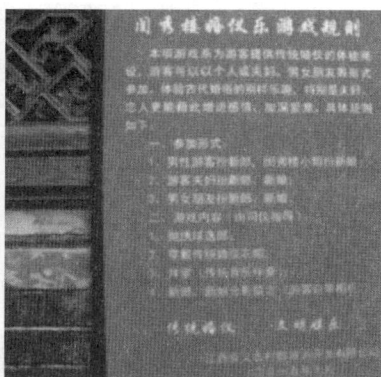

图 4-3　安义罗田村的"闺秀楼婚仪游戏规则"

（图 4-2、图 4-3 由徐欣云摄于 2016 年 5 月 4 日,图中人物为随同考察的学生）

再有,传统村落"保护经济"要看到正反两面的作用。档案是管理的工具,工具是中性的就有两面性,其"标本化"可以弘扬传统、发挥经济作用,以传千秋万代,也会对传统村落遗产造成冲击。文化遗产娱乐化、标本化、舞台化的过程会让传统文化遭到滥用或误解。村民在展示村落"旧"文化后,会因现代文化带来的落差而感觉到失去尊严,更容易丧失文化自信。传统村落经过保护规划休整后,向外出售门票,如婺源票务管理由婺源古村群旅游公司承包,通票票价(2020 年)是 210 元/人/5 天,单买 60 元一景点(江湾 120 元)。门票、旅店和土特产的收入颇为可观,可发展地方经济、扶贫济困。但是过去人们可自由出入村落,而且还会受到农户东道主的热情招待,如今好客的东道主变成了商人,因村落四通八达,每个路口还派专人把守。很多民俗变得不再神圣,村民把土地、房子用来招徕游客,文化遗产变成资产后,已经失去上面所依附的"乡恋""土地恋"。

有的旅游公司、游客不尊重原住民的情感,强行收购、改造文化遗产景观,这样的事时有发生。如婺源古村群的旅游开发有比较好的经济回报,它包含江岭、晓起、江湾、汪口、李坑、思溪延村、石城、彩虹桥、灵岩洞、严田古樟、文公山、卧龙谷及桥梁涵洞树木等景点。走进婺源李坑村,仿佛走进"小桥、流水、人家"的画卷里(见图4-4),正如一篇文章描述的:"一个小小的村庄,也不过二百多户人家,竟有石桥、木桥、砖桥36座之多。在这些小桥中,有建于明代中叶、单孔的'永新桥',有建于1746年、跨度约5米的'通济桥',建于北宋末年,被称为婺源现存最古老桥梁之一的'中书桥'。"[①]李坑村有小丽江之称,可见其旅游开发程度之高。但笔者在婺源晓起村曾发现,有村民因与旅游公司没有洽谈好价格,住宅被免费参观而旅游公司并不付给一定的资金,村民沮丧之余不胜游客之骚扰,在自己房屋的砖雕上覆盖上黑色的布(见图4-5、图4-6),以阻挡游客的视线,同时也警告旅游开发公司的搭便车之行为。在笔者看来,业主也是无奈之举,不能被称为"钉子户"。

图4-4　婺源李坑小桥流水村景

图4-5　婺源晓起村一给自己门头砖雕蒙上黑布的业主

图4-6　婺源晓起村一门头砖雕被蒙上黑布

(图4-4、图4-5、图4-6由徐欣云摄于2016年5月31日)

江西师范大学刘迪2016年5月11—15日前往井冈山大学时,给笔者发回吉安井冈山永和镇的照片,并说:永和镇老街,前几年还好,这次去看感觉很衰败;没人保护,貌似也不让住户自己维修;有一些地方已经被旅游开发搞得像个景区了,没有以前的味道了。他发回的"永和老街住户"的倡议书,具有一定代表性(见图4-7),笔者以为,"永和老街住户"的文字反映了老居民的无助、无奈,也说明了政府在保护性旅游开发中,却听不见农民、居民的真正的声音,不能满足他们真正的需求。

一些传统村落加建了符合现代生活却有违传统文化的设施,形成不一样

---

① 李国栋:《小桥 流水 人家——李坑》,《中国地产市场》2004年第10期,第52-57页。

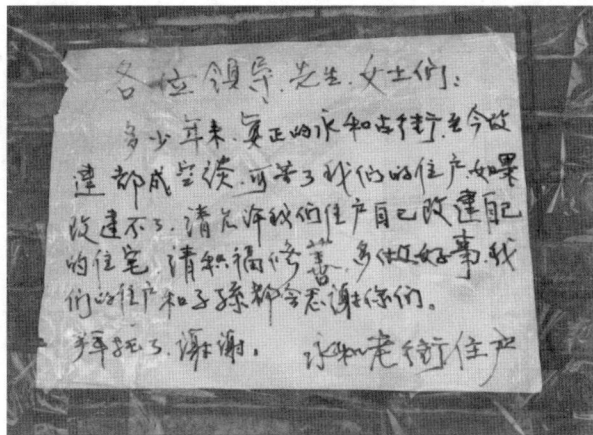

图 4-7　永和街住房的倡议书："各位领导、先生、女士们：多少年来，真正的永和古街，至今改建都成空谈，可苦了我们的住户。如果改建不了，请允许我们住户自己改建自己的住宅。请积福修缮，多做好事。我们的住户和子孙都会感谢你们。拜托了，谢谢！"（刘迪 2016 年 5 月 12 日拍摄于井冈山永和老街）

的"村落保护"记忆。如西湖李家德胜楼（图 4-8）上下共四层，全楼用红漆、红墙、红灯笼装饰，处处反映红色情怀与江西老区历史呼应。经村民告知，西湖李家与韶山冲是友好村落，经常互派人员学习交流。然而西湖李家的"一条龙船"和"石头史书"，类似于城市公园式景观，沿湖铺设地砖路（见图 4-9），而且广场旁的楼梯，似乎不便于耕牛的行走（见图 4-10）。也有记者报道了这种情况：村里修路时，一些地方设置了台阶，但老百姓要干农活，有时候，他们拉着板车通过，就不大方便，李豆罗说："过去是自选动作，如今是规范动作，小道理要服从大道理。"[1]

---

① 韦星：《"农民市长"李豆罗的田园梦》，《南风窗》2015 年第 16 期，第 82-85 页。

图 4-8 西湖李家德胜楼　　图 4-9 西湖李家的"一条　　图 4-10 西湖李家广
　　　　　　　　　　　　　　　龙船"和"石头史书"　　　　　场旁的楼梯,似乎不便
　　　　　　　　　　　　　　　　　　　　　　　　　　　　　　于耕牛的行走

（图 4-8、图 4-9 和图 4-10 由徐欣云拍摄于 2018 年 4 月 30 日）

在富田镇王家村去往陂下村的林荫道上,树木被做成景观造型(见图 4-11、图 4-12),这是对城市公园造园方式的移植,但城市是因为到处是水泥地面,车辆通行而过,砖石护围可以保护树干,可是在乡村道上,树木周围是乡野,砖石护围就是多余的,砖石反倒不利于树木生长。在陂下村,打造的商铺柜台也冷冷清清(见图 4-13)。安义古村的稻作耕地也被观赏植物所代替(见图 4-14、图 4-15)。

图 4-11 陂下村往王家村　　图 4-12 陂下村往王家村　　图 4-13 陂下村打造的铺
的道路上的树木景观之一　　的道路上的树木景观之二　　面似乎已被废弃

（图 4-11、图 4-12、图 4-13 由徐欣云摄于 2019 年 8 月 12 日）

图 4-14　安义古村罗田村村口老牛在耕
田(徐欣云摄于 2016.5.4)

图 4-15　安义古村罗田村村口花海景
观,农耕种植技艺被旅游观赏植物所替
代(徐欣云摄于 2018 年 3 月)

　　近年来村貌发生了很多变化。王文章认为,"新农村建设"与韩国 20 世纪
60 年代的"新村运动"极为相似,而众所周知,"新村运动"是"对韩国精神文化
遗产的灾难,也给民俗学研究带来负面影响"①。季诚迁说,"新农村建设""非
物质文化遗产断裂式保护"动机都是好的,但大多都处在旅游开发和保护民族
文化遗产的双重境遇之下而无所适从,肇兴侗寨更是如此,一方面是游客对西
部欠发达地区古村寨兴趣浓郁,使得原本拥有淡定、和谐的自然和人文生态的
古村落,受到短时期内不会消退的外来文化的渗透,使古村落的文化生态环境
面临严峻的考验;另一方面,旅游开发者和地方政府对投资开发的热望会将古
村落挟裹进现代化、产业化的开发潮流中去,而古村落居民对开发热潮也满怀
热切希望。② 季诚迁认为侗族大歌已由村落走向了社会、由村落群体享用变
为公共文化,为了适应"他者"的需要,大歌被刻意地艺术化、舞台化了,失去了
原本的乡土特色,剥离出侗家日常生活,成为个人一种谋生的手段,成为"旅游
的文化资本"。③

　　有的希望传统村落快速进入旅游运营阶段,短平快、运动式进行修缮改

---

　　①　王文章:《非物质文化遗产概论》,北京:学苑艺术出版社 2006 年版,第 147 页。

　　②　季诚迁:《古村落非物质文化遗产保护——以肇兴侗寨为个案》,北京:中央民族大学,2011
年,第 3 页。

　　③　季诚迁:《古村落非物质文化遗产保护——以肇兴侗寨为个案》,北京:中央民族大学,2011
年,第 193 页。

造,粗制滥造地对古建筑进行修复,甚至是制造假古董。因此,传统村落这一"活"档案和文化遗产,在这种"保护经济"的推动下,作为现代性标志的"经济理性",与作为传统标志的"农民情感"常常相冲突,这样做已经远离"传统村落"保护的初衷,这是应该避免的。

4.2.4 政治价值——乡村振兴、乡村治理的实现工具

传统村落中的传统文化,寓意深刻,含有一个民族的文化基因。尤基莱托说:"民间传说的重新发现加强了民族身份感,并引起了民族传统的复兴。"[①]就如编写于 19 世纪的德国普法战争后的《格林童话全集》,是格林兄弟俩从民俗神话研究中采撷德国民间故事,并提升了故事的想象力及意义撰写而成,据学者说,这套书对近代德国的教育和文化有极大的影响。[②] 传统村落档案,可通过"档案治理"进行"乡村治理",实现乡村振兴、增强国力,这是与新农村建设不太一样的"乡土重建"。《关于开展传统村落调查的通知》等由政府颁布推行的政策法规,既是一种行政行为,也是一种保护传统村落的行为规范,政府需激发传统村落保护的使命,传递各种保护宗旨、路径、对策等。

首先,传统村落档案的"乡村治理"功能,主要体现于其村级组织形成的管理性档案上,在《农村村级档案管理》(2010)这本书提及"村级档案"的功能,如促进农业生产力和发挥农业生产保障作用,村级规划文件、农业基本建设档案是组织实施村庄建设、道路修建、桥梁、疏通河道和农地(田)管理的依据;农业科技、农机技术档案、农务档案和农业示范园区、种植大户档案,可提高农民的现代化管理素质;在确保土地经营权益中发挥保障作用等;在构建农村社会和谐、化解各类矛盾中发挥依据作用;通过对传统村落文化、礼仪、风俗等进行归集、整理、加工和保存,发挥社会教育功能。[③] 徐拥军等认为,自 2008 年以来档案事业从"国家模式"走向"社会模式"的趋势明显,主要表现为档案治理理念的提出,2016 年国家档案局颁布《全国档案事业发展"十三五"规划纲要》(档发〔2016〕4 号)也明确提出"加快完善档案治理体系、提升档案治理能力",

---

① [芬兰]尤嘎·尤基莱托:《建筑保护史》,郭旃译,北京:中华书局 2011 年版,第 25 页。

② 黄永松:《每个人都有力量传承传统文化》,2021 年 3 月 28 日,https://www.sohu.com/a/127501919_558478。

③ 浙江省档案局:《农村村级档案管理》,北京:中国档案出版社 2010 年版,第 12-15 页。

这是官方重要政策文件中首次明确提出"档案治理"。[①] 档案治理是指"以档案部门为主导,社会组织和公民个人广泛参与为协同,在坚持民主、法治的原则下,对涉及档案及其相关的一切事务进行谋划、组织、协调和决策等的活动与过程"[②]。"档案治理"是政府的档案民生工程,是档案行政管理部门通过职能调整来包容档案资源结构的多元化,是档案工作外延的拓展。

其次,研学旅行基地。传统村落富有悠久的传统文化和绿色的自然景观,是具有良好示范带动作用的研学旅行基地,从而通过乡土教育发挥其政治功能。许多传统村落如今成为中小学生的研习基地。教育部、国家发展改革委等 11 部门印发的《关于推进中小学生研学旅行的意见》(教基一〔2016〕8 号),号召各中小学校秉承"创新、协调、绿色、开放、共享"的发展理念,推进中小学生研学旅行,从而落实立德树人根本任务,帮助中小学生了解国情、热爱祖国、开阔眼界、增长知识,着力提高他们的社会责任感、创新精神和实践能力。比如安义古村就是这样的研学基地,村落旅游公司与江西省教育厅合作编写了研学乡土教材。

再有,"档案自治"以维护信息公平。传统村落档案建设可以促进草根阶层发展,促进社会公平与正义。传统村落的"泛化"档案在本文中主要是各群体或个人自身形成和保存的档案,这不同于档案机构以官方立场自上而下处置社会档案的现象,可达到"社会模式"进行"社会记忆"的目的。[③] 传统村落档案是一种类社群档案,其作用如弗林认为的,"你的声音和你社群的声音被记录下来,并有助于一个共同的社群身份识别,这也许在官方记录中没有体现。因此,认识到社群档案的重要性是项目任务的一部分,旨在使我们的档案遗产更能代表我们整个社会的多样性。这最好能被描述为档案'民主化'进程的一部分"[④]。

传统村落档案"泛化"体现了档案与民俗、习俗的结合后,是政治开明、技

---

① 徐拥军、李孟秋:《再论档案事业从"国家模式"走向"社会模式"》,《档案管理》2020 年第 3 期,第 7-11 页。

② 徐拥军、熊文景:《档案治理现代化:理论内涵、价值追求和实践路径》,《档案学研究》2019 年第 6 期,第 12-18 页。

③ 徐欣云:《档案"泛化"现象研究》,上海:世界图书出版公司 2014 年版,第 81-83 页。

④ Andrew Flinn. (2007). Community Histories, Community Archives: Some Opportunities and Challenges. *Journal of the Society of Archivists*, 28:2, 151-176.

术发达下的档案大众化和平民化,显示了"档案"走下神坛,进入寻常百姓家,走向世俗化。因而要保障档案的本土话语权。传统村落档案是对主流的正式文本的补充,可填补档案的空白,"弥补或纠正主流历史叙述中的空白或偏见"[①],同时维护了民间"重典籍"的传统,从而维护了信息公平。

传统村落作为文化遗产被保护之后,也不能无视其一些负面影响:传统村落保护工程被视为政绩,无论是其档案工作,还是乡土建筑的修缮,有时候不是村民的意愿。政府介入后带来的村落正规化、标准化保护措施,形成"传统村落"样板,这种样板工程容易僵化,较难转化为村落发展的内生力,传统村落会失去独立性,失去了自主选择的机会和能力;很多村落被保护后,异化为村民只能远观的他物;一些不是因地制宜的保护措施,增加了当地乡镇村负担,乡干部被增加了更多事务。

4.3 小结:传统村落档案"泛化"现象的合法性

传统村落档案这种多元化现象是社会档案"泛化"现象的一部分,"也许已经不是学术意义上的档案,却是档案现代化的表征,我们不能视而不见"[②]。

经典档案学认为档案是实践的副产品,实际上这种认识会把我们所理解的大多数"档案"排除在外。因为绝大多数档案都无法完整、真实客观地反映和记录实践,或都只是建构了实践的某一个方面,同时被记录的实践对象不会一成不变,那么实践的副产品——档案也不能静止、静态地保存在库房里,而是要跟踪实践的历史轨迹发生变化,但一般官方静止的档案管理很难做到这一点。传统村落的活态性要求对其档案保持"活态",这常常是我们档案工作所缺少的,是面临的新挑战。档案记忆观、多元论、社群档案理论等后现代档案学理论已经论证了这一点。笔者认同世俗的传统村落非正式文本的"合法性",个人、草根或边缘化的组织需要在档案馆中有发声的机会。

传统村落的个人、社群在官方档案、史志中经常就是一组数字。当然,个人在与政府、企业或司法部门互动的背景下会出现于正式档案中,但是这些信

---

① 连志英:《欧美国家社区档案发展评述与启示》,《浙江档案》2014 年第 9 期,第 6-9 页。
② 徐欣云:《档案"泛化"现象研究》,上海:世界图书出版公司 2014 年版,第 4 页。

息痕迹通常是一维的,常常将个人简化为统计数字,以一种有问题的、职业形态的、僵化的面貌出现,从而最大限度减少或忽视复杂性,也许我们可扪心自问,我们是否真的希望用这些词汇来理解我们自己的生命? 我们真的想要一个没有反映真实生活和经历的社会历史,就因为那是一种正式档案馆经常形成的历史? 这并不是说国家、高层政治和经济的历史不重要,而是说它们不应该是唯一可能的历史,社群档案、地方史、口述史和视听记录都为那些通常闻所未闻的人提供了发言权,所展示的生活和经历远在那些统计数据之上。①

　　档案"泛化"是档案世俗化的过程。档案"泛化"现象,也有其他一些表征,一是文化自觉,即有公益的教育、政治、历史价值追求,二是世俗的商业利益追求。所以有人说,档案的构成内容逐渐世俗化,"泛档案"或"俗档案"比比皆是②。传统村落档案"泛化"现象是社会档案"泛化"现象的一部分,通过对档案术语的延伸扩张,容纳"朴素的、简单的、有时甚至可能是不完全符合科学的认识",表达了民间社会对档案的历史认知。③ 从档案学角度看,传统村落档案非正式性与正式性相比较而存在,从文化遗产角度看,草根性、边缘化与高雅文化相比较而存在。传统村落的档案化,是捕捉某一个时刻的横断面进行记录,它停留在了某一个历史时期,只有"泛化"后的特征,才能保证其活态性。

　　传统村落及其档案是生长在民间的与人们日常生活相关的世俗档案,但又在世俗生活中孕育了传统,表达的是一种根文化、母文化,如人们常说大地是母亲一样,世俗生活蕴含着强大的生命力,而精英文化是在其基础上升华出来的"子文化"。但是在以精英或官方文化掌握话语权的框架下,村落遗产因其普通或在艺术、法制中级别低,常被忽视。传统村落档案的世俗性,在主流档案学以正式组织为来源的价值评价体系下,会被边缘化而"不入法眼"。这些"俗"档案如建筑遗产、谱牒、志书、舆图、碑刻、契约、账本、日记、书信、唱本、宗教科仪书、善书、药方、手工技艺记录、乡规民约、民俗节庆材料等,针对不同的档案客体需由不同的主体鉴定其价值,鉴定标准也与正式组织来源的档案有所不同。

---

　　①　Andrew Flinn. (2007). Community Histories, Community Archives: Some Opportunities and Challenges. *Journal of the Society of Archivists*, 28: 2, 151-176.

　　②　赵永强:《档案:历史话语的霸权、缺失及丰富》,《档案学研究》2005 年第 2 期,第 18-22 页。

　　③　徐欣云:《档案"泛化"现象研究》,上海:世界图书出版公司 2014 年版,第 15 页。

传统村落在大批消亡的同时,乡土社会记忆的传统也濒危。如今我国对传统村落中的乡土建筑、生活器物等物质遗存用文物保护的方法登记造册,对村落的民俗、民间文化开展普查和认定,挖掘家谱、碑刻、契约等地方文献,这些制度化的记录行为在留住乡村记忆的同时,也可能发生"保护性"的破坏。正如现代化和工具理性在摧毁传统文化一样,现代文物和档案工作方式的介入,多多少少也在影响着乡土社会档案的世俗性。世俗与传统的关系,是相互转化的,倘若世俗的文化都被包装成僵化的正统文化,就失去了生命力。

这种档案"泛化"现象是普遍的,也是合理的,它也符合联合国教科文组织的《世界文化多样性宣言》(2001)的精神,其第 2 条"从文化多样性到文化多元化"指出:"在日益走向多样化的当今社会中必须确保属于多元的、不同的和发展的文化特性的个人和群体的和睦关系和共处。"它主张所有公民的融入和参与的政策是增强社会凝聚力、民间社会活力及维护和平的可靠保障。多元化、包容性是对主流档案机构的一种挑战,也是国际档案界的新主题,第十八届国际档案大会(2016 年 9 月)以"档案、和谐、友谊"为主题,《档案、和谐与友谊——延续首尔精神》的公报强调要尊重不同的档案文化和实践,维护国际档案理事会(ICA)的语言和文化多样性;[1]公报的这一阐述也充分体现了学术界对档案包容性内涵认识的深化和重视[2]。传统村落档案现象是复杂的、多样的,因而传统村落档案建档不能抽象化为统一规律,或标准化的工作流程,普遍有效性的方法只是相对的。

总的来说,档案"泛化",是档案来源扩大化的探讨,也是档案工作和档案学的扩展和更加包容。传统村落档案研究可使档案学理论在实践中演进,特别是检验后现代档案学,如新来源观、后保管模式、社群理念等的本土化实践,以宽容的态度把在主流档案视域之外的"泛化"档案容纳进来,从而摆脱其是"泛化"的边缘性认识,主流档案机构才能面对这一挑战。传统村落档案的建设,需要更深层的认识转变、更深刻的制度调整。

---

① 加小双:《延续"档案、和谐与友谊"的精神》,《中国档案报》,2016 年 9 月 22 日,第 003 版。

② 钱明辉、贾文婷:《国际社群档案包容性实践模式研究与启示》,《档案学通讯》2018 年第 4 期,第 40-44 页.

第5章 乡土社会秩序与乡村变迁
——传统村落档案"泛化"的动因

　　"传统"与"现代"村落似乎因某种重大的事件或方式被中断或隔离,但"传统"与"现代"、村落和城市是在衔接、继起或你中有我中嬗变,交织着习俗、习惯、秩序、规则、法律等名词包涵的各种力量,因而传统村落之"传统"内涵是它区别于现代农村或乡村档案的重要方面。在我国,"乡土中国"是传统村落的底子,乡土社会档案秩序是传统村落档案的底色,对于乡村不成文法或隐性秩序的重视,应是传统村落保护和传统村落档案研究的应有之义。乡土社会自身有传承社会记忆的方式,经受了工业化、现代化、城市化进程洗礼之后,今天在传统村落中仍然在隐性发挥作用,以习惯、不成文法的方式发挥作用,即传统村落档案工作一定程度上仍然受其制约或促进,而乡村现代化过程中档案的形成、管理方式也发生着一系列适应性变化。

5.1 乡土社会隐性档案秩序

　　乡土社会显然应该有一套隐性档案秩序,要不然今天我们也不会把传统村落当成富有农耕文明记忆的文化遗产保护起来。乡土社会隐性档案秩序是传统村落档案"泛化"的传统制约因素,乡土社会的这一记忆方式与现代制度化的档案工作相比,是非正式的制度、隐性档案秩序,它使得传统村落就像一部鲜活的敞开的档案卷宗。乡土社会的农耕技艺、熟人社会"无文字"交流、宗族制度和祠堂、家谱和村史记录方式,它们多方面构成乡土社会的隐性档案秩序。乡土社会的记忆方式今天尚未被深度关注,但它影响着《中国传统村落名录》中传统村落档案的形成与作用,只有传统村落的"全体社会要素"存档,才能形成村落的"整体档案"。

5.1.1　乡土社会"无文字"记忆方式

5.1.1.1农耕技艺的言传身教

农业是地方性的艺术,农耕技艺和农耕实践主要依靠父辈的言传身教,也指以农民为载体的"活态"传承。这种经验知识有个性特征,难以被复制和被替代,因而其记录也无法形成普遍规律,农业文献提供的种植技艺不具有普遍推广性。历史上有许多农业技术人员或农业官员,及农书、农艺学文献。中国"现存古农书在1000种以上,除具体生产技术外,农书中还记述了许许多多关于植物学、土壤学、气候学的原理"①,如汉代《氾胜之书》及崔实所辑《农家谚》,北魏的《齐民要术》,南宋的《陈旉农书》,元代的《农桑辑要》《王祯农书》;明代的《农政全书》《天工开物》《补农书》《古今谚》以及清代的《农桑经》《马首农言》《农言著实》《齐民四术》《江南催耕》等。在完全乡村化的加洛林王朝时期的欧洲,查理曼大帝"为了他给管家们的指令'法典化',他让人草拟了《庄园敕令》。这是真正的农学论著,他也成了'乡村家庭培训所'的鼻祖。……在查理曼大帝的《庄园敕令》之后过了6个世纪,查理五世让德·布利撰写了《论牧羊术的状况、知识和实践》"②。这些文献可看作农业档案或由其编成的农史。

农业是地方性艺术,农业文献中的耕种技艺需要被农民掌握,农民为了能丰产,努力去掌握传统的技术,这些技术构成了一个由祖辈几代人整理、检验过的耕作工艺系统;"依葫芦画瓢"不太可能种好庄稼,甚至会出现"南橘北枳"的现象。孟德拉斯强调了农耕艺术世代言传身教的特性:"传统的农民耕种着祖传的土地,从父亲那里学会种田。对于这土地,他甚至了解更小的细节:如可耕土层的结构和厚度,以及岩石、湿度、光照、地形,等等,这常常是因地而异的。"③梅因更早时讲过:"真正地存在于印度和古代欧洲耕种制度之间的类似性必须在管理耕种者行动的详细而面面俱到的法则中寻找。"④

也正因为农业是地方性的艺术,农民赋予土地以神秘性和神圣性,对于土地有依恋情结,形成"乡恋"。农民的社会关系因此也遵循植物生长节律,比如

---

① 王思明、卢勇:《中国农业遗产研究:进展与变化》,《中国农史》2010年第1期,第3-11页。
② [法]孟德拉斯:《农民的终结》,李培林译,北京:社会科学文献出版社2010年版,第22-24页。
③ [法]孟德拉斯:《农民的终结》,李培林译,北京:社会科学文献出版社2010年版,第41页。
④ [英]梅因:《东西方乡村社会》,刘莉译,北京:知识产权出版社2016年版,第73页。

土地轮作。梅因对于"西方的村庄共同体土地轮作"的分析中,强调"习惯法"
支持的轮作的盛行:"在这些共有地盛行的农业习惯都异乎寻常地相似。每条
土地轮流耕种两种不同的谷物,以及休耕。……通常被视为法律支持的权
利。"[①]孟德拉斯认为,选择作物的自由和延长或缩短生长周期的可能性使轮
作具有某种弹性,但轮作必须遵循能够保障土地肥沃的基本节奏。[②] 朱晓阳
观察滇池的小村说:"在这样一个粮菜混作地区,水旱轮作,即粮菜轮作是本地
的一个基本混作方式。本地人和农业技术人员都认为水旱轮作是控制土传病
害的有效方法。"[③]轮作需要遵循时节或时令,因而一些民俗、节气、祭祀等活
动也要顺着时令来安排,乡镇干部李桂平也有说,"时令是村庄最大的'政
治'"[④]。实行轮作,是需要公共政权的力量的,这就形成农村生产关系的特
征,在我国"1983 年承包制实行以后,农田的水旱轮作制度就无法在全村统一
实行了"[⑤]。另外,化肥的使用,也改变了轮作方式。过去村落基本也没什么
垃圾:人和牲畜的粪便都是很好的肥料,而厩肥一般十分珍惜地留给菜园。伯
纳德·鲁道夫斯基写道:在西方世界,鸽子被归类为像苍蝇、螨虫之类的有害
动物,"然而在东方国家观念就不一样了,在那里鸽子获得了最大的尊重。将
鸟粪收集在一些特别的塔楼里面,塔楼的作用原理就像存钱罐。当装满了的
时候,把它打碎,就可以取出里面的鸟粪当作肥料使用"[⑥]。

　　农耕生产的时节与大自然的节律息息相关,四季在农民对一年时间的划
分中是重要的,如我国的二十四节气,农业生产需遵循这个节奏。这些季节在
不同的年份、不同的地区和不同的经营中所持续的时间是不一样的,随大气条
件和耕作系统而发生变化。"二十四节气"是上古先民顺应农时,通过观察天
体运行,认知一岁(年)中时令、气候、物候等方面变化规律所形成的知识体系。
这种知识体系的形成,也如池田雄一所说:"为了确保获得农业生产过程中的

①　[英]梅因:《东西方乡村社会》,刘莉译,北京:知识产权出版社 2016 年版,第 57 页。

②　[法]孟德拉斯:《农民的终结》,李培林译,北京:社会科学文献出版社 2010 年版,第 46 页。

③　朱晓阳:《小村故事——地志与家园(2003-2009)》,北京:北京大学出版社 2011 年版,第
83-84 页。

④　李桂平:《被颠覆的村庄》,南昌:江西人民出版社 2012 年版,第 103-104 页。

⑤　朱晓阳:《小村故事——地志与家园(2003—2009)》,北京:北京大学出版社 2011 年版,第 84-
85 页。

⑥　[美]伯纳德·鲁道夫斯基编:《没有建筑师的建筑——简明非正统建筑导论》,高军译,天津:
天津大学出版社 2011 年版,第 102 页。

再生产能力,需要农民与聚落共同的智慧与努力。"①然而化肥催肥、大棚菜等反季节蔬菜现象改变了农业生产的节律。

如今农业科学研究所、农技站用科学方法分析土壤的化学、生物和物理特性,形成农科档案,推广科学种田,档案可作为重复实施的依据。上述农书也是如此尝试。但是,任何已有的文献和科学数据,都必须依土地特点进行细心的检验和修订,深刻了解需要耕种的土地。耕种的地方性艺术,仍然是现代科学方法无法取代的。因而,世界范围的农业文化遗产保护,正是认识到了无文献记载但活态传承至今的农业技艺的重要性。1993 年 11 月,吕平在农史学会第六次学术交流会上作了《建立农业考现学刍议》的发言:"'农业考现'是相对于'农业考古'而言的。对农业遗产整理和研究而言,它指出了传世文献和考古文物之外的另一种资料宝库和研究思路。作为'考现'对象的'活'遗产,与固化的文献、文物,共同构成'农业遗产'鼎足而立的三大领域。"②2010 年,苑利主张中国农业文化遗产保护工程所要保护的主要是以活态形式出现的传统农耕经验与技术,"如开荒的经验、育种的经验、播种的经验、防治病虫害的经验、收割储藏的经验"③。李永乐认为,与世界自然遗产、世界文化遗产相比,世界农业遗产最大的不同在于它保护的是一种生产方式,一种农民仍在使用并赖以生存的耕作方式,如 2006 年中国浙江省丽水市青田县龙现村的"稻鱼共生系统"被联合国粮农组织确定为农业文化遗产试点项目。④ 农业文化遗产保护也是农耕技艺的言传身教这一隐性秩序显性化的制度,就是"农业文化遗产的法律保护"⑤。

可见农业文化遗产主要是以农民为载体、以农民为传承人的传承方式,它从远古走来,今天体现在农民的传统生产方式当中,是"法天象地"的耕种技艺,是一种活态档案。

---

① [日]池田雄一:《中国古代的聚落与地方行政》,郑威译,上海:复旦大学出版社 2017 年版,第 5 页。

② 李根蟠:《农史学科发展与"农业遗产"概念的演进》,《中国农史》2011 年第 3 期,第 121-128 页。

③ 闵庆文主编:《保护农业文化遗产及其动态保护前沿话题》,北京:中国环境科学出版社 2010 年版,第 272 页。

④ 李永乐:《世界农业遗产生态博物馆保护模式探讨——以青田"传统稻鱼共生系统"为例》,《生态经济》2006 年第 11 期,第 39-42 页。

⑤ 吴莉:《农业文化遗产的法律保护》,武汉:华中科技大学,2011 年,第 1 页。

5.1.1.2　乡土"熟人社会"的无文字交往方式

乡土社会很长时间是在只有语言、没有文字的"熟人社会"[①]里,"能感受到但无法簿记的世俗框框"[②]里。这在东西方农耕文明时期是共有的现象,熟人社会体现的是一种社会关系。一些档案学者也引证"熟人社会"的观点,如:我国传统村落具有费孝通先生笔下"乡土中国"的特质。[③]　笔者认为,"熟人社会"具有"无文字""无讼"的社会特征,这也是如今在我国传统村落中对于档案工作者而言满眼看不到"正式文件"的原因之一。如罗德胤曾去调研过一个保存极为完整、规模也相当可观的古村,但"这个过程中让我们最遗憾的一件事就是难以了解到村落的历史——几乎没有留下任何文字材料,村民连在这里住了多少代人都记不清楚"[④]。当然这种没有任何文字材料的情况也是比较极端,一般来说会有家谱、族谱等传承至后代。

在传统村落中"熟人社会"的社会关系特征还占主流。费孝通提出中国乡土"熟人社会"是一种"差序格局"。周星认为,"生/熟"分类是汉人社会及文化中一组重要的民俗分类范畴,"对少数族群或者异族的'生/熟'分类,既可以看作是这样一种整理和秩序化的努力,也能反映其族群认知的水平、程度及其所依据的逻辑规则。一定意义上,它或许算得上是'差序格局'的一种放大"[⑤]。曹山明也强调"熟人社会"是中国社会的根本:"熟人社会是一个真实的社会,是认识人与人关系,进行人的行为的模仿,了解社会结构,处理人际关系实践的最佳场所。……熟人社会是中国人的教堂。中国的礼仪之邦之名不只是因为朝廷宫廷礼仪更是民间熟人社会的习俗礼法。"[⑥]曹山明呼吁在传统村落保护中逐渐在城市周边的乡村恢复熟人社会形态。可见,这种熟人社会的乡土特征影响着乡土交流和记忆方式。

---

① 费孝通:《乡土中国　生育制度　乡土重建》,北京:商务印书馆 2011 年版,第 10 页。

② [法]孟德拉斯:《农民的终结》,李培林译,北京:社会科学文献出版社 2010 年版,第 17 页。

③ 刘佳慧、王云庆:《档案部门参与我国传统村落档案工作的方式——档案部门与传统村落合作关系建构探析》,《档案学研究》2017 年第 2 期,第 57-62 页。

④ 罗德胤:《传统村落从观念到实践》,北京:清华大学出版社 2017 年版,第 25 页。

⑤ 周星:《乡土生活的逻辑——人类学视野中的民俗研究》,北京:北京大学出版社 2011 年版,第 15 页。

⑥ 王思明、刘馨秋主编:《中国传统村落:记忆、传承与发展研究》,北京:中国农业科学技术出版社 2017 年版,第 173-174 页。

在中国乡土"熟人社会"中,费孝通说:我们的乡土社会是"面对面的社群",日子久了可以用脚步声来辨别来者是谁,足声、声气,甚至气味,都可以是足够多的"报名"。"贵姓大名"是因为我们不熟悉而用的,文字所能传的情、达的意是不完全的,为什么舍此比较完善的语言而采用文字呢?熟人社会办事"打个招呼就是了",所以留存下来的文字少。① 也所以"入乡随俗"是中国人的生存法则。如今徽州古村落以徽州历史档案遗存而令人瞩目,但乡土社会还是以"无文字"为特色,是一种无需契约的熟人交流方式。李桂平说,村庄的人们没有档案,也不会有盖棺定论的悼词,他们留给村庄的是写满墓碑的子孙名字。②

世界上的初民社会也大多是血缘村落基础上的熟人社会,如孟德拉斯描写的法国农村社会:"每个(农村)社区都是一个互识的群体,其中每个人都认识所有的人和他人的所有特点。……在一些能感受到但无法簿记的世俗框框中组织起来的,它们在最小的细节上都受一种道德律令的支配,后者可以毫不迟疑地对人们和他们的一举一动做出评判。"③又如梅因在任英国派驻印度的法律官员时,他认为:在印度,"每一个个体都是他所属群体中习惯的奴隶;权威、习惯或机会而不是契约,实际上是初民社会伟大的法律渊源"④。

这样的乡土社会也无讼,费孝通在《无讼》篇中写道:"在乡土社会里,一说起'讼师',大家就会联想到'挑拨是非'之类的恶行。作刀笔吏的在这种社会里是没有地位的。……一个负责地方秩序的父母官,维持礼治秩序的理想手段是教化,而不是折狱。"⑤司马迁的《酷吏列传序》有一段话,也值得我们今天深思:

> "孔子曰:'导之以政,齐之以刑,民免而无耻。导之以德,齐之以
> 礼,有耻且格。'老氏称:'上德不德,是以有德;下德不失德,是以无
> 德。''法令滋章,盗贼多有。'太史公曰:'信哉是言也!法令者治之
> 具,而非制治清浊之源也。昔天下之网尝密矣然奸伪萌起,其极也,

① 费孝通:《乡土中国 生育制度 乡土重建》,北京:商务印书馆 2011 年版,第 10-16 页。
② 李桂平:《被颠覆的村庄》,南昌:江西人民出版社 2012 年版,第 94 页。
③ [法]孟德拉斯:《农民的终结》,李培林译,北京:社会科学文献出版社 2010 年版,第 8-17 页。
④ [英]梅因:《东西方乡村社会》,刘莉译,北京:知识产权出版社 2016 年版,第 10 和 73 页。
⑤ 费孝通:《乡土中国 生育制度 乡土重建》,北京:商务印书馆 2011 年版,第 57-59 页。

上下相遁,至于不振当是之时,吏治若救火扬沸,非武健严酷,恶能胜
其任而愉快乎! 言道德者,溺其职矣。故曰:'听讼,吾犹人也,必也
使无讼乎。''下士闻道大笑之'。非虚言也。"①

大意是,如果用以强权为特征的行政权力、政策法令来管理一个国家,使其子
民达到所谓的"安分守己",只不过是让人隐藏了一颗奸伪之心,因而"无讼"的
礼治才胜过法治。而礼治又逊于道德教化。"不尚贤,使民不争。……为无
为,则无不治。"(《道德经》第三章)"故失道而后德,失德而后仁,失仁而后义,
失义而后礼。先礼者,忠信之薄,而乱之始。"(《道德经》第三十八章)

　　"好讼"的地区和民众令人生厌,如江西师范大学方志远曾撰文道:"赣人
好讼",有民谚曰"筠袁赣吉,脑后插笔",北宋沈括在《梦溪笔谈》中提到江西有
一本在宋朝时非常流行的讼学的教材《邓思贤》,明代朱元璋也曾斥责浙江、江
西的民众"多好争讼,不遵法度"。② "无讼",因而"留存下来的文字少",也较
少形成类似今天的诉讼档案,调解和评理也没有如西方的《蒙塔尤》中记载的
那种记录,这是与近代西方乡村档案不同的地方,因为近代西方乡村社会已经
步入农业工业化时期,正如梅因的著名论断"从身份到契约"③。可见,我国乡
土社会"本色"是熟人社会而不是契约社会。梁洪生曾解读了鄱阳湖区渔民因
捕捞权的争夺而形成的历史文书:历史上鄱阳湖"渺水"期大小水面汇成一片,
消除了平时的地界,造成"湖区业权的季节性模糊",渔民因越界而冲突,不得
不由官府加以仲裁,最后"习惯"捕捞范围仍是最通用的术语,因为它几乎完全
对应地体现了湖区民间长期存在"习惯(法)"的现实,所以才会被广泛接受并
长期沿用。④

　　可见,"就怕空口无凭,才需签字画押"是现代社会的特征。在还具有乡土
社会特征的传统村落中,档案工作者的"循循善诱"才让农民对"档案"一词有
"恍然大悟"似的认识,这与本项目组在古村落发放"针对古村落村民对于档案

---

①　司马迁:《酷吏列传序》,北京:中华书局 1959 年版,第 3131 页。

②　方志远、诸慧菁:《明清江南"好讼"成风》,《小康》2004 年第 10 期,第 74-76 页。

③　刘莉:《从"印度法的现在"发现"英国法的过去"——梅因的比较法律史研究》,《清华法治论衡
(辑刊)》,2018 年 8 月 31 日,第 252-268 页。

④　梁洪生:《捕捞权的争夺,"私业"、"官河"与"习惯"——对鄱阳湖区渔民历史文书的解读》,《清
华大学学报(哲学社会科学版)》2008 年第 5 期,第 48-60 页。

认知的调查问卷"时得到的答案是一样的。早期如 1963 年的河北省遵化县建明人民公社王国藩所说:"'档案'这个词儿,在农村好像很新鲜,其实不然。把记录我们工作的报表、账目、会议记录、报告和模范事迹等等保存下来,就是农村档案。"①近期如 2014 年的村干部感慨地说:"过去我们身在宝山不识宝,是档案让'状元故里'焕发了青春。"②两相比较,相隔五十年,村民的"档案意识"似乎原地踏步,这只是因为乡土社会的口口相传的记忆方式,不同于现代档案观而已。乡干部李桂平写道,由于土改、人民公社时期村庄的土地被无偿划给集体所有,一座座坟茔被掀开,"对于祖宗的记忆只有对于姓氏的怀念和追述"③,勤俭、知足、包容、感恩、忍耐和坚韧还留在村庄的基因图谱上。

因此,不能因"留存下来的文字少"而责怪村民比较"愚"。费孝通先生说:"说乡下人愚,显然不是指他们智力不及人,而是说他们知识不及人。"④因而也有苏东海的呼吁:"农村是有文化的,农村文化是从农村生产、生活之中,从人与自然亲密接触之中形成的,是农民世世代代积淀与传承下来的。我们缺失的是对农村文化本身的认识。"⑤乡土社会是无文字但不等于没有文化,不能因此推行城市档案理念来取代乡土档案秩序。但还是有些文章这样认为,如:"乡村文化在城乡一体化进程中,在连连遭遇了工业文明、城市文明的残酷对比后,现在连'敝帚自珍'的空间也被挤压得所剩无几了。"⑥这样的"敝帚自珍"等说法,还是在说乡村文化低人一等,而且,农民失去文化自信,显然是因为城里人和城市的蚕食;"档案文化下乡"的对策仍然显示出一种居高临下,否则还是要面对"村民参与意愿不高,村民对建档工作的抵触情绪较多"⑦等问题。张全海也反对以文化精英主义的"历史使命感"来试图拯救"愚昧落后"的农民⑧,今天的传统村落名录制度从另一方面也证明了村落中确实有产生于

① 冀安:《王国藩同志谈农村档案》,《档案工作》1963 年第 6 期,第 2 页。

② 枫林、李兴祥:《记忆:传承古村落的文化血脉》,《浙江档案》2012 年第 4 期,第 22-23 页。

③ 李桂平:《被颠覆的村庄》,南昌:江西人民出版社 2012 年版,第 77 页。

④ 费孝通:《乡土中国 生育制度 乡土重建》,北京:商务印书馆 2011 版(2017 重印),第 12-14 页。

⑤ 苏东海:《新农村·农村文化·生态博物馆》,《中国文物报》2006 年 11 月 17 日,第 5 版。

⑥ 王萍、满艺:《传统村落档案建构模式比较研究》,《档案学研究》2017 年第 6 期,第 61-67 页。

⑦ 任越:《传统村落文化建档问题探究——以黑龙江省少数民族传统村落为例》,《档案学研究》2017 年第 2 期,第 4-8 页。

⑧ 张全海:《世系谱牒与族群认同》,上海:上海世界图书出版公司 2010 年版,第 79 页。

此并保留下来的丰富的文化。

5.1.1.3 口头传统的活态传承

乡土社会的无文字交流方式经过历史选择和沉淀,一些传说、寓言、笑话、谣谚、民歌等成为稳定的口头传统,在乡土社会中活态传承,形成口头传统。口头传统就是"不成文"的保存方式。

口头表达形式,最早都是口耳相传,但有些有书面记录,甚至比较早。"西周时期,我国已建立采诗观风的制度,朝廷专设负责采诗的官员,称为'行人'。……《汉书·食货志》描写了'行人'采集民间诗歌的过程:'孟春之月,群居者将散,行人振木铎徇于路,以采诗,献之太师,比其音律,以闻于天子。'"①如《诗·豳风·七月》记载有"四月秀葽""五月鸣蜩""六月莎鸡振羽""十月蟋蟀入我床下",这些农谚是宝贵的农业文化遗产;许多古代寓言也借先秦诸子散文得以保存,如《孟子》的"揠苗助长"、《列子》的"愚公移山"、《吕氏春秋》的"刻舟求剑"等。"有文人把它记录下来以后,就有两条发展线索了。一个在文人圈里流传,另一个在民间继续流传,发展到后来两者的差距会很大。"②这也是学界所谓的大、小传统形成机制,口头表达的活态传承方式不能完全被静态文献记录所代替。

民间还有大量的解决日常生活纷争的口传故事、传奇,有的以戏剧的方式表现出来。在这些传奇中包含着道德性的典范模式,受到来自规范性或典范秩序的深刻约束。以朱晓阳"彻底解释"的小村"分水传奇与生活戏剧"为例,一个争水纠纷却会被表述成一段如同戏剧脚本的传说,他"将这个传奇当作一个公开的文本"进行分析:这种故事体现出中国广大地区的农民与官府间的理想关系,隐含了农民看待官府和处理他们与官府关系的一般想象,它可以说是一种礼治秩序的戏曲化表达。③ 笔者解读朱晓阳的意思是,他并不赞同"小村分水"故事只被看成一个经济理性的结果,仅仅发挥物质性功能,相反,他认为,村民们更希望小村的分水故事是美好的带有英雄情结的传奇,村民们是从具有诗意的角度来阐释现实生活世界的秩序和观念,通过戏剧化的仪式来想

---

① 王文章:《非物质文化遗产概论(修订版)》,北京:教育科学出版社 2014 年版,第 143 页。

② 葛剑雄、周筱赟:《历史学是什么》,北京:北京大学出版社 2002 年版,第 54 页。

③ 朱晓阳:《小村故事——地志与家园(2003-2009)》,北京:北京大学出版社 2011 年版,第 31-35 页。

象生活,因此传说与石碑所记载的事件已大为不同,这是村民主动配合的礼治秩序形成的口头传统。

传统村落建档,即乡村记忆的固化,只是为了记忆曾发生过的事情,但传统村落更应该是在有农民维护下的"活态"保护。所以,档案化、文物化的保护方式,是在传统村落濒危时采取的不得已的手段。倘若因为建档工作妨碍或异化了农民的日常生活,那就适得其反了。在乡土社会,世代之间的交流通过日常生活潜移默化、耳濡目染而交替传承,这就是我们今天看到的传统文化模样。因而,农民是农耕文化的"活载体",是乡村文化传承的"人间活宝"。传统村落保护,首先应该保护农民,"农民的终结""无农"的村落也就意味着村落的终结。

5.1.2　乡土社会的宗法制度及记忆

中国的宗族是由一个个小家庭聚合而成的血缘组织的特殊形式,宗族的血缘纽带是宗族的组织力量的天然基础。费孝通说:血缘所决定的社会地位不容人选择,血缘是稳定的力量。① 张全海认为血缘村落"它的根本性认同基点是这个群体必须具有共同的血缘关系——这可以说是一种'天赋'的关系,在此基础上附着的祖先崇拜和宗法观念则属于文化心理范畴"②。而维系这种聚族而居的家族组织的物态纽带是祠堂、家谱和族田,族谱应该是宗族认同当中最核心的物态载体。有的村落在血缘的基础上,由于气候、政治、战争、商业等等原因的迁徙,再形成地缘村落。笔者认为,宗族制度是乡土社会的自律秩序,是当时的村民自治。

梅因认为,"这是每一个都被一个专制的父权统治的家庭构成的村庄。并且这也一直有一个咨议会根据习惯来判定纠纷"③。因而陈立军说:村庄共同体作为西欧社会的基层组织,是西欧乡村社会中存在时间最长也是最为基本的组织形式;它不仅贯穿于整个中世纪,而且在有些地区甚至还存在到了20

---

① 费孝通:《乡土中国　生育制度　乡土重建》,北京:商务印书馆2011年版,第73页。
② 张全海:《世系谱牒与族群认同》,上海:上海世界图书出版公司2010年版,第35页。
③ [英]梅因:《东西方乡村社会》,刘莉译,北京:知识产权出版社2016年版,第72页。

世纪。① 一些家庭或个人享有世袭特权,通过不成文的习俗或习惯得到维护,以宗法制度约束村民,这些世袭特权包括土地权利(不单指族田)、水及水利、住宅等,还包括习俗上的尊崇地位等物质和非物质方面的特权。

5.1.2.1　宗族制度是村落自治方式

在我国,宗族制度是乡土社会中村落自治的方式。东汉的《白虎通义》写道:"族者,凑也,聚也。谓恩爱相流凑也。上凑高族,下至玄孙。一家有吉,百家聚之,合而为亲。生相亲爱,死相哀痛。有会聚之道,故谓之族。"②一般认为,在传统中国,国家官僚体系基本上只是延伸到县一级为止,所谓"皇权不下县";县级以下的事务多由地方大族或乡绅等地方精英作为中介来替代朝廷完成管理,所谓"县下唯宗族,宗族皆自治,自治靠伦理,伦理造乡绅"③。

我国最早在《仪礼》《礼记》里就制定出亲族关系、祖先祭祀、婚丧礼仪等规矩,就有伦理关系的制度化倾向;到宋代宗族的力量开始加强,到"明太祖下了一道'圣谕六条',宗族的功能渐渐有了规范;清初,康熙九年(1670)颁布了《上谕十六条》。这十六条就几乎把宗族规定为一个类政权力量了"④。《上谕十六条》规定道:敦孝弟以重人伦,笃宗族以昭雍睦,和乡党以息争讼,重农桑以足衣食,尚节俭以惜财用,隆学校以端士习,黜异端以崇正学,讲法律以儆愚玩,明礼让以厚风俗,务本业以定民志,训子弟以禁非为,息诬告以全善良,诫匿逃以免株连,完钱粮以省催科,联保甲以弭盗贼,解仇忿以重身命。

比较明太祖朱元璋的《圣谕六条》和清康熙的《上谕十六条》,康熙《上谕》已经把宗族当成了国家的基层政府机构和司法机构,宗族的功能更加确定和完备。后来雍正皇帝的《圣谕广训》中广为人知的"立家庙以荐丞尝,设家塾以保子弟,置族田以赡贫乏,修族谱以联疏远",把宗族的作用范围又缩小了很多。自从康熙朝赋予宗族类似地方自治政权的功能之后,各宗族的族谱中必有的族规也改变了内容,几乎把康熙《上谕》一条条都涵括进去了。有些族谱,径直就把《上谕》刊在谱首,或者把《上谕》更具体化,例如徽州《环山余氏宗谱》所载的"余氏家规"有一篇阐释《上谕》里的"完粮钱以省催科"说,告诫它的子

---

① 陈立军:《西欧村庄共同体研究》,长春:东北师范大学,2011 年,摘要。
② 班固:《白虎通义》,《钦定四库全书第 603 册》,北京:中国书店 2014 年版,第 851 页。
③ 秦晖:《传统十论》,北京:东方出版社 2014 年版,第 8 页。
④ 陈志华、李秋香:《中国乡土建筑初探》,北京:清华大学出版社 2012 年版,第 83 页。

孙,赋税是草民忠君的天经地义的事,而且是古已有之的传统。"忠于《上谕》,推动《上谕》的贯彻,这是宗族得以存在的合法性的根据。"①

宗族制度在乡土社会中的村落自治秩序体现为以下几个方面。

第一,"立家庙以荐丞尝。"建宗祠来定期祭祀祖先,祭祀祖先是团结宗族最重要的活动,也是宗祠最基本、最重要的功能。"祠堂为族人公产,旧时它还具有法人资格。"②

第二,"设家塾以保子弟,置族田以赡贫乏。""置族田"或义田、范田,即"尝产",即全族共有的产业,包括立家庙、设家塾、修族谱、赡贫乏在内的宗族活动必需的物质条件,也便是团结整个宗族的经济力量。族田(公地、范田)的形成、使用,反映了一个村落的历史管理秩序。族田的耕种有定规,目的是要照顾较多的人受惠;族田也严禁出卖,出卖族田是大罪,因而这些宗祠、义田、家塾其他入祠的祠中公物,经在一定范围转为公共性,从私物转为公物。这也说明,宗族管理曾是一类公共权力。宗族掌握了如此雄厚的公有经济实力,宗族甚至规划、控制村落规模,有些宗祠还自行立法。宗族管理村落的公共事务,从选址布局到建屋,从引水到抗洪,从造桥到修路,还有日常的卫生等等,几乎无所不管,不论大小,不论繁简。

第三,家族法规,乃至乡规民约。家法族规,是宗族制度的文字形式,一般写入族谱里,成为"一个宗族共同的《基本法》"③,乡规民约就是超血缘村落"基本法"。从北宋司马光《涑水家》中的一篇《居家杂仪》和南宋袁寀的《袁氏世范三卷》中的《治家》篇中,可以见到千年前古人对家居生活和住宅建造的慎重和周到。④ 明代王阳明的《南赣乡约》有云:"自今凡尔等同约之民,皆宜孝尔父母,敬尔兄长,教训尔子孙,和顺尔乡里。死丧相助,患难相恤,善相劝勉,恶相告诫,息讼罢争,讲信修睦。务为良善之民,共成仁厚之俗。"⑤再如,明代永嘉知府文林在任上颁布的《族规》规定:"凡遇春秋祭祀之时,塑望参谒之日",全族多要在宗祠里集合聚会,听读明太祖的《圣谕六条》,然后,再听朗诵

---

① 陈志华、李秋香:《中国乡土建筑初探》,北京:清华大学出版社 2012 年版,第 246 页。

② 周星:《本土常识视野中的民俗意味——人类学视野中的民俗研究》,北京:北京大学出版社 2016 年版,第 82 页。

③ 陈志华、李秋香:《中国乡土建筑初探》,北京:清华大学出版社 2012 年版,第 60 页。

④ 陈志华、李秋香:《中国乡土建筑初探》,北京:清华大学出版社 2012 年版,第 100-101 页。

⑤ 胡彬彬、吴灿:《中国传统村落文化概论》,北京:中国社会科学出版社 2018 年版,第 44-45 页。

宋人陈古灵的《劝谕文》。① 家法族规,是宗法礼治的具体化。族规和国法的价值取向是一致的,很多宗族非常重视聚落自然资源和环境的保护。祖山、朝山的树木都不许滥伐,而案山和坟山则连砍柴都不允许,违反的要受到很严厉的处罚,直到"逐出祠堂",也就是从宗谱上除名,"开除族籍"。所以在过去宗法农耕时代,农村周围大多树木葱郁。② 如江西婺源县洪村有族规禁止在村前流过的溪里捕鱼,汪口村规定外出回乡的人要带两棵树苗回乡。

因为奉祀祖先有它天然的情感基础,又有它重要的社会意义,所以在百姓生活中盛行不衰。在乡土社会中宗族制度约束下,尊崇祖先的传统使得祖地族产得以完好保留;光宗耀祖的心愿使得村落繁衍生息;叶落归根的惯例使得农村得到反哺。这是传统村落千年文明繁荣的制度。近代以来,宗族作用没有得到统治者确认和肯定,但由于其是天然秩序,转为隐性制度在起作用,如今尊崇祖先、光宗耀祖、叶落归根的理念,还是在人们心中时隐时现。宗族制度如何向村民自治转化或者促进村民自治制度,也许值得深入研究。

5.1.2.2　祠堂是宗族的象征和记忆

祠堂曾是村落人们的集体记忆。祠堂、家庙作为宗族的象征,代表着物化的"宗法制度"③,即宗法制度下集宗法性和宗教性于一身的代表,它是宗族供奉祭祀先祖先贤的神主牌位的场所,是"认祖归宗"的场所,具有宗教般的神圣性。民间认为,无祠则无宗,无宗则无祖,因而祠堂也是传统"乡村信仰的场所"④,它就具有了宗教性与宗族性的双重属性,也因而被视为村落中"最具整合意义的象征符号"⑤。

古人祭神、祭祖的场所成为宗祠的前身。"至汉代,出现'祠堂'这个名称,宋人司马光在《文潞公家庙碑》中指出'汉世多建祠堂于墓所',又称墓祠、庙

---

① 陈志华、李秋香:《中国乡土建筑初探》,北京:清华大学出版社 2012 年版,第 254 页。

② 陈志华、李秋香:《中国乡土建筑初探》,北京:清华大学出版社 2012 年版,第 262 页。

③ 吴祖鲲、王慧姝:《宗祠文化的社会教化功能和社会治理逻辑》,《吉林大学社会科学学报》2014 年第 4 期,第 155-162 页。

④ 林敏霞、颜玲云:《从宗祠到文化礼堂:村落传统建筑遗产功能研究》,《民族论坛》2016 年第 12 期,第 65-71 页。

⑤ 武志伟、马广海:《仪式重构与村落整合——以烟台市北头村祠堂修缮为例》,《山东社会科学》2017 年第 3 期,第 71-77 页。

祠。"①《家礼》中把士庶祭祀祖先的建筑叫做"祠堂",也就是说,古代最早人们在居所的厅堂供奉先人、在墓所建祠堂。刘华用富有诗意的笔触描写了这种景象:"所以,在乡村,家家户户的厅堂之上都供奉着祖先的牌位,所有的民居几乎都成了香烟缭绕的庙堂。所以,许多地方依然延续。在'祠堂'的名称出现之前、古人把先人别墅改为家庙的称呼,把宗族祠堂叫作'家庙'。家庙,一个多么温暖的名词。彷佛,被无常的天灾人祸所困扰的人,得到了一种永远的荫护。"②

无论什么形式,慎终追远是建祠堂的普遍意义,大规模的联宗立庙建设祠堂,则因为一位江西贵溪人——礼部尚书夏言于明嘉靖十五年(1536年)上《令臣民得祭始祖立家庙疏》:"乞诏天下臣民冬至日得祀始祖",而加速了宗族制度普及的速度,民间皆得联宗立庙,于是,引起了中国古代祭祖礼仪的一次大变革。③元代民间自发创制的建祠之举,演变成有组织、大规模的修建祠堂之风,百姓"敦宗睦族","化民成俗"。祭祖活动还在其他各种公共建筑中举行,如在社庙举行社祭。社是地缘性的基层单位,《礼记·祭法》郑玄注:"与民族百家以上,则共立一社。"在农耕文明时代的血缘村落里,大多以族立社,族社合一,所以祭祖仪式可以在社庙中举行。伴随着宗祠制度的发展,祠堂除了祭祀先祖外,也逐渐成为了族人交际的场所、宗族政治的舞台,成为宗族议事、传承礼德、执行族规、教化族人的场所;以祠堂为基础的祠产经济和乡规族训也由此形成。

宗祠是体现乡土社会宗族文化的标志性建筑,是光宗耀祖的一种象征和记忆。在中国东南各省区,宗祠尤其多。在历史上江西作为全国立祠最多的地区之一,至今乡间仍散落着蔚为大观的古祠堂,如清代乾隆二十九年(1764年)凌某在《江西视臬记事》里载,全省有宗祠九千多座;道光江西《宁都直隶州志》记载:州城内外"为祠宇者十之三四,为民居者十之六七",祠宇竟占建筑总量的三分之一左右。④

---

① 吴祖鲲、王慧姝:《宗祠文化的社会教化功能和社会治理逻辑》,《吉林大学社会科学学报》2014年第4期,第155-162页。

② 刘华:《百姓的祠堂》,北京:商务印书馆2014年版,第5-6页。

③ 刘华:《百姓的祠堂》,北京:商务印书馆2014年版,第33页。

④ 陈志华、李秋香:《中国乡土建筑初探》,北京:清华大学出版社2012年版,第249页。

　　然而在今天,宗祠的传统祭祀、议事、教化等功能已式微,如汪欣写道:歙县有很多传统村落,明清时期西递胡氏宗祠建有祠堂 26 座,民国时期黟县南屏村有祠堂 20 多座,歙县棠樾村鲍氏宗族有祠堂 15 座,而新中国成立以后,祠堂的原有功能丧失,高大的祠堂建筑被改为仓库、学校或办公场所,其昔日的辉煌只能通过祠堂的匾额、碑刻得到些许体现。① 祠堂作为宗族最重要的标志,"其改变必然体现或代表宗族的改变"②,也因而,由祠堂及祠堂活动衍生出来的宗族聚合力,就应该被视为延续过去的"遗产性仪式"。③ 过去,"宗谱是不可轻易示人的,祠堂不允许外姓涉足"④,而今天游客包括笔者在内踱步于一个个祠堂内,眼见到祠堂的神圣性已经消失。传统村落档案研究需关注如何弥补乡土社会的宗祠记忆及其凝聚宗族、教化等功能的消失,客观地讲,祠堂如今换一种方式如博物馆式发挥教化功能,也体现了一种社会秩序的再现和控制,但宗祠所承载的宗族制度在现代村落中如今已转为隐性地发挥着作用。

5.1.2.3　乡土社会的修谱传统和记忆

　　谱牒的最原始意义就是一个宗族的"花名册",它的重要性在于确认一个始祖之下的宗族的存在,雍正《圣谕广训》里有一句"修族谱以联疏远",为便利祭祖仪式,宗谱就存放在祠堂里,房基地和族田、书院等也须依靠族谱在本宗族之间转让。

　　我国修谱传统源远流长。北宋欧阳修很重视家族谱的考订,他曾自撰家谱,"以其家之旧谱,问于族人,各得其所藏诸本,以考正其同异"(《欧阳氏谱图序》)。他的"《集古录跋尾》中有很多论及谱牒的内容,并多以碑文补正传世谱录缺误。对碑石铭文所载关于谱系的内容,欧阳修也多有考证"⑤。朱熹就亲自编纂了《新安朱氏族谱》,还说:"三世不修谱,当以不孝论。"

　　① 汪欣:《传统村落与非物质文化遗产保护研究——以徽州传统村落为个案》,北京:知识产权出版社 2014 年版,第 111 页。
　　② 肖明卉:《世俗化祠堂与适应型宗族:宗祠的结构与功能分析》,重庆:西南政法大学,2011 年,摘要。
　　③ 武志伟、马广海:《仪式重构与村落整合——以烟台市北头村祠堂修缮为例》,《山东社会科学》2017 年第 3 期,第 71-77 页。
　　④ 刘华:《百姓的祠堂》,北京:商务印书馆 2014 年版,第 233 页。
　　⑤ 杜娟:《欧阳修〈集古录跋尾〉研究》,济南:山东大学,2007,第 50 页。

族谱的编修有一整套中国特有的成熟的内容和形式、体例、主旨等。一般来说,编修谱牒,首先要由祠堂组织一个修谱班子,司职财务、编辑、印刷、校对、分发登记等事务。族谱修成时,一般要举行庆典活动。因为族谱是神圣的,其分发和保存都有规矩。族谱一旦形成,就变成神圣的符号,不可轻易示人。如"浙江省永嘉县鹤阳村《谢氏宗谱》,要看宗谱需要几房的房长全部到齐才能打开族谱箱"①。族谱作为私密的文件被保存,也会具有地域上的法律凭证作用。修谱传统,一般是 15 年一小修,30 年一大修。

在移民、寻根、修谱中,族谱应该是最重要的媒介,虽然在家谱中先祖的事迹有时被看成一种民间故事,张全海在考证江州"义门陈氏"奉文改谱造成世次混乱的原因时,认为奉文改谱"其目的应该是通过对族谱内世系的更改,以统一陈氏宗族内部祖先系谱的集体认同,实现义门陈氏'同根同源'的身份认同"②。但张全海认为,"记忆的真实性准确性问题并不重要,因为在人类辗转迁徙的过程中,对于祖先系谱和祖居地记忆的逐渐模糊甚至缺失都属于正常现象。……如果族谱幸存的话,那么'按图索骥'就是一件相对轻松的事情,'对谱'时的惊讶和喜悦将为寻根带来第一个高潮。"③他还肯定世系谱牒作为私家档案对于修史的正面作用。

如今,徽州是中国谱牒遗存最多的地区之一,其他乡土社会也有修谱传统,比如我们可以间接从芮德菲尔德的著作中得知这一点:A. C. 海登是采取了对当地各土著的家庭"登记家谱以厘清其家世"举措的第一人,并把这一举措当作一种进行实地调查的正式工作方法来使用;在印度,同一种姓里的任何人都可以到该种姓所办的专门培养为本种姓记录家谱系谱的学校学习。④

宗法制度、祠堂记忆和家谱是乡土社会的一种传统记录秩序。乡土社会宗族秩序有它天然的情感基础,又有它重要的社会意义,所以在百姓生活中盛行不衰。村民日常生活中"职业"不分,没有"档案工作"这一项,建祠堂、修谱于他们而言首先是尊祖怀远,但实际上就做到了今天所谓的建档工作,留下祠

---

① 陈志华、李秋香:《中国乡土建筑初探》,北京:清华大学出版社 2012 年版,第 257 页。
② 张全海:《世系谱牒与族群认同》,上海:上海世界图书出版公司 2010 年版,第 50 页。
③ 张全海:《世系谱牒与族群认同》,上海:上海世界图书出版公司 2010 年版,第 57-58 页。
④ [美]罗伯特·芮德菲尔德:《农民社会与文化:人类学对文明的一种诠释》,王莹译,北京:中国社会科学出版社 2013 年版,第 130 页。

堂、谱牒档案。而如今,已经成为学术研究资料的家谱,已没有了私密性和神圣性,可实物展示,可网络阅读,可被学者收藏。但乡土社会的口述传统和家法族规、宗祠记忆及修谱传统等宗族秩序,仍是传统村落档案的底色。

5.1.2.4　乡土社会的宗法礼制

通俗地讲,礼治是在长期教化作用下自律秩序的统称,礼治秩序也是一种等级制度。费孝通在比较我国礼治秩序与西方法治秩序时说,礼治不是指人治,礼并不是靠一个外在的权力来推行的,而是从教化中养成了个人的敬畏之感,使人服膺,人服礼是主动的:"礼就是按着仪式做的意思。孔子一再地用'克'字,用'约'字来形容礼的养成,可见礼治并不是离开社会。"法律是从外限制人,不守法所得到的罚是由特定的权力所加之于个人的。亚瑟·亨·史密斯(Arhur Henderson Smith)说:"礼是中国人所有思想观念的集中体现;在我看来,中国可以贡献给世界的最合适、最完美的专著就是《礼记》。"①这也是上述乡土社会无讼的原因,也如前述司马迁在《酷吏列传序》那段话,证明礼制秩序的作用。

在日常生活中,"礼就是按着仪式做的意思",礼治秩序表现为一种礼仪制度,从文化遗产、档案学角度而言,文物制度是礼仪制度的一部分,礼制文物是凝固的仪轨,还有冠服制度、婚丧嫁娶制度、房屋营造礼制等,如今也是文化遗产。

乡土社会的礼制秩序,以宗法制度来实行敬祖孝亲、承宗接代、绵延世泽的"孝道",是中国传统文化中礼治秩序的核心观念。而宗法制度又体现在上述的祠堂、修谱传统、家法族规中。宗祠是一个重要的维护宗法礼制的地方,是宗法制度下集宗法性和宗教性于一身的场所。祭祀礼制的形成也有漫长的过程。如孔子说,"君子之泽,五世而斩",所以亲情"五世而斩",在家礼中无须多余的不必要的祭祀,北宋程颐主张除四代先祖外,还要祭血缘村落内一个宗族自始迁祖以下所有的先祖,后来的祠庙祭祀制度遵守了这个主张,而《朱文公家礼》中认为,庶民在住宅厅堂祭祖限于"高、曾、祖、祢"四代,是因为五代以上的祖先不可能见到,祭五代以上便没有感情根据。

---

① ［美］亚瑟·亨·史密斯:《中国人的性格》,乐爱国、张华玉译,北京:学苑出版社 2001 年版,第152 页。

人生礼俗有不少要在宗祠里举行,但多少也因各地风俗而异。如婚礼的举行。一般来说,婚俗有"六礼"即纳采、问名、纳吉、纳征、请期、迎亲六种礼仪。宗祠里的婚礼犹如现在教堂里的婚礼,多少令人有敬畏之心、神圣之感。而现在很多婚礼是在酒店举行,使得这一人生礼俗缺乏神圣性,或神圣性的一面隐藏下来以其他方式出现。在宗祠里,一般不举行丧礼,但可以在祠堂里暂厝棺木。笔者2019年夏8月14日在江西渼陂村的村口"梁氏宗祠",正碰见祠堂里暂厝棺木,不准拍照;两三位逝去者的后人闲闲地坐在棺木旁边拉家常,也在说给死去的人听。而唯物主义理念教育下成长的笔者和学生,听说面对的是棺木时却顿生一种惊寒,快速撤出。在笔者的观念中,这些都应是由医院和火葬场的专业人士来处理的事情,活人只负责办理各种手续和表示哀悼。但是在祠堂里,活着的人与逝去的人和谐相处,应该能更好抚慰生者的心灵,这是一种很好的生死教育,生与死在此无缝连接。

总之,在一个血缘村落里,宗法礼制体现在方方面面,宗祠、家谱、家规、族田等,它使得一个村落成为一个自治的实体。然而,在礼制制度绝对控制下,过度的求新求变是不被允许的行为,人的衣食住行等行为不能"失章失梁"。如今的传统村落保护运动,是一种自上而下的有计划的行政行为,因而要寻找和遵循维持传统村落的礼治秩序,才能"入乡随俗",使得传统村落保护可持续发展。

5.1.4 传统建筑修旧利废制度和堪舆风水术

5.1.4.1 传统建筑修旧利废制度

传统建筑的修旧利废就是对单体古建筑或建筑构件中破损、残缺、遗失的地方进行修缮,并把修缮后的残余材料进行合理利用的行为。建筑的"修旧利废"一词,出自《汉书·司马迁传》:"幽、厉之后,王道缺,礼乐衰,孔子修旧起废,论《诗》《书》,作《春秋》,则学者至今则之。"[①] 然而在"礼崩乐坏"的很长的一段历史时期内,统治者并不是修旧起废,而是竞相营造宫室。梁思成说,中国建筑"修葺原物之风,远不及重建之盛"。[②] 是故对待残损的古建筑的观点

---

① 班固:《汉书·司马迁传第三十二》,颜师古注,北京:中华书局1962年版,第2716页。
② 梁思成:《中国建筑史》,天津:百花文艺出版社1998年版,第12页。

是整体拆毁后重建,这一点尤其体现在改朝换代之时,统治者对前朝的建筑遗迹往往是一种摒弃且蔑视的态度。民间对建筑物的修缮,也是由"不求原物长存"这样一种理念所致,热衷于"旧貌换新颜",推倒重建。即使有所修缮,多认为属于"工匠之作",其目的是出于旧物利用和节约考虑,而不是保护收藏行为,因为中国传统上是收藏与祭祀有关的可移动的金石于宗庙、府库。

因而,从文化遗产角度出发,无论是统治阶级还是庶民,对建筑的修缮都持有一种与西方建筑保护不同的理念。西方文化遗产理论和制度来源于古建筑保护的经验,因而尤基莱托的《建筑保护史》被认为是"迄今为止世界遗产保护领域公认关于文化遗产保护历史分析最为完整、全面的一本重要学术著作"①,该书中写道:彼特拉克在 1337 年的第一次罗马之行时不由潸然泪下,因为文字作品中罗马的往日辉煌与眼前的残垣断壁形成鲜明的对比,他谴责罗马人对古代遗存无知的忽视和破坏,从而引进了具有浪漫主义感情色彩的概念:罗马伤怀。自此,关于古代遗址及其与历史间的关系的研究日益增多。布拉乔利尼于 1431 到 1448 年间编写了《关于罗马故城及其废墟之记述》一书,书中对罗马的古迹遗址有相当多的描述。还有其他作者的其他书籍,如《著名的罗马》(1444—1446)更系统化地考虑了建筑类型。画家拉斐尔曾负责教堂古建修复工作。乔治奥·瓦萨里在 1550 年出版了《画家、雕塑家和建筑家传记》,等等。②

在修缮制度上,"建筑物的损耗程度是因其结构和建造材料决定的,因此在不同文化背景和地区,修缮传统也有区别"③。因木材作为建筑材料的物质寿命较之砖石材料要短很多,在使用过程中较容易受到损坏,例如火焚而烧毁、遇水而受潮、日晒而开裂等。我国传统匠人从技术与工艺层面发展出了一套有效的传统木建筑修缮技术与方法,涉及木结构传统建筑保养与维修工程:首先,日常的"养护性维修",木构建筑的屋顶一漏雨,内部椽子望板、梁架就会糟朽腐烂;地下排水不畅,稍一积水屋基就会软化崩塌,上层建筑也就难保,因此传统建筑各个工种都有维修的要求,基本处于"且用且修"的状态;其次,关

①　徐知兰:《UNESCO 文化多样性理念对世界遗产体系的影响》,北京:清华大学,2009 年,第 9页。

②　[芬兰]尤嘎·尤基莱托:《建筑保护史》,郭旃译,北京:中华书局 2011 年版,第 28-34 页。

③　[芬兰]尤嘎·尤基莱托:《建筑保护史》,郭旃译,北京:中华书局 2011 年版,第 3 页。

于大木结构的维修代换,《营造法式》中列有如"拆修挑拨舍屋功限"等规定;再次,重要传统建筑的"落架维修",作为传统建筑的复原大修工程,是最具有东方特色的木构传统建筑保护维修做法之一;最后,历史传统遗迹的"原址重建"。①

中国古代木结构建筑具体的修缮技艺大概有嵌补法、墩接法、剔补法、下撑式拉杆加固梁、夹接或托接方法加固梁、更换木构件等。具体还可见于中国古建筑文化遗产研究委员会主任赵琛所著的《古建筑修缮工程施工细节详解》。而在维修重建过程中的碑刻铭记,都是实物档案。

5.1.4.2 古建筑和风水

在古代的风水术中,就阴宅来说,《葬经》(又名《葬书》)堪称代表之作,相传为晋代风水鼻祖郭璞所著。此书对后世风水术的影响很大,故尊称为"经"。明代缪希雍(约1546—1627年)高度评价《葬经》,说:"其文全,其义备,虽圣人复起,不可改矣。"还有《管氏地理指蒙》《青囊海角经》《三龙经》《移徙法》《图宅术机》《堪舆金匱》《论宫地形》《阳宅十书》等有关建筑风水的著作。倘若"六经皆档",这些经典是古人堪舆过程中的经验记录,也是"档案"文献。《葬经》曰:土形气行,物因以生。夫气行乎地中,发而生乎万物。其行也,因地之势。其聚也,因势之止。葬者原其起,乘其止。地势原脉,山势原骨。委蛇东西。或为南北,千尺为势,百尺为形,势来形止,是谓全气。全气之地,当葬其止。气之盛虽流行。而其余者犹有止。虽零散而其深者,犹有聚。葬者乘生气也。气乘风则散,界水则止。古人聚之使不散。行之使有止,故谓之风水。

葬者,藏也,乘生气也。这里所说的藏,是与葬互联系的,专指人的藏。原意还是专指人死后的藏,即是指坟墓,即阴宅。后来演化为人生前的住宅,即阳宅。风水术最核心的秘密,就是乘生气;最核心的技法,就是藏风聚气。山环则可以藏风,使气聚之不散;水抱则可以聚气,使气行之有止。

《葬书》里面所提出的,夫阴阳之气,升而为气,降而为雨,形成一个有机循环的活体。朱熹(1130—1202)把这个学说变成新儒学②,把儒释道结合起来,变成一种民俗,变成一种社区文化。朱熹的家乡就在江西,因而江西的乡村讲

---

① 陈蔚:《我国建筑遗产保护理论和方法研究》,重庆:重庆大学,2006年,第77-81页。
② 张瑞:《朱熹风水思想的历史学研究》,济南:山东大学,2014年,提要。

究风水的风气颇盛,今天还有很多村人比较懂风水。在笔者调研的一些村落,许多本地村民都会向我们解释村落、祠堂、住宅等选址的风水原因,存有大量风水传说。

鲁班被尊为木匠、水泥匠行业的祖师爷,《鲁班经》这部流传于民间的建筑营造类典籍,对民间建筑营造特别是南方的古代建筑也有深远的影响,也有说《鲁班经》就是风水书。据说书上有记载建造各类房屋的吉凶图式,其中关于"鲁班尺"(又称"门光尺")云:鲁班尺乃有曲尺,一尺四寸四分,其尺间有八寸一寸;堆曲尺,一寸八分内有财、病、离、义、官、劫、害、吉也。由此可见鲁班尺并不是测量建筑物尺寸之用,而是丈量祸福吉凶。柳肃也如是说,"用它(鲁班尺)来丈量门的高度和宽度,如果其长短正好在财、义、官、吉这些刻度上当然就是好的,否则就要调整门的尺寸"①。

具体到乡土建筑营造的风水,《黄帝宅经》中讲"夫宅者,乃是阴阳之枢纽,人伦之轨模"。按照阴阳的观点,室内为阴,室外则为阳,理想的建筑空间则应该是阴阳合度的,即所谓的"负阴而抱阳"的格局。因此古代建筑群会注意室内外空间的比例和气候之间的关系。② 比如在太师壁正中往前一步,是全宅风水的"穴眼",建房前风水术士给住宅定位,就是先定下这个穴眼的位置;还有一项"小风水"讲究,叫"望天白",以供神灵出入,也定下了住宅的平面和剖面上的大尺寸。③

因而,今天中国经验的风水说在面向西方的规划学说时,重要的是寻求使"传统的知识"获得普适性的地位。

5.1.4.3 建筑礼制

建筑礼制,即礼制制度对建筑的影响,也就是划分不同级别、形制的建筑,使之适用于不同的人或阶级,建筑是礼仪制度中很重要的一个方面。建筑礼制,可以用陈志华引的一个例子来形象地说明:有一位从海外归来的历史学家在穿过太和门到庄严巍峨的太和殿时,兴奋地说:"我读了那么多书,今天才真

---

① 柳肃:《营建的文明:中国传统文化与传统建筑》,北京:清华大学出版社 2014 年版,第 90 页。

② 曹永康:《我国文物古建筑保护的理论分析与实践控制研究》,杭州:浙江大学,2008 年,第 74 页。

③ 陈志华、李秋香:《中国乡土建筑初探》,北京:清华大学出版社 2012 年版,第 135 页。

正懂得了什么叫封建专制制度。"①我国古代建筑深受儒家礼制思想的影响，它以官家制度的方式来约束建筑，因此这种影响强大并稳定。

宋代《营造法式》规定了建筑"等级制"，包括式样、用材规格、施工过程等相关技术规则，其中，尤以"工限"和"料例"部分最有特色：计算建筑用工和用料，以"材"为模数，"材分八等"，根据建筑的等级来决定"材"的等级，确定了"材"的等级，也就确定了建筑上各种构件的尺度，也就知道了这座建筑需要用多少工、多少料，从而进行监管。清朝颁布的《工程做法则例》，其内容、作用、意义都类似于《营造法式》。柳肃认为，"在中国古代的书籍分类中，《营造法式》和《工程做法则例》也不是归为工程技术或者经济一类，而是和礼制、法典、律令等一起被归为'政书'一类。"②所谓"官书"或"证书"，是由朝廷颁布、下面必须遵照执行的规范，即我们今天的建筑法规。在中国，乡土建筑是一种"规制"，一种效仿。因而，古代建筑没有建造师，只有工匠。中国营造法作为政府的法规具有很强的政治性，建筑被当作人身份地位的代表："可以说世界上没有哪个国家像中国一样，在建筑中包含着那么多的政治意义。营造法则是作为一种法规和规范来告诫人们怎样做建筑，怎样使建筑符合于统一的规定。"③

柳肃还说，建筑的等级表现在屋顶式样、数量关系、色彩等上面。屋顶式样有庑殿、歇山、悬山、硬山、攒顶、卷棚、盝顶等，庑殿顶是最高等级的式样，只有皇家建筑才能用，而一般平民百姓的建筑只能用悬山、硬山；数量关系也是表现建筑等级的重要手段，如表明建筑的体量规模的开间数有九开间、七开间、五开间和三开间，九开间建筑只有皇宫和皇家庙宇才能使用，老百姓的建筑只能做三开间，即使万贯家财也不能建造五开间、七开间的建筑，于是就只能用雕梁画栋来装饰；等级差别还体现于色彩上，以黄色是皇帝的专用色为最高等级，其次是红色，再次是绿色，最后是蓝色，对礼制等级的僭越是犯法的行为。④

---

① 陈志华：《请读乡土建筑这本书》，《读书》1991年第9期，第112-120页。
② 柳肃：《营建的文明：中国传统文化与传统建筑》，北京：清华大学出版社2014年版，第3-5页。
③ 柳肃：《营建的文明：中国传统文化与传统建筑》，北京：清华大学出版社2014年版，第3-4页。
④ 柳肃：《营建的文明：中国传统文化与传统建筑》，北京：清华大学出版社2014年版，第28-31页。

　　具体到某一住宅上,也体现着建筑礼制,堂屋、门、卧室皆有礼制。堂屋,在大多数地区,又是供奉祖先和神祇、举办婚丧寿庆和四时八节等各种获得礼仪性场所,所以堂屋必居正房的中央,这是宗法制度和泛神崇拜所必需的。① 普通百姓的建筑群体也是纵向串联式的,因为任何横向结合都会削弱主要院落的地位,"并驾齐驱"是不存在的,作为高潮的地方只有厅堂。② 地位比较高的人家大多有自己的堂名,堂匾架在堂屋前左右下金柱之间的穿枋上,如今堂匾也被认为是民俗文物或实物档案。再如门的礼制,自古以来人们就格外重视门户,门是一座住宅最重要的功能部分;《礼记·月令》规定天子和庶民都得"祭五祀",郑玄注五祀为"门、井、户、灶、中霤",五祀之首就是门。③

　　中国乡土建筑形制根据级别而设置不同的等级,是礼仪秩序在建筑上的体现。这些乡土建筑及上面的碑记、雕刻、堂匾、门神等如今都被专家学者认可为传统村落档案,而更重要的是这些民俗文物背后的礼制。乡土社会中道家思想深入人心,如"有无相生"的观念促使在乡土建筑环境中有许多"留地以待"的空旷的场所,屋檐上的宝葫芦装饰,以道家仙器达到阴阳平衡,体现了风水堪舆中的天人合一的道家思想等。

5.2　近现代乡村变迁和记录现代化

　　近现代乡村社会发生了急剧的变化,现代化、城市化导致部分传统文化消逝,乡土秩序发生改变,这是传统村落档案"泛化"的近现代动因。就如流坑村董氏董兆荣认为 1978 年以后流坑村发生了很大的变化,"有些外面的人进来,他们(年轻人)就跟着学,80 年代以后,村里人到外面去的就多了,他们就学外面的样子"④。传统村落档案的"泛化"动因,要通过乡村和农民的当代发展史去寻找。传统村落不是完全自给自足的小社会,即在文化上没有完全孤立封

---

①　陈志华、李秋香:《中国乡土建筑初探》,北京:清华大学出版社 2012 年版,第 100 页。
②　曹永康:《我国文物古建筑保护的理论分析与实践控制研究》,杭州:浙江大学,2008 年,第 77 页。
③　陈志华、李秋香:《中国乡土建筑初探》,北京:清华大学出版社 2012 年版,第 155 页。
④　张新民:《流坑——中国传统农业社会最后的标本(摄影集)》,杭州:浙江摄影出版社 2000 年版,第 6 页。

闭、没有明确的文化边界,它一直在响应大社会的工业化、市场化、现代化,并调试自己适应它们,这就是所谓的"文化适应"。"不仅工业化是,而且城市化在它们的本质上也都不过是达到'文化适应'的一种方式而已"①,芮德菲尔德说:"在人类学学者们对偏远地区里的孤立的小型群体大肆倾注他们偏心的关注的时候,这些孤立的小型群体却正悄悄地在那里自动地往外界的巨大社会靠拢。"②传统村落消逝及人为挽救的情节自上世纪在发达国家已普遍显现,而近代中国更是被动地发生转变,从而结构化的记忆的记录方式的从隐性转向显性,从熟人转向生人,从身份社会走向契约社会。一句话农业的工业化、技术化、市场化都是传统村落"记录"变迁的动力和原因。

5.2.1 欧洲近现代"农民终结"和"村落再生"

西方特别是欧洲农村的工业化、现代化要早于我国,其对农耕文明消逝和复兴的研究也早于我国,于我们有借鉴意义。虽然,城市—乡村这种二元对立的分析方法也许比较绝对化,但现实中也可以看到,把城市的档案理念运用于村落,也会导致乡土一套记忆秩序更快消失,因此,城市乡村二元分析法也是必要的。

欧洲各国在英国工业革命的引领下,经历工业化、现代化历程的同时,农村及其农耕文明走向衰落,其中城乡关系始终是一个根本性问题。英国在工业革命前,也是一个封建专制的农业国家,通过工业革命,完成了资本的原始积累。法国农村社会学家 H. 孟德拉斯在《农民的终结》一书中把自己定位于"农民的陈旧价值的怀旧歌手",该书分析了在欧洲工业化时期农民社会的变迁与变革,可看作一部农村近代社会史,初版于 1965 年,2010 年被介绍到我国。他说:"这本书是一个文明的死亡证书,这个文明在生存了 10 个世纪之后死去了。它是科学的诊断,而不是思辨的发问。"③这正呼应了该书开篇所引:

---

① 〔美〕罗伯特·芮德菲尔德:《农民社会与文化:人类学对文明的一种诠释》,王莹译,北京:中国社会科学出版社 2013 年版,第 34-35 页。

② 〔美〕罗伯特·芮德菲尔德:《农民社会与文化:人类学对文明的一种诠释》,王莹译,北京:中国社会科学出版社 2013 年版,第 94 页。

③ 〔法〕孟德拉斯:《农民的终结》,李培林译,北京:社会科学文献出版社 2010 年版,第 212-213 页。

"乡下人！一个奇特的古词。渔夫、猎人、农夫、牧人，人们现在还能真正理解这些词的含义吗？人们对这个化石般存在物的生活思考过片刻吗？"李培林用"羊城村的故事"引述孟德拉斯的分析来说明了中国"村落的终结"①。英国学者里贾纳·舒尔特(Regina Schulte)在《法庭上的村庄》一书中，也肯定了"村庄的断裂"：在 19 世纪上半叶,农民还没有从封建主义的枷锁中解放出来,他们的安魂曲就已经开始了——农民就已经成为一个公民,"经济意义上的完全公民","理性"出现在他的耕作方式上,他现在就像一个工匠或工厂老板经营一个"企业"一样经营农业;启蒙者还试图为农村人口带来一种新的文化,难道农民不是一种更接近人类起源的生命幸存标本吗?②

村落再生,是指欧洲工业化高度发达之后又"反哺"农业,开始保护正在衰弱的农耕文明。在 20 世纪 40 年代,法国乡村主义学派、地方主义运动以及法国农民协会,就在努力捍卫法国农村。③ 当《农民的终结》一书 1984 年再版时,孟德拉斯发现社会对于农民和乡村的态度突然地转变了："曾经成为过时遗迹的农民,在年轻人眼里成了智慧和学问的典范。……一切似乎都变了:村庄现代化了,人又多起来了。在某些季节,城市人大量涌到乡下来,如果城市离得相当近的话,他们甚至会在乡下定居。退休的人又返回来了。"④但他坚持认为,乡村社会似乎获得了惊人的复兴,但居民都不再是农民,农民已经终结;农民终结的重要原因就是城市的工业化制度对农村秩序的侵袭:"把并非为农业而制定的分析方法、立法措施和行政决策运用于农业。"⑤换句话说,把城市工业的分析方法、立法措施运用于农业和农村,导致了"农民的终结"。

5.2.2 我国近现代村落变迁及"空心村"

世界范围运用近现代技术发展农业，也对我国乡村造成一系列影响。我

---

① 李培林:《村落的终结——羊城村的故事》,北京:商务印书馆 2004 年版。

② Regina Schulte. (1994). *The Village In Court*: *Arson*, *Infanticide*, *and Poaching in the Court Records of Upper Bavaria*, *1848-1910*. The Press Syndicate of The University of Cambridge, Introduction.

③ 苏东海:《新农村·农村文化·生态博物馆》,《中国文物报》,2006 年 11 月 17 日,第 5 版。

④ [法]孟德拉斯:《农民的终结》,李培林译,北京:社会科学文献出版社 2010 年版,第 213-217 页。

⑤ [法]孟德拉斯:《农民的终结》,李培林译,北京:社会科学文献出版社 2010 年版,第 6-7 页。

国传统村落的衰退归咎于现代化和城镇化运动,也与近代乡土社会变迁及乡村的社会主义改造相关。① 我国当代农民—国家—土地产权之间的关系与西方不同,如中国的土地不完全私有化或可市场化,不能用简单的"传统—现代""传统农业—农业工业化"的二元对立来机械套用。

5.2.2.1 近代我国传统文化受到的挑战及乡村建设运动

近代中国建立在农耕文明基础之上的以孝悌为核心的儒家伦理、礼制秩序,在西方列强的坚船利炮面前显得孱弱不堪,从而被质疑甚至被抛弃,开始了向现代化转变的过程。蒋廷黻写道:中国的传统礼仪、清议、封建、军队中的乡土观念、独自尊大或闭关自守等旧精神、旧制度,是前进即欧化的阻碍,而"自 16 世纪到现在,世界史的最重要方面之一是东西的融化,或者我们应该说,是全世界的欧化"②。当时在西方中国的传统文化也被丑化,如一系列的"傅满洲"辱化书籍和电影。美国传教士亚瑟·亨·史密斯(Arthur Henderson Smith)在 1894 年出版的《中国人的性格》一书中,认为:"中国家长制的社会结构存在着严重的弊病。……它使整个社会成了老年人的社会,青年一代则备受压抑,处在从属地位。钢铁般的压力禁锢了人的思想,阻碍了社会的发展和有益的变革。……祖先崇拜真正是中华民族宗教信仰的集中体现。它是一个民族被迫套上的最沉重的苦轭。"③国人由于失去民族自信而改造、破坏、抛弃传统文化,却也忽视了西方人对中国民族特性曾有的赞叹,也是史密斯写道:"中国人有许多令人赞叹的品质,其中有一种是天生的尊重法律。……虽然一个人应该'远走高飞',可他逃脱不了自己的责任;即使他逃脱了,他的家庭仍不能逃脱,这是铁的原则,它虽不能保证一个人改邪归正,却常常可以使他不至于变得十恶不赦。……在基督教国家,仿佛追求个人自由不是当地最大的危险,反而是最大的需要。"④特别是史密斯赞扬中国的"二十四节气"的伟大:"在中国,同样的冷温变化并没有导致像伟大的共和国——美国

---

① 徐欣云:《"历史层累"阐述——传统村落档案研究语境的真实性探析》,《档案学研究》2020 年第 3 期,第 58-62 页。

② 蒋廷黻:《中国近代史》,北京:中国法制出版社 2016 年版,第 71-72 页和 95 页。

③ [美]亚瑟·亨·史密斯:《中国人的性格》,乐爱国、张华玉译,北京:学苑出版社 2001 年版,第 160-161 页。

④ [美]亚瑟·亨·史密斯:《中国人的性格》,乐爱国、张华玉译,北京:学苑出版社 2001 年版,第 160-161 页。

那样的变化无常、难以预测,而是宁静平稳、井然有序,很适宜于她那传统稳定的社会体制。钦定的帝国历书体现了天、地、人三者的和谐统一。'立春'那天,春天会翩然而至。'立秋'一过,气候会明显发生变化,再也没有了夏天的燥热。……在这方面,我们不是有很多东西应该向中国人学习吗?"①亚瑟在书中批评了美国过度强调个人主义、"只见树木不见森林"的科学制度,他说中国人"不守时"的特性,也许是由乡土中国的农业特性决定的。

　　然而,为与世界接轨,民国政府于民国元年在全国范围内推行公历,将黄帝纪元 4609 年 11 月 13 日定为民国元年元旦,与农历并用。历法纪年对于民族和国家都拥有无可比拟的重要作用,这一决定此后对中国乃至世界都产生了深远影响。现今,2005 年中华人民共和国政府发出《关于运用传统节日弘扬民族文化的优秀传统的意见》文件,2007 年将除夕、清明、端午、中秋节列为国家假日;向云驹认为,春节,"正成为中国向世界展示形象和世界了解中国的一个重要窗口"②。2016 年"二十四节气"被正式列入联合国教科文组织"人类非物质文化遗产代表作名录",它是中华民族上古农耕文明的产物,凝聚着中华文明的历史文化精华,体现了农历适应气候和指导农时的优越性,"二十四节气歌"在我国家喻户晓。非物质文化遗产强调群体性,而不是个人的知识产权,这与中国的民族性格合拍,只有在群体接力中才会产生这样的文明。除"二十四节气"外,还有"珠算""中医针灸技艺""传统木结构建筑技艺"等人类非物质文化遗产,都是中国民间群体的智慧,这些智慧也许没有留存明确的考据资料和档案证据,但在中国人的日常群体实践中传承。

　　再回顾近代中国,仁人志士们曾纷纷走上不同的乡村改革道路,梁漱溟、晏阳初、黄炎培、陶行知和卢作孚等从"习欧"和"仿美"转向探求本土化改革路径。梁漱溟认为中国文化的根就是乡村,"所有文化,多半是从乡村而来,又为乡村而设——法制、礼俗、工商业等莫不如是"③。若想现成地把西洋物质文明及政治组织形式搬过来,以维持中国社会崩溃的情势,这不但是不适合,而

①　[美]亚瑟·亨·史密斯:《中国人的性格》,乐爱国、张华玉译,北京:学苑出版社 2001 年版,第 209 页。

②　向云驹:《草根遗产的田野思想》,北京:中华书局 2011 年版,第 163 页。

③　梁漱溟:《乡村建设论》,上海:上海人民出版社 2006 年版,第 10 页。

且也绝不可能,因中西文化发生之背景,还有差异之故。① 卢作孚的乡村建设以提供农村图书馆、博物馆、"送书下乡"等启迪民智的方式,旨在转变乡村传统文化内在结构、改变乡民生产生活方式,以建构起现代化新型公民文化体系。② 如他于 1930 年在北碚筹办峡区博物馆③,一夜之间将当时北碚火焰山上的东岳庙所有的城隍、小鬼统统毁掉,使之成为一个博物馆,目的在于"打破苟安的现局,创造理想的社会"④。清末民初,张謇依托家乡南通州的棉纺织优势,创办了新式机械化棉纺织工厂,"回避了旧中国农业的痼疾之处,另辟蹊径,办农垦以兴农业,打开了中国农业近代化的通途"⑤,他于 1905 年创办我国第一个公共博物馆——南通博物苑,是"图地方人民知识之增进,亦必先有实现之处所",等等。⑥

近代中国的乡村变迁,最主要的特征是工业化和现代化,无论是体现在规模化、集约化的农业还是博物馆和教育民众的方式。

5.2.2.2 我国农村社会主义改造及记忆

中华人民共和国成立初期,经历了短暂的"百花齐放、百家争鸣"的文化政策,在 20 世纪很长一段时间里,周星认为,"革命意识形态对传统文化的颠覆、破坏和压抑构成了整整一个时代的特征"⑦。在我国农村社会主义改造过程中,村落的物态和文化都发生了一系列变革。柯芳近来论述了用社会主义新文化取代传统村落文化、用政治力量来推动传统村落文化的改造过程,如宗族制度通过土改解体,土改改变了土地所有制关系,祠堂大多移作集体公用,宗谱大抵消失;合作化运动把分散的小农变成了合作的小农,家族的权威被削弱,行政权威得以建立;人民公社时期,土地归公社所有,"公社是一种超血缘的组织,强大而有力,改造了原有的村落秩序",但人民公社失败了,根本原因

---

① 梁漱溟:《中西文化的差异》,北京:人民日报出版社 2017 年版,第 167-170 页。

② 孙金、卢春天:《卢作孚乡村文化建设的理念和路径》,《浙江学刊》2020 年第 2 期,第 232-238 页。

③ 侯江、卢作孚:《博物馆科学教育的先行者》,《自然科学博物馆研究》2018 年第 4 期,第 89-95＋99 页。

④ 张文立:《卢作孚与中国早期社区博物馆实践》,《博物院》2018 年第 3 期,第 35-40 页。

⑤ 王思明、刘馨秋主编:《中国传统村落:记忆、传承与发展研究》,北京:中国农业科学技术出版社 2017 年版,第 10 页和 164 页。

⑥ 王宏钧:《中国博物馆学基础(修订本)》,上海:上海古籍出版社 2014 年版,第 75 页。

⑦ 周星:《民族民间文化艺术遗产保护与基层社区》,《民族艺术》2004 年第 2 期,第 18-24 页。

是忽略了村落文化的继承性、多样性,等。① 农村社会主义改造对传统村落文化的冲击是很大的。

　　而人民公社规模化生产,笔者认为,实际上引入了工业化的科学管理理念和制度,集中体现于人民公社时期的"工分制"。这是一种"等量时间等量工资制",是集体化农业时期的集体记忆。黄英伟(中国社会科学院经济研究所)近来以江苏祖堂大队集体化时期的经济分配档案,分析了集体化时期的这种特殊"工分制":工分制是集体化农业的独创,它既是劳动的计量也是分配的标准;集体农业生产过程几乎一切投入都由上级或生产队干部决定,与农户劳动最直接最密切的则为"工分",因此"工分"成了当时社员生活中最重要的名词,成了社员的"命根"。② 黄英伟通过江苏祖堂大队分配账册表格提供的信息,得出社员在那时的劳动方式、劳动效率、劳动分配等令人信服的结论。③ 笔者认为,在人民公社尝试农业现代化制度时期,出现农民"磨洋工""大锅饭"出工不出力现象,与乡土社会中农民以"勤劳"作为高贵品德是不同的;人民公社的集约化、规模化生产、统购统销的模式就像一个企业单位在运行,社员就是赚取工分(工资)的员工,这已经改变了乡土社会的生产方式。

　　农业学大寨提供的是农业样板工程的记忆,大寨的遗迹"红旗渠"及农业水利修建方面的集体记忆,一直到今天还有痕迹。红旗渠,凭着一股"大寨精神"在险峻的山上开凿出了一条"惊天地、泣鬼神"的人工天河,这是"治水"工程。朱晓阳说,70 年代中期的青少年和壮年几乎都有某个地点参与兴修水利的经历,这里的"水利"特别指那种集体性的"水库会战"或大型水渠会战;有关这种水利大战的记忆,地方史料中比比皆是。④ 周星说,在"文革"期间,包括更早一些的人民公社时期,原先颇为自由自在的农民的劳动作息时间曾逐渐地被纳入统一管理的对象之中,于是,农闲不闲,要大修农田水利,春节也要过

---

　　① 柯芳:《毛泽东时代村落文化改造的基本路径及其成就》,《毛泽东思想研究》2017 年第 1 期,第 20-27 页。

　　② 黄英伟:《工分制下农户劳动配置的经济分析》,《中国经济史研究》2011 年第 2 期,第 179 页。

　　③ 黄英伟:《集体化时期农村经济分配档案述论——以江苏祖堂大队为例》,《古今农业》2012 年第 4 期,第 14-25 页。

　　④ 朱晓阳:《小村故事——地志与家园(2003—2009)》,北京:北京大学出版社 2011 年版,第 51 页。

革命化的春节。[①]

总的来说,我国规模化、集体化的人民公社时期,考勤打卡制模仿城市工厂制度,弱化农历、二十四节气而遵循现代均等时间,利用现代农业技术种植而不轮作等,促使本来的农村地方特征衰退,因而也是农业种植、养殖方式逐步现代化的结果。

5.2.2.3　新农村建设运动及记忆

在世界范围"农民终结"的情形下,我国该如何处理农民与城市的关系,这是传统村落档案研究的背景。"如果乡村集体相对于包罗一切的社会来说不享有相对的自治,那我们是在谈论农业生产者、地方群体,也可能是乡村'阶级',但不是农民整体。一言以蔽之,农民是相对于城市来限定自身的。如果没有城市,就无所谓农民,如果整个社会全部城市化了,也就没有农民了。"[②]

改革开放后,我国的现代化建设有目共睹,改革开放带来的红利也大大提高了人们的物质生活水平。然而,城市规模迅速扩张,古村落被视为陈旧、落后、土气而遭到摧毁与重建,成为现代的人们远离和逃离的地方,古村落在急速"空心化"、急速消逝。档案学者在传统村落档案研究相关文章中,对"空心村"的理解常是"无人的村落"或"仅剩下留守老人、儿童的村落",笔者认为档案界同仁这种对于"空心村"的理解不完全准确。李培林用了"无农的村落"解释"空心村",即农村的"非农化",村落的终结,最重要的原因是没有耕地了,也就没有农民了。[③] 陆元鼎也认为"空心村的特点是建筑还比较完整,虽然不少建筑有破损残旧,但仍蕴藏着深厚的文化内涵"[④]。而由于城镇建设,这些建筑也被推倒重建了,文化载体彻底没有了。在乡村城镇化过程中,修建新居的村民也相当随意,老民居的建筑传统不再流行,代之以钢筋水泥混凝土的小洋楼,呈现出"千村一面"的趋势。因而,"空心村"更是农村生产力结构和社会关系的改变,它意味着"无农的村落""无耕地的村落"两个过程,倘若对于传统村落变化的机制停留在"空心村"字面上,就不能深刻理解其变迁的动力机制。

---

① 周星:《乡土生活的逻辑——人类学视野中的民俗研究》,北京:北京大学出版社 2011 年版,第147页。

② [法]孟德拉斯:《农民的终结》,李培林译,北京:社会科学文献出版社 2010 年版,第8页。

③ 李培林:《村落的终结——羊城村的故事》,北京:商务印书馆 2004 年版,第27页。

④ 陆元鼎、杨新平:《乡土建筑遗产的研究与保护》,上海:同济大学出版社 2008 年版,第7-10页。

　　随着我国城市化进程的加快和新农村建设的全面推开,村落中的文化遗产保护遇到了一些新的问题,有的地方没有对文化遗产资源进行调查就开展了大规模的村容整治,破坏了村落的传统格局;一些地方在传统村落内复建、兴建人造景观,破坏了村落和谐的人文环境;一些地区拆旧建新,导致众多传统民居被毁,这些把新农村建设理解为新村建设的错误做法,已经威胁到传统文化的保护和弘扬。① 我国农村在城镇化过程中,因农民疯狂建房,形成一处一处"湿疹"。朱晓阳认知了这种农民的"建房热"形成的"毒瘤"在我国的存在,认为这些所谓毒瘤其实是建筑体类型的现代化变体,它们是以集体土地所有制和平均主义土地分配为约束条件下的政策为诱因而形成的,它们的出现包含了"补偿预期"的经济理性等。② 也正如鲁道夫斯基所说:"我们的城镇,在徒劳无益的炫耀中毫无节制地增长——这是一种建筑的'湿疹',无可救药。"③

　　新农村建设"整村"运动,如治理"脏乱差"的环境,很多村落虽错落设置了公共垃圾桶、家家户户改厕、改猪圈,如厕所改造之后,没办法再积"农家肥",不得不用化肥,虽然如此,一些生活垃圾及各种塑料包装袋、饮料瓶,仍然污染着村落。近年国家也倡导文化下乡,给农村送戏、送书、送科技,李桂平记录到:"科技下乡,村庄里的人们需要什么科技,又有什么人需要掌握科技?送戏下乡更是扯淡,⋯⋯图书下乡本该最实惠,⋯⋯当我们走进农家书屋,抖落图书上厚厚的灰尘的时候,心中不禁暗生悲情。"④李桂平作为乡镇干部,就是乡村历史的见证者,是不自觉地以人类学的"深描"来对现实进行归档和评析。笔者 2019 年暑期一天曾带学生到文港镇周坊村、晏家村调研,在晏家村村委会,村干部应笔者要求打开了"农家书屋"的门,他说:满屋的书基本没有人来看。这样的文化下乡运动,还是因为认为"无字"乡村中的村民缺少文化或者"愚",对他们缺少理解和尊重。农村档案工作的年度归档制,也要考虑其在农

---

　　① 楼庆西:《中国古村落:困境与生机——乡土建筑的价值及其保护》,《中国文化遗产》2007 第 2 期,第 10-29 页。

　　② 朱晓阳:《小村故事——地志与家园(2003—2009)》,北京:北京大学出版社 2011 年版,第 149-150 页。

　　③ [美]伯纳德·鲁道夫斯基编:《没有建筑师的建筑——简明非正统建筑导论》,高军译,天津:天津大学出版社 2011 年版,序。

　　④ 李桂平:《被颠覆的村庄》,南昌:江西人民出版社 2012 年版,第 92 页。

村的可行性,也要考虑有没有遵循农村生产和生活的节奏。

总的来说,新农村建设常常是推旧迎新,传统建筑和旧习俗都要被革新,而这又常常是与传统村落保护运动要求相左的。我国新农村建设就是农村城市化过程,也是农村生产力借助城市反哺大发展的过程,旧农民在消逝,新农民在产生;务农农民在减少,务工农民在增多;农民工大潮会导致农耕技艺的失传,因为务工农民就是身份和户籍还是农民的工人,所从事的工作已与农业无关。此时,农村档案的形成及内容也已经发生了很大的变化。与工业相比,农业有自身特殊性,乡村建设的关键还在于重建乡土中国体系,而不是仅仅以现代化思维站在指导者的立场上去规划乡村、领导乡村、建设乡村。乡村已经不是纯粹的"乡土中国",传统村落档案的内容也应反映这一系列的影响。

5.2.3 农业现代化及其记录特征

乡村传统记忆方式也随乡村变迁发生变化。农业的庄园"规模化",直至近代的"工业化",促使人们有计划地进行农耕技术和农民生活的记录,工业社会的逻辑和世界观开始在农业社会发生作用。笔者对孟德拉斯等提到的农业自身"工业化"及其记录特征进行总结,概括如下。

5.2.3.1 农村人口外流彻底动摇了农村社会

乡村人口外流,农村人口老龄化和农村"空心"化,农村社会被彻底动摇了,而且在城市增生了农民工档案。"工业革命使农业劳动者的数量以每年16万人的可怕速率减少,其中有的是由于农业劳动者死后无继,有的是由于年轻农业劳动者的改行。"[①]农业改变过去手工的劳作方式,利用工业社会的新设备和新能源,带来农业产量的大增,使得农业不再需要更多的劳动力。因而著名的经济学理论会认为,农村人口外流是农业和社会进步的必要条件。但事实也证明,农村人口外流也带来外流农业地区的衰落,因为素质最好的人员出走了,农业社会僵化了,形成一个个"空心村"和大量农民工。

传统村落的消逝,无论是物质还是非物质文化遗产的消逝,笔者认为,其核心是因为农民这一主体流失了。在"空心村"中,乡土建筑也许还在,并以此打造成民俗馆或乡村博物馆,但是在"空心村"里没有了农民,也就没有了农耕

---

① [法]孟德拉斯:《农民的终结》,李培林译,北京:社会科学文献出版社2010年版,第9-10页。

技艺、民俗、口头传统等活态传承,乡土文化变成凝固的展示和展演,最终因失去活力也终将消逝。

"农民"不单单是"务农的人",他们是知农事、知农时,集种植养殖技术于一身的农耕文明传承人,是农业遗产的传承人。我国传统村落中,过去有许多"半耕半读"的农民,形成"耕读传家"的传统;今天有许多"半工半农"的"农民工",他们在外地打工,但户籍还在农村,其根还在农村。在已经变成"空心村"的传统村落中,在城镇化的村落重建热潮中,这批"农民工"可以说是最后一批还保留有"耕种技艺"以及民俗、民间手艺的传承人,他们返乡后才能传承农业遗产。如浙江青田县的稻鱼共生系统,可追溯到宋代[①],但这种养殖和种植合而为一的技艺,虽有博物馆来保存种植历史、传播和教育后来者,但是真正的传承还是需要种庄稼的能手即农民。哈尼梯田农业景观遗产也是如此。农业特殊种植技能的标本化手段只是保存历史的手段,而村落可持续发展依靠的还是农民群体。因而,农民的消逝是传统村落变成空心村的根本原因。笔者还认为,"村民"已不同于"农民":"村民"也许是村庄"被行政化""被城镇化"后的居民,是没有耕地只有农村户口的居民,实际上这样的"村民"已经不再是"农民"——不再是农耕文化的传承者。

乡村人口外流,流进城市,也动摇了传统村落的修谱传统,而在城市中却增生了农民工档案。"农民工档案"可以说是"农民"在现代化、工业化后"职业变迁"的产物。

5.2.3.2　生产方式变革冲击了农业传统生产关系

农业是"地方性的艺术",任何进步的技术需要在每个地方经受检验,适应那儿的气候,只有富人才具备实力冒革新的风险;而一般来说,"农民社会的变化是很缓慢的,一种新事物在那里只有看起来不再'新'的时候,才真正被接受了,因为那时它已经并入了既存的系统"[②]。农民对于革新抵制的痕迹仍深深地留在农艺学的文献里,农民在 19 世纪才缓慢地接受了农业革命。

农村规模化生产及经济、科学理性在农村的推行,也推行了簿记账目。土地变成生产资料具有了经济价值,耕种规模化生产需要协调备案,因而需要簿

①　李永乐:《世界农业遗产生态博物馆保护模式探讨——以青田"传统稻鱼共生系统"为例》,《生态经济》2006 年第 11 期,第 39-42 页。

②　[法]孟德拉斯:《农民的终结》,李培林译,北京:社会科学文献出版社 2010 年版,第 29 页。

记账目这类文件或档案。"'新式的'大经营历来都是进行'理性化'管理的。从中世纪起,大庄园主们就要求他们的总管进行账目簿记,要求他们的技术人员进行实验和引入一些'新东西',在书中记载下好的农业习惯做法(葛朗和德拉图什,1950;德拉图什,1956)。……事实上,这是在经营管理上从农民逻辑向经济理性过渡,这种过渡集中地表现和标示了文明的冲突以及农民向农业生产者的转化。"①在市场经济下农业规模化生产,农业本身工业化,需要进行科学管理,就会产生一系列账目簿记类农业经济档案。簿记账目的推行,与农村规模化生产及经济理性和科学理性在农村的推行相关,与农民向农业生产者转化相关。

农业技术提高土地的利用率,也促使自然轮作方式改变。在传统农耕中土地轮作是必须的措施,即通过交替种植可以使地力不被耗尽,遵循能够保障土地肥沃的基本节奏。现在,土壤学、生物学和化学等农业理论和技术的发展已可以使农业劳动者摆脱自然土地轮作的束缚。如利用化肥向土地提供养料,可以在同一块土地上连续多年种植统一作物,虽然这会造成土地板结或"生病",但"轮作的完善和土地休闲的取消是近两个世纪来农艺学的重大成果"②。现代农业科技是"逆天而行",与传统农民的慢慢习得的"顺天而行"的农业轮作措施,是完全不一样的。现代化的农业技艺就会形成一系列文献,便于大范围推广。

5.2.3.3 土地变成一种生产资料后土地契约盛行

土地变成一种生产资料,具有了经济理性,"土地恋"被抛弃。在过去,"所有的农业文明都赋予土地一种崇高的价值,从不把土地视为一种类似其他物品的财产。"③父子相继不懈劳动,会进一步增加这种对土地的重视,并会使土地染上个人的和情感的色彩,形成"土地恋"。这种"土地恋"也许没有文字记载,但曾以一种父传子的方式代代相传,即使"族田"也负载许多道德情感。然而,经济学家推崇并向现代农业劳动者灌输的"理性和经济"的观念,使得土地变成一种生产资料,特别是青年人会粗暴抛弃这种"土地恋",土地不再具有神圣感。

---

① [法]孟德拉斯:《农民的终结》,李培林译,北京:社会科学文献出版社2010年版,第11页。
② [法]孟德拉斯:《农民的终结》,李培林译,北京:社会科学文献出版社2010年版,第46页。
③ [法]孟德拉斯:《农民的终结》,李培林译,北京:社会科学文献出版社2010年版,第42页。

梅因 1855 年就任印度委员会的法律委员,他通过东西方乡村文明的比较,他认为可从"他们"(东方)的现在发现"我们"(英国)的过去;他有一个为世人所熟悉的论断,即"从身份到契约",即:"在古代世界,个人由于身份束缚于传统群体,其行为受到身份的规制;而在近代社会,个人被视为自治的个体,他们自由地订立契约,形成联盟。"①梅因认为大不列颠创造的"租金契约"的方式是更公平的财产分配方式,而东方君主以税收的方式拿走了耕种群体的绝大部分劳动成果,近乎"剥削",因而隐含着对印度农业社会的批判。② 梅因在用资产观念来清算土地的过程中,形成了大量司法、准司法档案,这些档案成了了解印度法律实践的源泉。梅因的东西方乡村比较的结果,也证明了乡村及其记忆方式已经发生变迁,农业工业化和农村现代化正在改造着乡村。租金、契约是农业现代化后的现代村落的特征,它不是产生于农耕文化的习惯做法,农耕社会的做法也许是抓阄、熟人关系、口头承诺等隐含的"契约",用更自然的方式决定财产的分配。但是,研究者几乎都把"契约文书"作为传统村落的重要档案内容,实际上近代才有许多契约文书留存。许智范、刘禄山研究了江西一部分契约文书,写道:江西省博物馆收藏有近两千件契约文书,大约四类,即一是民间民事经济交易类、契字、合同;二是政府颁发和民间社团颁发、民间收执的经济类票据、书证;三是宗族、家庭、婚姻等与人身身份有关的字约、收租簿籍;四是民间收藏的土地、人口登记图册。③

近来我国农村的房屋、田地也变成了一种资产,土地功能发生异化。有的自留地、房屋被旅游公司承包开发,有的由原居民出租房屋牟利,出现很多城中村、城郊村。同时,与西方不同的是,我国"土地恋"被抛弃,除了土地市场化后农民追求经济利益之外,更多的是农民在"互惠"的认知下心甘情愿放弃土地的情况,朱晓阳认为,在近年发生的城市化和国家征地过程中,滇池小村的土地在被征的时候,补偿费远远低于市场价格,这是农民与地方政府官员之间

---

①　刘莉:《从"印度法的现在"发现"英国法的过去"——梅因的比较法律史研究》,《清华法治论衡(辑刊)》,2018 年 8 月 31 日,第 252-268 页。

②　[英]梅因:《东西方乡村社会》,刘莉译,北京:知识产权出版社 2016 年版,第 73 页。

③　许智范、刘禄山:《"历史碎片"啄探——江西民间契约文书考察》,《南方文物》2006 年第 1 期,第 103-112 页。

的"理性交往",是以对国家的信任为背景的。① 国家政府和农民间的互惠性,体现的是一种道德遗产,是农民还在遵守自古以来的伦理规范或礼制秩序。

我国农民的流转不仅有农业现代化、城镇化等市场和经济因素的推动,还有行政政策上带来的流转如"农转非""知青档案"档案。因此,"经济理性"是与"农民情感"相冲突的,前者是现代标志,后者是传统标志。现代虽然也有一些城市人到乡村种地,但是他们是以"经济效益"为目标,缺少这种"土地恋"。这种经济理性促使经济核算账目的形成,如今天的会计档案、土地流转经营档案等。

5.2.3.4　工业化均等时间观念对农村的不良影响

传统乡村中四季的划分在农民对一年时间的认知中是很重要的,如我国指导农业生产的二十四节气的划分,这说明农时的每个季节不是均等的,农事随大气条件和耕作系统而发生变化。而在现代工厂,时间是均质的,时间可以用来衡量工人的工作量,以均等划分的工作时间量来计算报酬,因而时间可以用货币来衡量。当把这种均等的时间概念对农业劳动进行管理的时候,就会出现不协调甚至严重的僵化。工业化的均等时间观念对农村的不良影响,如上述的公社工分制,王文章说:"在城市化和机械时钟、电子时钟面前,农家小院和晨鸡报晓失去了存在条件。"②时间成为衡量工作量的工具。

农时的"时间"也成为了历史文化遗产。周星讨论了"时间"民俗与文化的关系,认为中国曾存在着非常丰富多样的时间框架或时间制度,而如今全球性的时间制度的确立,原先祖先们创造的钟楼、鼓楼,则大都沦为观光对象或成为受保护的文物了,相应地,原先那种"暮鼓晨钟"、悠然自得的生活节奏,也早已被滴答滴答的时钟节奏所替代;还有学校时间制度的迁入,也是一个重大的导致农民时间观念和时间感觉发生根本变化的因素,比如说,学校完全是按照公历运行的,这跟孩子们的祖辈按照农历掐着日子算节气的生活已大不一样,人们不断致力于使不同的作息时间之间相互协调,这个变化可以说很有实

---

① 朱晓阳:《小村故事——地志与家园(2003—2009)》,北京:北京大学出版社 2011 年版,第 10-12 页。

② 王文章:《非物质文化遗产概论(修订版)》,北京:教育科学出版社 2014 年版,第 98-99 页。

质性。①

村落非物质文化遗产后继无人,学校时间制度的迁入、时间统一安排也是原因之一,因为非物质文化遗产成了可有可无的课外项目,"非物质文化遗产进校园"也是临时性的而且费用往往昂贵,还会被认为"不务正业"。如在《指尖上的传承——泥人张》纪录片中,泥人张的传承人说:他儿子放学回来已经很累了,还有作业一大堆,根本不忍心再让他学习泥塑。② 季诚迁写道:几乎绝大部分年轻寨民都会随着知识观的转变而走进学校,接受全国普及性教育,侗族本民族文化只是编了个简明读物大家了解而已,由于教学任务重,学生们也没有太多的课余时间学唱侗族大歌和其他歌舞,主动学习侗族文化与技艺的很少。③

在农村档案工作方面,归档的年度制度对于遵守农时的农民来讲,就要重新适应,倘若适应不了,就不能满足上级对于档案工作的要求。

总的来说,世界范围特别是欧洲乡村在农村生产力变革引导下的生产关系变化,意味着传统意义上的农民已经终结。农民终结的重要原因就是城市的工业化制度对农村秩序的侵袭,而乡村记忆方式也因此转向现代化,产生了现代农村"档案",这种现象普遍存在。

5.3 文化遗产保护运动的推动
——从神圣走向世俗记录符号

人们开始反思工业文明的恶果。雷彻尔·卡逊(Rachel Carson)在《寂静的春天》(上海译文出版社,2007)一书中以大量事实和科学知识为依据,揭示了现代化学农药如杀虫剂 DDT 所造成的环境污染和生态危机,导致春天里鸟儿、鱼儿、虫儿等一片死寂,人类将来也难以幸免。1972 年世界各国颁令禁

---

① 周星:《乡土生活的逻辑——人类学视野中的民俗研究》,北京:北京大学出版社 2011 年版,第 139-149 页。

② 《指尖上的传承——泥人张》,2019 年 8 月 29 日,https://v.qq.com/x/page/h32356uiy4f.html。

③ 季诚迁:《占村落非物质文化遗产保护——以肇兴侗寨为个案》,北京:中央民族大学,2011 年,第 196 页。

用 DDT,20 世纪 40 年代以后人类出现了一种普遍的社会心态,那就是"回归自然",反对以人的好恶为尺度对自然进行价值衡量,"自然界中的所有生物,尤其指野生生物,包括动物、植物、微生物一旦存在,便有按照生态学规律继续存在下去的权利"①。人们提出生态环境伦理观,保护生态文明。因而以自然为对象的农业也应该是生态农业,因地制宜建设的传统村落也应受到尊重。传统村落保护可促进优秀的传统乡土文化的再生和活态传承。

世界文化遗产保护运动也正是起源于对现代性的反思,为避免文化一枝独秀带来的风险,从而保护文化多样性。在人类学视野下的"文化"概念和理论的推广,令人们逐渐认识到,文化多样性犹如生物多样性一样重要,各种文化都是平等的,没有先进和落后之分,因而可以将文化遗产的保护看作一种后现代思维。文化遗产保护运动,催生了联合国教科文组织的《雅典宪章》《威尼斯宪章》《乡土建筑遗产宪章》等颁布推行。

5.3.1 文化遗产从古迹发展为普世遗产(包含村落)的历程

世界文化遗产近代保护运动,也是遗产从神圣走向世俗、从艺术品走向更宽泛的遗产的过程,这已经是一种共识。芬兰的尤嘎·尤基莱托的《建筑保护史》是对文化遗产保护历程回顾的重要著作,他写道:"文化遗产的概念已经从历史传统遗迹和艺术作品,扩展到将民族学藏品、传统的园林、城镇、村庄和景观涵盖在内。规模上的增大和对文化和自然环境多样性的认同带来了新的情形,在这一新情形中,需要重新评估文化遗产本身的意义和保护它的方针政策。在仍然尊重前工业化那些传统的社区里,应用保护原则就会使这一情势变得尤为紧要。而在一般的城市和农村地区,情况亦如此。"②对于文化遗产内涵扩大、变成普世遗产的原因,尤基莱托认为可归纳为以下四类影响,并认为这四类影响从 19 世纪开始就并行发展,进而形成现行庞大的保护政策,如下。

第一,作为纪念物的古遗迹及记录阶段。尤基莱托写道:"纪念物"的概念在古代世界是广为人知的,最初关注的是有拉丁文题字的古迹,因为它们有记

---

① 李培超:《中国环境伦理学的十大热点问题》,《伦理学研究》2011 年第 6 期,第 83-92 页。
② 〔芬兰〕尤嘎·尤基莱托:《建筑保护史》,郭旃译,北京:中华书局 2011 年版,第 25 页。

录历史的价值,后来,一些没有题字的物体和构筑物也被认为具有这种文献价值,因为它们的材料本身就是文献,同时,人们认识到古代雕塑或建筑古迹的艺术重要意义。①

第二,风格式修复。文化遗产保护的主要内容就是维持文化遗产的生命,其重要手段就是修复,而在修复过程中,会留下很多修复信息或记录。修复保护这一活动发端于 18 世纪,19 世纪后半叶修复运动进一步演变,其最初的目的是为了保护"具有历史、科学和艺术价值的国家级纪念物",而后来的政策倾向于恢复已丧失的风格完整性,法国普罗斯珀·梅里美(Prosper Merimee)和维奥莱·勒·杜克(Eugene Vidlet Le Duc)对统一风格的修复做出系统性的定义,"此项运动得到了那些强调利用历史建筑并持实际和实证态度的建筑师们的支持,他们不愿把历史建筑仅仅当做档案进行保护"②。英国拉斯金(John Ruskin)是反修复主义的代表,他认为:"即便基于坚实的学术研究,维奥莱·勒·杜克的许多修复工作(巴黎圣母院、亚眠大教堂、夏特尔大教堂、兰斯大教堂、皮耶枫城堡、维兹莱的圣玛德琳大教堂等)如今看来如同迪士尼式的再创造。"

第三,现代修复。随着对"风格式修复"的批判越来越激烈,人们也越来越强调保存真实和纯正的状态,保留不同历史时期的改变、层次和岁月的痕迹。因此,"真实性"被赋予了新的含义,它是人文科学中"普适价值"的代表,人们对过去仅满足于复制传统老样式的最"忠实的"修复产生了怀疑。在实践中,提升和发展了保护对象和建构物的实际保存状况及劣化原因分析研究、登录建档的技术,对历史原物的强化加固,以及维护政策和保护性维修等。③ 科学性修复的代表意大利的阿里戈·博伊托(Arrigo Boito)的思想在 19 世纪下半叶获得了广泛认同,这一新理论仍视真实为应遵循的原则,但强调真实性是客观决定的,因此必须以客观的途径获得。

第四,传统的延续性。18 世纪开始,人们越来越关注那些作为文化身份的表达的民间艺术和创造成就的真实资源,即努力保护传统地区和社区,到20 世纪末,即朝向保障文化的多样性和活态文化的延续性。这些政策的演进

---

① ［芬兰］尤嘎·尤基莱托:《建筑保护史》,郭旃译,北京:中华书局 2011 年版,第 415 页。

② ［芬兰］尤嘎·尤基莱托:《建筑保护史》,郭旃译,北京:中华书局 2011 年版,第 417 页。

③ ［芬兰］尤嘎·尤基莱托:《建筑保护史》,郭旃译,北京:中华书局 2011 年版,第 417-418 页。

与全球生态关注和可持续发展两大问题并行,后两大问题都是 20 世纪最后几十年国际政策中优先考虑的问题。也即从保护神圣的宗教建筑、艺术品到保护"历史城镇地段"、乡土建筑遗产等具有普适价值的世俗遗产,后者代表了一种传统文化的可持续发展。①

陈蔚是我国较早梳理国外文化遗产保护历史的学者,也认为遗产保护观念经历了四个重要跨越,即:保护文物传统古迹在欧洲兴起,从保护文物古迹到保护"历史建筑",从保护个体建筑到保护"历史城镇地段",到保护无形文化遗产与保护自然遗产。② 文化遗产保护从古迹发展为包含世俗遗产(含村落)的历程,到了 1931 年,人们取得了共识,形成著名的《关于历史性纪念物修复的雅典宪章》,随后人们认识的调整和共识逐渐体现在一系列国际公约和宪章中,我国传统村落名录制度就是在这种国际背景下产生的。

5.3.2 国际文件中村落保护及文化遗产记录和档案的规定

20 世纪 30 年代以来,在一系列文化遗产保护国际文件中,有很多涉及保护乡土建筑及其乡村文化场所的内容。笔者对自 1931 年《雅典宪章》以来的国际文件进行了梳理,认为它们有两条演进线路:一是关于纪念建筑、文物保护与修复的文件路线,体现了文化遗产保护理念的扬弃和发展,《有关历史性纪念物修复的雅典宪章》(简称《雅典宪章》,1931)→《保护文物建筑及历史地段的国际宪章》(简称《威尼斯宪章》,1964)→《世界保护自然与文化遗产公约》(1972)→《佛罗伦萨宪章》(1982)+《华盛顿宪章》(1982)→《巴拉宪章》(1988)→《奈良真实性文件》(1994)→《关于乡土建筑遗产的宪章》(1999)→《保护非物质文化遗产公约》(2003)等;二是关于工业化、城市化过程中城乡建设、规划中历史遗产保护的文件路线:1933 年"城市规划大纲"(也简称《雅典宪章》,1933)→《马丘比丘城市规划宪章》(简称《马丘比丘宪章》,1977)→《北京宪章》(1999)等,城市规划中相关文化遗产保护理念的映射。其他还有《关于保护景观和遗址的风貌与特性的建议》(1962)、《关于历史地区的保护及其当代作用的建议》(简称《内毕罗建议》,1976)、《关于小聚落再生的 Tlaxcala 宣言》

---

① [芬兰]尤嘎·尤基莱托:《建筑保护史》,郭旃译,北京:中华书局 2011 年版,第 418 页。
② 陈蔚:《我国建筑遗产保护理论和方法研究》,重庆:重庆大学,2006 年,第 31 页。

(1982)、《西安宣言》(2005)等没有被我们广泛知悉的国际文件。下面有选择地介绍国际文件中与村落遗产保护及其档案规定相关的内容。

1931 年《雅典宪章》是关于文化遗产保护的第一份重要的国际文献。《雅典宪章》第七条指出："保护具有艺术和考古价值的人类资产，是一个值得所有作为文明载体的国家应该关注的问题；为实现这一目标，每个国家或者专门创立的有一定资质的相关机构，应出版一份有关文物古迹的详细清单，并附照片和文字注释，多国建立的官方档案中应包含本国历史性纪念物的所有文档；各国都应该在国际博物馆办事处存放有关艺术和历史性纪念物的出版物。"[1]《雅典宪章》是后来《威尼斯宪章》《华盛顿宪章》《佛罗伦萨宪章》等的基础，它明确指出"本国历史性纪念物的所有文档"都应该出版，并放在公开的地方便于公众获得。

1933 年现代国际建筑协会(CIAM)通过"城市规划大纲"(也简称为《雅典宪章》)，它集中反映了当时"新建筑"学派，特别是法国勒·柯布西耶(Le Corbusier)的观点，即：城市要与其周围影响地区成为一个整体来研究。该宪章认为：城市与乡村彼此融会为一体，构成所谓区域单位的要素，包括气候、土地和水源及天然交通等地理和地形特点，土壤、动植物等自然资源和农工产品等经济潜力，人口的社会组织、政体及行政制度等政治和社会情况三类因素。笔者认为，该宪章强调"城市与乡村彼此融会为一体"，也适用于我国正在进行城镇化建设的传统村落。

1964 年的《威尼斯宪章》是对 1931 年《雅典宪章》的补充和升华，是"国际文化遗产保护实践的理论基石"[2]，首先由陈志华翻译介绍到国内。该宪章第一条指出：历史古迹"不仅包括单个建筑物，而且包括能从中找出一种独特的文明、一种有意义的发展或一个历史事件见证的城市或乡村环境。这不仅适用于伟大的艺术作品，而且亦适用于随时光逝去而获得文化意义的过去一些较为朴实的艺术品"。并提出建档要求，如第十六条规定"一切保护、修复或发掘工作永远应有用配以插图和照片的分析及评论报告这一形式所做的准确的

---

[1]　张松：《城市文化遗产保护国际宪章与国内法规选编》，上海：同济大学出版社 2007 年版，第 35-37 页。

[2]　吴铮争：《国际文化遗产保护理念在中国的适用性研究》，北京：科学出版社 2013 年版，第 64 页。

记录。……这一记录应存放于一公共机构的档案馆内,使研究人员都能查到。该记录应建议出版"[①]。由此,传统村落保护也即乡土建筑遗产与乡村环境的整体保护,该宪章也给出了可遵循的要求和标准。

1977 年《马丘比丘宪章》由现代建造国际会议(CIAM)在秘鲁的马丘比丘通过,之所以选择在马丘比丘,是因为古代秘鲁的农业梯田,由于它的尺度和宏伟,也由于它明显地表现出对自然环境的尊重,它那外表的和精神的表现形式是一座对生活的不可磨灭的纪念碑,而受到全世界的赞赏;《马丘比丘宪章》确定了文化在生活中同样重要的地位,把人、社会、自然紧密联系起来进行考虑,注重人文和城市空间的人性化,并且强调城市规划中公众参与的重要性。[②] 笔者认为,《马丘比丘宪章》精准地描写了"城市规划大纲"颁布 44 年后,城市化发展打破了农业文明下的平衡状态而引发种种矛盾,为解决这些矛盾而提出了对策,可于我国传统村落保护提供法规支撑。

1962 年《关于保护景观和遗址的风貌与特性的建议》,考虑到现代文明加速了景观和遗址的风貌与特征的损坏,建议"保存并在可能的情况下修复无论是自然的或人工的,具有文化或艺术价值,或构成典型自然环境的自然、乡村及城市景观和遗址的任何部分"。[③] 该建议提出的保护措施中有乡村规划方案,如建议对位于自然中的零散小遗址,连同具有特殊意义的各部分景观,均应列出保护目录,传统村落也是一种乡村景观遗址,乡村规划方案、保护目录及其出版物等建议都应是这类景观遗址管理时建档的参考标准。

1976 年《内罗毕建议》对于传统村落档案也是一份重要的文件。文件指出,"历史地段是指在某一地区城市或村镇历史文化上占有重要地位,代表这一地区历史发展脉络和集中反映地区特色的建筑群。其中或许每一座建筑都够不上文物保护的级别,但从整体来看,却具有非常完整而浓郁的传统风貌,

---

① 张松:《城市文化遗产保护国际宪章与国内法规选编》,上海:同济大学出版社 2007 年版,第42-43 页。

② 《马丘比丘宪章》,2020 年 2 月 1 日,https://baike.baidu.com/item/%E9%A9%AC%E4%B8%98%E6%AF%94%E4%B8%98%E5%AE%AA%E7%AB%A0/883643?fr=aladdin

③ 张松:《城市文化遗产保护国际宪章与国内法规选编》,上海:同济大学出版社 2007 年版,第38-41 页。

是这一地区历史活的见证。它包括史前遗址、历史城镇、老城区、老村落等"。[①] 笔者认为该文件描写的老城区、老村落等历史地段正在发生的拆毁事件带来的严重后果，正在我国广大地区发生着，为避免事态进一步恶化，应吸取该文件精神，修正不当行为。

1982 年的《佛罗伦萨宪章》是关于历史园林保护的宪章，保护"由植物组成的建筑构造"和具有生命力的历史园林"活"的古迹，并且当局应采取适当的法律和行政措施对历史园林进行鉴别、编目。[②] 笔者认为，《佛罗伦萨宪章》针对"活"的园林古迹制定理性策略，传统村落作为仍在服务的"活态"文化遗产，"反映着季节循环、自然变迁"，在对于活态文化遗产的保护法规较少的情况下，该宪章对于"活态"保护给予了指引。

1987 年《华盛顿宪章》是关于历史地区的保护宪章，是对《威尼斯宪章》的补充，是对《内罗毕建议》的凝练，规定了保护历史城镇和城区的原则、目标和方法，也寻求促进这一地区私人生活和社会生活的协调方法，并鼓励对这些文化财产的保护，这些文化财产无论其等级多低，均构成人类的记忆。[③] 笔者认为，该宪章是开"城市记忆"保护滥觞，特别是对"私人生活"无论其定级多低均构成人类记忆的说法，对于我国乡村记忆工程、传统村落建档项目的实施，都是莫大的支持。

1999 年《关于乡土建筑遗产的宪章》与本项目密切相关，宪章对乡土建筑的阐述是："它是社区自己建造房屋的一种传统和自然的方式，它是社会与它所处地区的关系的基本表现，它也是世界文化多样性的表现"；这种幸存的传统面临着被荒废、内部平衡与整合的严重问题，必须引起社区自身、政府、规划师、建筑师、遗产保护者和多学科的专家共同关注；宪章要求应有"研究与记录"："分析报告必须存放于对公众开放的档案处，传统营造系统（比如生活指

---

① 张松:《城市文化遗产保护国际宪章与国内法规选编》，上海：同济大学出版社 2007 年版，第 69-75 页。

② 张松:《城市文化遗产保护国际宪章与国内法规选编》，上海：同济大学出版社 2007 年版，第 84-86 页

③ 张松:《城市文化遗产保护国际宪章与国内法规选编》，上海：同济大学出版社 2007 年版，第 87-88 页。

数、木工技艺)必须保留,记录这些技术,并以之教育、培训、传承。"①笔者认为,该宪章提出乡土建筑中"乡土性"的确认标准,而且"乡土性"单体建筑要通过维持与保存有典型特征的建筑群、整个村落来进行保护和记录。

1994年《奈良真实性文件》提出,真实性不能基于固定的标准来评判,反之,"出于对所有文化的尊重,必须在相关文化背景之下来对遗产项目加以考虑和评判",以使我们在遗产保护实践中赋予文化与遗产多样性更多的尊重;该文件为原本弱势的东方文化遗产保护开创了新的篇章,使东方文化取得与西方文化同等的地位。② 这对于我们从本土化意义上研究我国文化遗产观及传统村落的乡土建筑、宗法制度、口头传统等具有特殊意义。如中国古代建筑更强调的是营造价值之外的社会象征价值,"器以载道"是古代建筑被建造以及存在的重要价值标准。③

文中其他的宪章、公约如《世界保护自然与文化遗产公约》《保护非物质文化遗产公约》在后文有相关解读。

5.3.3　新中国成立后农村文物保护制度及文物档案

我国世界文化遗产保护事业开端于1985年,政协第六届全国委员会上,侯仁之、阳含熙、郑孝燮和罗哲文四位委员提交了第663号提案,提出我国应尽早参加联合国教科文组织的《保护世界文化和自然遗产公约》,这是我国世界文化遗产事业的开端。④ 此后,我国积极在文化遗产保护领域与世界接轨,并积极参与申报文化遗产名录项目。至2021年,我国已经有55项获列入《世界遗产名录》,42项被列入《人类非物质文化遗产名录》,与意大利并列为拥有最多世界遗产的国家。然而,我国自古以来即有金石学和文物研究的传统,文物一词最初主要指用以"明贵贱、制等级"的典章制度或礼乐器物,后来其涵义扩大,兼指历代相传的文献、古物,至20世纪才逐渐被定义为"具有历史、艺术

---

① 张松:《城市文化遗产保护国际宪章与国内法规选编》,上海:同济大学出版社2007年版,第116-117页。

② 张松:《城市文化遗产保护国际宪章与国内法规选编》,上海:同济大学出版社2007年版,第92-93页。

③ 曹永康:《我国文物古建筑保护的理论分析与实践控制研究》,杭州:浙江大学,2008年,前言。

④ 杨建民、曹天一、张家榜:《遗产传承视域下的古村张家塔》,北京:北京理工大学出版社2019年版,第1页。

价值的古代遗物"。① 在今天的传统村落保护运动之前,新中国成立后有"农村文物"保护的一系列文件和措施。

1953 年,《关于基本建设工程中保护历史文化及革命文物的指示》(中央人民政府政务院,1953)作出"对于这些地下、地上的文物、建筑等如何及时做好保护工作的指示"。彼时,全国各地正展开大规模的基本建设工程,各地已不断发现古墓葬、古文化遗址,并已挖掘出了不少古代的珍贵文物;亦有在建设工程中拆除若干地面古建筑或革命纪念建筑。该指示规定:各地发现的历史及革命文物,除少数特别珍贵者外,一般文物不必集中到中央,可由省(市)文化主管部门负责保管,并应就地组织展览,对发现地群众进行宣传教育。

1956 年,国务院发出《关于在农业生产建设中保护文物的通知》(〔国二文习字第 6 号〕1956),在全国农业生产的高潮中,打井、开渠、挖塘、修坝、开荒、筑路、平整土地等各项农业生产建设正在迅速而广泛地进行,"农村的文物保护工作已绝非少数文化工作干部所能胜任,因而必须发挥广大群众所固有的爱护乡土革命遗址和历史文物的积极性","在全国范围内对历史和革命文物遗迹进行普查调查工作","凡进行大规模水利工程、工业基本建设工程和军事工程都应该按照前政务院《关于在基本建设工程中保护历史及革命文物的指示》贯彻执行"②,等等。全国各地乡村对上述文件进行宣传、贯彻和执行。如绍兴县人民委员会发出通知,指出:"我县为全省埋藏地下文物最多之地区,因此,在积极鼓励或进行开垦荒地的同时,必须注意对文物之保护工作……并严防坏分子的破坏。"③

《关于在农业生产建设中保护文物的通知》规定了各地"本通知到达后两个月内提出保护单位名单,报省(市)人民委员会批准先行公布,并且通知县、乡,做出标志,加以保护。被确定的文物保护单位,由文化部进行登记,颁发执照,交由当地人民委员会负责保管"。黄明玉说,这是第一次出现了"文物保护单位"一词,"文物保护单位"制度随后在 1962 年国务院公布的《文物保护管理

---

① 杨志刚:《文化遗产:新意识与新课题》,《复旦学报(社会科学版)》1997 年第 4 期,第 2-3 页。

② 彭蕾:《文物管理现代化指标体系构建与评价研究》,《中国文物科学研究》2016 年第 4 期,第 14-19 页。

③ 王士伦:《浙江省为配合农业合作化运动开展保护文物的宣传教育工作》,《文物》1956 年第 2 期,第 6 页。

暂行条例》中得到落实,而后在 1982 年颁布的《文物保护法》中也沿用该制度作为保护"不可移动文物"的模式。① 上述法规规定了"文物保护单位"要做出标志,有记录档案,发展到今天就是文物界所俗称的文物保护单位的"四有档案"。

"文物保护单位"制度一直沿用至今。截至 2019 年 10 月 16 日,国务院已公布八批全国重点文物保护单位,总数为 5058 处。广大农村地区也被评选出许多"具有重大历史、艺术、科学价值者确定为全国重点文物保护单位",它们是今天传统村落保护中的重要内容。经项目组梳理统计江西农村区域(村落)的"全国重点文物保护单位",至 2019 年共有 50 处;江西农村区域(村落)的省级重点文物保护单位,截至 2019 年共有 540 处。这些"文物保护单位"是单体建筑,属于古建筑"就地保护"策略范畴。《关于在农业生产建设中保护文物的通知》中还规定了发动广大农民群众进行文物保护,可由"积极分子组成群众性保护文物的小组",黄明玉指出这点"非常符合目前强调以遗产所在地社区为保护主力的概念,可惜这样的理念在后来的法律文件中没有再出现"②。

还有人民公社建设博物馆或者博物馆展览室的相关规定,这对应于公社档案室。在《文物、博物馆事业五年发展纲要》中,涉及村社的规定有:第一条,博物馆,大中小结合,大量举办小型地志馆和革命纪念馆,1962 年各种类型的馆达到 3500 个(展览馆或展览室数字未计算在内)。做到县县有博物馆,社社有展览室,全国形成博物馆网。1957 年底全国共有 72 个馆,1958 年全国争取有四分之二的省可以达到县县办馆、社社有展览室;第三条,博物馆面向工农兵,开门办馆,出门办馆,上山下乡,去工地工厂大搞流动展览,从 1958 年到 1962 年全国观众争取达到 30 亿人次;第八条,大力进行宣传出版工作。在宣传方面,利用各种工具,把文物知识一年内深入普及到乡、社。

此后,我国颁发过很多文物、文化遗产和博物馆的法律法规,主要的有《中华人民共和国非物质文化遗产法》(2011)、《中国文物古迹保护准则》(2015 年修订)、《博物馆条例》(2015),有逐渐与世界文化遗产保护宪章、公约接轨的趋势。然而,在今天传统村落遗产化管理、开发古村旅游过程中,村民变成旅游

---

① 黄明玉:《文化遗产的价值评估及记录建档》,上海:复旦大学,2009 年,第 21 页。

② 黄明玉:《文化遗产的价值评估及记录建档》,上海:复旦大学,2009 年,第 21 页。

公司的员工或监督人员,传统村落变成一种资产或者旅游公司企业的一部分,建设过程也是"公园化""城镇化",以便于提供现代生活的一切方便。在这种"绝对化"的情况下,传统村落就是作为一种静止的文化遗产,就会带来许多问题。

5.4　我国农村档案工作制度演变
——城市档案工作模式的衍生

伴随着城乡一体化、农村城镇化进程,农村档案工作也经历现代化过程,笔者梳理新中国成立后农村档案的政策,论证农村档案工作的制度化和现代化的事实,这些是我国档案事业史所缺少或忽视的内容。农村档案是村落重要的历史记忆,其工作模式作为村落中的显性工作制度,会深刻影响传统村落的建档方式,也因此影响着传统村落建档模式。

在我国农村经历了公私合营、社会主义改造、人民公社、新农村建设、城乡一体化等一系列农村体制调整后,农村档案的名称也发生了适应性的变化,即从 1958 年至今,有公社档案—乡镇村档案—新农村档案—村级档案+传统村落档案等名称的演变,其间,传统村落档案是 2012 年 12 月至今的称呼。

5.4.1　人民公社档案工作

人民公社档案,这一称呼出现在 1958 年 7 月—1983 年 9 月,背景是《农村人民公社工作条例修正草案》(1962 年 9 月 27 日,中国共产党第八届中央委员会第十次全体会议通过)。我国人民公社及其档案有其特殊性,如前所述,它是集体农场的一种农业规模化生产及公有经济、计划经济的规制下,借鉴工业化的模式对农村进行管理后形成的档案。

全国第一个人民公社成立于 1958 年 7 月 1 日,1962 年的《农村人民公社工作条例修正草案》共 9 章 60 条,这段历史在今天的村落中也留下了痕迹。从档案学专业出发对之进行分析,可看出,农村人民公社及其下属的生产大队、生产队(村级)在生产生活实践过程会产生各种政治和经济的生产、生活文件,如会议记录、统计表报、合同、申请及批复、财务文件等,但限于书写条件和农民习惯,也许并没有形成大量正式的文件。

事实上也是如此,人民公社从建立开始,就筹备人民公社档案室,遵循上级机关档案的集中统一管理原则。应该说,人民公社档案工作是农村正式档案工作制度形式的发端。1960 年的《档案工作》上一篇转自《人民日报》的评论员文章,以《如何进一步加强人民公社的档案工作》为标题,笔者认为这也是人民公社档案工作的纲领性指导意见。该文写道:"档案工作的方针、基本原则和基本方法,在人民公社档案工作中是完全适用的。……人民公社的档案工作也必须集中统一管理;也要有健全的归档制度。"①可见,人民公社的档案工作当时确实是延续了城市机关的一套工作制度,不同的只是级别高低、规模大小。该刊这一期还发表了《营口市农村人民公社的档案工作情况》和《大兴人民公社档案室成长起来了》两文,推动人民公社档案的经验交流,以引起大家对人民公社档案工作更多的关怀。可以看出,人民公社档案工作是一个从无到有的过程,而且制度逐渐完备。在 1963 年的《档案工作》一篇报道《王国藩同志谈农村档案》中,评论员建议"把社队档案建立起来":在农村建设社会主义农业,跟在城市建设社会主义工业一样,没有必要的档案材料是不行的,如编写社史、村史、家史,有的地方没有保存土改时期的档案材料,不得不依靠农民的回忆传述,而记忆有时并不是很准确的。②

黄英伟的博士论文《工分制下农户劳动配置的经济分析》(2010)也正是利用了大量人民公社时期一手基层农村账册资料。他说,目前罕有学者对这类资料加以利用,但这些资料具有完整性,包括生产队的各种收入、支出、分配、家庭人口、劳动力、劳动底分、劳动收入等信息;这些资料具有稀缺性,集体化距今已有 30 余年,这类资料多为农村原地保存,几经周转能完整留到今天十分不易;这些资料具有客观真实性,均为第一手原始资料,为实时实地所记。③

邢龙(Xing Long)和马威强(Ma Weiqiang)(山西大学中国社会史研究中心)近来写道:"作为人民公社时期农业发展的典范,山西省在太原市省级档案馆和全省各地方档案局保存了大量这个时期的文献资料。这些资料包括几个村庄的档案材料和民事案件记录,但涉及农民日常生活的基层资料大多较分

---

① 《大家来关心人民公社的档案工作》,《档案工作》1960 年第 10 期,第 20 页。
② 人民日报评论员:《把社队档案建立起来》,《档案工作》1963 年第 6 期,第 3 页。
③ 黄英伟:《工分制下农户劳动配置的经济分析》,《中国经济史研究》2011 年第 2 期,第 179 页。

散。随着现代化进程的推进,这些第一手文件正在迅速消失。如果不刻意保存,它们迟早会被扔进回收站或造纸厂。……这些档案有各种不同的侧重点:有关于个人、村庄的基本活动、上级机关的合订文件、相对完整的账簿以及各种经济活动的详细统计,即使在同一个县的不同村庄,由于发展不平衡或其他因素的影响,这些资料的性质也不尽相同,在档案中仍体现出地域特色。从来源和内容来看,这些文件主要来自公社、供销合作社、百货商店和工厂等,村级文件材料反映了农村群众的日常活动(甚至还包括一些村民个人的档案),对于了解他们承担繁重的政治斗争任务同时的生活和思想,具有重要的价值;而公社管理性文件材料包括各种形式和对个别村民基本情况的统计,比较宏观和笼统,所包含的信息也比较全面。"[①]

5.4.2　公社撤销、建乡立镇的乡镇、村档案

乡镇、村档案,这一称呼出现在 1983 年 10 月—2007 年 11 月,背景是《关于实行政社分开,建立乡政府的通知》(中发〔1983〕35 号)及《乡镇档案工作试行办法》(档发字〔1998〕1 号)。1983 年的通知指出:随着农村经济体制的改革,现行农村政社合一的体制显得很不适应,宪法已明确规定在农村建立乡政府,政社必须相应分开,应按村民居住状况设立村民委员会这一基层群众性自治组织。[②] 之后有一系列撤销公社而建乡立镇方面的文章。

蔡遇返(无锡市档案局)1984 年反映了"农村政社分开"前后的农村档案工作情况,建议积极贯彻集中统一管理原则,原公社档案和体制改革后的乡档案作为一个全宗来保管。[③] 从而可得知,人民公社应有档案机构,一个公社就是一个全宗,转变为乡之后,原公社和新的乡划归为一个全宗。钟保华(湖南省档案局)1985 年讨论人民公社撤销后的进馆范围问题,临澧、桃园两县档案馆将 1949—1979 年各区、社、镇(包括一部分老乡)形成的 20000 多卷重要档

---

① Xing Long, Ma Weiqiang. 2008. Rural Grassroots Files from the Collectivization Era: Archives of the Chinese Social History. *Journal of Modern China*, 34(3): 372-395.

② 姚锐敏:《"乡政村治"行政体制的利弊分析与改革出路》,《行政论坛》2012 年第 5 期,第 15-19 页。

③ 蔡遇返:《关于体制改革中农村档案工作几个问题的探讨》,《档案工作》1984 年第 2 期,第 51-52 页。

案接收进县级档案馆。① 这更证明了公社档案的存在,文中的"老乡"就指社会主义改造之前的"乡村"。潘发义(甘肃省武威地区档案局)讨论农村体制改革中的农村档案管理,认为是否建立档案室要根据档案存量来判断,沿袭原公社文书处理的做法,可作为一种过渡的形式。② 该文提到"村委会"领导的村级档案工作管理体制,而且也赞同"原公社档案和体制改革后的乡档案作为同一个全宗保管",可见这是当时比较主流的做法。而今天的传统村落是这些乡的一部分,其档案也应同样归属于"乡(公社)档案全宗"。

对于公社撤销、建乡立镇后档案工作比较关注的学者研究文献,首推冯惠玲、丁志民 1984 年 5 月至 7 月在江苏、浙江、广东三省的调研性文章。该文总结了三省工作特点,研究农村体制改革给档案工作造成的影响,并讨论农村专业户、个体户"两户"档案的问题,它们对反映中国农村的发展很有意义。③ 当时"两户"档案是农村档案的新类型。浙江省档案局编著的《农村村级档案管理》(2010)一书,专门研究了农村家庭以及专业户、科技示范户和农民专业合作社建档工作。《乡镇档案工作试行办法》(国档发字〔1998〕1 号)指出:乡镇档案是指乡镇党委、政府、人大主席团、社会团体、企业事业单位在工作、业务活动中直接形成的有保存价值的各种文字、图表、声像等不同形式的历史记录。总的来说,乡镇档案的党政文件多,历史类文献如谱牒较少。而且"文革"使档案工作制度停摆,人口逆向流动,即知青的上山下乡催生了知青档案,这也应属那个历史时期特殊的农村档案。

5.4.3　新农村档案、村级档案工作

"新农村"建设,是指切实加强"三农"工作即解决了农业、农村、农民这三个问题之后,出现的新的发展机遇,新农村涵盖的内容非常广,并没有统一的标准,但可概括为 20 个字:"生产发展、生活宽裕、乡风文明、村容整洁、管理

---

① 钟保华:《对县级档案馆接收农村公社、镇档案几个问题的看法》,《档案学通讯》1985 年第 2 期,第 7-9 页。

② 潘发义:《关于乡、村档案工作管理体制改革初探》,《档案学通讯》1985 年第 4 期,第 22-24 页。

③ 冯惠玲、丁志民:《对当前档案工作特点与问题之研讨》,《档案学通讯》1985 年第 1 期,第 18-26 页。

民主。"①

新农村档案,这一称呼出现在 2007 年 12 月—2017 年 12 月,背景是《关于加强社会主义新农村建设档案工作的意见》(档发〔2007〕10 号,国家档案局、民政部、农业部)的颁发,其附件是《村级文件材料归档范围》,它是为贯彻落实党的十七大精神和《中共中央、国务院关于推进社会主义新农村建设的若干意见》(中发〔2006〕1 号),为促进社会主义新农村建设的全面深入发展。②在中发〔2006〕1 号文件中,笔者认为,新农村的"新"即是"现代化":"统筹城乡经济社会发展,农业科技创新,结构调整,产业化经营,向城市管理体制学习。"因此,在进行"新"农村建档的同时,应考虑新农村政策与传统村落保护衔接的问题,但现实中"传统村落"保护常在新农村建设中无所适从。

《关于加强社会主义新农村建设档案工作的意见》分五个方面③:一是,推动档案工作与社会主义新农村建设同步发展。二是,逐步完善社会主义新农村建设档案工作的体系与机制,县级档案部门最贴近农村社会,要加强与相关部门的协调配合,强化乡镇档案工作职能,并加强对村级档案工作的指导、培训和帮扶。三是,科学规范农村基层组织档案的收集和管理,应将各建制村档案工作列入公共事务管理职能,规范村级档案的分类、整理,实行集中统一管理。四是,不断提高社会主义新农村建设档案工作水平,加强对建立农户档案的引导;加强现代农业生产与经营档案的建设;加强现代农业生产与经营档案的建设,发展现代农业;加强农村经营承包、流转和社会保障档案的管理;加强村镇规划和历史文化遗产保护的建档工作。五是,推进社会主义新农村建设档案工作的科学发展。国家档案局经济科技业务指导司周克华认为,应重点把握《意见》以下几点:一是全面提高对社会主义新农村建设档案工作的重要性认识;二是调动各涉农部门的积极性,形成档案工作合力;三是加强村级基层组织档案工作基本制度建设;四是加强村级文件材料的收集归档工作;五是加强对涉及农民利益和农民民生档案的管理;六是加强对村镇规划和历史文

---

① 浙江省档案局:《农村村级档案管理》,北京:中国档案出版社 2010 年版,第 7 页。

② 中共中央、国务院:《关于推进社会主义新农村建设的若干意见(中发〔2006〕1 号)》,2005 年 12 月 31 日,http://www.gov.cn/gongbao/content/2006/content_254151.htm.

③ 国家档案局、民政部、农业部关于印发《关于加强社会主义新农村建设档案工作的意见》的通知(档发〔2007〕10 号),2007 年 12 月 11 日,http://www.saac.gov.cn/daj/gfxwj/201010/d7167f1afb564a518ffbd79c7ddb291d.shtml.

化遗产保护的建档工作。① 笔者认为《意见》与周克华对其的解读,显然说新农村建设就是农村城市化过程,新农村档案工作也是档案现代化过程。

村级档案,这一称呼缘于 2018 年《村级档案管理办法》(国家档案局、中华人民共和国民政部、中华人民共和国农业部,2017 年第 12 号令)的印发,附件有《村级文件材料归档范围和档案保管期限表》,规定:"村级档案是指村党组织、村民委员会、村集体经济组织等(以下简称村级组织)在党组织建设、村民自治、生产经营等活动中形成的具有保存价值的文字、图表、音像等不同形式和载体的历史记录。"②该办法规定的集中统一管理方法、程序和原则,仍然与城市机关、企事业单位档案工作原则没什么质的不同,也是针对合法的"村级组织"制定的管理办法。因而,这正如祁天娇所说:《村级档案管理办法》的颁布是"从国家层面要求实现村级档案管理规范化,这标志着村级档案工作被纳入国家档案资源管理的整体战略中"③。

总的来说,农村档案工作实际上是城市档案工作模式的衍生。一般都是要求将乡镇及建制村档案工作纳入政府工作目标考核责任体系,使村级档案工作逐步走上规范化轨道。笔者认为,这即是按照政权机构要求,将农村档案基层组织统一到全国的档案制度中来,从而与城市档案工作模式相统一、与城市组织机构的档案分类大同小异,只是行政级别和工作内容的差异。然而在乡村还有许多"非正式组织",如农户、宗族组织、村社等,所以《村级档案管理》比起上述《关于加强社会主义新农村建设档案工作的意见》等,与传统村落档案的关系可能更加疏离。

5.4.4 农村档案制度对传统村落建档的影响

农村档案工作是城市档案工作模式的衍生,倘若以农村档案工作这一显性制度,相比较于乡土档案秩序而言也即主导制度,来套用在传统村落建档

---

① 周克华:《贯彻〈关于加强社会主义新农村建设档案工作的意见〉应把握的几个方面》,《中国档案》2008 年第 2 期,第 42-43 页。

② 国家档案局、中华人民共和国民政部、中华人民共和国农业部:《村级档案管理办法(第 12 号令)》,2017 年 11 月 23 日。http://www.mca.gov.cn/article/gk/fg/jczqhsqjs/201801/20180115007254.shtml。

③ 祁天娇:《新时代村级档案管理研究——基于 40 年来我国村级档案管理的回顾与展望》,《浙江档案》2018 年第 7 期,第 20-23 页。

中,必然导致传统村落档案的"泛化",或被边缘化。传统村落档案与农村档案二者是有差异的,主要体现在以下几个方面。

一是性质的差异。农村档案多属于管理性文件,传统村落档案多属于文化遗产。农村档案针对农村当下和未来的生活,由正式常设的档案机构如乡镇档案馆室、村委会档案室负责日常工作平时积累和移交,是农村基层工作的真实记录。传统村落档案侧重于民间文献,零碎分散存于田野,具有草根性、边缘性。传统村落建档虽需政府、专家的扶持,但政府机构的角色不能处于主导地位,主要依靠村民的文化自觉。

二是收集的时间有差异。农村档案收集内容主要是当下形成、隔年归档,所以农村档案工作设有归档制度和归档范围,把文件转化为档案,一年一归档。传统村落档案多属于文化遗产,收集的是物质和非物质文化遗产档案,是村落演变中长期遗留下的悠久历史文化遗产,是村落悠久的历史和传统,并与当下相互适应、循环使用;它以征集、重构和田野调查获得,专家关注和村民自觉很重要。"一村一档"政策,是一种"事后追忆",是一种记忆的档案建构或固化。

三是对于"文化遗产"的认知不同。农村档案多属于管理性文件,形成于一定的流程中。传统村落调查建档的专家们很少会到乡镇档案馆去寻找古村落的档案,更多的是到民间收集文献。从这一点看,家谱、碑刻等在档案工作者眼中,很长时间以来不被认为是档案,如碑刻等产生的实践活动不可考,所以会认为其本身客观性也不可考证。如今虽然档案部门也开始重视碑刻等散落的实物或记忆,以征集或者捐赠等方式收集这类实物档案,但毕竟是小规模和游击式的,没有正规的制度约束。这类档案是"泛化"档案,但是在文物法规定中,这类碑刻是文物,应该得到保护。

四是作用的差异。农村档案为农村政策服务,强调的是作为农村工作的凭证和依据,满足从上到下控制、管理的需要,农村档案起到凭证作用。传统村落档案作为古村落保护、合理使用、旅游开发(自我造血)的基础工作,是从下到上的流动,是获得乡村文化记忆、社会认同和情感归属的工具。

五是独立性和公共性程度不同。农村档案收集上下级文件,包含在全国的社会主义档案制度体系之中,对行政体系有依赖。从政府服务是公共产品角度出发,农村档案也具有公共性。如《关于加强社会主义新农村建设档案工作的意见》(档发〔2007〕10 号)规定:各建制村应将档案工作列入公共事务管理职能,建立村级档案的收集和管理制度,指定人员负责村级档案的收集、管理和利用工作,并按照简化适用的原则,规范村级档案的分类、整理;加强对建立农户档案的引导等。传统村落档案,一般是起源于血缘村落,宗族治理、自给自足发展,虽有对周围的政治、经济、文化上的适应,但仍保持有一定的独立性,其文化遗产如家谱、手工技艺等带有私有性质,有的时候需要私法如知识产权法加以管理。

5.5　小结:历史层累下的传统村落档案"泛化"

传统村落是具有悠久历史的至今仍为人服务的活态村落,它所承载的中华文明是一个历史层累的概念,研究其档案也要"从时代语境出发去思考历史问题"[①],不能跳跃任何历史阶段;这也正是国际宪章的要求,1931 年《雅典宪章》建议,应该尊重过去的历史和艺术作品,不排斥任何一个特定时期的风格。1982 年《佛罗伦萨宪章》对于活态园林古迹保护的要求,须尊重有关园林发展演变的各个相继阶段,对任何时期均不应厚此薄彼。传统村落演变的各个历史阶段必须得到尊重,传统村落保护运动只是村落演变过程中的一个特殊历史阶段,在历史的长河中认识传统村落,才能更好地保护和记录它。对于乡土记忆方式的研究和传承,也是传统村落保护和记录过程应有之义。

我们有艰难地与"旧文化"决裂的过程,"旧文化"中有糟粕,也有优秀的文化遗产。优秀文化遗产在今天全球范围的传统文化的保护运动中,需要恢复和传承。但是,当时决裂有多难,今天恢复就有多难,特别是传统村落要担当起传统文化恢复的重任,因为它是传统文化、非物质文化遗产的富集地。记住历史、兼容并包,以开放的胸怀保护传统村落非常必要。"农民的终结""村落的终结"及由此带来的农村现代化的记忆新特征,应引起我们足够的重视。传统农耕文化,曾作为日常生活一部分,以耳濡目染方式自然传承,今天,失去了其自然传承的土壤,社会环境发生了变迁,土地功能、节气、婚俗礼仪等有了经

---

① 赖国栋:《历史和故事的距离——以"层累说"为例》,《人文杂志》2013 年第 4 期,第 81-86 页。

济理性的衡量之后,不再具有神圣的情感,如果不给予特别保护,农耕文明及"农民"一样在我国会成为过去时。正是在这一时代剧变和社会背景下,我国传统村落保护才格外引起了人们的关注和重视。

我国当下传统文化中的礼制秩序与现代文化中的经济理性的结合,传统文化在传承中变异,有其合理性的一面,传统村落档案工作也理应如此。在当今全球一体化形势下,人类共同体都在寻找人类的出路和发展方向,对于传统文化的保护,世界遗产的评选和非物质文化遗产公约的推行,都是一种尝试。无论"文化遗产西方话语权"之论,还是文化遗产保护"本土化"的论述,其实都是实现文化多样化的一种手段。联合国教科文组织等推出的文化遗产保护的宪章、公约、建议,是传统村落保护及其档案工作方式的参考依据。因而,面对广袤的乡村,我们应时刻警醒现代教育和城市档案工作经验带给我们的局限性。

第6章 传统村落档案"泛化"内容
的新架构及节点分析

　　传统村落档案,是对乡土社会文化遗产的一种传承,它内容纷繁、形式多样,然而,正如联合国教科文组织 1999 年通过的《关于乡土建筑遗产的宪章》中所倡议的:"乡土建筑看上去非正式但却秩序井然,是当代生活的一个焦点,同时也是社会历史的记录",传统村落档案如乡土建筑多种类型一样看似庞杂、非正式,体现出"泛化"特征,却也秩序井然。掌控这个井然的"秩序",需要一个更开阔的学术视野。

　　本章在传统村落文化遗产的现代版中,截取和淘选出属于"传统"的部分,重要的档案内容则是框架上的节点。从传统村落档案内容上看,传统村落本是一个整体,不可分割,但由于如今学科领域划分、专业分工以及研究方式的不同而细化为很多研究领域,比如乡土建筑保护一般是建筑领域专家在研究,而民俗学家对于非物质文化遗产保护更有发言权等。因而,为了叙述的方便,各个部分在村落中虽不能单独存在,但还是分类型叙述,再架构还原成一个整体。

　　档案学领域的核心原则是来源原则,一般在二、三级分类中才采用按主题内容设类,如《中国档案分类法》("中国档案分类法委会"编委会,1997)的参照作用有限。鉴于笔者前面已论说了传统村落他者和自者来源形成的"档案",这章主要以住建部等的《科学调查和中国传统村落档案制作说明》(建村〔2013〕102 号)七大类内容为参考依据进行档案内容的探索,同时本章还将兼顾冯骥才主导的由中国民间文艺家协会、中国摄影家协会为成员的"传统村落研究中心"对传统村落的立档调查内容,虽然笔者前述认为这更是一种艺术家的民间采风,但内容架构值得借鉴。这样的传统村落档案内容,主要是从文化遗产保护视角进行的梳理。本文不同的是还从档案学领域分析内容分类的利弊,并以档案工作体制内的农村档案(包含社区档案)为参照来研究文化遗产档案。传统村落档案视角下的农村档案,其中包含农村管理性文件、农民和农户档案、农村社区档案,体现了新农村的特征,这是《科学调查和中国传统村落档案制作说明》中所缺乏的。如前所述传统村落文化遗产及其档案还有三个层次关系,即:文化遗产本身就是档案、传统村落以文化遗产为身份证、文化遗产本身的档案或记忆。因此,"传统村落档案内容的逻辑框架"可如图 6-1 所示。

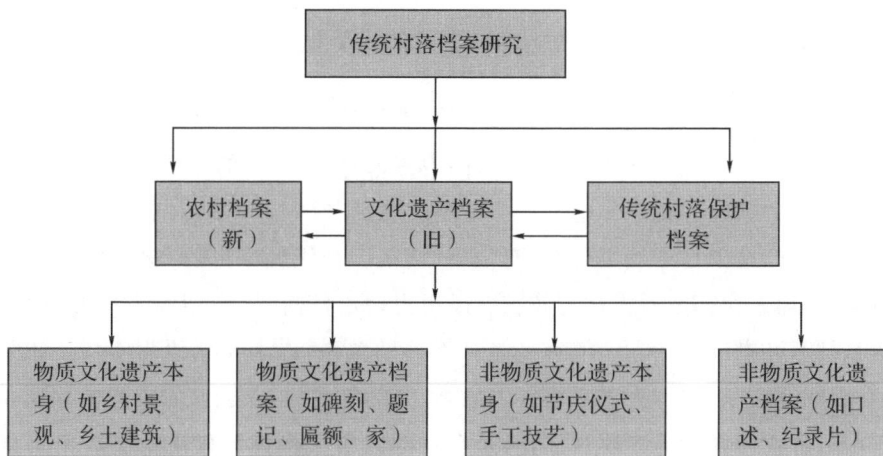

图 6-1　传统村落档案内容的逻辑框架图及节点

传统村落"档案"是多元的、动态的,它伴随村落本身发展变化而动态变化。本章着意扩大认知、拓宽档案学的未知领域,重点认识农村档案与传统村落档案的相同之处,描绘传统村落档案文化遗产档案的"泛化"内容及其节点,对"应该有的"内容和"现实有的"内容比较等等,包容纸质、照片、录音、录像、图纸等多种形式和多元多样。

6.1　传统村落保护视角下的农村档案

新农村建设与传统村落保护是一对矛盾,是新旧此消彼长的关系,传统村落保护运动就是在寻找一种和谐共存的方式,传统村落保护的动机、动力和新农村建设目标其实是一致的：长远解决三农问题，并且提高认同感，促进乡恋的精神式回归。目前把传统村落"标本化""博物馆化"是普遍的处理方式，也是一直广受批评的方式，但如果把传统村落保护与新农村建设结合起来，就能把传统村落置于现代活生生的环境之中，在传统村落持续演进和发展中研究其档案建设和管理状况，在现实生活中面对和处理这些变化与保护之间的关系问题等。因而，传统村落是传统的一部分，既保留有乡土社会的传统特征，也是现代农村（新农村）的一部分，新农村档案与传统村落档案有紧密的关系。

6.1.1　农村档案与传统村落档案的关联性

"传统村落档案"这一名称与当下的"农村档案"或"村级档案"并存，对于档案学者而言，一般都是被当作全新的内容来对待，但它的体系与农村档案的内容是有关联的。传统村落是一个新型文化遗产的称呼，"传统村落档案"这一名称不全是来自于档案行业，而"农村档案""村级档案"是档案学领域的专有名词，而农村档案建设却有较长一段历史，"农村档案"与"传统村落档案"的关系是不可绕过的话题。但究竟是什么样的关系，许多文章语焉不详。如王萍、卢林涛认为，"传统村落档案涉及农村工作，是乡村档案、三农档案的特殊表现……可视为乡村档案的一部分，是乡村档案中反映传统村落社会历史实践的部分"①。笔者曾认为农村档案与传统村落档案是一种彼此重叠、包含的关系：传统村落是当代农村"建制村"的一部分，农村（村级组织）档案以村务为主，没有保存传统村落的文化遗产档案，因而传统村落建档和农村档案工作在当下乡村会同时存在。② 但是这样的认识还不充分。

现代化的农村档案工作，如前所述，在经历了公私合营、社会主义改造、人民公社、新农村建设、城乡一体化等一系列农村体制调整之后，农村档案也经历了公社档案—乡镇村档案—新农村档案—村级档案＋传统村落档案等一系列名称的转化。虽然有学者说"村落在官方档案中的长期缺位"③，但笔者认

①　王萍、卢林涛：《传统村落档案研究——现状、困境与展望》，《档案学研究》2017年第2期，第15-20页。

②　徐欣云、刘霄霞：《古村落档案与农村档案的内涵及异同解读》，《档案学研究》2017年第4期，第43-48页。

③　王萍、满艺：《传统村落档案建构模式比较研究》，《档案学研究》2017年第6期，第61-67页。

为,农村档案工作经历了长期发展历程,倘若保存完好的话,就应可完整地反映官方对于农村生产生活的记录。然而,目前多主体积极开展的传统村落保护过程中的建档运动,显然否定了这种假设。

即使对于农村档案,长期以来人们对其认识也并不统一。有的侧重于行政村或建制村,是在与城市相统一的制度下讨论农村档案工作,即前述"城市档案模式的衍生",这时农村档案内容主要是常规的村级组织的党政公务文件材料。有的认识侧重于自然村,农村档案是指在村民自治、自组织管理情形下形成的乡规民约、家谱、族谱、日记、乡土建筑遗产等。前一种模式就是档案机构干部如蔡遇返、钟保华等建议把原公社档案和乡档案作为一个全宗来保管,全宗理论则是现代档案理论的支柱;如 1960 年《人民日报》评论员文章强调"档案工作的方针、基本原则和基本方法,在人民公社档案工作中是完全适用的"①。刘国能也是按照这种思路对湖南农村档案工作进行调研,认为农村档案工作大致包括四个部分,即乡镇及其机关档案工作,县、乡(镇)、村农科档案信息网络工作,乡镇企业档案工作和村委会档案工作;乡规民约、家谱、族谱、志书、村史等。② 但将乡规民约、家谱、族谱、志书、村史放入"其他"类。再后来的国家档案局前局长杨冬权讲话阐明的也是这样的理念③,但也指出文化遗产档案、民情档案是农村档案的组成部分。而后一种模式则如村干部王国藩对"档案"的"口是空,笔是宗"④的朴素理解,应多指乡规民约、民间字据、家谱等自发形成的传统民间材料,而对觉得"很新鲜"的学术用语"档案"的理解,特指村委会所执行的档案制度下的产物,如报表、会议记录、模范事迹等。

笔者发现,在农村档案归档内容的国家统一政策和规定中,也有收集散落民间历史材料的要求,与住建部等的"一村一档"策略并行行政。在中发〔2006〕1 号文件中,新农村的"新"是"现代化",即:"统筹城乡经济社会发展,农业科技创新,结构调整,产业化经营,向城市管理体制学习",但也有一些与乡村文化遗产保护相关内容,如第 17 条:加强村庄规划和人居环境治理,村庄

---

① 《大家来关心人民公社的档案工作》,《档案工作》1960 年第 10 期,第 20 页。

② 刘国能:《农村档案工作是建设新农村的必要条件——湖南农村档案工作调查》,《今日中国论坛》2006 年第 3 期,第 83-86 页。

③ 傅华、姚岷:《国家档案局召开全国社会主义新农村建设档案工作现场会》,《中国档案报》,2008 年 11 月 27 日,第 001 版。

④ 冀安:《王国藩同志谈农村档案》,《档案工作》1963 年第 6 期,第 2 页。

治理要突出乡村特色、地方特色和民族特色,保护有历史文化价值的古村落和古民宅;再如第 21~23 条是关于要繁荣农村文化事业,倡导健康文明新风尚等内容,等。① 而在《关于加强社会主义新农村建设档案工作的意见》中也有关于"传统文化"保护方面的特殊内容,如加强村镇规划和历史文化遗产保护的建档工作,各地档案部门要引导对具有历史文化价值的建筑、民宅、村落与民间文化艺术建立档案记录。② 因而,笔者认为,《关于加强社会主义新农村建设档案工作的意见》也适用于传统村落保护及其档案建设,理由分析如下。

一是,档案部门与各涉农部门协同发展从而形成档案合力。在《意见》中,这些涉农部门包括"民政、农业、组织、财政、国土、水利、林业、环保、文化、卫生、社会保障、计划生育、小城镇建设等",比传统村落档案研究者罗列的协作部门还要多。

二是,强调村级基层组织档案工作基本制度建设。笔者认为,这也是村级档案自治的基础。除了村委会这样的基层组织外,《意见》还强调了农户档案建档要求及内容:"农户家庭成员基本情况、宅基地使用、耕地山林草场池塘水面承包、农业生产经营、协议契约、借贷信用记录、劳动力技能培训、婚姻生育、奖励与优抚、健康体检、医疗保险、养老保障、违规与处罚等文件材料。"农村无论是过去还是现在都是以家庭为基本细胞单位,过去家谱是其特别的家庭档案,现在农户档案是其基本构成,这与城市以"立档单位"为基本构成不同。《意见》在农村档案中首次列出了农户档案,是对农村档案特殊性的尊重。

三是,加强历史文化遗产保护的建档,《意见》中第四方面列出了"传统文化"保护方面的特殊内容,有:"收集保存反映乡村历史文化变迁的家谱族谱、名人实物、口述文化、地方戏曲或曲艺、手工艺技能、民俗活动、宗教文化等非物质文化遗产的各种记录,使档案成为传承民间文化和非物质文化遗产保护的重要载体。"这与传统村落档案的内容相重合。

四是,《意见》中还有新农村即农业现代化的档案内容,如"现代农业生产

---

① 《中共中央、国务院关于推进社会主义新农村建设的若干意见》,《求是》2006 年第 5 期,第 3-9 页。

② 国家档案局、中华人民共和国民政部、中华人民共和国农业部:《村级档案管理办法(第 12 号令)》,2017 年 11 月 23 日 http://www.mca.gov.cn/article/gk/fg/jczqhsqjs/201801/20180115007254.shtml。

与经营档案,以及农村经营承包、流转和社会保障档案"的建档要求,这部分是关于农村生产力发展的档案,也是传统村落档案研究者常忽视的,因为后者一般更重视农村生产关系形成的历史文献。而西方学者研究农村时一般比较重视推动农村变迁的生产力因素,如上述梅因、孟德拉斯的相关论点。因而这类反映农村生产力的档案则弥补了传统村落历史档案方面的不足。

因此,传统村落正是与新农村相对而言的,传统村落档案与新农村档案相关联,传统村落是历史悠久的"活着的"村寨聚落,同时它还是当代农村"建制村"的一部分。因而,倘若档案界以主流档案观排斥那些根植和传承于民间的非正式文本,或者完全脱离开主流档案观,尝试另辟蹊径,把传统村落文化遗产档案式保护当成一个全新的命题来对待,都不会有大的实践成效。

6.1.2　新农村档案与传统村落档案内容比较

传统村落档案与农村档案在内容上有异同。"村级档案归档范围"在内容上与《科学调查和中国传统村落档案制作说明》的调查内容,并无根本性的不同,但各有侧重。因而,从档案学领域出发研究传统村落档案,对其内容及凭证和历史属性会有更系统的认识。

住建部等关于传统村落建档的发文,是为保护传统村落所做的基础性工作,是村落调查和记录,即符合国际文化《威尼斯宪章》中的"研究与记录"的要求,该文件明确指出由谁来执行,即由省级住建部门负责本地区传统村落建档工作,逐级验收。这是一项自上而下的工作,调查记录就是工作成果也即实践副产品,然后在此基础上编制传统村落保护规划,一般保存于本部门,到一定年限向同级档案馆移交,这符合正统档案的形成规律。因而如前所述,笔者认为,从来源上看,它应是住建部等部门形成的档案,而不是传统村落档案。

从内容上看,"关于印发《关于加强社会主义新农村建设档案工作的意见》(2007)的通知"的附件《村级文件材料归档范围》、《村级档案管理办法》(2017)的附件《村级文件材料归档范围和档案保管期限表》和《关于做好 2013 年中国传统村落保护发展工作的通知》(2013)的附件《科学调查和中国传统村落档案制作要求》的档案内容,可做一个大致的比较,它们有重合也有差异,列表如表 6-1。

表 6-1　我国法规文件中农村档案与传统村落档案内容的比较

法规 内容 类别	《科学调查和中国传统村落档案制作要求》（建村〔2013〕102 号）	《村级文件材料归档范围》(档发〔2007〕10 号)	《村级文件材料归档范围和档案保管期限表》(2017 第 12 号令)
村域 环境	村域范围内的山川水系、地质地貌、植被动物等自然环境以及文物古迹、风景名胜等		
传统 村落 选址 与格 局	与村落的选址、发展紧密关联的地形地貌以及山川水系、村落形状，主要街巷(道路)格局肌理、重要公共空间等	村容整治文件材料等	
传统 建筑	村落中传统建筑物(包括各级文物保护单位、历史建筑、传统风貌建筑、其他传统建筑)的位置、建成年代、面积、基本形制、建造工艺、结构形式、主要材料、装饰特点、建造相关的传统活动、历史功能、产权归属、使用状况、保存状况等	村级道路、水电、通信、能源、环保、水库、池塘、渔码头、开发区等公用设施和大型工程建设文件材料;农业生产发展重点工程项目文件材料;村镇集体规划和村级学校、医院等村级集体房屋建设文件材料;村民集体住宅、宅基地文件材料;建筑设施拆除材料等	本村关于房屋拆迁、土地征用、村民房产、地产等材料,相关人员名册等
历史 环境 要素	反映村落历史风貌、构成村落特征的要素如塔桥亭阁、井泉沟渠、壕沟寨墙、堤坝涵洞、石阶铺地、码头驳岸、碑幢刻石、庭院园林、古树名木以及传统产业遗存、历史上建造的用于生产、消防、防盗、防御的特殊设施等		

续表

法规内容类别	《科学调查和中国传统村落档案制作要求》(建村〔2013〕102号)	《村级文件材料归档范围》(档发〔2007〕10号)	《村级文件材料归档范围和档案保管期限表》(2017第12号令)
非物质文化遗产代表性项目	村落中的传统民俗和文化,包括非物质文化遗产代表性项目及其他传统的生产生活方式、乡风民俗等内容以及其所依托的场所和建筑、用具实物;了解相关知识的特殊村民(如族长、寨老、非物质文化遗产传承人、老手艺人、庙会主持人,传承了传统建造技术、手工艺的工匠等);传统手工艺品、食品、器具的做法工艺等)	村级文化活动设施设备;村级图书、资料、信息、网络等文化资源建设;文明村组、文明家庭建设;村级文艺团体、民间艺术、民俗民乐、地方戏曲或曲艺资料;村级重大文化活动;农村历史文化遗产、非物质文化遗产的记录、保护与开发文件材料等	五好家庭、敬老爱幼模范、文明户、好婆婆、好媳妇等评选活动的材料
文献	志书、族谱、历史舆图、碑刻题记、地契、匾联等;吟咏描述村落风物的诗词、游记等;村落沿革、变迁、重要人物、重大历史事件等,在历史上曾起过的重要职能、传统产业等的相关图、文、音像资料;当代有关村落研究的论文、出版物等资料	村规民约;家谱族谱;村行政区别调整、名称变更、村组撤并文件材料;村级历史沿革、大事记、村史文件材料;村级历史名人、文化名人、历任领导文件材料;村级重要史实、重大事件记录文件材料	本村的村规民约等各种规章制度材料;本村和村内机构设置、更名、撤并及行政区划与隶属关系
保护与发展基础资料	既有保护管理机构、规章制度、行政管理文件等;既有保护工程实施情况、保护资金等情况;已公布的村庄规划、保护发展规划、产业规划、旅游规划、道路交通规划、资源利用规划等的规划成果;人口、用地性质、交通状况、经济状况、基础设施和公共服务设施等社会环境		

续表

法规 内容 类别	《科学调查和中国传统村落档案制作要求》（建村〔2013〕102号）	《村级文件材料归档范围》（档发〔2007〕10号）	《村级文件材料归档范围和档案保管期限表》（2017第12号令）
村级组织建设文件		基层党组织、村民委员会、共青团、妇联、民兵等组织在换届选举、组织建设、工作会议、组织活动、工作请示和报告等各项工作中形成的文件材料及组织名册、人员登记表等	本村党群组织、村委会工作文件材料：会议记录、村"两委"联席会议记录；年度工作计划总结；干部任免、分工、考察、奖惩等材料；名册和年报表；农村集体产权制度改革工作领导小组、理事会、监事会等机构及组成人员名单
村民自治		村民会议和村民代表会议文件材料；民主选举、民主决策、民主管理、民主监督活动中形成的文件材料	
村级事务管理		村级计划统计、农民家庭情况调查、计划生育、农村新型合作医疗、社会保障、人口户籍管理、优抚救济、综合治理、民事调解、治安保卫、防疫检疫、抗灾救灾、老龄、助残、宗教事务、退耕还林还草、农村实用人才培养、农村人力资源开发、农民工权益保障等村级事务工作形成的材料	

续表

法规 内容 类别	《科学调查和中国传统村落档案制作要求》（建村〔2013〕102 号）	《村级文件材料归档范围》（档发〔2007〕10 号）	《村级文件材料归档范围和档案保管期限表》（2017 第 12 号令）
人口、土地		村集体土地征用、租赁合同文件等	本村土地征用、村民房产、地产等材料；土地、人口、户数等基本情况统计表；土地批租、出让、租赁有关材料；农村土地流转、承包经营权的文件材料；农村集体土地所有权、农村建设用地使用权、村民宅基地使用权等相关确权、登记、颁证的文件材料；农村耕地保护合同，等等
村级集体经济组织经营管理文件材料		村办集体企业、村集体参股的股份制企业产权权属、企业利润上缴分配、招商引资等文件材料；村级幼儿园、学校、医院、养老院等机构管理文件材料。村级财务会计文件材料；土地、草原、山林、池塘、滩涂、渔港码头等集体资源分配承包合同、方案、台账、表册等资料；村集体资产、债务、权益分配等文件材料；乡村债务清理化解、农村合作基金等文件材料	本村经营管理中长期规划、专项发展计划、重大经营决策方案、规划材料；改制、转制等；各种集体财产合同、协议、委任书、公证书等法律文本、证书材料，等等
农业生产及经营材料	本村农作物规划布局，粮、棉、油多种经营实种面积、产量以及采、购、留、分配等材料；科学种植、科学饲养的经验总结及原始记录；农业植保、农机管理、水利建设等材料；副业生产及上交任务的指标（畜、禽、蛋、鱼、菌菇等）以及各项任务完成情况、年报、统计表等材料	村级农业生产规划、实施、统计；农产品生产、销售活动；林牧渔种养殖业产业经营；动植物疫病防治；现代农业、特色农业、农业科技等文件材料	

表 6-1 显示,档案学领域的两份归档范围与传统村落保护领域的"一村一档"的建档内容,各有侧重。因为农村档案的分类标准主要是按照来源如村级组织、载体或门类来分类,而传统村落档案主要是按内容来分类,这样一来,不同分类标准下的条目放入一个表格似乎比较勉强。倘若按规范中的分类条目统一到同一个表格中,就需要暂时忽视这些差异,虽然表格不免显出粗疏,但可以把三个文件中的乡村档案内容展示出来。另外,农村档案主要代表的是现时段农村生产生活的记录,而传统村落档案是历史上造就的印记,时段不同,话语系统也不一样。笔者认为,两者确实有差别,但是不至于差别到成为两条平行线。倘若各相关部门真正相互协作,可避免重复行政,那么农村档案和传统村落档案工作就成为真正的有益于农村发展和传统村落保护的民生工作。

从上面梳理的过程来看,"传统村落档案"是超出于农村档案工作体制之外的新名称和内容。在性质上,农村档案多属于管理性文件,形成于一定的流程中,传统村落档案多属于文化遗产,更多的是到民间收集文献;在收集时间上,农村档案主要是当下形成、隔年归档,设有归档制度和归档范围,传统村落档案是长时段村落演变留下的悠久历史文化遗产;在作用上,农村档案为农村政策和管理服务,强调凭证和依据作用,传统村落档案是获得乡村文化记忆、社会认同和情感归属的工具;在独立性和公共性程度上,农村档案是全国档案体制的一部分,对行政体系有依赖,也是公共物品,具有公共性。传统村落档案一般是起源于血缘村落,由宗族治理、自给自足发展,虽有对周围的政治、经济、文化上的适应,但仍保持有一定的独立性,其文化遗产如民俗、家谱、手工技艺带有私有性质,有的时候需要私法如知识产权法加以管理,等等。

因而,档案部门倘若要介入传统村落档案工作,在管理制度上,要消减行政级别意识,除了通常的档案"接收"的收集制度外,还应该增加征集、田野调查、口述、摄像等各种方式,容纳传统村落的历史遗存,才能弥补农村档案的不足,达到真实性和完整性,全面反映村落的面貌。传统村落及其文化遗产,一直在发生变迁,它不是凝固不变的,而是历史层累的。因而,研究传统村落档案的秩序或制度变迁,不应遗忘传统文化被当成糟粕改造或遗弃的近代历史背景,也不能忘记人民公社对村落的传统文化的社会主义改造,以及新农村建设对之增加的经济理性内容。

6.1.3　传统村落档案与农村档案互为补充

农村档案很重要,它是农村变迁的历史证据;传统村落档案的作用是身份认同和情感回归的工具,然而目前文化遗产保护领域专家和机构并没有对农村档案表示太多关注。黄英伟以江苏祖堂大队为例,集中描述和评论了集体化时期的基层档案资料,特别是经济分配档案,他的论文可以让我们今天知道在我国集体化时期人民公社档案的真实内容,对于当时档案政策的执行情况,以及对于今天的研究作用,他写道:"集体化时期是中国农业现代化过程中重要一环,是当今众多'三农'问题的逻辑起点,诸如城乡分割的二元经济体制、城乡分列的户籍制度、农村集体所有的土地制度、集体所有的林业制度等,乡镇企业也发源于此,如此重要的时段却研讨者寡,其中一个重要原因是史料'匮乏'。"他给"匮乏"打了引号,实际上黄英伟发现的人民公社收益分配档案,"其涵盖信息量之大令人惊诧,可以想见这些资料的问世必将为学术界打开一扇明亮之窗",但是,"到如今这些多数存放在农村的原始档案并没有得到应有的重视,相关部门或学者尚未意识到其重要意义,任其自由消存。……时至今日对该时期的研究还仅限于当事人的回忆、历史事实的描述以及政策层面的探讨"。[①]不同的是,欧洲国家没有这样的集体化制度下的档案记录系统。对此,孟德拉斯曾表示遗憾,他说:"令人遗憾的是在法国乃至欧洲的各种地区没有建立起众多的观察站来记录这个深刻变化的所有波折和所有征象。在几年的时间里,这些观察站本可以为社会变化的研究收集到一些独特的材料,那样我们对于农村社区动力机制的认识就会取得决定性的进步,就会从中抽取出一些对世界上所有经受同样震撼的国家都是十分宝贵的教训。"[②]

农村档案网络广泛存在于广大的乡村区域,这是我国档案集中统一管理体制的产物,是我国特有的现象。自建国以来,深入乡村的人民公社、生产队,或乡镇、村所保存的档案,对人类学家而言就犹如孟德拉斯笔下想建立的"众多的观察站",当时有意识的保留对今天所起的凭证作用,显然胜过如今的"当

---

①　黄英伟:《集体化时期农村经济分配档案述论——以江苏祖堂大队为例》,《古今农业》2012年第4期,第14-25页。

②　[法]孟德拉斯:《农民的终结》,李培林译,北京:社会科学文献出版社2010年版,第14页。

事人的回忆"。显然,它对于当今的传统村落建档也有启发:传统村落建档该不该调查档案机构保存的档案,来描述传统村落的变迁呢?! 从这个角度来看,显然,档案机构这一完整体系的观察记录网络,应该介入传统村落的档案重构工作中。因而浙江省档案局的吴志刚曾说:长期以来档案部门有丰富经验和一整套的工作流程,及考证研究历史沿革、家族变迁、建筑形制、文明传承等方面的优势。①

据此,我们也可以认为,集体化时期的档案工作是当今农村档案工作制度的逻辑起点。当时全国一盘棋,因此各地政策有趋同性。各时期政治路线的标语,还在一些村落的遗存的土墙上或以祠堂为生产队公屋的墙壁上,"路线是个纲,纲举目张""以粮为纲,全面发展""备战、备荒、为人民等",这样的"实物档案",给人印象特别鲜明。红军标语、土改时的标语,计划生育标语,退耕还林、直到今天"精准扶贫"的标语,以及深入农户的"干部结对帮扶联系牌"。这些标语以一种历史层积的方式呈现。笔者认为,这些标语、标识牌也是农村的"地方文件",是对上级文件的贯彻执行体现。

这也说明,如今普遍采用人类学田野调查的方法,对传统村落及文化遗产采访记录、拍摄有局限性,它们只能反映当下人们对过去的认识,而真正的过去,还需要借助档案文献、实物档案等来复原,即使它们是有限的,却是原始的、真实的。所以说,农村档案反映了现当代传统村落的变迁,是新中国成立后至今这一时段传统村落档案的核心部分。

另外,农村档案与传统村落档案也有交接点,就表现为它们互为彼此的一部分,体现于传统村落的有机更新和新农村建设中。传统村落保护是一个动态可持续的过程,传统村落居民有享受现代便利的权利,必须与农村现代化相接轨。传统村落保护不仅是对其"博物馆式"的保护,作为开发旅游的乡村景观遗产,更重要的是保护传统文化适度地、合理地适应现代生活方式。"有机更新"思想是由吴良镛教授针对北京旧城改造中传统与现代的矛盾,结合西方历史城市发展的经验教训所提出的,并在北京菊儿胡同的设计中得到了实践性的诠释,他的这一思想体现于《北京宪章》(1999)中。传统村落作为历史性

---

① 吴志刚:《最忆是乡村——写在〈台州古村落〉出版之际》,《浙江档案》2013 年第 10 期,第 27-28 页。

建筑群落,其保护应该从消极静态的封存,向积极动态的方向发展,并以新的理念换来文化传承和社会效益的双赢收益。因此,传统村落档案也是在动态变化中,从而与农村档案并轨。

笔者在前文曾论述了文化遗产保护领域的传统村落建档方式也有不足,主要在于执行方式和理念上与正统的档案真实性要求不符,对于传统村落而言"他者"的档案性质被诟病、行政执行质量不高、精英建档标准阻挡了村民参与等。在这里,笔者还要增加一条:他们没有与档案机构合作,没有借助档案工作系统——犹如一个个农村档案观察站的村委会档案室——来开展工作。因而,本文或许可以起到学科、领域之间的沟通和桥梁作用。

6.2　传统村落文化遗产及其档案节点

6.2.1　乡土景观遗产及其档案

乡土景观遗产,笔者把《中国传统村落档案制作要求》中的"村域(自然)环境""传统村落选址格局及周边环境""历史环境要素"三方面归入此类,主要原因是,在世界范围的农业现代化的现实中,大多已变成空心村的传统村落在乡村振兴中得到复兴,但却作为遗产旅游景观地被开发。周津丞也梳理了国外乡村景观规划的案例,"以新西兰的玛塔玛塔小镇、法国的小河镇为例,规划设计为了保持独特的建筑及其景观特色,采取了一种居住组团的方式,即建造一个新的小型社区,规划整齐排列在乡村里,做到开发乡村空间及最大保留乡村特色,禁止村民在大块土地上等距分隔肆意蔓延的独立住宅。同时,还充分考虑建筑材料、颜色、位置、减少道路建设、开挖山石等相关能够破坏乡村环境的因素,做到最大限度地保护植被,保护村落原貌"①。郭永军也写道:传统村落的经济价值的实现,以旅游开发的形式所占比重最大,"在传统村落作为视觉性的'景物',体现美学价值的时候,'景观'原始的内涵就可以胜任,而随之延

---

① 周津丞:《博物馆视野下的美丽乡村建设——以南京地区为例》,南京:南京师范大学,2016年,第 33 页。

伸的文化景观、人文景观、自然景观等都可用来表述传统村落所包含的深层次和细化后的内容"①。刘俊杰也总结道:"经历了两次工业革命后,在世界范围内,城市化热潮的冲击下,乡村文明在消失或即将消失,保护能代表农耕文明的(非)物质遗存或景观已经成为世界潮流。"②这种对于传统村落文化景观的关注,应该还有不少例子。

"文化景观"是自然和人类相生相伴的结晶,而传统村落正是这样的自然与人类相伴生的作品。在 1992 年于圣菲召开的第 16 届世界遗产委员会会议上首次提出,即《保护世界文化和自然遗产公约》公布 20 年后,文化景观作为一个新的世界文化遗产类型被纳入《世界遗产名录》。新西兰的汤加里罗国家公园 1993 年被列为世界遗产中的第一个"文化景观",以强调毛利人与大自然水乳交融的文化传统的重要性。在 2005 年版《实施世界遗产公约的操作指南》的附录中,把文化景观分为:由人类有意设计和建筑的景观、有机进化的景观、关联性文化景观。③ 传统村落正是这样的自然与人类相伴的作品,如日本学者樱井龙彦所说,"关于村落的保护,关键要把联合国教科文组织以'自然与人的共同作品'的定义形式提出的'文化景观'的观点,与把房屋等建筑物作为构成环境的重要因素,即'传统建筑物群'这一总体性观点有机结合在一起"④。2019 版的《实施世界遗产公约的操作指南》继续把文化景观分为三类并进行了解读:第一种最易识别的明确定义的人类刻意设计及创造的景观,包含出于美学原因建造的园林和公园景观,它们经常(但不总是)与宗教或其他纪念性建筑物或建筑群相结合;第二种有机演进的景观,反映了其形式和重要组成部分的进化过程,又可分为残遗(或化石)景观和持续性景观,后者在当今社会与传统的生活方式的密切交融中持续扮演着一种积极的社会角色;最后一种关联性文化景观,体现了强烈的与自然因素、宗教、艺术或文化的关联,而

---

① 郭永军:《山西省传统村落的传统资源分类研究》,太原:太原理工大学,2016 年,第 3-4 页。
② 刘俊杰:《河南省乡村博物馆研究》,开封:河南大学,2019 年,第 4 页。
③ 联合国教科文组织:《实施保护世界文化和自然遗产公约操作指南》,中国古迹遗址保护协会编译,2007 年。
④ 赵丽:《乡村记忆工程视角下城子古村建档研究》,昆明:云南大学,2017 年,第 12 页。

不仅是实体的文化物证。[①]

因而,笔者这种传统村落的"乡土景观遗产"类型划分符合《保护世界文化和自然遗产公约》《实施世界遗产公约的操作指南》《中国传统村落档案制作要求》等要求。笔者认为,传统村落既有"最易识别的明确定义的人类刻意设计及创造的景观",如乡土民宅、宗祠、书院、牌坊等乡土建筑;也有"有机演进的景观",如"村域环境"和"传统村落选址与格局"中的村落选址、布局而形成的水系、村落形状及街巷(道路)格局肌理、重要公共空间等都是"持续性景观";还有"关联性文化景观",如"历史环境要素"中的塔桥亭阁、井泉沟渠、壕沟寨墙、堤坝涵洞、石阶铺地、碑幢刻石、庭院园林、古树名木,虽然大多不是"文物保护单位",却是生活链接、沟通的通道。

6.2.1.1　村落环境和选址中"风水"传奇

"村域(自然)环境",即村域范围内的山川水系、地质地貌、植被动物等自然环境以及文物古迹、风景名胜等;"传统村落选址格局及周边环境",即与村落的选址、发展紧密关联的地形地貌以及山川水系、村落形状,主要街巷(道路)格局肌理、重要公共空间等,这两部分内容也与传统村落中的堪舆和风水相关联。于希贤认为,风水术用来处理人地关系:"风水地理是产生于东方文化土壤里的一种利用地理环境的综合概念系统。它包涵了对自然与社会环境进行区域分析与规划的思想。……'风水宝地'就是在各种自然与人文因素中,'阴''阳'关系的矛盾统一、均衡协调。"[②]风水地理的基本关系是要保护和建设自然界本身的和谐、人和自然关系的和谐,它最忌讳人们去打破这种阴、阳和谐的关系。

风水学是中国古人认识宇宙与生命的一个重要探索。在本文 5.1.4.2 节中已讲到"风水"与建筑的关系,这里进一步探讨风水术在传统村落环境和选址保留下来的可能记忆。古人讲:"一命二运三风水",可见风水对人的影响之大,以及古人对风水的重视。潘谷西认为:风水施加于居住环境的影响主要表

---

①　联合国教科文组织、保护世界文化与自然遗产政府间委员会、世界遗产中心:《实施〈世界遗产公约〉操作指南 2019(中文版)》,2019 年 07 月 10 日,http://www.icomoschina.org.cn/news.php?class=649。

②　于希贤:《中国风水地理的起源与发展初探》,《中国历史地理论丛》1990 年第 4 期,第 83-95 页。

现在三个方面:第一是对基址的选择;第二是对居处的布置形态的处理;第三是在上述基础上添加某种符号,以满足人们避凶就吉的心理需求。① 何晓昕认为:"遍及于乡野的风水则给整个中国景观蒙上神秘的色彩,无处不有的风水宝塔成为中国景观的明珠和参数。显然,这些趣味和禁忌规则是中国景观特殊的文法也是阅读中国景观的钥匙。"②也就是说,风水在选址方面的作用概括来讲,就是:合位、合德、合气。

中国传统村落选址和传统建筑讲究风水。风水与西方近代科学也有许多不一样,它们是两个系统。中国风水观,是周而复始、天干地支的排列组合,通过对建筑的选址、布局、规划,调节天、地、人关系,使之达到和谐的一种方术、一种艺术。这与西方近现代西方科学的线性发展观不同。无疑风水在城市化过程以及在城市建筑设计理念中逐渐没落,但在乡土建筑中依然存在着,并且成为传统村落档案中重要的一部分。

风水也即堪舆。堪舆学也就是天地之学,《淮南子》中有云:"堪,天道也;舆,地道也。"③《说文解字》云:"堪,天道;舆,地道。"有堪有舆才能与天地同道。所以堪舆学被称为"传统的中国地理科学"。堪舆作为一种"术",还出现于《史记·日者列传》:"某日可取妇乎?五行家曰可,堪舆家曰不可。"可见当时堪舆术之盛行。历经几千年的发展,它变为相地的代名词,融进了中国传统文化内核,它成为"规划学"正式形成之前指导村落原住民进行传统村落选址、营建与发展的基本思想观念。④

传统村落要长远"活着",就需"因形顺势",合理化地布局村落,即符合风水理论中的龙脉生气说。《阳宅十书》中说:"人之居处宜以大地山河为主,其来脉气势最大,关系人祸福最为切要。"这在地理测绘学中有类似说法,据《绘图地理人子须知资孝书》中云:地理家以山名龙何也,山之变态千形万状,或大或小,或起或伏,或逆或顺,或隐或显,支拢之体段不常,咫尺之转移顿异,验之于物,惟龙为二然,故以名之。

传统村落选址和布局大多合于风水要求,村落中的后人都称先祖选择了

① 何晓昕:《风水探源》,南京:东南大学出版社 1990 年版,序言。
② 何晓昕:《景观的阅读与理解》,《建筑师》2003 年第 1 期,第 59 页。
③ 范晔:《后汉书》,北京:中华书局 1965 年版,第 2466 页。
④ 胡彬彬、吴灿:《中国传统村落文化概论》,北京:中国社会科学出版社 2018 年版,第 71-72 页。

块"风水宝地"。在村落开基立村的时候,"风水"是有实际用途的,而今天成为景观遗产的一部分。因而,有关风水堪舆的内容,即堪舆与风水术的记忆,甚至今天口口相传的传奇故事,都是传统村落档案的重要内容。

江西许多传统村落有"风水宝地"的选址布局的风水传说,至今在传统村落中留有风水文献、风水器物、风水习俗、风水传说,这也与江西乡土社会特别崇尚风水和多风水师有关。"中国风水派系就大的而言,可分为形势派(江西派)和理气派(福建派)。因'堪舆文化的发祥地'位于江西省兴国县三僚村,故有'世界风水看中国,中国风水看江西'一说。"①杨救贫即杨筠松,明清以来被推崇为江西形势派风水术祖师,直到现在赣南民间还流传着杨救贫行风水之术、扶危济贫的故事。"《宋史・艺文志》也只载有'杨救贫《正龙子经》一卷'寥寥几字。大量的记载出现在明清以后,《永乐大典》《古今图书集成》《四库全书总目提要》、地方志及各种风水书籍等都有或多或少的记载。在明嘉靖《赣州府志》卷九《方伎志》介绍仆都监时提到了杨筠松:'仆,阴阳家流逸其名,与杨筠松俱官,司天监都监。唐僖宗时黄巢之变,仆与杨避地卜居县西怀德乡。'而明朝天启年间修的《赣州府志》卷九《方伎》却记载较详细。……到清朝时,《赣州府志》《赣县志》《兴国县志》《潋水志林》《雩都县志》《宁都县志》《宁都直隶州志》都记有杨筠松的事迹。"②杨救贫的形势派风水术长期盛行于江西,成了左右人们衣食住行的一个重要因素,风水观念深入人心。

南宋理学家朱熹祖籍是婺源县,也曾任江西南康知府。"朱熹是唯一一位深入风水、熟知风水,却又力图跳出风水、提升风水的知识精英。而他在阴宅风水中的最大贡献就是以'诚敬'关联儒学与阴宅风水,进而完成了风水的理学化。"③江西万安有一个罗盘村,今天成为中国罗盘的主产地,这就与古风水有关,罗盘被称为"风水大师的暗器"。较早记载风水术士与指南针关系的是宋代沈括,他在《梦溪笔谈・杂志一》中指出:"方家以磁石磨针锋,则能指南,然常偏东,不全南也。"因此王振铎先生 1949 年最早揭示了沈括这段短小记载

---

① 刘雅静、罗鹏:《江西古村风水文化对当代人居环境营造的启示》,《老区建设》2013 年第 18 期,第 36-37 页。

② 温春香:《杨救贫与江西形势派风水术》,《广西民族学院学报(哲学社会科学版)》2005 年第 S1 期,第 30-32 页。

③ 张瑞:《朱熹风水思想历史学研究》,济南:山东大学,2014 年,提要。

中所包含的惊人信息,比如,用磁石磨制而成的指南针是"方术之家"所传技术。[①]

很多风水术,对人有教化伦理功能,如风水林、风水山的维护,都需要群体代代相传。因而,哈佛大学建筑学毕业的汉宝德回到台湾后接触到风水,对中国人的环境观念产生浓厚兴趣,成为建筑学界研究风水的代表,他认为"风水是一门无法整理的学问",《阳宅十书》风水宅法的"禁忌所形成的固定观念,口口相传,绘声绘影,因而深植人心,无形中影响了居住环境的塑造',并对弗雷泽提出的风水'类感巫术论'表示支持"[②]。

但是近代很长一段时间,风水被作为封建迷信而遭唾弃,因而很多风水术在民间已濒失传。传统村落保护中有必要重新梳理这部分内容,因为这常常是村落布局的重要档案。在我们项目组走访的婺源古村、流坑村、竹桥村、钓源村,都还有风水实物和故事传说,有的成了不解之谜。

6.2.1.2 "历史环境要素"中的景观遗产和实物记录

传统村落的"历史环境要素"中反映村落历史风貌、构成村落特征的要素如塔桥亭阁、井泉沟渠、壕沟寨墙、堤坝涵洞、石阶铺地、码头驳岸、碑幢刻石、庭院园林、古树名木以及传统产业遗存、历史上建造的用于生产、消防、防盗、防御的特殊设施,数不胜数。这些是关联性文化景观,体现了强烈的与自然因素、宗教、艺术或文化的关联,而不仅是实体的文化物证。街巷纵横、建筑有序是流坑村有别于中国其他著名自然村落的地方。

村口、水口的风水桥、亭、井、树,都是乡村记忆。在村口、水口,都会有很重要的建筑。进水口处,一般不架桥,因天门易开;出水口处会架桥,村民觉得桥不够分量时,又在桥上加亭子,如贵州西江千户苗寨的白水河上有七座风水桥(见图 6-2);江西省婺源县清华镇彩虹桥(见图 6-3),是一座带顶的古廊桥,初建于南宋,因唐诗"两水夹明镜,双桥落彩虹"而得名。风水桥因其是必经之路,一般都具有实用功能,如村民劳作后可在此处休息,但有时候桥的象征作用胜过实际功能,如某家谱上有记载风水桥被冲垮会多灾多难,而修复后灾难就会过去、风调雨顺。

---

① 张瑞:《朱熹风水思想历史学研究》,济南:山东大学,2014 年,第 10 页

② 张瑞:《朱熹风水思想历史学研究》,济南:山东大学,2014 年,第 51-52 页。

图 6-2　贵州西江千户苗寨风雨桥之一(取自网络游记"西江千户苗寨之风雨桥"http://blog.sina.com.cn/s/blog_4c457ffb0102wmwf.html.2016-12-01[2020-08-02])

图 6-3　江西省婺源县清华镇彩虹桥全景(李秋香摄,取自《中国乡土建筑初探》,清华大学出版社 2012 年版,第 70 页)

　　水井,很多传统村落还有保留,有的至今还在使用。金溪竹桥村,为赣东地区典型的村堡式布局,村庄入口处一座锡福庙,旁立古樟,有三口形成"品字"的井。一口井为清乾隆二十一年(公元 1756 年)修挖,另一口并排而立的水井为清康熙二十一年(公元 1682 年)所建,在这两口井前方居中还有一口水井,为清道光二十三年(公元 1843 年)所建,三口井组成了一个工整的"品"字。[①] 水井周围经常形成一个公共空间,水井成了村民集中的地方,人们淘洗衣服或茶余饭后在此家长里短、交流信息和沟通情感,组成了一个村口。如还有陂下村的双胞胎井(见图 6-4),安义古村的寿康井(见图 6-5)。在安义古村拍摄的《古村女人》电视剧(南昌市委宣传部和安义县委、县政府等单位联合拍摄,2011 年)中经常出现"寿康井"的镜头,根据文物保护单位的标示牌说明得知,"寿康井"建于唐代末年,井深 12 米,井口井身均为正方形,水质优良,清澈甘甜,长年丰而不竭。

―――――――――

　　① 《金溪清代三口井,"品"字形排列富意深!》,2016 年 8 月 25 日,http://blog.sina.com.cn/s/blog_d3774f430102x2k1.html。

图 6-4 富田陂下村双胞胎井(徐
欣云摄于 2019 年 8 月 13 日)

图 6-5 安义古村寿康井(徐欣云摄于 2016 年 5 月
24 日)

有的村口种植有古树。婺源古村的村口,有一棵大樟树,号称婺源第一樟。大树下面好乘凉,村民们曾经在此乘凉、聊天、休息。谢奇伶笔下的山东西龙口市诸由观镇河阳村的一棵已有五六百年树龄的古槐树,如今是王氏家族的一个重要家族记忆,成为西河阳村一个历史见证,村民闲暇时在此谈天说地,外来的客人也会在古槐树枝上系上一根红飘带,祈求心中美好愿望,成为村史节点。[1] 有的村口也会建塔如文峰塔,也是起到保文运的心理激励和象征作用,等等。

传统村落中的这些牌坊、风水桥、亭、井、树,都有着乡村记忆,都是实物并且是"活着的"档案。

6.2.2 传统建筑遗产及其档案

"传统建筑调查"包括以下内容:传统建筑物(包含各级文物保护单位、历史建筑、建议历史建筑、传统风貌建筑、其他传统建筑)的位置、建成年代、面积、基本形制、建造工艺、结构形式、主要材料、装饰特点、建造相关的传统活动、历史功能、产权归属、使用状况、保存状况等。笔者认为,其中"产权归属、使用状况"应属"农村档案",并随产权更动发生变化;"建筑位置、面积、保存状况"可以实地勘察和测量,"建成年代、建造相关的传统活动、历史功能"可从留

---

① 谢奇伶:《乡村如何记忆?》,济南:山东大学,2018 年,第 18 和 44-46 页。

存的家谱、碑刻、铭文中得知等。

6.2.2.1　乡土建筑遗产及其档案

联合国教科文组织的《关于乡土建筑遗产的宪章》(1999)定义乡土建筑为,"乡土建筑是传统和自然的居住方式。它是社区自己建造房屋的一种传统和自然的方式……它是一个持续的过程,包括了必要的改变以及针对社会与环境限制而进行的不断调整"[①]。美国纽约现代博物馆的鲁道夫斯基基于1964年筹备"没有建筑师的建筑"展览时,给予乡土建筑以很高的评价:"乡土建筑通常与时尚无关。它确实近乎永恒,而且是无可改进的,因为它所达到的目标已至善至美",并认为"通过引介那些人们陌生的所谓非正统谱系的建筑世界,来打破以往狭隘的建筑艺术概念"[②]。美国建筑与人类学家阿摩斯·拉普卜特观察千姿百态的民居类型和住宅形态,探究其背后的文化成因,将建筑建成形式的演化概括成原始型、前工业化的风土型以及风雅型和现代型三个类型,其中风土建筑作为理想的范型代表着"传统"的本义,他说:"人们往往对建成环境的'大头'视而不见,对木骨泥屋或无足轻重的茅屋更是不屑一顾;倒是觉得可以从'小头'——那些气派风雅的建筑中获益良多。这就招致了两种建筑标准,一个是针对'重要建筑'的,另一是针对'次要建筑'及其构成环境的。"[③]乡土建筑具有适应建成环境的重要意义,与单体风雅建筑相比是"大头",对其整体保护构成了传统村落保护,据此也可推知,传统村落档案就其地域占比也是这样的"大头",应具有非常重要的意义。

乡土建筑,具有民间浓厚的乡村农家小院气息,却反映了独特的地域文化及民族特色,蕴含着丰富的历史人文信息,是传统农耕文化的典型代表,它一般以建筑群方式出现比较多,对它的保护表现了一种从单体纪念建筑到建筑群的进步。虽然它们单体在级别和规模上属于一般文物,比起经典的纪念性建筑古迹稍逊一筹,然而乡土建筑的群体保护,就变成了乡土建筑所在环境即

---

① 张松:《城市文化遗产保护国际宪章与国内法规选编》,上海:同济大学出版社2007年版,第116-117页。

② [美]伯纳德·鲁道夫斯基编:《没有建筑师的建筑——简明非正统建筑导论》,高军译,天津:天津大学出版社2011年版,序。

③ [美]阿摩斯·拉普卜特:《宅形与文化》,常青等译,北京:中国建筑工业出版社2007年版,第1页。

村落的保护,可以让我们思考我们自己与历史的关系。可是,我国乡土建筑缺少记忆,陆元鼎说:"由于中国古建筑研究偏重在宫殿、坛庙、陵寝、寺庙等官方大型建筑,而忽视了民居建筑。"①朱光亚在研究"大运河"文化遗产时说,"记录朝廷和皇帝的关注的记录较多,涉及的修河的官员的名字其次,但何人有贡献,贡献具体是什么却常常若明若暗,大量的民间智慧之士及他们的具体发明创造没有留下清晰的记载。"②这种选择性记录,仍然使得历史失去了真实性。

目前很难找到乡土建筑初建时的图纸或资料,有的历尽沧桑,已经不再是体现传统上的有血缘或地缘关系的建筑群,村民与传统建筑的关系已经发生了改变,很多住宅已经不是自己的祖屋,也因此居民对本土建筑的感情不深厚,自然也会缺少对建筑的自发记忆。鲁道夫斯基为"没有建筑师的建筑"展览而收集图片的过程,是一种寻找和建设乡土建筑档案资料的过程,但遇到了很多困扰,他说:除了欧洲人类学研究院的档案以外,没有什么相关的资料来源,许多图片都是偶然得到的,有一些是绝对的珍品,已在这类研究里持续采用了40余年,部分图片还没有达到专业标准,其中大多数是富有灵感的业余人士所拍摄的作品,或者是从不知名的出版物上挑选出来的。③

6.2.2.2 乡土建筑的基本形制和装饰特点记录

乡土建筑调查需要对建筑的形制、面积、装饰特点等进行测量、归类、记录,一般来说,乡土建筑遵守建筑礼制,同时富有地域特色,这也是建筑学专家和住建部门在传统村落建档中成为主力的原因,如建筑学家李秋香、陈志华的《流坑村》(2003)中的测量记录。然而,也如拉普卜特所说:"用于居住的房屋不仅仅是一种用于物质形态的建筑,而且是一种组织形态的制度,这种制度产生于一整套复杂的目的和信念。因建造住房是一种文化现象,故其构成形态和组织方式与所处的社会环境有着密切关系。"④传统村落文化遗产保护也需要多学科合作协同完成。

---

① 陆元鼎:《中国民居研究五十年》,《建筑学报》2007年第11期,第6-69页。
② 朱光亚:《大运河的文化积淀及其在新世纪的命运——大运河产保护规划和申遗工作的回顾与体会》,《东南文化》2012年第5期,第6-17页。
③ [美]伯纳德·鲁道夫斯基编:《没有建筑师的建筑——简明非正统建筑导论》,高军译,天津:天津大学出版社2011年版,序。
④ [美]阿摩斯·拉普卜特:《宅形与文化》,常青等译,北京:中国建筑工业出版社2007年版,第45页。

从文化角度看,门的形式反映着"门第",因此门头就成了住宅外观上最重要的艺术焦点。富田匡家村的大门装饰很有特色。大门装饰顶端都雕有鳌鱼(见图 6-6),是鲤鱼跃龙门的那一瞬间,那个头已经变成了龙头,身子还保持着鱼的身子。最中间有的放的是聚集财气的聚宝盆,有的是瓷葫芦,弯钩一样的东西是卷叶草(见图 6-7),寓意着富贵吉祥。有的房子上面像娃娃一样的是魁星点斗式的一个雕塑人物,吉安富田镇陂下村最多(见图 6-8、图 6-9)。

图 6-6　匡家村红旗社旧址,大门装饰顶端都雕有鳌鱼

图 6-7　匡家村红旗社旧址屋顶卷叶草装饰特写(徐欣云摄于 2019 年 8 月 13 日)

图 6-8　匡家村鳌公祠,门顶上有宝葫芦、鳌鱼、卷叶草等装饰物

图 6-9　陂下村一民居屋顶上的魁星、鲤鱼跳龙门、卷叶草装饰(徐欣云摄于 2019-8-13 日)

宝葫芦也是道教神仙的标配,陈勤建认为中国道士所用的葫芦是远古鸡形盘古的象征,它是鸟化宇宙观下的人生超尘脱俗的一种羽化成仙的理想追求,他写道:"唐段成式《酉阳杂俎》一书把记录'黄老之道''神仙之流'的逸事,另专列一章,称之为'壶史'。壶,即葫芦,也就是匏瓜。《史记·天官书·索隐》引《荆州占》说:'匏瓜,一名天鸡,在河鼓东,匏瓜明,则岁大熟也。'注意,匏

瓜,又名为'天鸡'。虽然文中没多说些什么,但这一天鸡的称谓,内里却隐露出一个古老的文化密码:鸡形盘古即后世之匏瓜——葫芦。"①

流坑的古民居虽外观简朴,但建筑装饰十分讲究。集木、砖、石雕(刻)及彩绘于一体,工艺精湛。木雕、木刻、斜撑、雀替、门窗格扇这些构件都精雕细刻(见图6-10、图6-11、图6-12),其他村落也有各种建筑装饰,如富田夼田村(见图6-13)。张新民记录道:"(流坑)董燧的故宅,虽经四百多年的风风雨雨,前厅还是当年的风貌,明嘉靖年间的、两米来高的红石雕石狮侍立在大门两侧,'理学名家'匾额悬于宅门楣上方,这块匾以白膏泥作底,阳文黑字,字体圆浑古朴,系明代著名理学家、南京吏部尚书曾同亨所书。名匾、古石狮,以及董燧在流坑历史上的特殊地位,使得这幢坐落在流坑村中巷的古宅气势非凡。"(见图6-14、图6-15)②

图6-10 流坑村"鹿回头" 斜撑   图6-11 流坑村木狮柱脚   图6-12 流坑村墙上石雕 (拍摄者佚名,游客)

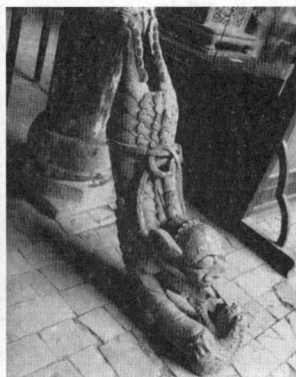

疏口村的民居建筑装饰多种多样,尤其是多进大屋的装饰华丽、雕刻丰富。雕刻装饰主要有石雕、砖雕、木雕和灰塑四种,石雕多在建筑的入口大门处和旌表牌坊之上;砖雕多在入口门头、门楣和墀头之上;木雕则在梁柱、坊

---

① 陈勤建:《山道思想——稻作鸟化宇宙观的展示》,《上海道教》2001年第4期,第14-18页。

② 张新民:《流坑——中国传统农业社会最后的标本(摄影集)》,杭州:浙江摄影出版社2000年版,第24页。

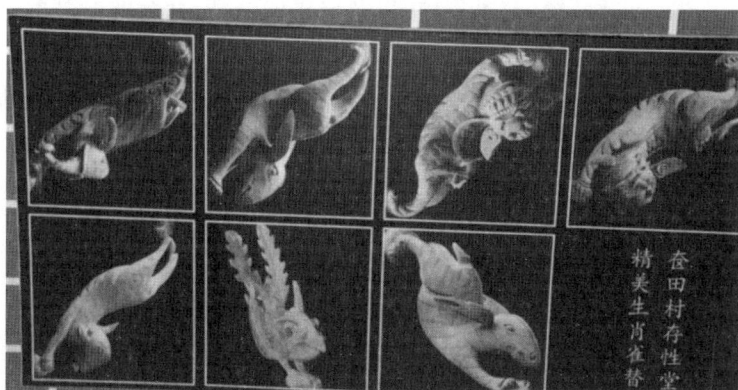

图 6-13　富田奁田村存性堂精美生肖雀替

（徐欣云摄于 2019 年 8 月 13 日富田镇陂下村敦伦堂的祠堂图片展）

头、窗栅和窗楒等部位；灰塑则在绣楼院落的窗下槛墙之上。[1]

图 6-14　流坑村"理学名家"景一（于 2020
年 4 月 11 日取自流坑村. http://www.
cnliukeng. com/intro/24. html）

图 6-15　流坑村"理学名家"（拍摄者
佚名,游客）

6.2.2.3　乡土历史建筑工艺和文化的记忆

乡土建筑是沉默的史书,体现了社会文化记忆,有住宅、寺庙、祠堂、书院、戏台、酒楼、商铺、作坊等。住宅是最原始最基本的建筑类型,也是最大量的建筑,宗祠、陵墓、庙宇、宫殿等最早的型制大多直接就从住宅脱胎而来。住宅由

---

[1]　范霄鹏、李尚：《｜象工坊,书山垂荫　金溪疏口村》,2015 年 9 月 19 日,https;//weibo
com/p/230418537278ee0102wpce。

于受自然环境、文化传统、技术条件,以及居民的经济、社会情况等影响,更体现出因地制宜、天人合一的一面,有地域性、民族性特征,有时候也体现了礼俗传统。许多建筑学家实地勘察记录住宅各种数据,如陈志华、李秋香的《中国乡土建筑初探》中多是关于住宅建造工艺和文化的记忆,有写道:"一座乡土性住宅,它的各种功能性空间中,最重要的是厅堂、卧室、厨房和院落,此外还有宅门。"[1]

　　住宅的厅堂、卧室、厨房和院落、宅门都体现了实用和文化功能、记忆。一是厅堂是家庭生活的公共活动的场所,又是家庭供奉祖先、举办婚丧寿庆和四时八节等各种礼仪性活动的场所。厅堂条案后的太师壁和后墙正中挂中堂画,两侧挂对联,顶上挂匾额,今天都可看作实物档案。匾额上常书写吉祥语,如"善庆堂""积庆有余",留存了历史文化记忆。二是卧室的使用分配,体现了繁衍后代的一些风俗习惯,如有时候宗族血脉延续的要求,超越了长幼尊卑的"礼教"秩序,好的卧室要让出给生育能力正旺盛的后代。三是厨房的核心是灶,灶是"户"的代表,"分灶"就是分户,灶上常常供着灶神;厨房也是个作坊,许多"舌尖上的传承"技艺最早出自农家厨房,如酿酒、制醋、腌肉、打年糕,逐渐从农家走出变成地方小吃,今天可能会被选为"非物质文化遗产"。四是院落或天井,起着分割和联系住宅中的正房、厢房或者还有倒座房,及厨房、柴房的作用,还起着招风、采光、接地、通天的作用,它也是住宅小风水的藏风聚气、小风水术施展的场所,如"四水归堂"的风水说法。院落或天井是住宅里建筑艺术比较集中的地方。五是宅门,是一座住宅最重要的门户,自古以来人们就格外重视门户,门的形式反映着住宅主人的身份,所谓"门第",因此门头就成了住宅外观上最重要的艺术焦点,也是体现住宅等级礼制的地方;很多成语和习惯用法与门有关,如"门当户对""蓬门荜户""旁门左道""班门弄斧""侯门似海""朱门绣户""拒之门外""不得其门而入",都是宅门积累沉淀下的文化记忆。这些艺术和文化焦点也成了特殊的文化遗产。

　　宗祠、庙宇、文馆、书院等是乡土公共和纪念性建筑,大多直接就从住宅型制脱胎而来。如前所述祠堂常被视为村落中最具整合意义的象征符号,其讲究程度往往超过住宅,如竹桥村文隆公祠,是纪念开村始祖余文隆的,据悉,由

---

① 陈志华、李秋香:《中国乡土建筑初探》,北京:清华大学出版社2012年版,第127页。

于祠堂建于明朝,所以建材大多为红色的石头、樟树以及朱树,如今每逢正月初二全村人都要来此祭祖,并为新生儿上族谱。竹桥村的养正山房其上堂及后堂就是印书之所,乾隆时期书版盈架,"刊书板置局于里门,昼则躬耕于南庙,暮则肆力于书局,以刻书印数为业"[①]。

庙宇,会有方志和碑刻记载,江西有许真君道教信仰和专门奉祀许真君的万寿宫,如江西萍乡清溪万寿宫的碑刻[②]。庙堂的形态多样,也因为普通百姓信仰多元化,儒、释、道,建成三教庙,祭祀各路神仙,如大旱时拜龙王、求子时就拜观音娘娘,一个关帝庙可同时供着各路神仙,甚至庙里没有一个出家的和尚、导师,而是百姓轮流看管和清扫庙堂。土地庙有的就安置在田间地头,非常贴近村民的生活,便于人们表达心中的希望;有的土地庙大一点,人可以进去祭拜,有的土地庙很小,人进不去,就在庙外烧个香。有的地方就在凉亭里设一个庙或祭拜之所。像土地庙这样很小但方便的庙堂,在村落中还保留有很多。

牌坊作为一种纪念性建筑,为求永久纪念,一般用耐久型材料建成,多雨潮湿的南方各地以石质的为多,表现了农耕社会的政治和文化历史。牌坊有表扬做官的,有表扬节妇的,有表扬经商成功回来回报村民建桥开路的,而现在大多成了标志性景观,如皖南古村落西递的"胡文广刺史牌坊"。牌坊也是渼陂村特色之一,现存牌坊有四处,可分为三类:一类为真正意义上的牌坊,如渼陂节孝祠(见图 6-16),是一处圣旨牌坊,上面写了"圣旨"两个字,题的是"冰清玉洁";第二类为牌坊式"多留余地"照壁,意在告诫后人做人做事要适可而止,留有余地;第三类为牌楼式门的古槐第牌坊,是纪念先人从北方迁徙过来的建筑。[③] 邓洪武等也撰文提到渼陂的贞节坊和节孝祠,记录了其故事传奇:在渼陂有一大一小两座母女贞节坊,母亲名叫唤菊,生下女儿后不久丈夫去世,她含辛茹苦把女儿抚养成人,并许配邻村一位小伙子为妻,但女儿尚未过门,未婚夫即已去世,从此,母女俩遵从当时的礼教都未再嫁,老死家中;家

---

　　① 范霄鹏、仲金玲:《赣东地区竹桥村古建田野调查》,《遗产与保护研究》2017 年第 2 期,第 106-111 页。

　　② 李平亮、赵鹏飞:《清代萍乡许真君信仰的发展与乡村权力格局的演变》,《宗教学研究》2014 年第 2 期,第 72-78 页。

　　③ 《渼陂古村之古色建筑》,2020 年 8 月 8 日,http://www.cnmeibei.cn/about12.html? introId=17.

族中为了褒奖母女而特设大小贞节坊两座,贞节坊之后还建有节孝祠,坊顶上书有"冰清玉洁"字样。[①]

捐款功德碑和警示碑,在乡村的祠堂庙宇牌坊处,如今还处处可见,许多是近来新建的,可视为乡村广而告之的文书。文馆是"文会"的活动场所,文会的成员主要是村子里的文化人、读书人,包括致仕的官员和困顿场屋但也曾熟读经书的人(见图 6-17)。

总的来说,乡土建成遗产,是没有建筑师的建筑,一般没有留存绘图,是基于工匠的经验,而工匠的经验就是来自于模仿、实践。乡土建筑遗产本身就是档案,虽然现代主流档案学认为建筑图纸才是档案。乡土建筑本身的记忆也有"蛛丝马迹",如题记、碑记,这都是传统村落的档案,它们所承载的传统文化很重要。

图 6-16 渼陂圣旨牌坊——节孝祠(2020 年 6 月 1 日取自渼陂古村网. http://www. cnmeibei. cn/about12. html? introId=17)

图 6-17 流坑村文馆(李秋香摄,取自《中国乡土建筑初探》,清华大学出版社 2012 年版,第 343 页)

---

① 邓洪武、邹元宾、郭晓康:《渼陂古建筑的文化艺术及其价值——江西古村落群建筑特色研究之三》,《南昌大学学报:人文社会科学版》2004 年第 2 期,第 102-107 页。

6.2.3　非物质文化遗产档案及其内容节点

在《科学调查和中国传统村落档案制作说明》(建村〔2013〕102 号)中传统村落非物质文化遗产建档内容有:村落中的传统民俗和文化,包括非物质文化遗产代表性项目及其他传统的生产生活方式、乡风民俗等内容以及其所依托的场所和建筑、用具实物;了解相关知识的特殊村民(如族长、寨老、非物质文化遗产传承人、老手艺人、庙会主持人,传承了传统建造技术、手工艺的工匠等;传统手工艺品、食品、器具的做法工艺等)。

6.2.3.1　非物质文化遗产档案的界定

传统文化抽象无形,需要具体的仪式性或象征性的具体活动来传达,非物质文化遗产建档就是这样的活动之一。英国学者埃里克·霍布斯鲍姆(Eric Hobsbawm)和特伦斯·兰杰(Terence Ranger)在《传统的发明》中开宗明义地写道:"'被发明的传统'意味着一整套通常由已被公开或私下接受的规则所控制的实践活动,具有一种仪式或象征特性,试图通过重复和灌输一定的价值和行为规范,而且必暗含与过去的连续性。"[1]梅因说:"如果一个传统没有被相应的习俗稳定地保持,它就可能被所有外部影响歪曲。"[2]传统本身不会讲话,传统是一种历史所流传的隐喻的价值观、道德标准以及行为表征,需要具体的仪式性或象征性的具体活动、文献来传达,并在不断地重复中使传统深深影响着传播载体,甚至成为其信条,也或者以其他文字媒介如典籍文献、实物遗迹来传递。非物质文化遗产的这种活动是带有仪式性和象征性的,其所蕴含的传统价值体系在仪式、象征、文献中显性化从而表达出来。

档案界对非物质文化遗产档案式保护研究已有时日,如赵琳琳、王云庆(2007)认为,非物质文化遗产档案是指所有有关的具有保存价值的各种载体材料,还应当包括与"申遗"工作有关的一系列文件材料等。[3] 王云庆(2017)又认为,非物质文化遗产档案可分为三大部分,即非物质文化遗产项目档案、

---

① 　[英]埃里克·霍布斯鲍姆、特伦斯·兰杰:《传统的发明》,顾杭、庞冠群译,北京:译林出版社 2004 年版,第 2 页。

② 　[英]梅因《东西方乡村社会》,刘莉译,北京:知识产权出版社 2016 年版,第 40 页。

③ 　赵琳琳、王云庆:《论非物质文化遗产档案及其保护原则》,《档案与建设》2007 年第 12 期,第 4-7 页。

非物质文化遗产传承人档案及非物质文化遗产档案管理全宗,三者都很重要,不可偏废,[①]等等。笔者以为,非物质文化遗产就是传统文化核心元素还活在今天的杰出代表,口头传统、民间舞蹈、节庆仪式就是"不成文"的保持方式,而非物质文化遗产档案化就是"成文"的保护方式,即使该传统发生变异,被"外部影响歪曲",但非物质文化遗产档案保留了某一时段的事实。

非物质文化遗产档案,作为一种以物质为依托的"活态档案",其档案的书写记录范围则比一般实践活动的界定拓宽很多,非物质文化遗产档案既具有一般档案的基本功能,也具有保存和再现文化原貌的功能。因而非物质文化遗产档案概念的提出体现出一种"泛化"或多元的理念,即赋予了非物质文化遗产档案较为广泛的意义,而不是狭义上所说的档案,如果按照档案学上档案门类来划分,非物质文化遗产档案可归于专门档案的范畴,它载体多样、内容丰富、有地方特色,而且保管地分散。

非物质文化遗产与传统文化活动紧密相连,相比于官方或文人雅士的文字传统,笔者认为这样的非物质文化遗产本身是"母文化""根文化",因而是大传统,而非物质文化遗产档案化进入文字传统后则归属于"子传统"即"小传统"。这与芮德菲尔德的经典论断相反,他说:"在某一种文明里面,总会存在着两个传统;其一是一个由为数很少的一些善于思考的人们创造出的一种大传统,其二是一个由为数很大的、但基本上是不会思考的人们创造出的一种小传统。大传统是在学堂或庙堂之内培育出来的,而小传统则是自发地萌发出来的,然后它就在它诞生的那些乡村社区的无知的群众的生活里摸爬滚打挣扎着持续下去。"[②]

近来国内外一些文化人类学学者对芮德菲尔德的"大小传统论"持不同看法,如叶舒宪对欧美人类学家的大小传统作了全新的文化改造:"有必要从反方向上改造雷德菲尔德(与芮德菲尔德为同一人——笔者注)的概念,按照符号学的分类指标来重新审视文化传统,将由汉字编码的文化传统叫做小传统,把前文字时代的文化传统视为大传统。从历史的角度判断中国文化的大传统与小传统,有一个容易辨识的基本分界,那就是汉字书写系统的有无。生活在

---

① 王云庆:《山东非物质文化遗产项目及传承人立档保护研究》,济南:山东大学,2017年,第55页。
② [美]罗伯特·芮德菲尔德:《农民社会与文化:人类学对文明的一种诠释》,王莹译,北京:中国社会科学出版社2013年版,第94-95页。

文字编码的小传统中的人,很不容易超越文字符号的遮蔽和局限,所以一般无法洞悉大传统的奥妙。"[①]其实叶舒宪对大小传统关系的反拨,也一直曾是费孝通先生所主张的,他说:"中国社会从基层上看去是乡土性,中国的文字并不是在基层上发生。最早的文字就是庙堂性的,一直到目前还不是我们乡下人的东西。"[②]他认为乡下人不识字不等于没有智慧,那只是因为在熟人社会交流无需文字。

因而非物质文化遗产的"档案化"或"成文化"后,固化的传统村落记忆是有局限性的。首先非物质文化遗产名录本身的入选过程就不是自然而然形成的,而是有一个主观判断选择"优秀"的标准;其次,在非物质文化遗产"档案化"的过程中,是主动搜集汇总而成,而搜集来的材料大多是事后口述、手稿、摄像等,只有在档案概念泛化后才能容纳"非物质文化遗产"档案。结合《科学调查和中国传统村落档案制作说明》(建村〔2013〕102 号)传统村落非物质文化遗产建档内容,与联合国教科文组织的《保护非物质文化遗产公约》的"非物质文化遗产"五个类型,即口头传统和表现形式,表演艺术,社会实践、仪式、节庆活动,有关自然界和宇宙的知识和实践,传统手工艺中,笔者选择民俗和民俗档案、表演及节庆仪式、口头传统及手工技艺等为内容节点,阐述和分析其内容。

6.2.3.2　民俗和民俗文物、民俗文献、民俗档案

在《科学调查和中国传统村落档案制作说明》中的"村落中的传统民俗和文化,包括非物质文化遗产代表性项目及其他传统的生产生活方式、乡风民俗等内容以及其所依托的场所和建筑、用具实物",概括起来说就是民俗调查和民俗文物、民俗文献、民俗档案,将有形与无形、物质与非物质、无文字与有文字的文化遗产有机结合,才能全面反映传统村落中的传统民俗和文化。

民俗,一个社会群体在长期的生产实践和社会生活中逐渐形成并世代相传、较为稳定的文化事项,"是人类文化生命的基因。任何民俗,说到底,都是一定民众群体共同心愿的显现,是一定民众群体心愿的'我们感'"[③]但国人对于民俗抱有陈旧的偏见,"在总体上,我们国人对民俗的理念,长期停留在

---

① 叶舒宪:《重释古代中国的大小传统》,《文化遗产研究》2011 年(第 1 辑),第 95-99 页。
② 费孝通:《乡土中国　生育制度　乡土重建》,北京:商务印书馆 2011 年版,第 25 页。
③ 陈勤建:《民俗是人类文化生命的基因》,《粤海风》2003 年第 6 期,第 42-44 页。

'民间风俗习惯'信仰、崇拜等传袭的古文化残存的狭隘认识中"[①]。陈勤建认为,当下中国民俗理念出现了三大现实性的转变。第一民俗之"俗"从一般的风俗习惯、信仰、礼仪、口承文艺等传统的残存文化遗留物到现实社会活世态的"生活相";第二民之"俗"观念的充实扩大;第三人俗观点的确立,所谓民俗,即是"人"俗。[②] 如渼陂的下元宵节(见图 6-18)。渼陂的元宵与众不同,有正月十五"上元宵"和二月初一"下元宵"之分,下元宵才是渼陂人真正的节日,全村要举行盛大的舞龙舞狮、游彩擎、踩高跷、走旱船、扭身歌等各种活动。

图 6-18　渼陂的下元宵节(2020 年 4 月 11 日取自:作家曾绯龙笔下的渼陂,渼陂古村官网 http://www.cnmeibei.cn/news/45.html)

民俗文物,早在 20 世纪 80 年代,宋兆麟就提出了"民俗文物"的概念,1994 年中国民俗学会内部建立了民俗博物馆专业委员会,创办了《民俗博物馆学刊》(1995)。[③] 徐艺乙是另一位力主关注民俗文物的学者,在他看来,"民俗文物是反映民间风俗、习惯等民俗现象的遗迹和遗物",但近代以来,"大量曾经为人们的社会生活作出了巨大贡献的各式用品和器具等的民俗文物,与旧有的生活方式一同被留在了历史中。而国内外古董商贩的带有掠夺性的'铲地皮'式的收购,在客观上加速了原先处于自然生态中的民俗文物的流失和消亡";而且这方面的研究长期以来也没有受到应有的重视,由此带来的损

---

① 陈勤建:《现实性:中国民俗学的世纪抉择》,《民俗研究》1998 年第 4 期,第 1-10 页。
② 陈勤建:《现实性:中国民俗学的世纪抉择》,《民俗研究》1998 年第 4 期,第 1-10 页。
③ 田兆元:《民俗文物与民俗文献的价值研究》,《中国文物科学研究》2012 年第 2 期,第 18-21 页。

失不可低估。①

　　民俗文献，指自身承载着民俗功能的民间文本或图像，如家谱、宝卷、契约文书、账本、神明或祖公图像、其他各类手抄本等。田兆元认为民俗文献的重要性胜过民俗文物，因为民俗文物的收藏偏重物质，忽视精神类的民俗文献，一是该类文物本身就很少，收藏不易，二是受一般博物馆重视物质的影响而对于民俗文献没予以足够的重视。② 田兆元认为民俗文献是"记载民俗事象的典籍，承担民俗功能的典籍"；这样的民俗文献它们本身是民俗活动必须依赖的工具，甚至是民俗活动的核心和局部组成部分。③ 笔者认为，民俗文献就是民俗档案，只是称呼不同。

　　民俗档案，最近有较多关注，如从 CNKI 输入关键词"民俗档案"，至 2020年 12 月底输出 34 条条目，河北大学李文鸿的《档案学视域下民俗类非物质文化遗产的传承及保护利用》(2019)一文代表着民俗档案的新研究方向，即把民俗作为非物质文化遗产纳入非物质文化遗产档案进行研究。但大多关于民俗档案的论文篇幅短小，发表在非核心期刊上，如《布依族民俗档案领域旅游产生的发展》(韦亚，《山西档案》，2017)、《伊斯兰文化与维吾尔族民俗档案》(陈晨，《兰台世界》，2016)、《县域村史民俗档案工作的思考》(徐永香，《山东档案》，2016)、《民俗档案研究及思考》(田丽媛、胡梁雁，《文史博览》，2015)、《民俗档案保护的困境和对策》(宇恒伟，《兰台世界》，2013)等。《北欧民俗档案研究工作的历史轨迹》(王杰文，2010)一文，深度介绍了北欧民俗档案的搜集与田野作业、归档与整理、档案化过程的反思、记录手段的数字化等④。还有一篇是常被档案学界引用的《民俗档案和档案中的民俗》(2012)，梳理了新中国成立后两次编修县志过程中对于《风俗篇》轻视的态度，而为"中国民间文化遗产抢救工程"的《中国民俗志》出版鼓与呼，该文认为"修民俗志是一件大好事，这是许多中国人的文化情结"⑤。还有两篇是文化遗产学领域的文章，一是介绍了美国悠久的民间生活研究历史，乡土文化表现记录的实体一直是美国生

---

① 徐艺乙：《民俗文物刍议》，《民俗研究》2002 年第 4 期，第 30-33 页。
② 田兆元：《民俗文物与民俗文献的价值研究》，《中国文物科学研究》2012 年第 2 期，第 18-21 页。
③ 田兆元：《民俗文物与民俗文献的价值研究》，《中国文物科学研究》2012 年第 2 期，第 18-21 页。
④ 王杰文：《北欧民俗档案研究工作的历史轨迹》，《档案学研究》2010 年第 4 期，第 87-90 页。
⑤ 杨景春：《民俗档案和档案中的民俗》，《忻州师范学院学报》2012 年第 2 期，第 68-69 页。

活不可替代的记录。① 二是介绍了美国最大的民俗档案馆(American Folklife Center)所收藏的五大类民俗资料。②

民俗档案或民俗文献可使"活"态民俗得到固化保护,其中一些民俗入选非物质文化遗产名录。文物被从民间搜集,进入博物馆或其他收藏地,这是一个"去语境化"的过程,很多民俗文物因此而被彻底忽视,长期堆积在博物馆的库房中,无人光顾。

6.2.3.3 表演、节庆仪式及其档案

表演、仪式的最大特征就是把具体生活"镜像化"表达出来,即把生产、生活要素通过另一种方式重组而达到某种目的,包括思想情感或者愿望表达,甚至进一步实现以交感律或接触率为基础的愿望。当今,它们是非物质文化遗产里最显性化的展示,能从视觉上带来最直观的冲击,并且多数情况下,它们不是日常生活中每天都在发生的事,但却最隆重且最被村民所重视。因此,相较于口头传统、手工技艺而言,在社区内部,表演、仪式的受众最广,影响力最大,因此,其最能体现社区的集体记忆,最能加强社区内部的联系,增进社区成员之间的情感以及身份认同。

表演及节庆仪式,与上述民俗不能截然分得开,比如渼陂的下元宵节,也是地方节庆,而且渼陂下元宵节经常有"渼陂妆辇"这一传统表演活动,"渼陂妆辇"已入选江西省第四批非物质文化遗产名录。

青原渼陂妆辇是一种民间灯彩杂戏,分台辇(见图 6-19)和乌车辇(见图 6-20)两种。吉安青原区旧属吉安庐陵县,为吉安之首邑。每年举行盛大的祭祀活动、拜祖敬神,都要装扮彩辇,游村庆典,自宋以来,千年延续。台辇状如谷桶,上小下达,方正如台,台之中间,树立一根十字形架子,架上设置座位三组,一组一个娇童,装扮神像或杂剧故事,其形酷似汉代的戏车(见图 6-21、图 6-22)。东汉张衡《西京赋》记载:"尔乃建戏车,树修旃。侲僮程材,上下翩翻。突倒投而跟絓,譬陨绝而复联。"意思就是:架起表演杂技的车,竖起高高的旗帜。幼童施展才能,上下翩翻。突然倒挂身体,好像要摔落了却又连到一

---

① Marsha Mac Dowell:《美国创建和利用民间生活收藏的新方向》,陈熙译,《文化遗产》2011 年第 1 期,第 113-121 页。

② 李娜、刘同彪:《美国民间生活中心(AFC)的民俗档案实践与经验探讨》,《文化遗产》2016 年第 6 期,第 96-102 页。

起。另外一种乌车辇,形同纺纱车辇,又像乡村水碓,圆圆大大的车轮上坐着四个孩童,装戏表演,转动车轮,孩童们上下翻滚,如鸟腾空,造型奇异,惊心动魄。乌车辇,据传传自魏晋时期的女乐舞像,以木雕构,潜以水发,平地旋之,设木人击鼓吹箫,跳丸掷剑,缘横倒逆,变化百端。青原两种彩辇,目前都由渼陂古村梁氏家族世代相传。据民国《吉安县志》记曰:"元宵灯节,择童男女之美者,扮《凤仪亭》《西游记》《红楼梦》《麻姑晋爵》《天女散花》诸故事,美童多则以十数计或数十计,弗自行,异以人。"①

图 6-19　渼陂妆辇之台辇

图 6-20　渼陂妆辇乌车辇

图 6-21　渼陂妆辇——天女散花之小童

图 6-22　渼陂妆辇——西游记之小童

（图 6-19 至 6-22 系 2017 年 6 月 3 日徐欣云在江西省非物质文化遗产日展馆参观时,由吉安青原区参展人提供的"江西省非物质文化遗产申报片——渼陂妆辇"视频中截取）

———————

① 摘要自:笔者 2017 年 6 月 10 日在江西省非物质文化遗产日展馆参观时,由吉安青原区参展人提供给笔者的"江西省非物质文化遗产申报片——渼陂妆辇"视频。

笔者以为,"渼陂妆辇"是一种大人小孩共同参与、倾情互动的表演。在渼陂妆辇制作过程中,家族长者倾心而为,为孩子们"搭戏台",也是在为孩子们搭人生的舞台,为他们进入未来的社会储备经验。这种表演对于孩童而言,具有历史的代入感及勇气的锻炼,比起孩子们参与的现代校园才艺展示或迪士尼类游乐场的娱乐节目要高明许多,因为它有仪式感、历史感及代入感。在渼陂古村官网的"印象渼陂"栏目中,时任吉安市文联副主席的曾绯龙在"庐陵文化走笔之渼陂赏'辇'"一文写的赏析,与笔者的认知比较一致,他说"渼陂妆辇"对村里的下一代着实"赏了一回脸":"小演员的动作简单,也就摇摇折扇、甩甩书本、晃晃棍棒而已,但需要相当的胆量,其居高临下的姿态神气得很,引来底下的孩童眼睛发亮羡慕不已。……假以时日,某些参与过彩辇表演的小孩金榜题名、事业有成、荣归故里时,他(她)们一定会快乐地忆起自己绑定在辇架上悠然旋转恣情表演的情形。那时候啊,四周是锣鼓震天、众目仰视,笑声掌声喝彩声如霹雳响。"①

再如万载开口傩、弋阳腔、宜黄戏、兴国山歌、赣南采茶戏、广昌孟戏等都是村落中第一批国家级非物质文化遗产。弋阳腔(Ⅳ-5,图 6-23),源于南戏,是宋元南戏流传至江西弋阳后,与当地方言、民间音乐结合,并吸收北曲演变而成;兴国山歌(Ⅱ-8,图 6-24)是流传于江西省兴国县及周边地区的汉族民歌,是客家人在劳作中消解疲劳的工具。广昌孟戏(Ⅳ-14,图 6-25)是一种以专唱孟姜女故事为题材的戏曲,刘华描写道:广昌曾家本和刘家本"这两台孟戏的价值在于,其一,无论是现存的历史古籍还是近现代的白话本,都没有孟姜女全本故事的记载,这两个本子可谓孤本;其二,孟戏唱腔优雅,悦耳动听,集我国古戏曲唱腔之大成,曾家本主要唱的是南曲,比弋阳腔还要古老,五音符的古曲特征十分明显,刘家本主要唱的是海盐腔,堪称中国戏曲唱腔的活化石。它在江西乡间生长至今,真是个奇迹。我以为,是祠堂哺育了它"②。刘华也是冯骥才先生领衔的"中国民间文艺家协会"会员,因而刘华对古村落中的祠堂、牌坊、匾额的踏勘和记录,应该也是一种建档。

---

① 《印象渼陂之作家下的渼陂》,2020 年 4 月 11 日,http://www.cnmeibei.cn/news/42.html。
② 刘华:《百姓的祠堂》,北京:商务印书馆 2014 年版,第 16 页。

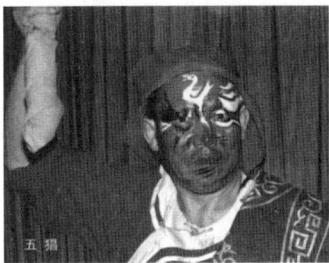  

图 6-23　弋阳腔　　　　　　图 6-24　兴国山歌　　　　　图 6-25　广昌
　　（Ⅳ-5）　　　　　　　　　（Ⅱ-8）　　　　　　孟戏（Ⅳ-14）

（图 6-23 至图 6-25 由徐欣云于 2020 年 7 月 10 日取自"江西非物质文化遗产研究保护中心"网 http://www.jxich.cn/pc/index.html.）

　　然而，也正是由于表演、节庆仪式类非物质文化遗产是视觉冲击最大的，在国家"发现"传统村落非物质文化遗产后进行旅游开发式保护时，首先就是对表演、节庆仪式进行打造，即所谓的"经济搭台，文化唱戏"。如流坑的祭祀活动如今已经变成娱乐活动，"每年春节期间全族性的祭祖已经和祭神融合在一起，不求其知，惟求其灵，成为村民祈求人丁兴旺、不病不灾的乡俗仪式。其中声势浩大的'游老爷'活动，抬出来巡游全村的各庙菩萨，大多数是以道教为母本的各类杂神。'游神''彩灯''玩喜'（傩舞）这些热闹非凡的活动已经越来越远离过去的宗族内涵，而成为颇具地方特色的民俗节庆活动"[①]。传统表演、仪式常被从一个神圣性的或非日常性的活动变成了日常性、娱乐性、观赏性的活动。观赏性的"非物质文化遗产"被建构出来，尽管它们在村民内部并不具备权威性与合法性，但是旅游业的推动是这种"非物质文化遗产"的发动机与驱动力，在不停重复的行为中，它们逐渐稳定和固态化下来，形成的非物质文化遗产档案载入史册，甚至会形成一种"伪传统"。

　　非物质文化遗产档案化，有时候也是有极其重要的作用，特别是对于即将消亡的仪式表演类非物质文化遗产，如傩及傩舞。神人以和于傩，在漫长的史前年代，在狩猎时代的林间旷野，在农耕时代的丰收庆典，在王公贵族的宫阙殿宇，在乡间村社的树荫下、水井畔、篝火旁，世世代代的先民敲响鼙鼓，吹起

---

　　①　张新民：《流坑——中国传统农业社会最后的标本（摄影集）》，杭州：浙江摄影出版社 2000 年版，第 54 页。

号角,在祭礼的烟火中戴上傩面昂然起舞。[①] 笔者曾写道[②]:傩,"源于洪荒,起于巫风,出自民间,是万古弥新的中国传统文化象征",而赣傩堪称"中国傩文化的活化石",其中南丰"跳傩"最有代表性,入选 2006 年第一批国家级非物质文化遗产,有许多学者为之进行调查报告式建档。南丰县文联前主席曾志巩历经十多年的傩乡田野考察及文献调研,以第一手详实的南丰傩班仪、傩会、傩庙、傩舞、傩具等以及傩史考释、傩仪溯源、傩与戏曲因缘等材料,写就了一部具有直接与现实借鉴价值的学术调查报告《江西南丰傩文化》,可称得上是傩文化的一种记忆档案。南昌大学邓勇为"傩汉"立档存照,他"行走于东起婺源、北至彭泽、西达萍乡的半月地带,用纪实摄影的方式记录下江西 14 个县市区 26 个村镇的 108 位傩艺人和他们的故事",他的"傩汉 108 像"摄影展于 2017 年 6 月 13 日"文化遗产日"首次在南昌展出,每一位傩汉摄影旁还配上简短的生平介绍,以及被拍摄者的签名(见图 6-26、图 6-27、图 6-28)。傩舞中

图 6-26　傩汉像之一　　　图 6-27　傩汉像之二　　　图 6-28　傩汉像之三

(图 6-26 至 6-28 取自"傩汉一百零八像——邓勇摄影作品展",《江西画报》2017 年第 18 期,第 76-83 页)

---

① 《傩汉一百零八像——邓勇摄影作品展》,《江西画报》2017 年第 18 期,第 76-83 页。

② 徐欣云、刘迪:《古村落档案的"泛化"现象及"泛化"收集研究——以江西古村落为例》,《档案学通讯》2017 年第 6 期,第 76-80 页。

有句行话叫"戴上面具是神,摘下面具是人",《傩汉 108 像》所展现的这种中间状态,既反映了傩汉这一族群的精神气质,也是中国农民的白描式肖像。

6.2.3.4　口头传统及记录

口头传统是一种语言系统中的言语表达。在文字之前,先民主要通过口头来表达与传递信息,从传播学的角度讲,文字较口头传播稳定,不容易发生变异。实则不然,历史上文字曲笔的例子比比皆是,即使客观性描述,也无法涵盖事物的每一面。因而,《论语·述而》中记载孔子的自我评价:"述而不作,信而好古,窃比我于老彭。"

另一方面,口头传播的广泛性构成了另一种稳定性。在文字之前,我们拥有着神话思维与更为悠久的口头叙事,这是文化的大传统,如玉器在 5000 年前被视作人、神沟通的礼器,代表天和永生不死的物质符号[①],并且这是一套当时社会的常识。如果不了解这套解码,就很难理解为什么秦始皇会命李斯在传国玉玺刻上"受命于天,既寿永昌"。《礼记·玉藻》言:"古之君子必佩玉……凡带必有佩玉,唯丧否。佩玉有冲牙,君子无故,玉不去身,君子于玉比德焉。"[②]然而,这种口头传统中诞生的神话思维与逻辑有时候并不直接见于文本,而是通过各项具体活动侧面展示出来,并且由于其传播的广泛性以及重复性被延续下来。

同样的,当下传统村落中的口传传统亦然,也是通过广泛性的传播,在信仰或喜好中表达,通过重复性的行为、仪式将其固定下来,成为一种活态性的、隐喻性的文本与卷宗。村民通过口传记录下与生活相关的方方面面,其内容涉及奇闻趣谈、历史传说、生产生活经验、家规祖训等,不断延续与扩散,并起着实质性的作用,如知识传递、道德规范、身份认同。

今天口头传统除入选非物质文化遗产名录成为官方保护的版本之外,口头传统的书面记录,即可被称为非物质文化遗产档案式保护。如我国四大民间传说家喻户晓,其中的"梁祝传说"(国家级非物质文化遗产,编号Ⅰ-7)在世界上也产生了广泛影响,然而,河南汝南地区对"梁祝传说"的梁祝墓、梁庄、红罗山书院等遗址进行考古,似乎已失去它原有的文化认同意义;再如河北省藁

---

① 叶舒宪:《从"玉教"说到"玉教新教革命"说——华夏文明起源的神话动力学解释理论》,《民族艺术》2016 年第 1 期,第 15-24 页。

② 陆德明:《纂图互注礼记第 3 册》,《四部丛刊第 22 册》,北京:商务印书馆 2018 年版,第 53 页。

城耿村被誉为"中国民间故事第一村",与"伍家沟民间故事""下堡坪民间故事"等已被列入国家级非物质文化遗产。还如方言,作为口头表达的媒介语言,汇聚了人们的日常生活、生产和交际经验,有鲜明地域特色,为一种民族文化基因或文化遗产,"民间文化中许多精妙之处往往只有通过方言这种形式才能得以充分表达"①。"十里不同音,五里不同俗",然而由于强势方言的推广、衍生,弱势方言濒临消亡的趋势。今天以方言为载体的民歌、地方戏曲正以非物质文化遗产的形式被保护。江西兴国山歌(Ⅱ-8)就以客家方言演唱,以"哎呀嘞"的发端语表达情绪状态,如《唯有山民先唱歌》中的"哎呀嘞,梧桐树上叶婆娑,一对凤凰来做窝,凤凰窝里百样草,山民肚里百样歌,盘古开天千百载"。

当然,有些口头传说或历史是有意地改造和重构出来的,如在安义古村,据本地居民兼导游龚老师介绍,目前的"村史"和"导游词"已经更换过一次了,之前村落历史偏重趣闻轶事,而目前的村落历史侧重于赣商文化。这样形成了一种"客观"的"新历史"。"近二十年来,国际学界越来越认识到遗产不是纯粹的历史,而是当下社会政治条件下有关过去的表征和建构。因此,遗产也被称为'当下的过去'。"②当然,作为历史见证和构成的遗产也不可能只为现实服务而任意重构,譬如政府、旅游开发公司和学界,逐步通过自己的方式为"新历史"证明,在不断的被重复论证与传播中,又被大众所逐步接受,成为一种真正的历史。这种"新历史"对于未来而言,是当下生活的"起居注",随着时间推移又成了历史与档案,值得回望与挖掘。

6.2.3.5 手工技艺及档案

传统手工艺来自民间,与自然相谐,有质朴简约之美;艺源自然,是劳动者淳朴之美的心声,手工技艺,才是至美,需要加以重点保护与传承。③ 然而如今许多手工技艺面临失传,如雕版印刷技艺虽在 2009 年入选《世界人类非物质文化遗产代表作名录》,金溪浒湾镇"中国印刷博物馆浒湾分馆"(总馆在扬州市)展示了雕版印刷的技艺和在该地的发展史,然而印书作坊如养正山房、

---

① 游汝杰:《方言与中国文化》,《复旦学报(社会科学版)》1985 年第 3 期,第 232-237 页。

② 侯松、吴宗杰:《遗产研究的话语视角:理论·方法·展望》,《东南文化》2013 年第 3 期,第 6-13 页。

③ 季诚迁:《古村落非物质文化遗产保护——以肇兴侗寨为个案》,北京:中央民族大学,2011年,第 126 页。

苍岚书房、漱石山房处已成为雕版印刷遗址景观,目前雕版印刷只活在家谱的印制中,因为只有谱牒如全氏宗谱还需要用到金溪雕版印刷术,而修谱传统在很多地方也已经消逝。再如"中国传统木结构营造技艺"2009 年入选联合国教科文组织的《人类非物质文化遗产名录》,"庐陵传统建筑营造技艺"2014 年入选第 4 批国家级非遗名录,在一些古建修复中还被运用。

中国传统木结构营造技艺的特色就是"榫卯联结,构架成间",榫卯指的是两个木构件之间,以凹凸形式相结合;而构架制,简而言之,就是由立柱四根,在其上架构梁、枋,起到承重作用,如此就架构起一个稳固的房间,这样的房间构架是"柔"的,架构即使因外力(如地震)产生一定的变形,也是可控且稳定的。墙就不是承重墙了,也就是说民间说的"墙倒屋不塌",正如梁启超说的:"建筑物中所有墙壁,无论其为砖石或为木板,均为'隔断墙',非负重之部分。"[①]而如今的现代建筑中多采用砖混结构,房间内大多墙为承重墙,这也是中国传统木结构营造技艺没落的一个缩影。

赣派建筑是中国传统木结构营造技艺的分支,它是江右民系的传统建筑,成型于唐、宋朝,兴盛于明清,伴随着江西社会经济发展,科举人文和赣商崛起而不断发展壮大。赣派建筑包括赣派民居、赣派宗祠、赣派骑楼等,其有风水布局、简洁素雅的整体风格,以及马头墙、磨砖对缝、搏风线都是其建筑特色,前文介绍的流坑古村、棠阴古镇、陂下古村、渼陂古村、竹桥村、全坊村、疏口村、安义古村群等中的村镇建筑都是赣派建筑的代表。如前所述,竹桥村的"墙裙用硬山石手工凿的荔枝纹墙面,可以起到吸音的作用,是独有的赣派建筑技艺";再有庐陵传统建筑营造技艺为赣派建筑作出了贡献。

庐陵传统建筑(鹊巢宫)营造技艺,作为中国传统木构建筑营造技艺的一个重要分支,体现了中国传统建筑在布局、结构、构造、装饰上的共同特点,但又结合地理环境、地域文化,形成了自己独具特色的做法,如天井院式的建筑布局、鹊巢宫式屋顶、清水砖的马头墙、鎏金木雕装饰的木构架等。庐陵地区至今还留存有数以千计的古建筑,在古建筑修缮、古村落维护中,传统建筑营造技艺还在被应用。庐陵古祠崇德堂便是这些古建筑的代表作之一,该古祠鹊巢宫构建的营造堪称雄伟壮观。崇德堂是位于泰和县蜀口村的欧阳氏宗

---

① 梁思成:《中国建筑史》,天津:百花文艺出版社 1998 年版,第 4 页。

祠,蜀口村是庐陵八大文化古村之一,历来文风鼎盛。崇德堂鹊巢宫远远望去,宛如一个倒扣的硕大鹊巢,因之得名(如图 6-29)。崇德堂鹊巢宫全是木框结构,四排木柱,每排三根。其中两根周长 1.2 米的木柱,上方连接着由两百多块木质圆形雕花小单体所组成的大群落,形成下小上大的七层、高两米多的鹊巢式的装饰宫顶。宫顶青瓦覆盖,四角翘檐,巍然屹立,蔚为壮观。①

笔者自从知道了"庐陵传统建筑(鹊巢宫)营造技艺"后,便在所调研的庐陵地区的村落里发现了许多祠堂门楼都有鹊巢宫,证明了这一项传统营造技艺具有普适性,也说明了其在过去有深厚的群众基础和传承之基,如今单由几位国家级或省级传承人是难以胜任这项非物质文化遗产保护任务的。王家大祠堂,即有"江南第一祠"之称的诚敬堂门楼也有鹊巢宫(见图 6-30),也可以宗祠网的说法为证:"诚敬堂的门楼风格特异。底层为门廊,俗称'拴马廊',整座门楼全靠两根立柱支撑,顶层为喜鹊聚巢阁。"②还有百度百科引述的王氏宗祠"门廊鹊楼":"大门廊上的鹊楼,别的很多村族都有设置,其含意大同小异,都不外期望子孙发达,事业有成。"③笔者还发现陂下村"星聚堂"的鹊巢宫(见图 6-31)、潢陂村梁氏宗祠永慕堂的鹊巢宫(见图 6-32),等等。鹊巢宫等建筑形式、风格略有不同,但都大同小异。

图 6-29　蜀口村欧阳氏宗祠崇德堂
鹊巢宫

图 6-30　富田王家大祠堂诚敬堂鹊巢宫

---

① 吉安新闻网:《鹊巢宫营造技艺》,2017 年 8 月 25 日 http://www.jgsdaily.com/2017/0825/55410.shtml。

② 宗祠网:《吉安王家大祠堂》,2020 年 8 月 6 日,http://www.100citang.cn/citang/455。

③ 百度百科:《王氏宗祠》,2020 年 4 月 11 日,https://baike.baidu.com/item/％E7％8E％8B％E6％B0％8F％E5％AE％97％E7％A5％A0/20825861？fr＝Aladdin。

图 6-31　陂下村"星聚堂"鹊巢宫,现改
为老人活动中心,毛泽覃曾在"星聚堂"
主持召开过中国共产主义青年团积极分
子会(富田镇匡家村匡贤达进一步帮助
核实该建筑名称)

图 6-32　渼陂村 梁氏宗祠永慕堂(翰林
第)

　　赣派建筑技艺,除了鹊巢宫建造技艺外,还有一些特殊的建造技艺。如王
家大祠堂诚敬堂的轩廊穹顶(见图 6-33),2016 年故宫博物院单霁翔在富田王
家大祠堂诚敬堂,对其大跨度的穹顶的现场评述:"故宫博物院的穹顶也不过
如此。"这一评述目前不仅存在于流坑村导游的口中,也已载入流坑村的官网
之资料中。王家大祠堂穹顶跨度非
常大,修建难度极高,穹顶横梁之间
的连接处都采用榫卯结构,非常精
巧、美观、大气,横梁上面非常干净,
没有灰尘、蜘蛛网,在建好以来就不
用打扫,首先因为弧度大,回旋风就
大,蜘蛛网、灰尘就会掉下来,另外
就是用的樟木本身就有驱虫的
效果。

图 6-33　王家大祠堂——诚敬堂的轩廊穹顶

　　(图 6-29 取自于游客网图,图 6-30 至 6-33 由徐欣云摄于 2019 年 8 月 12—13 日)

　　乡土建筑的木结构营造技艺,村民是最大的传承群体,他们根据某种"规
制"进行效仿,更重要的是效仿大自然,因地制宜地建造民居。这样的建筑旨
趣,在鲁道夫斯基所举的中国洛阳、潼关乡土建筑的例子中也有所体现:处于
中国黄土地带的地下城镇和村庄,代表了在田野上修建掩蔽所的最根本解决

方法之一;乔治·巴布科克·葛德石(George Babcock Cressey,1896—1963,美国地理学家)在他《五亿人民的国家:中国地理志》一书中写道:"这样的土地发挥着双重职能——地下住所,地上良田。"居室整洁,没有虫害,冬暖夏凉。[①](见图 6-34、图 6-35)还如拉普卜特所说:"原始性社会中人人皆知建筑的类型,甚至知道如何建造,工匠的把关不过是个程度问题。农夫不仅仅是使用者,也是设计过程中的一个重要角色。"[②]虽然乡土建筑没有如故宫一样的"样式雷"图档,但是笔者认为,那些"规制""法式""范图"就是它们的"基建工程档案"。

图 6-34　地下住所,地上良田
(1),洛阳附近一个地下村庄的
局部景观

图 6-35　地下住所,地上良田(2),潼关附近设计最精密(不是抽象地讲)的居住区

(图 6-34、6-35 取自伯纳德·鲁道夫斯基《没有建筑师的建筑》中的图 14、图 16,天津:天津大学出版社,2011 年版)

我国古代关于建筑设计和施工建筑的书籍、专著可分为两类。一类是属于建筑制度、规范、法规等,有《考工记》《营造法式》和《工程做法则例》。另一类是民间工匠的技术经验的总结,像《木经》《鲁班经》等。柳肃说:《木经》《鲁

---

①　[美]伯纳德·鲁道夫斯基编:《没有建筑师的建筑——简明非正统建筑导论》,高军译,天津:天津大学出版社 2011 年版,第 4-16 页。

②　[美]阿摩斯·拉普卜特:《宅形与文化》,常青等译,北京:中国建筑工业出版社 2007 年版,第 3-4 页。

班经》一类不能算是建筑学的专著,它们只是一种技术书籍,而《考工记》《营造法式》和《工程做法则例》实际上也不是建筑学的专著,而是一种"官书"或"证书",是由朝廷颁布、下面必须遵照执行的规范,即我们今天的建筑法规。① 我们今天的建筑法规、标准很多,如《建筑抗震设计规范》(GB 50011)、《建筑给水排水设计规范》(GB 50015)、《建筑采光设计标准》(GB 50033),等等。笔者认为,这些建筑规范是在某一阶段的成熟建筑技术,是建筑"范图",也是曾经的公文,归档备查后可作为建筑档案的一部分,以便提高建筑效率、安全施工;它们是来自社会实践的科学秩序,是人们建造时要遵守和模仿的标准。鲁道夫斯基所说:"在不同时代和不同地域,没有受过正规训练的建造者,展现了一种令人敬佩的把建筑融入自然环境中的才能。……我们获知,许多大胆的'原始'方法,先于我们的笨重技术。"② 乡土建筑营造技艺不是"征服"自然的行为,而是仿生行为,体现了人们在自然中的生存能力,这同时也遵守地方习俗和官方对它的规制。

可见,建筑手工技艺是村落记忆的来源,它和人文环境密切联系,其他手工技艺也是如此,手工技艺往往会衍生出文化,使之成为文化受众的集体记忆。但是随着工业化和现代化的冲击,口传心授、手工制作的传统技艺逐步被规模化培训与机器工厂取代,手工技艺本身面临消亡。庐陵传统建筑营造技艺、金溪雕版印刷技艺如今只是偶尔被使用到。再如云南"一颗印"民居,其存在的合理性本是经历了上千年的演变过程而传承延续的,其四四方方的外形犹如"宇宙之缩影",然而,"现在保留的 1950 年以前的老房子中,属于一颗印样式的不到 10 所",可能若干年后,典型的昆明"一颗印"式民居建筑,就只能通过图片、博物馆展览知晓了。③

对此,国家对面临失传的传统手工技艺进行抢救性保护,也建立了传承人认定保护制度,改善传承人生活以确保手工技艺得到传承。然而,手工技艺与其他种类非物质文化遗产稍有不同,对还"活态"存在的手工技艺可以较为容

---

① 柳肃:《营建的文明:中国传统文化与传统建筑》,北京:清华大学出版社 2014 年版,第 5 页。

② [美]伯纳德·鲁道夫斯基编:《没有建筑师的建筑——简明非正统建筑导论》,高军译,天津:天津大学出版社 2011 年版,序言。

③ 朱晓阳:《小村故事——地志与家园(2003—2009)》,北京:北京大学出版社 2011 年版,第 128-129 页。

易地转化出经济价值,进行"生产性保护"。如江西省进贤县文港毛笔制作技艺,它被称为"光照临川之笔"。根据走访调查,文港毛笔可以售到几百元到上万元不等,文港毛笔对于其传承人周鹏程来说,就是毕生最重要的符号与回忆;在其他村落里,对为周鹏程笔庄制作笔杆的人来说,那只是赚钱补贴家用的途径与经历;对于购买毛笔者而言,是希冀能感受"光照临川之笔"的文化,等等。马林诺夫斯基认为:一物置于不同环境中有不同用途和文化寓意。①绝大多数的非物质文化遗产存在的前提是群体性,尽管真正精通技艺的也只是少部分人,但是与技艺所涉的相关文化却辐射到大部分人。

6.3　传统村落文献资料及保护发展档案

6.3.1　传统村落文献资料

传统村落档案应该是历史与当下的结合,包括传统村落正在消逝和正在形成的历史,传统村落保护过程、新农村建设过程、旅游开发过程形成的材料应包含于其中,传统村落档案存在于这些现实的真实的细节之中。《科学调查和中国传统村落档案制作说明》(建村〔2013〕102 号)对传统村落文献的调查内容包括志书、族谱、历史舆图、碑刻题记、地契、匾联;吟咏描述村落风物的诗词、游记等;村落沿革、变迁、重要人物、重大历史事件等,在历史上曾起过的重要职能、传统产业等的相关图、文、音像资料;当代有关村落研究的论文、出版物等资料。"志书、族谱、历史舆图、碑刻题记、地契、匾联;吟咏描述村落风物的诗词、游记等",与笔者在江西传统村落调研中所见并总结的"非正式文本"类型很类似,而"村落沿革、变迁",特别是近现代的,在"农村档案"中有所保存。目前传统村落的很多文献已数字化,集中上传至古村网站中。

如流坑古村官网,偏重历史性文献介绍,但档案还不是历史,档案更是对过去和现在实践的记录。张新民采访董兆荣的过程,就是形成档案的过程,如记录董兆荣的口述:"流坑只是名声大,实际上到土改时已经没有什么大富翁

---

① 　[英]马林诺夫斯基:《文化论》,北京:中国民间文艺出版社 1987 年版,第 22 页。

了,拿不出几个钱来。流坑名声在外,只不过是说它一贯搞封建社会:所以非要把流坑的'封建势力'打垮不可。"①张新民的《流坑——中国传统农业社会最后的标本》这本书把流坑村的历史延续到今天,并记录流坑村的当下,把当下当成历史的一个横断面,可以说这本书就是在为流坑村建档。在修谱传统式微的今天,这种记录尤其显得有价值。这说明不能再用流坑村的历史文献来包装和形容它的现在,因此《科学调查和中国传统村落档案制作说明》(建村〔2013〕102 号)中所列的志书、历史舆图、碑刻题记、地契、重要人物、重大历史事件等等,已经成为历史档案,无需重复对之建档。除非加入新内容,如新加入族谱中的内容还没有进入志书、史书之时,我们可以说它是档案。

在传统村落档案的世俗万象中,有五花八门的非正式文本,然而它们也有共性,那就是承载着某种类似的华夏民族的基因密码。《汉声》杂志同仁在多年的民俗调查工作中发现:"中国故事并非真正消失,只是藏匿了。君不见,在一所庙宇里,即使是一座小小的檐下斗拱,也画了八个故事画,更不必说那些壁画、浮雕和诗文里藏有多少民间传奇和历史了。此外,民间的刺绣里也藏了故事,器物的花样上也描绘着故事,甚至,在我们采访年老的捏面人时,一个个造型生动、色彩艳丽而又散发着糯米甜香的江米人,每一个不也都牵连着一则相关的人物故事吗?"②这一则则故事中蕴藏着一个个民族文化基因。黄永松和《汉声》杂志社目的就是建设中华民族传统文化的基因库,他们也是"中国结"的抢救者、整理者,乃至命名者,如今"中国结"红遍了世界,也成为中国传统文化的一个象征。

据世界知识产权组织介绍,许多传统知识及传统文化表达资源丰富的国家开始寻求一种在发生冲突时更加容易界定的方式,来作为整个保护传统知识及传统文化表达工程的第一步,这就是"传统文化基因库"。这种努力的目标是通过建立一个不断更新的数据库,收录尽可能多的知识及传统文化表达来使原先"不确定"的客体有形化。现在档案学者也有一些研究关涉传统村落数据库建设问题。冯惠玲教授及其项目团队以浙江高迁古村为基地研究传统村落档案及其数据库,"主要包括两部分工作:一是对已有资源的数字化采集,

① 张新民:《流坑——中国传统农业社会最后的标本(摄影集)》,杭州:浙江摄影出版社 2000 年版,第 6 页。

② 汉声杂志社:《最美最美的中国童话》,南京:江苏美术出版社 2001 年版,序言。

如家谱、捷报、门匾楹联、吴氏先贤著作、契约等的数字化与加工;二是新建数
字资源,主要采集了建筑测量和全景数据、口述访谈数据、家训音频,对古建、
民俗场景等进行拍照,制作数字动画,制作古村十大纪事系列资源,撰写高迁
村史等"①。该项目组建设了"记忆高迁"网站(http://taizhou.irm.cn/tzgq),
网站有六个栏目,即高迁吴氏、地域风情、传统民间、诗礼传家、精神空间和乡
土生活(见图 6-36、图 6-37),网站建设是该项目开展的高迁古村数字资源建
设成果之一,虽点开网站页面发现信息量少了一些,但给出了传统村落档案信
息资源整合的方向。

图 6-36 "记忆高迁"网站主页　　　　图 6-37 "记忆高迁"网站之"乡土生
活"分主页

(图 6-36、6-37 由徐欣云于 2019 年 6 月 5 日取自网站"记忆高迁"http://taizhou.irm.
cn/tzgq。)

我国乡土社会家谱中常常包括家法族规,曾是《劝谕文》的具体化文本,如
《居家杂仪》《南赣乡约》主要内容是行为规范,附有奖惩条例用以"化民成俗",
用今天的话来讲,即是对上级政策贯彻执行后形成的文件。张全海也认同它
们的文件性,"家法家规在当时作为'现行文件',虽然肯定被印制在招贴上,悬
挂在祠堂里,或者凿刻在石碑上,以广而告之"②。如今家法族规也作为研究
宗法制度的档案文献。

在西方传统村落档案中也包括了许多类似的资料。陈立军说,从中世纪
的庄园档案中我们可以看到村规民约,"在中世纪的西欧,真正有文字记录的

---

① 冯惠玲、梁继红、马林青:《台州古村落数字记忆平台建设研究——以高迁古村为例》,《中国档案》2019 年第 5 期,第 73 页。

② 张全海:《世系谱牒与族群认同》,上海:上海世界图书出版公司 2010 年版,第 42 页。

村规最早见于 13 世纪。在 1370 年的王室审判中第一次把各种村庄的法令统称为'Bie-laws'。最初的村规都是人们在长期的生产、生活中形成的一种惯例,人们并没有刻意去制定它。在很长一段时间以来,村规都是靠人们口头来传播的。……有关村规的情况就被庄园档案记录下来。因此,我们可以通过庄园法庭的卷档来了解村规,但庄园的档案并不等于就是村规。"①总之,传统村落文献资料包涵内容多样,但其中也有一定的传承基因。

6.3.2　传统村落保护与发展档案

《科学调查和中国传统村落档案制作说明》(建村〔2013〕102 号)对传统村落保护与发展档案的调查内容,既有保护管理机构、规章制度、行政管理文件,又有保护工程实施情况、保护资金情况、保护发展规划、产业规划、旅游规划、道路交通规划、资源利用规划,以及人口、用地性质、交通状况、经济状况、基础设施和公共服务设施等数据。笔者认为,上述保护与发展档案的调查内容,是正式管理机构形成的正式文件,是现代管理性内容,既是传统村落档案,也是农村管理活动中形成的"农村档案"的一部分。

第一,保护规划等材料是正式机构档案或"农村档案"的一部分。以渼陂古村举例说明。在渼陂古村保护过程中,就有相应的管理机构成立和相应的规划文件出台,并且达成了相应的整改和发展目标:在规划上,2000 年吉安市委、市政府成立了吉安市渼陂保护委员会,2003 年又成立了吉安市渼陂古村保护与开发领导小组,同时成立了渼陂古村旅游发展有限公司,2004 年吉安市政府为渼陂古村编制《吉安市渼陂古村总体规划(2004—2020)》,2008 年吉安市青原区人民政府主导编制了《吉安市渼陂历史文化名村保护规划(2008—2020)》,2014 年吉安市政府聘请规划公司为文陂镇编制总体规划;在实施上,2013 年古村所在的文陂镇镇政府投入资金 600 余万元完成了房屋立面改造 50 栋,外墙装修 2 万余平方米完成新(改)建坡屋顶 2000 平方米、装饰马头墙 458 个,完成文昌阁砖砌游步道约 800 米、新修了水塘护岸约 4000 立方米、古村鹅卵石游步道 1500 平方米,清淤了 8 口水塘等,同时,将渼陂村委会所在镜湖自然村列为美丽乡村建设点,新建了极具庐陵风格的楼房 16 栋,从而安置

---

① 　陈立军:《西欧村庄共同体研究》,长春:东北师范大学,2011 年,第 72-73 页。

渼陂古村村民 180 户近 900 人,有效缓解了古村景区人流量压力等。[①] 关于渼陂古村的保护和规划材料,所涉及的吉安市委、市政府、吉安市渼陂保护委员会、吉安市渼陂古村保护与开发领导小组、渼陂古村旅游发展有限公司、吉安市青原区人民政府、相关规划公司等都会保存相关的渼陂古村保护与发展的材料。市、县局形成的保护规划原件会保留在市、县局而不是村落里,而在村一级如渼陂村委会组织中,对于实现保护和发展规划的材料也会归入"村级档案"之中。那么问题来了,它们是否应该抽出来放置在渼陂古村的所谓"传统村落档案"中去呢? 按照前述李梦影的描述,"申报传统村落的档案则由住建部门批准统一建库管理"[②],可见,放置在相关住建部门的档案库房的是申报材料,后期也会包括保护和管理性材料,但是应该是信息归档,申请和批复的原件应保存在直接相关的村委会和上级部门,成为"农村档案"的一部分。因此,传统村落档案的形成和保管,现实情形是一种实体分布式存放的信息集中,即所谓的档案后保管模式。

第二,传统村落保护档案应及时动态更新。再以诸葛村举例说明。清华大学建筑学院于 20 世纪 90 年代为诸葛村做了保护规划,但是监测制度是传统村落日常保养制度的重要内容之一。诸葛村保护规划有定期检查实施情况并进行记录的要求,"诸葛村成立了由专家顾问组成的'古村落保护专家组',每年定期检查保护规划的实施进度和文物保护状况,实地听取村民及游客意见,并会同村领导召开系列主题会议。"在这一过程中,村民的意愿得到尊重,村民的保护意识也由此得到提高。特别是随着农村的社会经济状况的变化,文物保护的观念和手段、保护规划也要调整,如 20 世纪 70 年代建造的大礼堂因在样式、颜色、体量上与古建筑差别很大,原定等经济允许时着手拆除,后暂缓拆除,因为认识到大礼堂的独特风貌也体现出村落发展的特殊阶段,对其价值的评估有待进一步研究。[③] 诸葛村的保护案例说明传统村落保护规划需及时修编、总结经验,根据实际情况对其进行调整,这是保护规划实施中不可或

① 胡海胜、张玲:《红色古村镇旅游发展模式研究——以江西渼陂古村为例》,《中国旅游评论》2015 年第 1 辑,第 38-49 页。

② 李梦影:《基于图像的湘西传统村落数字化研究》,长沙:湖南大学,2018 年,第 18 页。

③ 国际古迹遗址理事会中国国家委员会:《中国文物古迹保护准则案例阐释(征求意见稿)》,http://www.icomoschina.org.cn/uploads/download/20141113_chanshu.pdf.2005[2016],第 53 页。

缺的重要环节,因此传统村落保护档案也应及时动态更新。传统村落保护和发展"档案",不仅仅限于保护规划申报书和批文以及完成结果,还应有过程性细节材料,如诸葛村的日常保养和监测材料。这些材料都应该是传统村落保护和发展方面档案的一部分。

第三,传统村落作为文化遗产,对其保护的一个重要目标就是保证村落文化遗产的真实、完整和安全,因而被整改、被修建或被偷盗、被破坏的情况都应是记录内容,据此才可以有更好的对策。如渼陂古村的新建鹅卵石游步道1500 平方米载入文件,而金溪竹桥村前的青石板路曾是驿道,如今只保留了村口一段,这样的过程没有记录;棠阴镇的一民居的高门槛被村民锯断以方便摩托的进出,还有窗雕、匾额、神龛已被偷走贩卖,这些日常中的演变都与传统村落保护和监测有关,但无记录。还有一导游告诫我们拍摄有独特的建筑构件如房檐上白色宝葫芦、建筑雕花等照片不要放到网上去,以防泄密被盗。张新民所记录的流坑董兆荣的口述,也反映了流坑村保护的过程中的一些事,董兆荣说,流坑村直到 1989 年周銮书先生来看后发表了《初访流坑村》后才引起重视,后来有好多人来考察写了好多文章,影响逐渐大起来,流坑村老百姓开始对这些东西上心,"有一些不良分子,把东西偷去卖。我这里就丢掉好几样。原先门口有两个狮子,木头雕刻的,有这么高(比划,约 1 米多高),'文革'时把狮子面孔用刀剁掉了,我以为像这个已经破坏了的东西没有人要,结果还是被人拿走了。……还有一块木雕的屏风,好高的,还有这地上原先有一个花瓶,好大,还有案桌上的香炉,都被偷掉了。"①张新民说,不幸之中的万幸是董兆荣保存的族谱的万历谱本没有被偷掉。这些被破坏的细节性材料也应该是传统村落保护档案的一部分。

第四,保护主体建档的问题。国家和地方政府是文化遗产保护的主要责任承担者。事实上,笔者认为,政府保护机构和保护专员一般生活在城市,对于村里文物相关事务,其实常常是鞭长莫及,无法做到日常监测。此时,本地文保员就起着更为关键的作用:文保员日常力所能及地简易维护,便能延长村

①　张新民:《流坑——中国传统农业社会最后的标本(摄影集)》,杭州:浙江摄影出版社 2000 年版,第 10-12 页。

落建筑的历史寿命,为历史建筑抢修工程留住时间。[①] 古建修复公司修缮工地和过程中的细节,应由该公司监测和记录修复过程。倘若对于老屋,村落民居业主没有意愿和经济实力来维护,而国家的所拨修复款有时候还轮不到普通房主时,老屋此时被纳入国家公共文化遗产将面临私人产权、自主权的削弱,就会导致许多古建筑得不到及时修缮,如流坑村很多老房子风雨飘摇、浒湾村雕版印刷作坊在衰败等,这些边界不清晰的责任问题都需要有实事求是的相关记录存档。

6.4　小结:以"农民"为核心的档案最为重要

传统村落"活着"依赖的是生生不息的农民群体,除传统村落重要历史人物外,普通农民的经历也应该被记载,即农民档案。正如王思明所说:在以农耕为特色的农业社会,农业是主流生产和生活方式,不可能作为文化遗产来被关注;农业作为文化遗产受到关注始于工业文明取代农业文明的背景之下。[②]农业现代化之后,很多农业种植技艺变成了农业文化遗产,而其中的核心载体还是农民。

传统村落,是一个由务农人口组成的社会,务农人口的内容也很广泛,它包括:有耕种养殖技艺的农民、务农的人、手工技艺者、地方知识分子,以及由农民结成的社区。芮德菲尔德把"务农人口"分为"耕种的农民们"和"做农务事业的人":"耕种的农民们"即他们耕种的目的都是为了谋生,而不是为了攫取利润,所以耕地就成了他们的生活方式;还有另一种是"做农务事业的人",他们经营农业是为了让自己经营的农业项目扩大再生产以成为一个事业,而且他们把土地当作资本和商品,"我自己倒宁可把从事耕种的农民们看作是既往的文明在乡村这一社会领域里的体现"。[③] 近来谢奇伶在调研山东西河阳

---

① 温凡:《古村留乡愁,活化寻归处》,2020 年 6 月 12 日,http://epaper.jxwmw.cn/html/2020-06/12/content_5411_2839417.htm。

② 王思明、刘馨秋主编:《中国传统村落:记忆、传承与发展研究》,北京:中国农业科学技术出版社 2017 年版,序言。

③ [美]罗伯特·芮德菲尔德:《农民社会与文化:人类学对文明的一种诠释》,王莹译,北京:中国社会科学出版社 2013 年版,第40-42 页。

后说："传统村落集体记忆的主力军是那些在村落中生活的人,更广义地说,也可以包括那些离开乡村到城镇中去的村民,外出谋生又回到家乡的人,在城市中长大却心念家乡的人,短时间或长时间居住在村落里的外地游人和迁居者,以及社会上对传统村落有着相关的研究和不舍情怀的人。"①在本文中,"农民"不同于"务农的人",他们是知农事、知农时,集种植养殖技术于一身的农耕文明传承人,是农业遗产的传承人。

目前城市务工的农民如断了根的浮萍,他们被称为农民工或移动劳动力,农民工档案研究者众。近来,冯惠玲(Huiling Feng)分析了近代中国形成的大量"农民工"面临的身份危机,以及档案工作者可能作出的贡献:30多年的持续城市化进程造就了两代农民工,而出生于20世纪80年代以后的农民工被称为"新生代农民工",他们中的90%从未从事过农业活动,但因为父母的农村户口也不能取得城镇居民的合法身份,这种奇特的生活在城市却又具有农村官方身份的现状,使得"新生代农民工"难以融入城市生活,又难以回归农村生活,成为城乡二元边缘化群体;档案行政机构可以帮助解决这种被忽视、被排斥的农民工的身份问题,从而使"新生代农民工"融入城市社会。②谢丽、冯惠玲、马林青最近进一步研究农民工尴尬的身份问题:大多数农民工没有像城市职工一样建立有人事档案,因而,"农业部在2002年要求,当农民工进城务工时便要开始为其创建档案。……在现行制度的基础上,档案工作者可以通过两种方式来帮助农民工获取所需的身份:其一,为农民工创建一套必要而充分的档案;其二,不管农民工的身份及活动记录最初在哪里产生及目前在哪里管理,为了实现及时的参考咨询,应将这些档案集中管理起来"③。连志英(Zhiying Lian)等认为北京"皮村打工文化艺术博物馆"(PCMML)是中国唯一一个关注农民工的独立社群档案馆,因为它能够用自己的声音讲述自己的故事并起到身份认同和情感归属的作用,它不同于由政府资助、政府保管的档案馆,但这种独立社群档案馆也面临着资金、人力等难以为继的挑战,这正是

---

① 谢奇伶:《乡村如何记忆?》,济南:山东大学,2018年,第16-17页。

② Huiling Feng. (2017). Identity And Archives: Return and Expansion of the Social Value of Archives. *Journal of Archival Science*, 17: 97-112.

③ 谢丽、冯惠玲、马林青:《转型身份认同过程中档案的功用——以中国农民工群体为例》,《档案学通讯》2019年第1期,第4-8页。

档案工作者的新责任和社会角色。①

　　笔者认为，冯惠玲、谢丽、连志英等研究者，是在一种特殊的"户口"约束制度下讨论农民工问题，认为农民工是城市档案工作中被遗忘的弱势群体，需要一种如干部人事档案一样的身份档案，以证明其培训的课程和所拥有的技能。但这是把农民仅仅视为一种劳动力，从而在劳动力大军中为农民建立身份，但在今天城镇和农村户口已经没有那么大的差异情况下，"户口"约束形成的身份差距已经不大了，这个暂且不论，更重要的是，笔者认为，上述学者没有把农民工放回到他们在乡村的户籍所在地去讨论，在那里农民有自己的身份，有自己的"根"，具有特殊的农耕文明传承人的身份，这个身份需要得到承认和尊重。这是学者们所忽视的，这种忽视，就会把农民工当成弱势群体，而不能认识他们的原本身份和价值。在村落中，农民除了农村户口的官方身份外，还曾经有他们眼中神圣的家谱为身份证明，也还有熟识的村民的口碑为证。这种"身份"有时候也会延续到城市，比如过去的徽商、赣商，都是依靠"老乡"的身份聚集或连带经商，笔者听闻今天的"江西帮"在北京几乎承包了高校打印复印店，难说不是江西金溪雕版印刷业的衍生。

　　因此，笔者认为，"农民工档案"可以说是"农民"在现代化、工业化后"职业变迁"的产物，即使在城市为农民工建立必要的人事档案，也还不是充分的。农民工档案指户籍在农村而在城市务工的农民档案的一部分，若作为统计数字上的一个人应归属于村级档案"户籍人口"的一部分，而且农民工相当于最后一批农耕文明传承人，以及传统村落中民俗、民间文艺、手工技艺的传承人，只是暂时漂泊于城市之中，因此农民工档案也是传统村落档案的一部分，他们所在的城市务工单位应该为他们立档，他们户籍所在地的村落更应该为他们立档，这也是为农耕技艺传承人立档。因而需要建立"农民档案"，与"工人档案""干部档案"相对应，农民工档案只是"农民档案"的一部分，对于传统村落来说，农民工档案除了帮助他们融入城市生活之外，更要促使其回归村落，承担起传承农耕文明的重任，从而更好保护传统村落。

　　"农民档案"的构成，目前没有明确提法和规定。在村级档案中，通常有关

　　① Zhiying Lian, Gillian Oliver. Sustainability of Independent Community Archives in China: a Case Study. *Archival Science*. 12 October 2018. https://doi.org/10.1007/s10502-018-9297-4.

于"户籍人口"的内容,但这是一个笼统的统计数字;在以家庭为单位建档的有"农户档案",在《中共中央、国务院关于推进社会主义新农村建设的若干意见》中提出"加强对建立农户档案的引导",农户档案包括:"农户家庭成员基本情况、宅基地使用、耕地山林草场池塘水面承包、农业生产经营、协议契约、借贷信用记录、劳动力技能培训、婚姻生育、奖励与优抚、健康体检、医疗保险、养老保障、违规与处罚等文件材料。"①在冯骥才主编的《中国传统村落立档调查田野手册》中,立档调查文字部分归档表中关于人物的有"各类民俗、民间文艺、手艺和传承人",立档调查(图片)归档内容中关于人物的有"G 村民肖像、历史上重要人物肖像"。这都应属于农民档案。

总的来说,传统村落档案内容要突破档案学主流的按"来源、单位职能设类"的方法,认识目前的传统村落档案的"内容设类"的重要性,从而与其他领域沟通,消除各自为政、各行其是带来的浪费,也提高从文化遗产视角而不是"村级档案"的角度对传统村落档案的认识。也许村落还是那个村落,全宗还是那个全宗,但是,当今要研究的传统村落档案,就是要增添许多之前一系列名称中所没有的内容。显然,住建部、财政部、文化部、文物局等,也许没有看到档案部门在农村为建档工作所做的努力,但是档案部门却看到了他们的努力。因而,从档案领域出发,研究"传统村落"档案,对之的凭证和历史属性会有更系统的认识。

---

① 国家档案局、民政部、农业部关于印发《关于加强社会主义新农村建设档案工作的意见》的通知(档发〔2007〕10 号),2007 年 12 月 11 日,http://www.saac.gov.cn/daj/gfxwj/201910/d7167f1afb564a518ffbd79c7ddb291d.shtml。

第7章 传统村落档案的"泛化"
管理原则要求

　　传统村落档案是活态的、开放的、有生机的,笔者这一认知,与很多立足于它是"濒危、岌岌可危"的认知背景下写就的文章有差异。笔者认为,传统村落档案动态发展着,与传统村落本身"活态"存在一样。传统村落是一个有机生命体,有产生、兴旺、衰弱的过程,它置身于工业化、城市化、现代化大潮之中,发生适应性变化。谁要对村落发展负起责任,谁就要对其档案工作负起责任,多元主体在其中都发生作用,应避免成为传统村落建档过程中"千村一面"的推动者。鉴于此,传统村落档案应该坚持一些管理要求。

7.1 什么是"泛化"管理

　　先需界定"泛化"管理,然后才能结合上述传统村落档案现象、主体及内容研究,提出"泛化"管理的原则要求。在工业化、现代化背景下,从 20 世纪 40 年代开始,管理学本身正逐渐从科学管理、管理科学转向系统管理、协同管理、知识管理,从正式组织转向"非正式群体"、学习型组织,从理性的"经济人"转向关注人的"行为和情绪"等。这在美国斯蒂芬·P. 罗宾斯(Stephen P. Robbins)和玛丽·库尔特(Mary Coulter)《管理学(第 7 版)》(中国人民大学出版社,2006)一书中讲得非常清楚。这对于档案学以信息资源管理的属性在2002—2004 年从历史学科转属于管理学学科之后,管理学已经成为必修课程,然而古典管理学的更新及管理学"丛林"的多元理论并没有在档案学界"声入人心",我国"信息资源管理"模式还停留于古典管理理论的思维模式中。

　　古典管理理论有三位代表性人物及论说值得回顾。美国的弗雷德里克·温斯洛·泰勒(Frederick Winslow Taylor,1856—1915,被后世称为"科学管理之父")的科学管理理论,即应用科学方法确定从事工作的"最佳方式",目的在提高劳动效率;而法国的亨利·法约尔(Henri Fayol,1841—1925,被后世称为"现代经营管理之父"),他的管理思想就是计划、组织、指挥、协调、控制等要素的统一;德国的马克斯·韦伯(Max Weber,1864—1920,被后世称为"组织理论之父")的行政组织理论,三者都属古典管理学派,泰罗的理论集中在工厂中提高劳动生产率的问题,而法约尔则侧重于高层管理理论,他们的理论互为补充,而韦伯的官僚行政组织理论是试图将一种理想的组织原型公式化,以用于组织的设计,但他的模型在今天来看并不具有普遍性。① 古典管理理论基于这样一种假设,即社会是由一群群无组织的个人所组成的,他们在思想上、行动上力争获得个人利益,追求最大限度的经济收入,即"经济人",其共同特点就是强调管理的科学性、合理性、纪律性,而未给管理中人的因素和作用以足够重视。

　　因此就有了管理学上著名的"霍桑实验"②,霍桑实验是 1924 年美国国家科学院在西方电气公司所属的霍桑工厂进行的一项尝试改善工人劳动环境来提高效率的实验,实验结果是失败的,于是 1927 年 4 月至 1929 年 6 月一批哈佛大学心理学工作者将实验工作接管下来,继续进行"福利实验",这一实验表明,在正式的组织中存在着自发形成的"非正式群体",这种"非正式群体"有自己的特殊的行为规范,对人的行为起着调节和控制作用,同时,加强了内部的协作关系。于是,现代管理学派丛生,如社会合作系统学派强调组织是一个社会协作系统,系统管理学派(20 世纪 40 年代系统论、控制论和信息论及 60 年代末的耗散结构论、协同论、突变论等现代系统科学的总称)到 20 世纪 60 年代盛行,"系统科学""系统理论""系统工程"等术语充斥于管理文献之中;协同论的基本思想,就是以大量子系统组成的复杂系统为对象,研究各类系统由于子系统之间的协同而演化的全面过程和共同规律。还有具有持续不断学习、适应和变革能力的学习型组织的提出,在 20 世纪 80 年代早期,组织通常采用"溶化锅"的方式将组织中差异融合,使不同特征的人们在某种程度上趋向一

----

① ［美］斯蒂芬·P.罗宾斯、玛丽·库尔特:《管理学(第 7 版)》,孙建敏译.中国人民大学出版社2006 年版,第 35-37。

② ［美］斯蒂芬·P.罗宾斯、玛丽·库尔特:《管理学(第 11 版)》,孙健敏、黄小勇译.中国人民大学出版社 2012 年版,第 38-39 页。

致,在学习型组织中,领导者是设计师、仆人和教师,等等。

我国档案学中,如前所述,"档案来源于正式组织"这一根深蒂固的思想无意中排斥了非正式组织形成的档案,除非档案概念"泛化"后才能容纳之。[①]而且信息资源管理是为了"确保信息资源的有效利用,以现代信息技术为手段,对信息资源实施计划、预算、组织、指挥、控制、协调的一种管理活动"[②]。为了给"信息资源管理"以合适的地位,有学者对自己曾坚守的"范式"作了调整,如认为"信息资源管理"是当代档案管理的主流范式[③]。我国档案学界坚守了十多年的这种"信息资源管理"论,笔者认为,其实是与我国机关普遍实行的古典"官僚行政组织理论"相配合的,然而,在国外管理学已经针对古典管理学理论的不足作了根本性的调整之后,我国档案学界并不认为此"信息资源管理"与国外新管理学有什么不同,或者说响应较慢,直到后现代档案学理论的"后保管模式""新来源原则"等的引进,才有所触动。因此,很长一段时间,档案界对非正式组织、非正式来源、非正式文本是比较排斥的,笔者认为这就是秉持古典管理理论者对非正式组织的"泛化"管理,"泛化"管理与后保管模式相关。

特里·库克率先给我国带来了后现代档案学思想,他说:"社群档案"是档案、记忆、证据之后的新范式,专业的档案工作者需将自身从政府机构背后的精英专家转变成社区里的档案辅导员和教练,并作为活动的参与者,以此来鼓励社区归档。[④] 在这种情况下,档案形成和管理主体都多元化了。我国档案学在响应管理学变革过程中,实际上也产生过一系列研究热点,如"新三论""知识管理""学习型组织"等的讨论,但都昙花一现,如今论者寥寥。如张斌曾写道:如何实现档案价值、实现档案知识共享是知识管理工作者必须面对的重大理论和实践难题[⑤];徐拥军说过:现在越来越多的学者清楚地认识到,知识

---

① 徐欣云:《档案"泛化"现象研究》,上海:世界图书出版公司 2014 年版,第 70-71 页。

② 傅荣校、韩云云、陆加敏:《论档案学研究角度的转变》,《浙江档案》2008 年第 5 期,第 14-17 页。

③ 丁华东:《信息资源管理:当代档案管理之主流范式》,《档案学通讯》2006 年第 4 期,第 17-20 页。

④ Terry Cook. (2013). Evidence, Memory, Identity, and Community: Four Shifting Archival Paradigms. *Archival Science*, (13):95-120.

⑤ 张斌:《企业的记忆与知识管理》,《图书情报工作》2003 年第 1 期,第 52-55 页。

管理是档案管理发展的必然方向,应以知识管理为导向创新拓展档案管理。[①]知识管理还着重强调显性知识和隐性知识的关系,如张长海说隐性知识是智力资本,是给大树提供营养的树根,显性知识只不过是树上的果实,隐性知识更是个人的核心竞争力所在。[②]

　　在管理学中,过去提倡的同化、同质化、排斥异己的"溶化锅"的方式,转为现代的宽容、容纳、"各美其美",这对传统村落档案的"泛化"管理具有指导意义。管理学目前是档案学的直接上位类学科,因而管理学理论的新成果应用于档案学也就顺理成章了,也即档案管理应包容非正式组织、非正式文本、非正式来源等,也即包容传统村落的社区、社群、个人等形成的档案。然而在我国引入的后保管模式、新来源原则、社群档案理论等时,都没有指出管理学理论的变迁对于后现代档案学的影响,只是强调后现代与现代性在哲学层面上的对档案学的影响。因此,本文指出现代管理理论"泛化"对档案学的影响。

7.2　"传统"尺度的掌控——大小传统的互动

　　传统村落重点就在"传统"二字的理解。传统村落活在今天,必然涉及传统与现代对立、冲突的问题,对它的保护,就要在当今的日常生活中识别和保护其"传统"的一面。实际上任何文化遗产都会面临这个问题。

　　传统村落不是完全封闭的自给自足的小社会,它边界有时候不清晰,因为它适应大社会的工业化、现代化而产生一系列的变化。"传统村落"之所以被单独提出来,是为文化遗产的保护设立一个"尺度"和边界,是为了认知和社会组织工作的方便,从而在一个相对完整的环境里保护文物单位。那么就存在这样的问题:"传统"的尺度是什么样的?米歇尔·福柯(Michel Foucault)说,传统这个概念,它是指赋予那些既是连续的又是同一的(或者至少是相似的)现象的总体以一个特殊的时间状况;它使人们重新思考在同种形式中的礼俗的播撒,它使人们缩小一切起始特有的差异,以便毫不间断地回溯到对起源模糊的确定中去;有了传统,就能把新事物从常态中区分出来,并能把新事物的

---

①　徐拥军·《从档案收集到知识积累》,《山西档案》2009 年第 2 期,第 13-17 页。

②　张长海·《政府内部隐性知识共享障碍因素研究》,北京:中国人民大学,2008 年,第 8-18 页。

长处移交给独特性、天才、个人的决策。① 传统也是被"发明的","被发明的传统既包含那些确实被发明、建构和正式确立的'传统'。也包括那些在某一短暂、可确立年代的时期中(可能只有几年)以一种难以辨认的方式出现和迅速确立的'传统'。"②

有档案学者也曾意识到这个问题,因而写道:"'传统'一词本身就具有相对性和不确定性,导致了对传统村落的界定存在争议。传统村落概念界定的不清晰直接造成传统村落档案概念界定的模糊。"③"住建部等部委出台的传统村落评价认定指标体系是当前的主流认定标准。由于对'传统'一词内涵与外延的不同理解以及对村落历史文化等价值判断的主观差异性,在学术研究领域实际上存在不同的具体界定标准。"④档案建构、社会记忆控制,塑造着社会制度,从这个角度来说,档案与"传统的发明"也相关。

7.1.1　传统村落遗产完整性"景观"尺度掌控

传统村落,如前所述,也是一种乡土文化景观遗产。朱晓阳认为人类学的地志学是把地志看作那种对地方的景观/地景所作的"客观"描述:"它是一种将地理、居住、政治性边界、法律现实、过去历史的踪迹、地方、名字等包容进特定空间的综合知识。从'综合性'着眼,地志可以看作与莫斯所称之'总体社会事实'相当。"⑤"总体社会事实",让笔者觉得"总体社会档案"一词呼之欲出。一个村落范围中地景的"客观"描述,可等于一村的"全部档案",那么"景观"尺度可以作为传统村落档案衡量"尺度"。传统村落景观遗产体现于村落布局、选址风水、乡土建筑遗产等,各类型的文化遗产各司其职,有尺度有分寸地维护文化生态。特别在今天,传统村落保护与古村旅游开发、文化产业、文化再生产密切相关,入选文化遗产名录意味着扩大民族、地方文化景观的知名度,

---

① ［法］米歇尔·福柯:《知识考古学》,谢强、马月译,上海:生活·读书·新知三联书店1998年版,第44页。

② ［英］埃里克·霍布斯鲍姆、特伦斯·兰杰:《传统的发明》,顾杭、庞冠群译,北京:译林出版社2004年版,导论。

③ 王萍、卢林涛:《传统村落档案研究——现状、困境与展望》,《档案学研究》2017年第2期,第15-20页。

④ 王萍、满艺:《传统村落档案建构模式比较研究》,《档案学研究》2017年第6期,第61-67页。

⑤ 朱晓阳:《小村故事——地志与家园(2003—2009)》,北京:北京大学出版社2011年版,第3页。

成为地方名片。

　　鉴于传统村落如今常被当作旅游中的一个景观,借用景观尺度来阐述传统尺度是比较可行的。"尺度"是旅游景点和文化景观必备的一个工具,可通过它控制传统村落文化遗产的完整性。目前景观尺度研究大多侧重于景观生态学中的自然景观,如有学者认为:尺度(scale)是地理学研究中的一个基本概念,早已得到广泛的应用,近年来尺度运用于景观生态学;尺度的存在根源于地球表层自然界的等级组织和复杂性,尺度本质上是自然界所固有的特征或规律,而为生物有机体所感知。[①] 景观在景观生态学中也称为一种"异质性干扰",干扰是景观异质性的重要来源,"每一次干扰总会使原来的景观单元发生某种程度的变化,在复杂多样、规模不一的干扰作用下,异质性的景观逐渐形成;一般认为,低强度的干扰可以增加景观的异质性,而中高强度的干扰则会降低景观的异质性。"[②]

　　景观尺度与地域、文化圈概念相关,一个传统村落犹如一个文化圈。通常,文化遗产都是在一定的地域产生的,与该环境息息相关,非物质文化遗产的地域性特征也是学界的共识,如乌丙安用文化圈理论与方法论述非物质文化遗产的空间保护[③];王文章认为某地域独特的自然生态环境、文化传统、宗教、信仰,生产、生活水平,以及日常生活习惯、习俗都从各个方面决定了其特点和传承;离开了该地域,便失去了其赖以存在的土壤和条件,也就谈不上保护、传承和发展。[④] 但是在文化遗产保护过程中,遵从这种景观或文化圈尺度的并不多。如麻国庆认为,对非物质文化遗产资源目前常是掠夺式开发,造成对这种生活中的艺术的俯视和误读。他还认为非物质文化遗产的经济开放要掌握一个"度":文化生态保护区不同于一般意义上的"经济开发区",短期内并不能为当地群众的生产生活带来较大的改观,反而会在某些方面带来一定的限制,传统文化保护与地方经济社会发展的迫切要求之间的矛盾是不可避免

　　① 王义、范念念:《基于特示关系的生态学信息及其认识论意蕴》,《华东师范大学学报:教育科学版》2014 年第 32 期,第 99-104 页。
　　② 陈利顶、傅伯杰:《干扰的类型、特征及其生态学意义》,《生态学报》2000 年第 4 期,第 50-55 页。
　　③ 乌丙安:《非物质文化遗产保护理论与方法》,北京:文化艺术出版社 2010 年版,第 50-60 页。
　　④ 土文章:《非物质文化遗产概论(修订版)》,北京:教育科学出版社 2014 年版,第 58 页。

的,因此,如何把握保护与发展之间的"度",也是一个棘手的问题。[①]

文化遗产入选国家、省、市或县的保护等级,也可看作一种尺度的把控。如王志平写道:江西非物质文化遗产"品类齐全,四级名录体系完整,遍布全省各县市,其中尤以南昌、赣州、九江、宜春四市居多,其次是上饶、抚州、景德镇、吉安、新余、萍乡、鹰潭,形成了以县为基础单位、涵盖全省范围且种类齐全的具有鲜明赣鄱特色的非物质文化圈"[②]。文化遗产特别是非物质文化遗产离开了一定的地域和环境,便会失去其生长的土壤,如安义的婚俗、南丰的跳傩等偏离地域尺度成为舞台表演后,显然已经失去其生命力。

因此,文化遗产作为旅游景观,需适时进行尺度上的限制和调整。传统村落的文化生态保护区、生态博物馆、文化遗产的地域性都应该规定相应的景观尺度,形成文化圈,最终要有利于自然和文化生态系统的平衡,而不是造成人为破坏性干扰。联合国教科文组织《关于保护景观和遗址的风貌与特性的建议》(1962年),建议各国官方主管当局持续给予监督,笔者认为,这是一个保护主体行为的"尺度"和准则,可作为参考。如该建议中的第 12 条"景观和遗址的保护"规定:将责任列入城市发展规划以及区域、乡村和城市的各级规划;"通过划区"列出大面积景观区保护目录;建立和维护自然保护区与国家公园;由社区获得遗址,并且对整个保护过程通过"乡村规划方案"进行全面监督。

7.1.2 民间文化秩序与官方法规尺度

目前文化遗产保护实行的是名录制度而不是登录制度,意味着传统文化需经过优选才能入选文化遗产名录,倘若入选的传统"尺度"失准,则会造成混乱。无论是入选前的尺度的掌控,还是入选后的保护即传承、传播、生产性保护过程中的尺度掌控,都很重要,否则就会无序扩张。

以非物质文化遗产为例保护的"尺度"讨论,涉及对其性质、价值认识的"尺度"、级别的"尺度"、生产性保护的"尺度",总起来就是对其传统和现代的尺度的认识和掌控问题。目前不同地域和类型的非物质文化遗产有一味地拓

---

① 麻国庆、朱伟:《文化人类学与非物质文化遗产》,北京:生活·读书·新知三联书店 2018 年版,第 81 和 108 页。

② 王志平:《江西非物质文化遗产保护利用与产业发展研究》,南昌:南昌大学,2013 年,第 36 页。

展、拓宽升级和扩大的现象,争相从县级、省级上升到国家级甚至世界级,这就是一种尺度的失控,制造了很多"伪传统"。显然许多非物质文化遗产的地域性或社区性,当突破某一临界值时,非物质文化遗产将很快失去原真性。因此,非物质文化遗产保护中的"尺度"问题或可体现为非物质文化遗产与传统文化、民间文化、日常生活的关系。

关于非物质文化遗产尺度的问题讨论,也并不鲜见。曾平写道:"面对祖先留下的数量如此庞大的非物质文化遗产资源,我们是否都要一视同仁、不分轩轾地进行保护传承并发扬光大呢? 如果有扬弃有侧重,那么又应该以什么样的标准与尺度进行甄别取舍呢?"[①]谭楚子认为非物质文化遗产判定准则及其内在价值依据应是人类"内在理想尺度",它是超越时空面向未来的诗性建构。[②] 谭楚子反对把下列民间活动列入非物质文化遗产保护之名录中,诸如斗鸡、斗蟋蟀等民间盛行的博彩仪式,曾被打入另册的扶乩降神、算命测运、拆字卜卦,纷纭诡谲的令信众心驰神往的各种民间信仰、民间宗教,看似极具族群凝聚力的修家谱族谱、建家庙宗祠等。王文章、陈飞龙却对传统文化采取了较宽容的态度,"今天我们的判断,仍要受时间的检验。对待非物质文化遗产项目,弘扬须慎重,但在认定上既反对泛文化遗产论,另外要坚持保护、保存、保留面要宽的原则"[③]。这种包容性,对非质文化遗产的传承是十分重要的。王文章批评道:"一些人由于受以往错误观念的影响,尤其是完全从进化论的观点出发,把我们现今的文明视为最发达、最先进和最合理的文明,而把神话、传说、巫术、图腾崇拜和偶像崇拜等这些古老的文化形态都看作是非科学、反科学、伪科学和封建迷信。"[④]对文化遗产的宽容是符合《保护非物质文化遗产公约》立法宗旨的,即保护文化多样性,维护文化生态。然而,王文章也反对某一非物质文化遗产无限制申报,比如把本来早已融入其他戏曲剧种的一些地

---

① 曾平:《论我国非物质文化遗产保护的基本立场与核心理念对〈中华人民共和国非物质文化遗产法〉的学理解读》,《中华文化论坛》2011年第3期,第68-74页。

② 谭楚子:《非物质文化遗产判定准则及其内在价值依据——人类"内在理想尺度"超越时空面向未来的诗性建构》,《徐州工程学院学报(社会科学版)》2011年第1期,第71-73页。

③ 王文章、陈飞龙:《非物质文化遗产保护与国家文化发展战略》,《中国文化产业评论》2008年第1期,第7-35页。

④ 王文章:《非物质文化遗产概论(修订版)》,北京:教育科学出版社2014年版,第61页。

方戏曲声腔，独立出来"再造遗产项目"①。

很多有关非物质文化遗产研究的观点也经常摇摆于传统文化、民间文化、日常生活等一些概念之中。王文章把"民间性"作为非物质文化遗产的主要特征，"就历史价值而言，非物质文化遗产以其民间的、口传的、质朴的、活态的存在形式，可以弥补官方正史之类史志典籍的不足、遗漏，可以揭破其讳饰，有助于人们更真实、更全面、更接近本原地去认识已逝的历史及文化"②。非物质文化遗产通常是在日常生活中耳濡目染式传承，"日常生活"则是一个传统的"时间"度量。口头性、集体性、变异度、传承形式，都可以分别来衡量文化遗产的传统"尺度"。

非物质文化遗产和民族民间文化遗产也是对立统一的关系。它们的共同点是，非物质文化遗产中绝大部分是由民间百姓创造，并通过他们传承下来，但也有一部分非物质文化遗产不属于传统民族民间文化，如南京云锦，通常后者是在官方主导下运用民间智慧、技艺创造出来，但并不允许在民间使用和流传。

7.1.3　传统村落档案与大小传统互动

芮德菲尔德是公认的"大传统"和"小传统"概念的发明者，他的经典论断经常被引用，即："在某一种文明里面，总会存在着两个传统；其一是一个由为数很少的一些善于思考的人们创造出的一种大传统，其二是一个由为数很大的、但基本上是不会思考的人们创造出的一种小传统。大传统是在学堂或庙堂之内培育出来的，而小传统则是自发地萌发出来的，然后它就在它诞生的那些乡村社区的无知的群众的生活里摸爬滚打挣扎着持续下去。"③"大传统"和"小传统"也对应"雅""俗"文化。余英时认为："大体来说，大传统或精英文化是属于上层知识阶级的，而小传统或通俗文化则属于没有受过正式教育的一般人民。……中国文化很早出现了'雅'和'俗'的两个层次，恰好相当于上述

---

① 王文章：《非物质文化遗产概论（修订版）》，北京：教育科学出版社 2014 年版，第 22 页。
② 王文章：《非物质文化遗产概论（修订版）》，北京：教育科学出版社 2014 年版，第 77 页。
③ ［美］罗伯特·芮德菲尔德：《农民社会与文化：人类学对文明的一种诠释》，王莹译，北京：中国社会科学出版社 2013 年版，第 94-95 页。

的大、小传统或两种文化分野。"①叶舒宪则认为"大、小传统"是一对类似于"上智下愚"的文明结构概念，即"大传统指代表着国家与权力、由城镇的知识阶级所掌控的书写的文化传统；小传统则指代表乡村的，由乡民通过口传等方式传承的大众文化传统"②。

在这种话语体系下，"充满对史后精英文化的肯定与期许，很容易形成精英文化与世俗文化的二元结构对立"③。这样一来，农民社区文化被认为是小传统范畴，乡民在乡村流行的口头文化传统，是大部分乡民的非反思传统，是低文化、小传统；在传统村落中，农民是传统的承受者，而城市精英是传统的输送者，特别是，传统村落档案这种文字记录，是一种大传统下的工作制度，它要在村落社区中建立起档案工作系统，就是大传统进入小传统的一个过程。丁华东的"档案是结构性记忆"的论断，也证明了"档案"对乡村记忆的建构，是一种文化秩序的输送。他说，"档案是控制社会记忆的'结构性媒介'。档案作为一种社会记忆的形态（刻写的或文本的记忆）既是社会记忆的控制对象，也是社会记忆的控制手段。对档案的操控、重组与利用既体现出统治阶级的意志，也是对社会记忆的操控。……英国社会学家安东尼·吉登斯指出：'在组织内部，档案是强化监视的关键'。"④此时，传统村落档案秩序的建立是依赖于城市精英人士和城市文化制度，而村落本身的小传统影响微乎其微。

近年来，叶舒宪对"大小传统"作了全新的文化改造，即将由汉字编码的文化传统叫做小传统，把前文字时代的文化传统视为大传统，生活在文字编码的小传统中的人，很不容易超越文字符号的遮蔽和局限，所以一般无法洞悉大传统的奥妙。⑤ 这与费孝通先生所主张的一致。他认为乡下人不识字不等于没有智慧，那只是因为在熟人社会交流无需文字。⑥ 世界范围的非物质文化遗产保护运动，正是对朴素的、土著的、民间的文化的尊重，各种文化平等共生，这也是文化进化论发展到文化人类学的一个标志。

---

① 余英时：《汉代循吏与文化传播》，见《士与中国文化》，上海：上海人民出版社 2003 年版，第 117-118 页。

② 叶舒宪：《中国文化的大传统与小传统》，《光明日报》，2012 年 8 月 30 日，第 15 版。

③ 胡建升：《中西文化大传统理论的比较研究》，《文化人类学研究（2019 年第一辑）》，第 57-69 页。

④ 丁华东：《论档案与社会记忆控制》，《档案学通讯》2011 年第 3 期，第 4-7 页。

⑤ 叶舒宪：《重释古代中国的大小传统》，《文化遗产研究》2011 年（第 1 辑），第 95-99 页。

⑥ 费孝通：《乡土中国　生育制度　乡土重建》，北京：商务印书馆 2011 年版，第 25 页。

因此,大小传统不能简单地用"二元划分"割裂开来,在中国乡土社会就可以观察到"精英""官方"记忆与乡土记忆的互动:乡土社会较少用到文字,只会偶尔"追忆",但却有一种"上层精英"或"地方有识之士"对乡土社会的记录。

其一,大传统与小传统边界并不明确,如各地宗祠文化,既不能将其笼统归结为大传统的产物,也不能将其称之为小传统的代表。宗祠是一个重要的维护宗法礼制的地方,是一种"礼制"建筑,这正是中国以儒家为正统思想的礼制贯穿于社会生活所有领域的一个表征。在传统的宗祠建筑上,建筑的屋顶式样、数量关系、色彩等方面表现儒家的等级观念,也因此富田古镇王家大祠堂堂匾上"枢密院"三字成为不解之谜。

其二,乡土社会的传统转化到精英阶层需要更多的文化认同,以突破乡土传统的文化边界、文化地位。叶舒宪研究的"大小传统"之论说,打破了一种相对阶层化划分的格局,不再刻意强调"精英""底层"、"官方""民间"等概念,而是以一种包容的形式去阐释大小传统。这也与特里·库克所说的,在与记忆和证据的不断斗争中,档案认同已经经历或正在经历四个范式或框架的转移,即:证据、记忆、认同、社会/社群,"第四个档案范式正呼之欲出,这个范式肯定还没有完全形成,但是西方档案界已经感觉到再次出现了方向性的转变。"[①]在社群档案范式中,档案学者和工作者不再以自上而下的方式带入"大传统",而是俯下身来,做一个"参与式档案及辅导员型的档案工作者"。

其三,大传统与小传统在某些时候是可以相互转换的。由国家权力、城镇的知识阶级所掌控的书写的文化传统,与由乡民传承的大众文化传统,在传统村落档案研究中不能割裂开来。大小传统之间的分野是相对的,两者之间常有互动,因此称之为"自者"与"他者"更为恰当,大小传统的互动,也就是"自者"与"他者"的互动。在传统村落中,地才、村民群体、家族作为传统村落"自者"形成的传世文献,可包含传统建筑图纸、谱牒、志书、舆图、碑刻、匾联、契约、账本、日记、书信、唱本、宗教科仪书、经文、药方、手工技艺、乡规民约,及口耳相传的民谣、民间故事、技艺诀窍等,林林总总,其内容的繁杂和载体多样,这样的列举还是恐挂一漏万。这类民间文化或档案不是可有可无的、低层次

---

① 特里·库克:《四个范式:欧洲档案学的观念和战略的变化——1840年以来西方档案观念与战略的变化》,李音译,《档案学研究》2011年第3期,第81-87页。

的,它们可以从一种自生自灭的状态进入文字记载,从而"登堂入室"。如今的旅游公司如安义古村旅游有限公司、文物局如流坑管理局,成了传统村落的实际主体或"自者"主体,也是一种记录整合传统村落文献的新型机构,成为传统村落的传统转化的中介。但是"自者"常常也会对自身的文化现象熟视无睹。

"他山之石"在"他者"眼里却可以攻玉,它们充满了异域风情,具有独特性。远的有,《诗经》中《风》的部分对各地民歌的收集与整理而成为经典,手工技艺的集成《天工开物》,徐霞客关于流坑村的游记,近的有陈志华、李秋香等对流坑村的研究和记录,"他者"对傩舞的记录。景德镇瓷俗、樟树药俗、鄱阳湖渔俗、婺源茶道等,既口耳相传,也有文献记载,如《宋史·食货》中记载:"婺源之谢源茶为全国六大绝品之一。"乡野之俗文化、根文化、母文化通过"他者"的记录而登堂入室,变成"雅"文化,体现了自者与他者的互动。还知 1929—1947 年间,营造学社成员共测绘重要古建筑 200 多组,2200 多处,遍及 15 个省 200 个县,基于这些调查编写完成了《全国重要建筑文物简目》;2001 年,财政部、国家文物局联合开展了"文物调查及数据库管理系统建设"项目,为有效保护和科学管理奠定了基础。[1] 20 世纪初,胡适、周作人、鲁迅、沈兼士及顾颉刚、钟敬文、江绍原、杨成志、杨望等对西方民俗学介绍与引进,并以北京大学创办的《歌谣周刊》为阵地,收集民俗资料;[2] 从 20 世纪 80 年代起开展了中国民间文艺十大集成的普查与编撰工作,如今还有对文化遗产的纪录片式建档,最近频现屏幕。如《记忆乡愁》《指尖上的传承》《本草中国》《服装里的中国》《我的村子是国宝》《小镇故事》,拍出了小村的文化遗产的魅力,等等。这些都是俗文化转为雅文化的例证。

还有一个俗文化转为雅文化的例子。《阿尔档案》被认为是有意识地书写村史、把村落历史的书写权还给村民的极佳案例,它是在北京文化遗产保护中心志愿者协助下,由村民自己完成的村史。王云霞在后记中写道:看着这些略显生涩、粗糙的文字和画面,涌动在心的是对作者的钦佩和敬重;要知道,这些文字、照片和视频的作者,并非人类学、社会学、民族学或者文化遗产学领域的

---

① 国际古迹遗址理事会中国国家委员会:《中国文物古迹保护准则案例阐释(征求意见稿)》http://www.icomoschina.org.cn/uploads/download/20141113_chanshu.pdf,2005〔2016〕:35.

② 陈勤建:《现实性:中国民俗学的世纪抉择》,《民俗研究》1998 年第 4 期,第 1-10 页。

专家,也不是专习羌文化的学生,而是阿尔村羌文化的主人——阿尔村的村民。①

如今在"自者"与"他者"互动之中,需要掌握一个"度",在笔者看来,《阿尔档案》也是个案,如果乡土社会修谱制度还在延续,就无需文人"他者"推动编修村史。现在有一种"村史馆"遍地的现象,由城市学者立项修村史、"大学生三下乡"编村志,甚至本地浮躁的以金钱而不是祖先为上的新的修谱活动,有时候会对乡村文化传统造成一种"伤害",这正如梁洪生的白描:随着新谱编修时很多旧谱记载被删除被改写,村、镇的"小历史"失语日渐严重,空白点越来越多,看似热闹的村落文化保护活动背后,隐藏着令人忧虑的深度危机。② 张全海也反对"以文化精英主义的'历史使命感',来自作多情地试图拯救'愚昧落后'的农民兄弟于'水深火热'之中。……号称礼仪之邦的泱泱中华,在'失礼'之后,很多礼法却在农村中'顽强'地保存下来,'礼失求诸野'这句古话在当代活生生地上演着。"③

总之,乡土社会是熟人社会,但不等于就是没有文化的社会,不能因"留存下来的文字少",而责怪村民比较"愚",最有创造力的文化还是在民间,然后再上传至上层社会,被记录、记载而成为可流传后世的传统。如今农民失去文化自信,显然是因为城市及其生活方式的辐射,因而在村落推进现代档案工作制度,不得不面对这种现实:村民参与意愿不高,对建档工作的抵触情绪较多。正如村落哺育着城市,村落中的非物质文化遗产也是孕育其他文化的母文化,笔者认为,这就是"传统的发明"。主流档案文化也应该有一个通俗化或因地制宜的过程,然后植入乡村环境中,而不是强硬地推广城市档案文化,这样的嫁接显然不会成功。

7.2 档案隐性秩序与显性制度的共存

传统村落生存于乡土传统和现代生活之间,笔者认为,在村落中乡土社会

---

① 阿尔村人:《阿尔档案》,北京:文物出版社 2011 年版,后记。

② 梁洪生:《"中国传统村落"的评选与保护及江西现态初步考察》,《农业考古》2015 年第 6 期,第 298-307 页。

③ 张全海:《世系谱牒与族群认同》,上海:上海世界图书出版公司 2010 年版,第 79 页。

"非正式"隐性秩序与传统村落档案"正式"显性制度相比较而存在。在今天的传统村落中,国家控制下形成的法治管理,是显性秩序、他律秩序;村落居民自我管理或宗族力量自治,是隐性秩序、自律秩序。乡土社会的"隐性秩序",也可称为"非正式制度",是指乡土社会的传统记忆方式,是相对于现代档案制度而言的。换句话说,法典式的管理就是显性制度,习俗和礼仪约束的就是隐性秩序。研究这二者及其关系对于传统村落建档而言尤其重要。

传统村落档案工作的显性制度,就是指当下遵循政府公权力下的农村档案和文物保护的法律制度,是一种"官方叙事"。在农村,一直有农村档案工作制度,是正统、正式的制度,笔者曾论述过这一点:"农村档案工作是档案体制内的工作,以村委会事务档案为主要内容。"①农村文物工作也是如此。传统村落档案建档过程中,政府建档如住建部发起的村落建档和档案主管部门的介入,甚至包括学术机构如冯骥才的"传统村落保护中心",都是一种国家公权力下的建档制度。这种"他律"秩序或显性制度,在制定和解释的时候,都会受到一种外在力的约束。乡土社会隐性档案秩序本文指"非正式的"记忆方式,是一种自然选择的"自律"秩序。费孝通称之为熟人社会的"差序格局",梅因称之为"习惯法",周星称之为"生熟关系"。这样的乡土秩序可以说是天工、非计划、非人力的一种自然选择秩序。

7.2.1　乡土社会隐性档案秩序是传统村落档案的底色

乡土社会是一种自给自足的农业社会,虽然实际上并没有完全的自给自足的时候,乡土社会的礼制、宗族制度、建筑的修旧利废制度是乡土记忆的隐性档案秩序,它会制约当今传统村落档案的形成与管理。② 因而,认识和遵循乡土社会的隐性档案秩序,有助于在今天东西方的遗产观交汇之下的传统村落保护工作中做好档案的收集和管理。

传统村落的底色是乡土社会,乡土社会隐性档案秩序是传统村落档案形成的基础机制。如奉祀祖先的宗族秩序有它天然的情感基础,又有它重要的

---

① 徐欣云、刘霄霞:《古村落档案与农村档案的内涵及异同解读》,《档案学研究》2017 年第 4 期,第 43-48 页。

② 徐欣云、徐梓又:《试析传统村落档案的涵义及与乡土社会隐性档案秩序的关系》,《档案学通讯》2020 年第 5 期,第 40-46 页。

社会意义,所以在百姓生活中盛行不衰,如今这一天然秩序对现代村落秩序隐性发挥着作用。换句话说,"法"包括成文法——有法律条文明文规定的,也包括不成文法——习惯形成的秩序和法则。习惯法,是不成文法,与成文法相对,也即本文的"隐性秩序",这在不同论著中有不同表述,但肯定的是,习惯法、习俗是很多学者关注和研究的对象。这里还要强调,乡土社会隐性秩序不是指过往的不成文法,而是指当下还在发挥作用或留存的习惯、习俗制约现象。仍然如梅因描述的"印度村庄共同体是一个活的,而不是已经死了的制度"①。他比较了印度的成文法和不成文法,认为印度婆罗门教的理论对法律的影响已经超过了其他由不列颠统治带来的影响。

陈志华说中国乡土社会的宗族力量曾经是一种真正的"类政权力量":"一个村落是一个有机的系统,它不能完全自发地形成和发展。它需要一种管理机制,这种机制需要公权力或某种权威才能运作。"②我国南方血缘宗族村落曾根据《圣谕十六条》来稳定基层政权,如今宗族制度成为隐性秩序,而由村委会行使相关公共职能,它既有政府派出机构的行政性质,也有村民自治组织的性质。孟德拉斯也认同:"农民社会(R. 莱德弗尔德,1956;托尔耐,1964)是在一个更大范围的总体社会中相对自治的整体。"③池田雄一写道:"在考虑国家统治因素影响的时候,也必须留意地域社会的自律性、自治秩序对聚落的形成所产生的作用。这就意味着国家的控制力以及公权都只存在于一定的范围内,要承认地域居民对历史的创造作用,以及他们对私权空间的拓展。"④朱晓阳在分析"小村故事"时,用了"农民秩序世界观"一词:"黑地""病地"和一些村里人对某些事件的表述,直接关涉如何理解和解释农民的世界秩序观(包括他们如何看待自己与国家的关系等)。⑤ 李平亮、赵鹏飞认为清代萍乡许真君信仰的发展与乡村权力格局的变化相关⑥,等等。

① [英]梅因:《东西方乡村社会》,刘莉译,北京:知识产权出版社 2016 年版,第 9 页。
② 陈志华、李秋香:《中国乡土建筑初探》,北京:清华大学出版社 2012 年版,第 83 页。
③ [法]孟德拉斯:《农民的终结》,李培林译,北京:社会科学文献出版社 2010 年版,第 7 页。
④ [日]池田雄一:《中国古代的聚落与地方行政》,郑威译,上海:复旦大学出版社 2017 年版,第 4 页。
⑤ 朱晓阳:《小村故事——地志与家园(2003—2009)》,北京:北京大学出版社 2011 年版,第 9 页。
⑥ 李平亮、赵鹏飞:《清代萍乡许真君信仰的发展与乡村权力格局的演变》,《宗教学研究》2014 年第 2 期,第 72-78 页。

　　乡土社会宗族的家法族规就是"化民成俗",用今天的话来讲,族规是对上级政策贯彻执行后形成的文件。笔者参观的传统村落中,发现很多家训族规还都贴于祠堂墙上;孩童从小耳濡目染这些家规,会节制行为,这就是祠堂在传统村落发挥教化作用的凭证。还见一些乡规民约张贴于村委会的外墙或者室内的"制度上墙",村委会代替了过去宗祠、社庙的功能。然而即便如此,乡规民约主要体现在风俗和习惯之中,文字是难以完全涵纳的。李培林说:所谓民约,并不一定要有文字性的合约,它包括村落生活中的那些"惯习",即共同遵守的一些"做法",一些道德规范。

　　乡土隐性秩序一般给予私有性以一定的空间。如安徽省黟县关麓村汪亚芸先生收藏着一份资料,是由宗族出面调解村内一条断头巷里五家住户为开门的位置和朝向发生的争执,这份资料作为文书保存着,对五家人都有约束力,"汪亚芸先生未允许本文作者抄录和摄影。汪先生已于 1998 年过世,此文件下落不明"[1]。可见这样的文件保留有私有性,过去家谱也是如此,一般并不轻易示人,传统村落的谱房,过去有家族成员两至三人同时在场才可以查谱,钥匙也是同时保存在几个人手中。

　　宗族制度,是一种天然秩序,其虽已经随着农村工业化、行政化发生嬗变,宗族力量这种天然联系和约束的方式,已变成隐性秩序,但是又无时无刻不在起作用,宗族制度对传统村落保护起到限制或积极推动作用。在今天看来,宗法制度,用学术语言来表述就是"非正式制度","正式制度就是由法律、行政法规和政府政策组成的一套行为约束;而非正式制度大体相当于我们所说的习俗和惯例,也包括具有行为约束力的道德、信仰和意识形态等"[2]。非正式制度,就是指那些"习俗定规""情理""说法",就是与"法"相对而言的村落之"礼",与"法统"和"政统"相对而言的村落"道统"。

　　乡土社会的传统文化流传至今并"活态"传承的,才是文化遗产,也是传统村落要保护的重要内容。乡土社会有口传传统,有身体操演的祭祖习俗、民风民俗、节庆、耕作技艺、养殖技艺、手工技艺,有乡土建筑及题记、碑记、风水格局,有事后回忆的宗谱、村志等。这些乡土社会记忆,也是今天传统村落档案

---

①　陈志华,李秋香.《中国乡土建筑初探》,北京:清华大学出版社 2012 年版,第 85 页。
②　李培林:《村落的终结——羊城村的故事》,北京:商务印书馆 2004 年版,第 82 页。

的最重要部分。近来对乡土社会遗产进一步固化的行为,如续家谱、修村志、测绘、摄像等调查、维护、名录制度,成立民俗馆、乡村博物馆、旅游开发规划及执行成果等,都是乡土社会传统文化的延续,是传统村落档案的内容。

传统村落就像一部鲜活的敞开的档案卷宗,而乡土社会隐性档案秩序仍然一定程度上在发挥作用,需在对乡土社会记忆方式扬弃中继承,是传统村落档案的底色。

7.2.2　乡土社会的自律与他律秩序的共融

传统村落有机发展,其公共事务需要公权力才能运作,这种公权力可能来自村落的自治,也可能来自政府的他律,这两种公权力有所不同,是国家公权力的控制和地缘私权下的自治秩序的共存。如,民间故事、民间说唱类口头传统是乡村记忆、隐性秩序,而口述记录、乡村记忆工程、非物质文化遗产保护则是现代有意识地由"他者"进行的记录,属于显性制度,是一种他律秩序。传统村落的建档制度则是优选的乡村记忆工程项目,那么档案与记忆之间的关系也在此体现出他律与自律、显性制度与隐性秩序的关系。

在古代社会,城乡一体的社会政治经济结构不仅历史悠久,而且十分普遍。《周礼》根据先秦时期的城乡社会发展确立了城乡一体制度的蓝本,即通常所称的"六乡六遂"制度。这是"邻里""立坊"制度的源头,在今天街坊也是基本的社区单位。刘奔腾认为,正因为这种高效的城乡一体的"社会—经济—军事"结构的存在,使得后来的孔子能够在"礼崩乐坏"的时代信心满满地提出"礼失而求诸野"的设想。[①] 这就是典型的隐性秩序和显性制度并存的情形。

池田雄一曾以中国古代社会村落的发展为基础,审视研究中国秦汉时期以灌溉为主的再生产过程中国家公权的有效性问题,认为在水利和治水过程中官民的互动最为明显。他以村落的发展为基础分析郡县制统治方式的形成,来证实地域的自律性以及地域自治秩序:"先秦以来,中国古代的聚落很多都只有十余户至几十户不等的规模,散布于各地。在汉代的地方行政中,通过

---

① 刘奔腾:《历史村镇保护模式研究》,南京:东南大学出版社 2015 年版,序。

三老制将位居这些村落核心地位的'父老'（地方豪族）灵活地组织利用起来。"①费孝通的"双轨制"，也说明了乡土秩序中，政府地方行政的公权与宗族私权（地方公权）的互动。他说："乡土社会是个传统社会，传统就是经验的累积，能累积就是说经得起自然选择的。各种'错误'——不合于生存条件的行为——被淘汰之后留下的那一套生活方式。"②朱晓阳称之为"国家之法与乡村之法"：乡之诗意的法的终止之时就是国家之平淡叙事的法制进入之时，但是国家法和乡村法的冲突远未结束。③

当下，传统村落保护是一项国家政策，旨在促进优秀的传统乡土文化再生，行政机构、专家学者出于抢救传统村落中传统文化的责任，成为传统村落档案的"他者"主体。档案机构侧重于村级组织形成的档案，住建部侧重村落建成遗产及其实测、图像采集，冯骥才等专家侧重景观、民俗、人物肖像等的捕捉。然而这种显性制度有不足之处，如上李梦影描写的在住建部引导下开展的湘西传统村落档案的数据采集，造成资源浪费和重复建档、增加了村寨基层工作负担；再如王萍所引述的贵州省黔东南州肇兴侗寨建档案例，发现住建部门对自己熟悉的"传统建筑"部分如侗寨标志性鼓楼建筑，仅进行了简单的建筑材料、建筑形制、建筑工艺的文字描述，对其深层次的文化解读几乎未见。④这如前述是权力部门执行不力的结果，更是"他者"方式的不可持续性的显现。因而，不能过于夸大显性制度的贡献，全国运动式的传统村落建档，很难达到预期的目的，政府部门的政策要在乡土社会得到推行，需有一个"化民成俗"的过程，成为乡土社会秩序的一部分才会具有执行力。

传统村落档案的村民自治可以说类似于乡土宗族自治下的建档。前述乡土社会的宗族力量曾被看作是一种真正的"类政权力量"，是当时的村民自治，正因为宗族自治借助了血缘联结的天然秩序，才具有可持续性。然而，乡土宗族秩序也有很大陋习和局限性，如史密斯认为，"中国家长制的社会结构存在着严重的弊病。……祖先崇拜真正是中华民族宗教信仰的集中体现，它是一

---

① ［日］池田雄一：《中国古代的聚落与地方行政》，郑威译，上海：复旦大学出版社 2017 年版，第4 页。

② 费孝通：《乡土中国　生育制度　乡土重建》，北京：商务印书馆 2011 年版，第88-89 页。

③ 朱晓阳：《"彻底解释"农民的地权观》，《法律和社会科学》2011 年第 8 期，第 27 页。

④ 王萍、满艺：《传统村落档案建构模式比较研究》，《档案学研究》2017 年第 6 期，第 61-67 页。

个民族被迫套上的最沉重的苦轭"①；费孝通说："让我先说明，礼治社会并不是指文质彬彬。礼也可以杀人，可以很'野蛮'。"②陈志华说皖南古村落、浙江诸葛村的高墙深院，是"堡垒和监狱"："极度封闭的住宅的另一个意义是，它是妇女的监狱。……传统的封建家礼本来就着意禁锢妇女。"③等等。因而，乡土社会一些习惯逐渐被淘汰。

如今的村民自治体制是彰显村庄民意、相对公平的一种政治行动。现在的传统村落已多为行政村、杂姓村，更需要一种超越血缘关系的公共管理，村委会即是最基层的行政管理机构——"村民委员会是村民自我管理、自我教育、自我服务的基层群众性自治组织。"（《中华人民共和国村民委员会组织法》(2018)但村干部李桂平还是认为，在一些地方村民自治给人的印象大抵是一种说辞，现在村庄的治理模式很难实现对于村民自治的政策预期，村民委民会这种组织形式没有为实现村庄自治提供积极的条件。④ 传统村落建档的"村民自治"，要实现这自律需研究传统村落建档他律制度和乡土社会隐性秩序的互动和共融。

隐性秩序和显性制度二者的共存对于档案而言，笔者还认为，就是要达到信息传递方式的"双轨制"，正如孟德拉斯认为在农村存在着两种类型的信息传递系统："一种是基于邻居互识关系的信息系统，信息和影响是沿着传统的、个人的和整体的渠道传递；另一种是更加分化的社会的信息传递系统，大众传播手段具有更大的作用，组织和机构是一些比近邻关系更具有约束性的框框。"⑤档案顾问或建议可通过这两种信息传递系统起作用，在这两种传递方式下形成的档案则构成了传统村落档案。

总之，传统村落应以乡土秩序为基础由内生力推动，实现可持续发展。传统村落保护是一项国家政策，是有计划的行动项目，是人为计划而不是自然选择。这套保护和建档系统是现代的，不是乡土社会所熟悉的，能不能很好地推行，要与乡土社会的隐性秩序结合起来，从而使传统村落项目，虽人工却接近

① ［美］亚瑟·亨·史密斯：《中国人的性格》，乐爱国、张华玉译，北京：学苑出版社2001年版，第160-161页。

② 费孝通：《乡土中国　生育制度　乡土重建》，北京：商务印书馆2011年版，第52-53页。

③ 费孝通：《乡土中国　生育制度　乡土重建》，北京：商务印书馆2011年版，第182页。

④ 李桂平：《被颠覆的村庄》，南昌：江西人民出版社2012年版，第70页。

⑤ ［法］孟德拉斯：《农民的终结》，李培林译，北京：社会科学文献出版社2010年版，第115页。

自然;虽多为规划书,却似自然书写。因而,传统村落档案制度,也要基于一种天然秩序,才会有真正的自觉行动。因而,一系列传统村落建档措施,既要尊重隐性秩序中的"活态"传承方式,也要进行"静态"的档案记录保护。

7.3 公权与私权的博弈与统一

传统村落档案的公权与私权与上述自律与他律秩序密切相关,但还得从传统村落及其文化遗产档案自身权属角度继续探讨。乡土隐性档案秩序也还具有私有性,传统村落档案是村落公共资源,乡土社会文化的私有性转化为公益性,才符合文化遗产的社会公益特性。传统村落中很多"档案"如家谱、乡土建筑、手工技艺等,都有一定的私有性或集体性,而我国私人档案很多处于自生自灭的状态,各国的档案法规几乎毫无例外地授权国家档案馆乃至地方档案馆以购买、捐献、遗赠、寄存或租借等方法对私人档案进行收集。当然,这种收集不是毫无节制地滥收,往往只收集属于本国历史文化遗产组成部分的私人档案。在传统村落建档过程中,常常显示出公权与私权的博弈与统一。

7.3.1 关于公私利益平衡的分析

文化遗产运动作为一种新式的资源分配方式,在全球遗产热的情况下,一直走进曾经封闭的"穷乡僻壤"。魏爱棠、彭兆荣认为,这是"文化遗产运动作为一种国家公共资源的政治表述",而对"国家遗产"作为公共资源的一个合法性过程,透过"国家主体"的遗产保护行动,"遗产"被转化为一种国家的公共资源,具有了国家象征的意义,遗产是一个被权力化的象征符号。[①] 换句话说,传统村落中的文化遗产被无偿征用,这是遗产的"国家象征"的政治意义所导致的,私人的文化遗产被转换为国家的公共资源,经常是无偿的甚至是暴力的行为。李军说,历史证明了一个吊诡的事实:为了使私人财产变成公共财产,必须经历一个"破坏"的过程。[②] 如上述金溪浒湾镇的"漱石山房"等就是如

---

① 魏爱棠、彭兆荣:遗产运动中的政治与认同,《厦门大学学报(哲学社会科学版)》2011 年第 5 期,第 1-8 页。

② 李军:《文化遗产保护与修复:理论模式的比较研究》,《文艺研究》2006 年第 2 期,第 102-117 页。

此,因被作为"国家遗产"的预期而被"合法"征收,因而也逐渐被村民遗忘和废弃,其原功能逐渐被"破坏",而作为国家遗产的修缮和规划工程一时也无法到位,此时就处于这样一种被荒废的中间地带。

　　传统村落及村中的历史建筑、风俗、方言、地戏等地方性遗产,本来只对于本地有特殊意义,但是由于入选省级、国家级、世界级名录而成为公共资源之后,它的价值就具有了普适性,从"村级"遗产跳跃到国家级遗产,而西递宏村、福建土楼、平遥古城也都从地方遗产跃升为世界级遗产,具有了普适价值,引来更多人去参观、品味、吸收遗产内涵。因而,李军说,"文化遗产的适用范围包括两个方向:一端连接着一个小共同体——最小可能只是一个家庭;另一端则连接着一个大共同体——最大的就是世界"①。他以一个王家大祠堂为案例分析了文化遗产的普遍性与特殊性的关系:假设有一处王家宗祠,它供奉的牌位和画像是针对这个家族整体而言的——最小的遗产也有它的普遍性;但是,当把祠堂、牌位和画像放在较大一些的乡、县或地区范围的话,它就变成了一个特殊性。②此时,倘若王家大祠堂成为"国家级文物保护单位",甚至世界遗产,它因为特殊而变得特别,因为具有了"代表性"而被公共管理机构存档和保护,私有性让位于公共性。因此,私人物品就这样变成了公共物品,具有了普适价值。笔者认为,祠堂是如此,家谱也是如此,家谱对于一个血缘村落的宗族而言,是公共财产,为一个血缘村落所共有,当被放入更大的社会而言它变成私人领域的"文件",属于家族档案的私有范畴。今天家谱作为传统村落的文献类档案重要部分,是研究乡土社会文明不可多得的史料,此时,家谱就有了地方代表的显赫地位。而拥有这样的祠堂、家谱的传统村落,也因此彰显了其深厚悠久的历史,从而成为国家级文化遗产。

　　李日升认为,从私有的不动产的角度看,历史建筑的所有权是受到《民法通则》《物权法》所保护的,"不仅如此,私有历史建筑在法律上有清晰的房屋所有权与土地使用权,也具有相关的登记证明凭证,他们的所有权是得到法律所确认的。例如,农村的历史建筑业主拥有宅基地或农村集体土地使用权凭证"③。但是他也指出,私有权作为一种神圣不可侵犯的权利这项基本的法律

---

① 李军:《文化遗产保护与修复:理论模式的比较研究》,《文艺研究》2006年第2期,第102-117页。
② 李军:《文化遗产保护与修复:理论模式的比较研究》,《文艺研究》2006年第2期,第102-117页。
③ 李日升:《论私有历史建筑物权的立法保护》,广州:华南理工大学,2014年,第14-16页。

制度,随着社会大生产的发展,个人与社会联系越发紧密,私有物权也就变得不再是"神圣不可侵犯"的权利,取而代之的是为了保障社会公益而附加上各种义务限制的物权;遗产的公共资源化过程带有强烈的政治色彩,荣誉性地为国家利益的遗产被"征收",这种从道德制高点出发的做法,常常使物权人并不能获得对等的经济补偿。于是,物权人会出现一些破坏文化遗产的行为。

7.3.2　公权与私权博弈中的统一

在国内外文化遗产法规和国际文件当中,对于文化遗产的所有权属和私有权让渡,或经济补偿措施等都有相关规定,在国际文化遗产保护的文件中,对历史性纪念物的私人所有者为满足全局利益做出的牺牲进行"补偿",有一些相关条款,举例如下。《雅典宪章》(1931)第二条的"保护历史性纪念物的行政和立法措施"中规定:对于历史性纪念物,在尊重私有权问题的同时,还要认可某些公共权力的存在;在赞同这些措施总体趋向的同时,相关措施应该顺应当地状况和公众意见,以便在实施过程中使阻力最小化;房产所有者为满足全局利益要求所做出的牺牲需得到应有的补偿。[①]

《中华人民共和国文物保护法》(2017 年修正)第六条规定,属于集体所有和私人所有的纪念建筑物、古建筑和祖传文物以及依法取得的其他文物,其所有权受法律保护。文物的所有者必须遵守国家有关文物保护的规定,如,非国有不可移动文物转让、抵押或者改变用途的,应当根据其级别报相应的文物行政部门备案。[②] 我国集体和私人所有的纪念建筑物,常常会被征收为国有;即使没有被征收,个人几乎不能对产权和用途有所变更,可操作的空间较低,而且还须按要求做好日常维护和修缮;倘若没有维护好,也要负担相关法律责任。一般来说,个人无力按照文化遗产保护要求进行维护,因而,业主也许在权衡之下,宁愿这样的文物建筑被征收;另一种情况是,业主也许想办法阻止自己的历史建筑被选入文化遗产名录,从而避免被征收,也无需承担维护和修缮文化遗产的任务。

---

① 张松:《城市文化遗产保护国际宪章与国内法规选编》,上海:同济大学出版社 2007 年版,第35-37 页。

② 国务院新闻办:《中华人民共和国文物保护法》。2020 年 3 月 8 日,http://www.scio.gov.cn/xwfbh/xwbfbh/wqfbh/2015/33065/xgbd33074/Document/1440173/1440173.htm.

因此,乡村档案文化建设之所以常触礁的原因,主要是因为总是"他者"尝试用公法如《文物保护法》《档案法》来保护,实际上村落档案(民间文献或收藏,或传承人)也应该用私法保护,遵循私法保护的利益平衡原则、灵活和全面保护原则、尊重当地习惯原则等。虽然私人的历史建筑从私有的不动产的角度,其所有权是受到《民法通则》《物权法》所保护的,所有者可以援引相关条款进行维权,但是这样的权利维护起来比较困难,如上所述,私人建筑转化为一种国家的公共资源之后,具有道德上的荣誉感和一种政治上的贡献感。倘若业主维权,则是一种"民告官",对于秉持"多一事不如少一事"及乡土社会留存的"无讼"习俗,一般这样的诉讼不会发生。再说,我国公民对于土地和房屋本来只拥有70年使用权,所有权最终是属于国家的。从这一视角出发,也会影响对遗产维权的态度。因而,从我国民法有关条款出发,来维护私人建筑所有者在文化遗产领域遇到的所有权问题,似乎很难解决,应该在文物或文化遗产保护的相关法规中做出具体的"补偿"规定。

我国法律法规中私人档案的立法较为薄弱,1996年修订的《中华人民共和国档案法》中只在4个条款中涉及私人档案的有关规定,而2020年6月20日修订通过的《中华人民共和国档案法》中的第十三条有两款可以援引到传统村落档案管理中来,即"反映基层群众性自治组织城乡社区治理、服务活动的;反映历史上各时期国家治理活动、经济科技发展、社会历史面貌、文化习俗、生态环境的。"①但这两款也更偏重"国家治理"下的群众性自治组织在城乡社区治理、服务活动中的记录。

有时候私人领域的自发保护才是传统村落保护的主力。正如穆尔塔夫的描述:"保护者们都知道,私人领域才是1966年之前美国保护史上的主力……保护的基本概念还是被广泛地误解,尤其是在处理社区这类普通美国人生活环境中的建筑物和遗址的时候。……美国却更加依靠各地民众主导他们的资产,为子孙后代呵护这些财富。"②在这样的村镇保护中,着力于保护和循环使用相结合,通过税收抵免系统,培养以商业为导向的管理型保护人才。

---

① 中国人大网:《中华人民共和国档案法》,2021年3月8日,http://www.npc.gov.cn/wxzl/gongbao/2017-02/21/content_2007620.htm。

② [美]威廉·J.穆尔塔夫:《时光永驻:美国遗产保护的历史和原理》。北京:电子工业出版社2012版,序言。

　　在传统村落管理过程中,政府有时候较难提供令社会公众满意的多元化服务,出现"行政失灵",而完全旅游开发也难以保证其公益性,因此非营利组织"在政府失灵与市场失灵的条件下出现和发挥作用的,它能够提供社会所必需的多元化服务"①。传统村落中目前有一些非营利组织如乡村博物馆、村史馆、生态博物馆等,而档案馆(室)的官方性也是其在此文化遗产保护中缺位。王名解读过非营利组织的主要属性:一是"非营利性",这是与企业相区别的不以营利为目的的属性,是为了实现整个社会或一定范围内的公共利益;二是"非政府性",指非政府的社会组织,即体现为独立自主的自治组织、自下而上的民间组织;三是"志愿性"或"互益性",指其内在驱动力不是利润动机,也不是权力原则,而是以志愿精神为背景的利他主义和互助主义。②

　　目前传统村落文化遗产由于成为农耕文明的象征,而被征收或低价收购,自此成为公共资源后,但不是真正的非营利组织,却丧失了原有功能,与原物权人也产生疏离,遗产的保护常常得不到所在地社区的主动参与。因此,处理好传统村落保护及其档案管理中的公权与私权的平衡,是一个长期需要面对的问题。

7.4　"真实性"和"完整性"原则

　　传统村落档案仍然要遵循"真实性"和"完整性"原则。本文特别关注国际和国内文件中关于文化遗产保护的真实性和完整性的要求在传统村落档案上的映射。既然传统村落作为文化遗产,是世界文化遗产保护运动的一部分,传统村落保护和修缮就须遵循国际宪章、公约和建议要求,遵守其中的关于保证和保障文化遗产和信息记录的真实性和完整性的规定,因而,档案学领域的档案原始性和完整性原则,要与文化遗产的真实性和完整性原则要求相结合,须彼此借鉴相关成文法和成熟的经验。

---

① 徐欣云.《档案平民化研究》,南京:南京大学,2004 年,第 17 页.
② 王名:《非营利组织管理概论》,北京:中国人民大学出版社 2002 年版,第 2-6 页。

7.4.1 相对真实性原则涵义和要求

联合国教科文组织的《世界文化多样性宣言》就表达了这样的共识:人类的共同遗产文化在不同的时代和不同的地方具有各种不同的独特的表现形式,呈现出文化的多样性;文化除了文学和艺术外,还包括生活方式、共处的方式、价值观体系、传统和信仰。

当今,文化遗产价值能够被评价的前提就是要尊重多元文化和价值观,徐知兰认为这是文化相对主义思潮的反映:"每一种文化都有其独创性和充分的价值,每个文化都有自己的价值准则,一切文化的价值都是相对的,对各群体所起的作用都是相等的,因此文化谈不上进步或落后。"①人们应不带偏见地考察各种民族的文化现象,而且文化遗产"普遍价值"应包括被创造时代所赋予的和岁月中遗留所负载的价值。传统村落档案的真实性,应该与文化遗产的鉴定价值尺度保持一定程度的一致,因为传统村落本身就是一种文化遗产。文化遗产评选虽有公认的价值尺度,但也因文化遗产价值内涵的复杂性和人们价值观念的不同,给文化遗产价值鉴定带来了很大的挑战。黄明玉说:"在当代文化遗产保护领域中,对遗产的价值概念是一个不言自明的预设前提——即假设遗产本身是有价值的……然而也正是在现今全球化的语境中,为了响应文化同质化的挑战,价值观念本身成为了必须重新探讨、展开对话的对象。"②

因而,根据《实施〈世界文化和自然遗产公约〉操作指南》2019中文版,文化遗产的真实性原则要求遵循《奈良真实性文件》。在《实施〈保护世界文化和自然遗产公约〉操作指南》2005版中,第82条有关《奈良真实性文件》的真实性要素有:外形和设计;材料和实体;用途和功能;传统、技术和管理体制;方位和位置;语言和其他形式的非物质文化遗产;精神和感觉;其他因素。③ 这在文化遗产学界已取得共识,这种真实性的原则要求与"科学方法""实证主义"

---

① 徐知兰:《UNESCO文化多样性理念对世界遗产体系的影响》,北京:清华大学,2009年,第35页。

② 黄明玉:《文化遗产的价值评估及记录建档》,上海:复旦大学,2009年,第48页。

③ 联合国教科文组织:《实施〈保护世界文化和自然遗产公约〉的操作指南》,中国古迹遗址保护协会编译,2007年。

"物质完整性"一脉相承,但又具有东方特色。一般来说操作起来包括三方面:一是文化遗产所在地理区位的真实性,如非万不得已,应坚持原址保护的原则;二是文化遗产演变历史过程的真实性,保留文化遗产的历代维修和增减的遗存,反映该遗产演变的历史过程,不能将一处文化遗产恢复到最初的面貌,不能追求文化遗产风格的统一;三是文化遗产所处周边环境的真实性,因而应建立文化遗产的保护范围与建设控制地带,设立遗产区与缓冲区等。[①] 上述科学方法可保证文化遗产的真实性,日常的维护、每次的修复,甚至迁移、重建的记录存档是保证其真实性的重要物质依据。

我们已知,传统村落中通过正式途径形成的正式档案材料非常少,即使家谱、口述或非物质文化遗产录像,其片面或附会的内容也很多。倘若以上述"真实性"来要求,乡村记忆因此没有"资格"成为档案。其实,遗产地理区位、历史过程、周边环境是否真实,也是需要主观判断的,也体现了一种村落的权力秩序,因而特里·库克肯定了"建构"在档案工作中的合法性和重要意义,以及档案记忆难免会体现出政治功能,但是还是建议档案要广泛地反映社会现实,"后现代社会的历史学家们目前正在十分审慎地看待历史进程,分析哪些是重要的值得记忆。"[②] 比尼亚斯也批判所谓的"科学的方法":"表面看来,科学似乎是一个完善的概念,每个人都能判断出一件事物是不是'科学的'。然而,这其实是一个错觉。大多数人对判断事物是否科学的看法基于信任、信仰和一套老生常谈。"[③] 他认为,客观主义者保护理论中的真实性是一个伪说,其中"原真性"与被"受欢迎性"和"被期待性"所混。[④]

当代文化遗产保护的名录制度如《世界文化遗产名录》《人类口头表达与非物质文化遗产名录》《中国传统村落名录》及其保护规划等,很大程度上都是有价值标准的一种主观判断,是一种"品位之选"。比尼亚斯证明了遗产保护

---

① 肖波:《左江花山岩画申遗——实现文化遗产保护与利用的有效途径》,《齐鲁艺苑》2015 年第 2 期,第 12-16 页。

② [加]特里·库克:《1898 年荷兰手册出版以来档案理论与实践的相互影响》,国家档案局、中央档案馆编:《第十三届国际档案大会文件报告集》,北京:中国档案出版社 1997 年版,第 143~176 页。

③ [西]萨尔瓦多·穆尼奥斯·比尼亚斯:《当代保护理论》,张鹏、张怡欣、吴霄婧译,上海:同济大学出版社 2012 年版,第 68 页。

① [西]萨尔瓦多·穆尼奥斯·比尼亚斯:《当代保护理论》,张鹏、张怡欣、吴霄婧译,上海:同济大学出版社 2012 年版,第 96 页。

（不论其科学的程度）必然依赖"品位之选"，即：保护是取决于一个特定时代或特定人之主流品位的活动。[①]"传统村落"名录的形成，也是一个基于品位选择的行为，因为这项决定暗示着其他村落和对象将失去此次保护机会，而"最好的保护措施是能让最多的人达到最大的满意程度"[②]。

因此，文化遗产和档案的真实性都是相对的，它们都是某种选择和建构的结果。也许是预见到了对"保护实现真实"的批判，一些学者将"可读性"（可识别性）的概念引入了保护伦理。在此语境下，可读性是对象具有的让观察者能正确理解或"阅读"的能力。如此，保护的目的不再是强加真实性，而是为了方便阅读者，使其容易理解。

因而传统村落档案的原真性除了用科学方法来保证以外，它还与历史性密切相关，不同历史阶段有不同的档案及其管理方式，从历史相对主义视角来研究传统村落档案的真实性，或许更加恰当。笔者曾探究了"历史层累"阐述法下的传统村落档案研究语境的真实性：传统村落的历史，显然也是后人不断添加内容，一层一层地累积出来的，即使被档案学者不约而同认为是传统村落原生档案的家谱也是如此，因而要从时代语境出发去思考历史问题。[③] 这种情况下对真实性的解读就涉及对"原状"，即初始状态的理解。传统村落档案是传统村落历史变迁的证据，是一个叠加、层累的概念，恢复到哪一层才是它的"原状"，才是"原真性"的传统村落，解决了这个问题档案才能反映传统村落的"原貌"。这样的"相对"或"历史层累"的真实性要求在国际宪章中也有所体现。如《雅典宪章》第一条指出：当由于坍塌或破坏而必须进行修复时，应该尊重过去的历史和艺术作品，不排斥任何一个特定时期的风格。[④]《威尼斯宪章》第十二条规定：缺失部分的修补必须与整体保持和谐，但同时须区别于原

---

① ［西］萨尔瓦多·穆尼奥斯·比尼亚斯：《当代保护理论》，张鹏、张怡欣、吴霄婧译，上海：同济大学出版社 2012 年版，第 96 页。

② ［西］萨尔瓦多·穆尼奥斯·比尼亚斯：《当代保护理论》，张鹏、张怡欣、吴霄婧译，上海：同济大学出版社 2012 年版，第 170 页。

③ 徐欣云：《"历史层累"阐述——传统村落档案研究语境的真实性探析》，《档案学研究》2020 年第 3 期，第 58-62 页。

④ 张松：《城市文化遗产保护国际宪章与国内法规选编》，上海：同济大学出版社 2007 年版，第 69-75 页。

作,以使修复不歪曲其艺术或历史见证。[①]　这些体现了以修复的可识别来达到原状和真实,而修复就是保护的一种方式。真实性原则派生出最小干预原则、可识别(可读)原则、可逆性原则、可持续性原则等,这也回答了一个重要的问题,这问题是:我们该如何干预或者介入传统村落文化遗产保护和建档工作。

另外,传统村落及其文化遗产、档案的真实性原则,需要时常面对"真实性受损"的情况,如在古村旅游开发时,当地文化可能会被淡化、同化、商品化、庸俗化。比如泸沽湖的走婚文化的展演,浮于表面形式而难以展现"走婚"背后的渊源,而事实上母系家庭才是摩梭文化的核心。然而,在民俗旅游中引入"舞台化的真实性"概念,是根据游客的需求对真实的自然与文化做相应的改进。[②]　舞台化被认为是有效率、有需求的,在很短的时间内,就完整展示了一个非物质文化遗产的整个流程,这迎合了旅游者滞留时间短的特性;舞台化也是唯美的,其吻合了旅游者的追求愉悦心情的要求。

从档案学领域出发,传统村落档案的相对"真实性",要注意研究背景的真实性,如很多文章谈的都是应然,而非实然,就不能反映传统村落档案产生的真实背景。因此,要注意形成过程的真实性,认识到调查建档、接收归档是传统村落档案形成的两个方向。接收归档是一种被动收集的过程,档案人员等管理者没有人为介入和干预,因而被认为保证了形成过程的客观性,而调查建档是一种主动收集、人为建构的过程。在调查建档中,要注意形成主体的真实性,讨论档案权、村民自治问题,要注意内容的真实性,反映文化遗产的各种构成要素,即地理区位、历史过程、周边环境。因而,这种真实是实现相对的真实,是一种多因素共同促成的主观现象。

7.4.2　文化遗产完整性原则要求

完整性一般与真实性成对出现。与前述尺度研究相关联,传统村落的"完整性",即村落边界尺度的完整性,即把村落当成一个共同体、村落单位,那么

---

① 张松:《城市文化遗产保护国际宪章与国内法规选编》,上海:同济大学出版社 2007 年版,第84-86 页。

② 李飞:《基于乡村文化景观二元属性的保护模式研究》,《地域研究与开发》2011 年第 4 期,第85-88 页。

传统村落档案研究,也就才能有一个边界,才可当作一个"立档单位"来认识,并进行研究、收集和管理。在我国,村落是基本的社会单位、基层组织,是一个自足的结构,是有边界的共同体、一个文化圈。那么一个传统村落作为一个整体,其形成的档案也可形成一个"村落全宗"。

李培林认为中国乡土社区的基础单位是村落:一个完整的村落具有五种可以识别的边界,即社会边界、文化边界、行政边界、自然边界和经济边界,这些边界划定的范围,也就是一个农民一生的生活半径;对于村落边界的研究,也存在"村落派"和"集市派"两个流派,前者假设乡土社会是相对封闭的,村落就像乡土中国的活化石,而后者假设村落的地域边界,与一个宏大的市场网络联系在一起。① 据此,笔者认为,陈志华、李秋香是较早以一个整体来界定传统村落,可归入"村落派":"一个乡土聚落,在自然经济条件下,大致是一个生活圈、一个经济圈,它又是一个基本完整的文化圈。总之,它是活生生的一个小小的社会单元。"②丁华东也可归入"村落派":"乡村社会'各处一乡'的文化传统不仅使村落记忆带有乡土性和地方性,也使每个村落在历史演化变迁中形成一个独立完整的文化生态体系,……从而使乡村记忆带有一种自洽和完整性。"③而芮德菲尔德则可归入"集市派",因为他认为,农民的文化就只能是"半个文化",农民的文化必须不断地把它从外界舶来的思想传输给它所覆盖的那个社区,为了让自己能延续存在下去,④等等。

一般来说,村落立档单位的完整性,需要建立在"村落派"这样一个闭合的地域中,传统村落的遗产化或博物馆化管理,甚至古村旅游,都是把传统村落变成一个可以控制管理的封闭式的单位,也是确立边界的一种方式。

传统村落档案完整性,以文化遗产完整性为前提。文化遗产的"完整性"是表示尚未被人扰动过的原始状态,在世界遗产项目评选框架中,它主要用于评价自然遗产,如原始森林或野生生物区等;完整性原则既保证了世界遗产的

---

① 李培林:《村落的终结——羊城村的故事》,北京:商务印书馆 2004 年版,第 39-42 页。

② 陈志华、李秋香:《中国乡土建筑初探》,北京:清华大学出版社 2012 年版,第 9 页。

③ 丁华东:《讲好乡村故事——论乡村档案记忆资源开放的定位与方向》,《档案学通讯》2016 年第 5 期,第 53-58 页。

④ [美]罗伯特·芮德菲尔德:《农民社会与文化:人类学对文明的一种诠释》,王莹译,北京:中国社会科学出版社 2013 年版,第 91-94 页。

价值,同时也为遗产的保护划定了原则性范围。① 但除了自然遗产外,现在人们越来越认识到文化遗产也存在完整性的问题。② 传统村落要与环境共生共荣,因而在保护和利用过程中就有一个与环境相互协调和分割的问题。《实施〈保护世界文化和自然遗产公约〉的操作指南》2005 年版指出:完整性用来衡量自然和/或文化遗产及其特征的整体性和无缺憾性。因而,审查遗产完整性就要评估遗产满足以下特征:a)包括所有表现其突出的普遍价值的必要因素;b)形体上足够大,确保能完整代表体现遗产价值的特色和过程;c)受到发展的负面影响和/或被忽视。③ 该指南的文化遗产完整性可概括为:文化遗产空间结构的完整性、遗产历史过程的完整性(历史形成过程、生态过程完整)、文化遗产文化结构的完整性(文化边界)。

其一,空间结构的完整性,也称为范围的完整性,即"建筑、城镇、工程或者考古遗址等应当尽可能保持自身组分和结构的完整,及其与所在环境的和谐、完整性"④。这涉及遗产的"本体保护"与"环境保护"关系问题,即文化遗产的缓冲背景要留多大的空间才算完整。传统村落空间结构上一般有地域边界,自然村、行政村形成边界的方式稍有不同,历史上有一些行政村是在国家政令下设立的边界,如公社、大队、乡镇、村的建制下的条块分界,而一些自然村有时候依靠河流、山脉、树林自然景物作为边界。笔者在最近田野调研中看过很多村落的地界标志,一些村庄又恢复用牌坊、牌楼等标志地理边界,有的村落沿用过去的村口牌坊、水口桥等作为边界(见图 7-1、图 7-2、图 7-3)。

传统村落保护的完整性,还体现在传统村落旅游和文物保护的规划图中,规划图基本都有边界,从而把村落空间合围起来便于管理和开发,这在笔者访问的村落经常见到,规划图还常常用展板树立在村口。

---

① 张成渝:《〈世界遗产公约〉中两个重要概念的解析与引申——论世界遗产的"真实性"和"完整性"》,《北京大学学报(自然科学版)》2004 年第 1 期,第 129-138 页。

② 林琴:《考古遗址公园保护规划研究——以长沙铜官窑国家考古遗址公园为例》,长沙:湖南师范大学,2012 年,第 23 页。

③ 联合国教科文组织:《实施〈保护世界文化和自然遗产公约〉操作指南》,中国古迹遗址保护协会编译,2007 年。

④ 张成渝:《〈世界遗产公约〉中两个重要概念的解析与引申——论世界遗产的"真实性"和"完整性"》,《北京大学学报(自然科学版)》2004 年第 1 期,第 129-138 页。

图 7-1　庄厚村地界标志　　图 7-2　疏口村地界标志　　图 7-3　燉石村地界标志

（图 7-1 至图 7-3 由徐欣云摄于 2019 年 6 月 29 日和 8 月 12 日）

传统村落实现了空间完整性保护，也有弊端。本来村庄最大的特点就是四通八达，有大路有小路，也可沿着溪流小河到达，对其完整性控制后，只留下一条进出村庄的道路，首先对于村民来讲，进出自己的家园不便利；其次在旅游开发时收门票，在无法合围的小路、小桥的关卡点派人看守，倘若门票收入村民可以从中分成，村民会比较配合，倘若不可以分成，村民会自发形成一个地下旅游线路链条，比如村外的小饭店、旅店，和住在村里的居民相互呼应，打破这种边界的控制。文化遗产的空间结构完整的规划，在不同的时代有不同的形势和政策。

其二，历史形成过程的完整性。它包括自然过程的完整和历史文化形成过程的完整。自然过程完整，包括生态系统的完整以及生态过程的完整，这对于传统村落这样包涵农耕文明、农业遗产、景观遗产的保护单位来说，非常重要。《实施〈保护世界文化与自然遗产公约〉的操作指南》2005 版指出：生态系统完整强调一个生态系统并非完全独立，而是与比邻的生态系统相联系；所有这些生态系统都存在一个平衡之中，随时对外界各种纷繁的干扰做出调整。[①]生态过程完整则主要是指要有足够的生态圈保证自然系统循环如大气循环、水循环、动物迁徙等过程的完整，还要考虑地方水土等自然条件的承载能力。

传统村落中农业生产和景观遗产要维持其生态系统完整，比如婺源油菜

---

① 联合国教科文组织：《实施〈保护世界文化和自然遗产公约〉的操作指南》，中国古迹遗址保护协会编译，2007 年。

花景观、哈尼梯田、青田"稻鱼共生系统"等在作为农业景观的同时,还要遵循二十四节气的节律,保护它们时间轴上的完整,也即保护历史形成过程的完整。不过如今文化遗产保护中存在"文物化"困境,即"有文物,没文化"的状况,丽江古城已经成为一种文化空壳。① 这样的保护已经没有了历史形成过程的完整。

其三,文化结构的完整性(文化边界)。一是范围上的完整(有形的),二是文化概念上的完整性(无形的)。笔者发现,国际文件中有许多关于文化遗产完整性保护的相关条款,列举如下:《雅典宪章》(1931 年)第三条指出:"一些特殊的建筑群和风景如画的眺望景观也需要加以保护。"《威尼斯宪章》(1964年)规定通过保护过程中历史文物(文化遗产)与环境的一致来保证其完整:第六条有"古迹的保护包含着对一定规模环境的保护。凡传统环境存在的地方必须予以保存,决不允许任何导致改变主体和颜色关系的新建、拆除或改动";第七条规定"古迹不能与其所见证的历史和其产生的环境分离";第十四条规定"古迹遗址必须成为专门照管对象,以保护其完整性,并确保用恰当的方式进行清理和开放"②。《佛罗伦萨宪章》(1982 年)第七条规定:"历史园林不论是否与某一建筑物相联系——在此情况下它是其不可分割的一部分——它不能隔绝于其本身的特定环境,不论是城市的还是农村的,亦不论是自然的还是人工的",③等等。

文化遗产保护的真实性和完整性要求在传统村落档案上有所映射,因此,传统村落单位整体的论说给传统村落档案研究提供了某种实体框架,但封闭式的划分和管理容易把活态的村落标本化,村落发展的各个历史阶段必须得到尊重,才能保证其信息的完整性。

---

① 张小军、张晓松:《文化? 文物? ——简论文化遗产保护中的"文物化"困境》,《原生态民族文化学刊》2011 年第 3 期,第 101-106 页。

② 张松:《城市文化遗产保护国际宪章与国内法规选编》,上海:同济大学出版社 2007 年版,第42-43 页。

③ 张松:《城市文化遗产保护国际宪章与国内法规选编》,上海:同济大学出版社 2007 年版,第38 页。

7.5　中国"重道轻器"观及与西方文化遗产观的交汇

当代世界范围的文化遗产保护运动主要以西方价值观为主导,传统村落保护如今是作为另一类文化遗产被保护,其保护手段还要根据我国遗产观进行本土化实践。中国传统的文化遗产观,以"重道轻器"哲学观为代表,这与西方"物质至上"的文化遗产观——重物轻道、以物证道是不同的,东西方遗产观的交锋在传统村落中最为激烈。以老子为代表的道教和以孔子为代表的儒教,其中的"重道轻器"思想,体现了中国遗产观。

7.5.1　中国"重道轻器"的文化遗产观

中国古代遵循"重道轻器"的哲学观,最体现于"形而上者谓之道,形而下者谓之器"这句话,它出自《周易》的《系辞传》,相传为孔子所著的解释《周易》的一部传世之作。(台湾师范大学)黄庆萱写道:这句话的前后文是这样的:"乾坤其易之邪?乾坤成列,而易立乎其中矣!乾坤毁,则无以见易;易不可见,则乾坤或几乎息矣!是故形而上者谓之道,形而下者谓之器。化而裁之谓之变,推而行之谓之通,举而错[措]之天下之民,谓之事业。"[①]对这句话的解读自古以来有很多版本,而《老子》的"道生一,一生二,二生三,三生万物。万物负阴抱阳,冲气以为和",是道先器后说之滥觞。[②] 道先器后,通俗地讲,精神性遗产的重要性超过了物质性遗产。

对此,史宁中表达了"道器合一"于"形"的认识,他认为孔子是用"道与器"的关系来论证"易与乾坤"的关系:因为《系辞下》第四章中说"乾,阳物也;坤,阴物也",《易经》中所有六十四卦就是这些表示乾坤的长短横线的组合,在上述语境下分析"形而上者谓之道,形而下者谓之器",这句话的直接含义是:"器是表现形式因此是可能终结的,但其中蕴含的无形的道是永恒的,是没有终结的;正因为道是没有终结的,因此其表现形式的器一定还会以其他形式出

---

① 黄庆萱:《"形而上者谓之道,形而下者为之器"析议》,《易学与儒学国际学术研讨会》,2005年。
② 黄庆萱:《"形而上者谓之道,形而下者为之器"析议》,《易学与儒学国际学术研讨会》,2005年。

现。"①史宁中表达了古人认为"道"是客观物质世界中始终存在的规律,任何事物就要遵循"道"的模式发展,其为永恒不变的象征,而"器"只是"道"的各种表现形式,它可以随着外界的影响而发生改变。

在这种观念中,不难看出古人更加关心"道",同时认为"道"和"器"不可以分离,如影随形、有无相生。如老子表述中:"埏埴以为器,当其无,有器之用。凿户牖以为室,当其无,有室之用。故有之以为利,无之以为用"(《道德经》第十一章),即土山凿出门窗作为居室,把中间做出空间来,才有居室的功用;有形的东西可以拿来(交易)牟利,而其功用却是无形的"空间"给予的,因而无之以为用,有形的载体可以"除旧布新",只要能满足相同的功能就可以了。就建筑遗产而言,老房子要垮了,实在不行就重新盖吧,即"革故鼎新"。重建的建筑往往被冠以原来的名字,被认为是原来建筑的替身,这样更替建筑的活动和现象,是传统建造技艺、思想观念、风俗习惯的体现,具有典型的非物质文化意义。② 因而,古人"对建筑物质形态的价值理解,远不及对内部空间的功用性理解深刻,空与用才是建筑的大道。受'重道抑器'思想的影响,除了礼制建筑及维持社会等级差别的建筑,中国古代多提倡节俭与实用"③。这种"重道轻器"观,也如近代梁思成所说的"不求原物长存"之理。

喻学才多次阐发他对中国传统"道器观"的认识。在《礼记·大传》中有"立权度量,考文章,改正朔,易服色,殊徽号,异器械,别衣服,此其所得与民革变者也。其不可变革者则有矣,亲亲也,尊尊也,长长也,男女有别,此其不可与变革者"。喻学才认为这段话表明:"以孔子为代表的传统中国人,更看重的是保存那些相对不易改变的成分。这种理念在后世便被改造成了道器关系。也就是世俗所说的重道轻器。因此,可以说孔子的遗产保护思想第一个特征就是重道轻器。"④喻学才指出《周礼·祭法》中存在一套遗产登录系统,并为历朝所因时制宜地运用,"祀典制度就是古代版的遗产保护制度,与现代西方的遗产登录制度相当。……能够列入祀典意味着什么呢? 就是说除开他的故

---

① 史宁中:《"形而上者谓之道,形而下者谓之器"评析》,《古代文明》2010 年第 3 期,第 37-41 页。

② 肖汉江、雷莹:《非物质文化视角下的南海神庙历史建筑保护》,《华中建筑》2012 年第 2 期,第 159-161 页。

③ 张黎明:《西方权威遗产话语及其与中国传统遗产保护理念的对比》,天津:天津大学,2013 年,第 34 页。

④ 喻学才:《孔子的遗产观》,《华中建筑》2008 年第 4 期,第 1-2 页。

居等遗迹需要保护外,作为有大功于国家的历史名人,他将在全国各地有专门的祭祀场所,按照国家规定的祭祀时间和祭祀规格享受祭祀待遇"①。而且他认为《周礼·祭法》所约定的遗产制度,概括起来有七大原则:重视精神性遗产甚于物质遗产;喜欢完整美而不喜欢残缺美;对建筑遗产喜欢弃旧图新;重视平时的预防;重视历史信息的完整性和连续性;景观因人、因精神而受到尊崇和保护;重视古建筑蕴含的地域历史信息价值更甚于建筑本身的物质性。②

喻学才所谓的古代登录系统的首要原则就是"重视精神性遗产甚于物质遗产",即"重道轻器"原则,这也是一种"圣贤崇拜与遗产保护意识的养成"制度。彭兆荣则认为应从遗产的概念系统、分类系统、命名系统、知识系统、实践系统、保护系统六个方面出发,去构建"非物质文化遗产的中国范式"③;彭兆荣还以典出《易·系辞上》的"生生之为易"的"生生"观念,重新揭示"可持续发展"的本土遗产价值伦理,所谓"生生",意指"援天道证人事"之道和"阴阳相生"之道,是生命生成、养育和生命力维持的原生道理,中国的文化遗产存在着一个独特的体系。④ 近来李沛写道:"我国的文化遗产更注重人的因素及其精神传承,在长期形成过程中多有社区相伴,这与国际权威化遗产知识体系对遗产物质性的高度关注、应将其进行'隔离化保护'的理念恰恰相反。"⑤

总的来说,中国"重道轻器"的遗产观,历千年传统一脉相承而又常新,是我们中华民族对世界的一大贡献。⑥ 道是永恒的、不变的,无所不在的;而器则是暂时的,可以而且也应该变化的;道是抽象的上层次,器是下一个层次,道和器形成有机统一体,道器不可分离,如影随形。

7.5.2 西方"物质至上主义"文化遗产观

西方社会中世纪后进入了重物质实证的社会阶段,追求科学方法和物质

---

① 喻学才:《中国古代遗产保护制度研究》,《东南大学学报(哲学社会科学版)》2012年第1期,第117-122页。

② 喻学才:《中国古代的遗产登录原则》,《旅游学刊》2012年第6期,第8-9页。

③ 彭兆荣:《非物质文化遗产体系的"中国范式"》,《光明日报》,2012-06-06.

④ 李菲:《对话:在人类学遗产研究的国际平台上》,《贵州社会科学》2018年第12期,第5-10页。

⑤ 李沛、苏小燕:《话语分析视角下中国文化遗产的国际地位提升路径研究》,《河南社会科学》2019年第9期。

⑥ 喻学才、王健民:《文化遗产保护与风景名胜区建设》,北京:科学出版社2010年版,第90-91页。

的真实和完整,笔者认为,这体现为一种"重器轻道"的价值观。比尼亚斯分析了"西方物质至上主义"的含义,即:强调科学性、实证理论、对真实性的追求。[①]

西方这种"物质至上主义"如今体现在科学的文物鉴定方法、文化遗产的真实性和客观性追求以及实验室般的精确的流程上。正是这种以科学实证主义为基调的"物质至上主义"使得文化遗产保护取得共识,有了一些可操作、可控制的原则,并把这种精神贯彻进一系列国际宪章中,如《雅典宪章》《威尼斯宪章》《乡土建筑遗产宪章》等中维护真实性、完整性的要求、做法、建议,要求记录整个过程,让后代可阅读可识别。它们将跨越时代传递给后人,提供了一种以客观证据了解历史的手段。

因而西方建筑保护比较重视建筑本体,比较重视建筑的物证,因而较早就有让建筑留下记忆的行为,关于古代遗址及其与历史间的关系的研究比较早、比较多。尤基莱托写道:布拉乔利尼于 1431 到 1448 年间编写了《关于罗马故城及其废墟之记述》一书,书中对罗马的古迹遗址有相当多的描述;阿尔伯特(1404—1472)1443 到 1452 年间写了有关建筑的 10 本拉丁语书《论建筑》,他发展出了一个用极坐标以中心点为参照物的地图绘制技术,并用这个技术为罗马绘制了一张以卡皮托林山为参考点的地图,该图于 1450 年发表于《罗马城市描述》,阿尔伯特建议建造师们仔细调查优秀的建筑,绘制测量图,检查它们的比例并为将来的研究制作模型;马蒂尼(1439—1501)编写了 15 世纪 3 本有影响力的建筑著作,他核对现存古典建筑的比例,并在古代遗址消失之前记录它们、用图解法整体绘制下来;帕拉第奥基于在古代建筑方面的大量知识,写了一本关于罗马古代文物的简明指南《罗马建筑》(1554 年),此后,这本书取代了 12 世纪的《罗马古迹》,因为后者通常是基于传说的,信息不很准确。[②]笔者认为,尤基莱托所记述的有关布拉乔利尼、阿尔伯特、马蒂尼等在古代遗址消失之前的记录,都是档案记录,即使由于绘图技术上的不足等会有失误,尤基莱托分析了西方社会在由传统社会向现代社会转变的过程中,形成现代

---

① [西]萨尔瓦多·穆尼奥斯·比尼亚斯:《当代保护理论》,张鹏、张怡欣、吴霄婧译,上海:同济大学出版社 2012 年版,第 73 页。
② [芬兰]尤嘎·尤基莱托:《建筑保护史》,郭旃译,北京:中华书局 2011 年版,第 26-41 页。

遗产保护思想的哲学根源。

7.5.3 "重道轻器"观与"物质至上主义"观的交汇

中国与西方对待精神与物质的态度,就犹如天人合一与二元对立的区别。但也不尽然,西方的古代乡土社会也是天人合一的,如尤基莱托写道:"在传统社会中,人类的村庄与整个宇宙息息相关,这一观念在意大利文艺复兴时期依然存在,因为在莎士比亚的作品中还有所体现。考虑到文化景观是人类遗产的一个重要组成部分,因此保护这些文化景观的努力应该包括尊重上述'宇宙'的基本特征和人们对它的记忆。"①因而有梅因到印度寻找英国的过去,西方也是到了中世纪才产生了"物质至上主义"文化遗产观。这就是"重道轻器"与"物质至上主义"两种遗产观交汇的历史基础。

我国"重道轻器"思想在村落的遗存比城市蕴藏更丰富,自古以来"礼失而求诸野",传统村落也是东西方文化遗产观交锋最为激烈的场所。我国"重道轻器"遗产观在乡土社会的印记,反映在熟人社会的"无文字"交流、农耕技艺的活态传承、"慎终追远"的宗族制度里,我国"崇古"文化对过去及先人遗迹的理解是极为深刻的。吴宗杰写道:浙江东坞山村在有记载(家谱)和有文物(墓墟等)可考证的 600 年里,一直以中国传统"慎终追远、民德归厚"的价值观传承其遗产。② 陈志华认为,在教堂和宗祠文化上也能体现东西方文化的不同:"欧洲的教堂和中国的宗祠,两者在村落建筑环境里地位的相似,形象地说明欧洲文化与中国文化的差异。在欧洲,教堂里不仅有迷信崇拜,也有伦理教化。在中国南方村落的杂神庙宇里,只有迷信崇拜,没有伦理教化。伦理教化在宗祠和住宅里进行。"③

西方宗教遗产得到较好的关注和保护,如今许许多多的教堂名列《世界遗产名录》。如尤基莱托写道:"一个宗教体系可被看做是'一系列被编织进某种秩序的神圣符号'(Geertz,1993)。在传统社会中,这些与日常生活区域分开的、具有特定意义的圣地,被留给或献给某些宗教目的,因而得到特殊的尊敬

---

① [芬兰]尤嘎·尤基莱托:《建筑保护史》,郭旃译,北京:中华书局 2011 年版,第 8 页。
② 吴宗杰:《话语与文化遗产的本土意义建构》,《浙江大学学报(人文社会科学版)》2012 年第 5 期,第 28-40 页。
③ 陈志华:《请读乡土建筑这本书》,《读书》1991 年第 9 期,第 112-120 页。

和崇拜。这些区域是'被保护的遗产'的最早形式。"①"在'纪念性建筑'领域中,有一些现代修复的目的并不是为了保存原始信息,而是为了重新定义现存的纪念碑或建筑物,并赋予它们新的政治或爱国意义。"②这如同中国传统村落中,孔庙、祠堂作为最壮观和精美的建筑,因其纪念价值能持续得到修缮和维护。而如今许多祠堂作为文化遗产被保护,在江西很多还作为工农红军纪念地,被赋予了政治或爱国意义。

　　西方"物质至上主义"的遗产观也被称为"实物拜物教",严建强引用玛利亚·贝泽的反对"实物拜物教"的观点:"当今的人们已不仅仅对稀奇物品或科学的结果感到好奇,他们还急切地想知道,在不同时代,我们的祖先是怎样生活的。而使这些记录下来的唯一可能是通过使用形形色色的(文字的、视觉的或触觉的)有关人类生活资料来实现。……今天将尽可能多样的成分在博物馆中聚合起来也许是正确的,因为这些成分从不同的侧面记录下人类生活。"③西方"物质至上主义"的遗产观,也体现于一个个国际文件中,如国际文件框架下的"普世价值"标准,被认为是以欧洲为中心的"权威遗产话语",劳拉简·史密斯((Laurajane Smith))说:"权威化遗产话语主要源于 19 世纪的欧洲,是一种带有欧洲中心主义色彩的西方话语。通过联合国教科文组织、国际古迹遗址保护协会等权威机构,它在全球范围内获得了真理性。"④"这个'真理'自身竟隐藏在黑暗之中,是一个需要探究的对象。"⑤史密斯认为目前需要"挖掘不同的、他者文化的遗产话语,不同的遗产思维方式,并将它们与联合国概念框架之间的差异展示出来"⑥。

　　梁思成提出古建修缮的"整旧如旧"原则,就是对西方文化遗产观的一种引进和本土化,"把一座古文物建筑修得焕然一新,犹如把一些周鼎、汉镜用擦铜油擦得油光晶亮一样,将严重损害到它的历史、艺术价值"⑦。《中国文物古

① ［芬兰］尤嘎·尤基莱托:《建筑保护史》,郭旃译,北京:中华书局 2011 年版,第 8-9 页。
② ［芬兰］尤嘎·尤基莱托:《建筑保护史》,郭旃译,北京:中华书局 2011 年版,第 416 页。
③ 严建强:《博物馆的理论与实践》,杭州:浙江教育出版社 1998 年版,第 130 页。
④ 劳拉简·史密斯、侯松、谢洁怡:《反思与重构:遗产、博物馆再审视——劳拉简·史密斯教授专访》,《东南文化》2014 年第 2 期。
⑤ 李军:《什么是文化遗产?——对一个当代观念的知识考古》,《文艺研究》2005 年第 4 期。
⑥ 劳拉简·史密斯、侯松、谢洁怡:《反思与重构:遗产、博物馆再审视——劳拉简·史密斯教授专访》,《东南文化》2014 年第 2 期。
⑦ 梁思成:《梁思成全集:第四卷》,北京:中国建筑工业出版社 2001 年版,第 440-441 页。

迹保护准则》就是国际文化遗产保护宪章公约的理念集合后的中文版,"世纪之交,中、美、澳三国学者合作,将国际与国内理念、经验相结合,推出了的《中国文物古迹保护准则》,标志着保护理论的一次重构和理念更新。《准则》重视'本土'话语的表达,保留了'不改变文物原状'等提法,同时也引入了诸如真实性、价值评估等一系列西方观念。但客观上说,《准则》里西方话语占绝对优势,真正中国本土的、传统的思想资源并未在《准则》里得到挖掘和体现"①。又如喻学才所说,风景名胜、建筑环境观等优秀的中国文化传统,均因没有充分关注和理解中国传统话语而落入"跟着别人走""为别人背书"的境地。② 当下我国文化遗产的主流保护实践仍顺应西方遗产话语而有种种"水土不服",认为世界文化遗产名录和保护制度,是"一套标准化的、数量化的、技术化的、模式化的、法规化的、行政化的'流水线'作业"③,地方遗产因此或"削足适履"或"拔高虚化",因而对遗产话语本土化的呼吁一直没有断过。

在我国物质文化遗产方面,古建筑留存甚少,一方面是木质材料易腐朽,另一方面是不以建筑为"沉默的史书""凝固的艺术",而认为它们是遵从"建筑礼制"的工匠之作,从而以碑记、志书、勒铭等文献形式留存历史,而建筑本身经常是拆旧换新。古建筑遵从礼制而建,代表的是身份而不是建筑艺术,每个朝代还会摧毁上一个朝代留下的宫殿,因而留存的经典和皇家古建筑甚少,反倒是传统村落由于"天高皇帝远",以及"且修且用"的节约和维护,留存了许多明清以来的建筑,展现了中国传统的木结构建筑技艺,引起世界赞叹。但是,总的来说,虽然我国也有引进西方的文化遗产修复原则,但村民大多秉持的还是"旧的不去新的不来"等"重道轻器"理念,所以对于村民而言,把那些摇摇欲坠的不能再使用的老房子像宝贝似的供起来,是难以理解的,甚至颇有怨言,进而对国家文化遗产保护政策产生误解。从这一点上讲,不能责怪村民是"愚"或者无知无识,这也许正可能是"重道轻器"观所导致的,表示着村民们更重视眼下和未来的生活,而不是重视文物所在的过往的生活。

---

① 张黎明:《西方权威遗产话语及其与中国传统遗产保护理念的对比》,天津:天津大学,2013年,第32页。

② 喻学才:《遗产活化:保护与利用的双赢之路》,《建筑与文化》2010年第5期,第14-20页。

③ 彭兆荣:《以民族——国家的名义:国家遗产的属性与限度》,《贵州社会科学》2008年第2期,第5-12页。

在我国非物质文化遗产方面,与上述相反,村民可能会对祭祀祖先、巫术、民间故事、傩舞、唱山歌等感兴趣,张口就来,侃侃而谈,乐在其中。也就是说,我国"重道轻器"遗产观与当今的非物质文化遗产保护非常合拍,因而"非物质文化遗产热"在我国是上上下下都较热衷的事。此时,如果求证非物质文化遗产的真实性,西方的"物质至上主义"遗产观如何保证非物质文化遗产的真实性呢? 如何进行"非物质"文化遗产的"物质化"呢? 这也成了非物质文化遗产保护工作者和从事非物质文化遗产档案研究的档案学者的任务。目前非物质文化遗产"物质化",也有在学习西方的档案化技术,如口述、纪录片。即使如此,在传统村落中,学者对非物质文化遗产记忆进行固化、档案化的物质化过程,也会让村民匪夷所思,因为他们也许并不认同这些日常生活中的活动有必要记录,而且记录后还会异化为陌生的事物,远离了日常生活。再有,非物质文化遗产入选国家级或世界级名录并指定传承人后,反倒是老百姓不能随便唱山歌了,不能顺口编造民间故事,不能让民间故事随时"在地化"了。

因此,物质文化遗产的记录方式、非物质文化遗产的固化方式,常常导致文化遗产的僵化、空壳化,有悖于"活态传承"的要求。另外,中西文化遗产理念不同,中国传统文化具有开放性、群体性、共享性特征,而西方重视个体的、享有知识产权的文化传承模式。《奈良真实性文件》的提出,表明真实性不再基于固定的标准来评判,而是"出于对所有文化的尊重,必须在相关文化背景之下来对遗产项目加以考虑和评判"[①],也表明了西方对东方文化遗产特别是木结构建筑的特殊性的关注。我们要保护好中国的文化遗产,不了解中国历代在遗产保护上的传统观念,或者无视国际上文化遗产保护的成果,在实践上都是行不通的。

7.6　小结:"人"是传统村落档案的"核心"载体

传统村落保持"活态"依赖的是生生不息的农民群体,是以人为载体而不是物,主要是一个由务农人口组成的社会。各类国际宪章都规定在传统村落

---

① 张松:《城市文化遗产保护国际宪章与国内法规选编》,上海:同济大学出版社 2007 年版,第 92-93 页。

保护过程中居民参与的重要性,特别是对于人居型遗产传统村落而言。然而,如孟德拉斯宣布农民的死亡之后,人们不禁要满怀焦虑地自问,没有农民的世界是什么样子?① 传统村落这种"活态"文化,显示出了强大的生命力,成为中华民族文化中最具有生命力的文化,研究和保护好这种"活态"的文化,意义十分重大。而传统村落的"档案化"只是在其消亡之前留下的"挽歌",农民的存在是传统村落"活态"存在的核心标志。上述传统村落建档原则要求都很重要,但是最重要的还是"人"的因素,"人"是传统村落档案的"核心"载体。

一般认为,"历史"是寄托在物质和史料里的意义与价值系统,包括地方志、家谱、墓志铭及其相关的正史、野史、经典和其他地方文献,同时也包含在遗产物质载体里,总的来说就是过去留下来的"言",正如陈志华所说,"民众的历史则由乡野间的村落和它们的住宅、祠堂、土地庙、义学、文昌阁、水碓、风雨桥和凉亭等等来细细叙述。没有民众史的历史是残缺不全的。"②人类学是对活着的人的考证,亦是遗产古今之对接,这也是喻学才概括的孔子"文献并重"的理念③,也如吴宗杰说,具体而言,遗产的传承需要活着的贤人和留下来的史料,即文献互证。④ 子曰:"夏礼,吾能言之,杞不足征也;殷礼,吾能言之,宋不足征也。文献不足故也。足,则吾能征之。"《论语·八佾》)"献"在古汉语里指"贤者"、活着的人,"文"为历史留下来的典章,孔子非常重视人的传承。这些都说明遗产意义的挖掘不仅靠文字,更要注重对活人的采访和观察。

今天,农民群体对于村落的传统文化,就犹如传承人对于非物质文化遗产的重要性,应被看成"人间活宝"。然而,今天人们思考问题都从局部入手,从不同角度研究传统村落档案。学者们常把保护农耕文明的厚望寄托在保护宗祠、民居等建筑上,散居田野的碑刻上,在遗留的仪式、风俗上,而忽视了农民这一载体。在由西方"物质至上主义"主导的现代文化遗产保护运动的影响下,更是重物质载体,而不是重视村落里的"人",没有认识到传统村落的核心是农民,传统村落中传统文化的承载体是农民。

---

① [法]孟德拉斯:《农民的终结》,李培林译,北京:社会科学文献出版社 2010 年版,第 17 页。
② 陈志华:《请读乡土建筑这本书》,《读书》1991 年第 9 期,第 112-120 页。
③ 喻学才:《孔子的遗产观》,《华中建筑》2008 年第 26 期,第 1-2 页。
④ 吴宗杰:《话语与文化遗产的本土意义建构》,《浙江大学学报(人文社会科学版)》2012 年第 5 期,第 28-40 页。

如陈志华挽救的是乡土建筑以及以乡土建筑为核心的传统村落整体,保护的是物质或非物质的"物";如冯骥才所谓"非物质文化遗产的载体在村落里。如果村落荡平,皮之不存,毛将焉附?"其意思也是传统村落是传统文化的载体,建档调查的也是由农民创造的"客体",虽有拍摄农民"肖像",但农民群体没有被注意;再如在 2012 年的《关于开展传统村落调查的通知》中,保护的是城镇化过程中正在消失的文化遗产,相对于农民主体来说,它们是客体。而档案学者大多数关注的是建档对象,即村落历史、事务、实体或体制等,即使有的关注村民,也是认为他们应是建档主体,而不是保护对象。

因而,农民的消逝是传统村落变成空心村的根本原因。正视"人"这一载体。正是农民的消逝而使得传统村落"空心"、传统村落文化失传,因而"农民"也变成传统村落的一部分需要被保护。同时,对于传统村落这一"人"的载体也需分门别类,落实到实实在在的传承者身上。笔者认识到,"村民"也是不同于"农民"的存在:"村民"也许是村庄"被行政化""被城镇化"的居民,是没有耕地只有农村户口的居民,实际上这样的"村民"已经不再是"农民"——不再是农耕文化的传承者。基于前述在乡土社会中,生活在熟人社会里的农民,一般用语言而不用文字或追忆多过备忘录的情形下,学者要保存村落的历史,那么记录农民"口述"或民间采集就变得很重要。这样的口述记录可以成为村史甚至社会史、国史的一部分。总而言之,对于人居型遗产传统村落而言,"人"的参与更加重要,传统村落"活着"依赖的是生生不息的农民群体。

第8章 传统村落"泛化"档案的
收集和管理路径

传统村落作为遗产、档案、记忆融合为大数据的"活"载体,其档案头绪纷繁,体现出"泛化"特征,但仍然有其规律性,就像《关于乡土建筑遗产的宪章》中所倡议的:"乡土建筑看上去非正式但却秩序井然,是当代生活的一个焦点,同时也是社会历史的记录",传统村落档案也犹如乡土建筑,看似庞杂、非正式,却也秩序井然;1990 年成立的"现代主义运动记录与保护国际组织"(简称DOCOMOMO)倡议要充分认识到现代运动的重要意义:鉴别、确定并创设现代运动作品的记录档案,包括文件记录、草图、照片、档案和其他文档材料,[①]等等。因而,看似庞杂的传统村落档案,也可以以一定之规进行收集和管理。

8.1 传统村落"泛化"档案收集路径

传统村落作为文化遗产的"活"载体,伴随历史过程所形成的传统村落文化遗产档案,大多是非正式文本,是一种事后建构的记忆。但在传统村落保护越来越被重视的今天,档案部门也要适应形势,开展文化遗产档案的收集及研究。从收集角度来看,传统村落档案可分为正式文本和非正式文本,一是传统村落作为"至今仍为人们服务的村落",是当代行政村及新农村建设的一部分,所形成的凭证或工具式的现代管理档案,多为正式文本,主要指农村档案或村级档案及住建部等形成的传统村落调查档案;二是传统村落作为文化遗产的"活"载体,伴随历史过程所形成的传统村落文化遗产档案,大多是非正式文本,是一种事后建构的记忆,如家谱、碑刻、游记、导游词等。

---

① 张松:《20 世纪遗产与晚近建筑的保护》,《建筑学报》2008 年 12 期,第 6-9 页。

对于档案部门而言,这两类文本应采取不同的收集路径,传统村落档案的正式文本可采用档案学的"接收"方式收集,非正式文本的收集则需要档案机构改变过去的被动"接收"模式,追寻线索,主动收集,类似于"藏品档案""文化遗产记录""人类学田野采集"等收集方式。在此,体现出档案收集方法上的多学科的交融。如表 8-1 所示。

表 8-1　传统村落档案的"泛化"收集方式概览

收集方式类型 传统村落档案类型	传统接收模式	社会征集模式	备注
文化遗产档案	档案"接收"方式的衍变,档案机构介入式收集	社会征集、田野考古、调查,捐赠等,较多采用	非正式文本
农村(管理)档案	以"接收"方式为主,档案机构控制下的收集	较少采用	正式文本

表 8-1 表明,传统村落档案形成主体、记录内容、收集主体多元化,档案工作不再是专职档案部门的专利,人人都可能成为记录者、归档者。

8.1.1　档案传统"接收"方式及对传统村落的适应

经典档案学理论中,档案收集都是一种"接收"方式。一般来说为保证档案的客观性,通过正规渠道移交接收正式文件,如由村级行政组织主导收集的工作,由政府部门存档,定期向档案机构移交,档案机构履行"接收"手续。征集和捐赠只是补充方式。"接收"方式,是一种"被动"等待的方式,以免档案工作者介入文件的价值鉴定,而保证档案的客观性。

传统村落档案侧重于征集、重构散存于田野的文化遗产,无正规制度的约束,而民间档案公私产权掺杂,其档案若被过度共享会破坏民间文化生态。目前我国还几乎没有私人产权的档案馆,因而需研究官方档案机构的"泛化"收集路径,以包容性质相异的传统村落档案的形成主体及工作方式。传统村落非正式文本,其收集方式区别于常用的档案"接收"方式,多采用人类学田野调查、文化遗产的记录、博物馆的藏品档案等方法。最为特殊的非物质文化遗产,更多的是存在于人脑、身体操演中,其收集路径以常用的档案"接收"方式是无法实现的。

突破档案学领域在传统村落档案收集上的困境需要多方位的探讨和努力。其中,"社会模式""新来源观""泛化"等理念更包容非正式文本,是研究传统村落档案,特别是文化遗产档案收集的重要方法论。这一路径表现为对非正式档案的接纳、对非正式档案形成路径的包容,笔者认为这就是档案"社会模式"下的收集方法。"社会模式"正是起源于对非正式文本窘境的关注,其含义就是档案内容要扩大到社会总体档案,扩大到社会全部历史遗存,也应该包括乡村历史遗存。然而,社会模式实现机制的研究和实践仍有待成熟。无论如何,档案学领域收集方法正在尝试曾被认为是"雷区"的田野调查,一些学者在研究古村落或少数民族村寨的文化遗产档案时,已在思考或寻找新的搜集路径,特别强调民众参与的重要性,表现为对非正式文本的接纳、对非正式形成路径的包容。

在档案学界,民族档案的研究对于非正式文本的收集研究已经走在前列。杨毅、张会超认为,要走进民族档案的田野,把那些已"档案馆化"的民族档案重新回归其原生地,平等对待各民族文化,以局内人的立场解释所看到的民族档案文化。① 他们进一步探讨民族档案在田野中生成和重构的现实性,认为,"田野记录是民族档案学为适应现代生活的一种转型而进行的民族档案重构,这种重构带有母体档案学的固有色彩,但又超越了原有学科的思维路径"②。他们还写道:"事实上,我们进入村寨调研,很多历史遗物被认定为档案,往往不是当事人第一个提出的,而是我们用档案学的原理提出来的:如果从'记录性''载体性''真实性'的标准来考察,那些被称为'档案'的遗留物,既不是一种自然现象也不是一种普遍现象,只不过是村民日常生活中一种约定俗成的客观的记忆方式。"③ 还如蒋国勇、应小丽认为,档案学已有研究侧重政务类档案,而散存于乡村田野的各种民间档案未能进入研究视野,如何在现代化变迁

---

① 杨毅、张会超:《范式转换——民族档案学的学科建构之路》,《档案学通讯》2011 年第 1 期,第27-30 页。

② 杨毅、张会超:《记录田野:民族档案重构的实现与突破》,《思想战线》2012 年第 6 期,第 26-30 页。

③ 杨毅、张会超:《民族档案在田野中生成的实践探索》,《思想战线》2013 年第 5 期,第 72-76 页。

中实现有效对接很必要。① 丁华东研究乡村记忆的成果,前面也有多次提及。他认为乡村记忆工程,就是社会记忆模式,"是档案部门走出档案馆(室),在广阔的社会空间中履行自身保护和传承社会记忆的使命工程"②。笔者曾尝试针对"泛化"档案的"泛化"收集方法进行探讨,认为"新来源观"对档案来源的认识不局限于传统的正式组织来源,更要关注文件的形成过程,改变以往静态和单一传统档案来源,以适应文化遗产档案来源的多元化、动态化。③ 档案的"社会模式"收集,与博物馆学领域的文物的社会征集或田野征集、民族学调查搜集在方法上具有借鉴与融合的可能性。不过档案部门如何履行这个主导作用,上述学者的文章论述较宏观,路径并不清晰。

传统村落档案有其特殊性,档案机构只有转换观念,在技术上也要准备充足,才能完成这样的任务。即使在档案社会模式或记忆观下,传统村落文化遗产档案的收集仍存在一些问题,如传统村落文化遗产公私产权参半,通过征集、捐赠和收购等方式虽可解决私人档案所有权问题,但与正式组织机构产生档案通过采取移交的方式相比,其来源的可靠性需要证明,所征集的实物属于文物还是档案,仍存争议。另外,传统村落档案收集需要遵循真实性和完整性的要求,因而衡量其是否真实完整的前提是把一个个村落看成有边界的"共同体",才有完整的边界可以掌控。

乡土社会祠堂、家谱、口口相传等记忆方式在近现代出现断痕,乡土社会记忆秩序走向"破"的状态,与此相对应,还有怎么"立"的问题,我们的研究就是尝试发现新的传统文化记忆秩序。逻辑上,档案学领域对于传统村落来源"泛化"的档案,在收集方面先天不足,但有所为有所不为,关注和协助其他领域特别是文化遗产保护领域对于传统村落建档的工作非常有必要。传统村落作为一种宽泛的文化遗产,正有"博物馆化"的趋势,成为遗产景观旅游地已经是传统村落保护的一种普遍方式。

---

① 蒋国勇、应小丽:《社会认同视野下乡村档案文化建设的实践逻辑——基于浙江省畈田蒋村的调查分析》,《档案学通讯》2014 年第 1 期,第 90-94 页。

② 丁华东:《论社会记忆数字化与乡村档案记忆工程推进策略》,《档案学通讯》2015 年第 4 期,第 36-39 页。

③ 徐欣云:《建构的相对性:非物质文化遗产档案与集体记忆建构的关系》,《档案学通讯》2014 年第 5 期,第 17-22 页。

8.1.2 文化遗产信息的记录和采集路径

文化遗产学界越来越重视遗产的记录建档及其研究。黄明玉(2009)认为:"目前在国际上,遗产的记录建档可说已逐渐形成一门保护领域中的次专业,其理论框架即在阐述如何系统性地收集、评价、存放和利用遗产的所有相关信息。"①文化遗产的日常监测、修复、保管的记录文件,一段时间后归档成为档案,而档案也是信息,近来"遗产信息"一词逐渐被文博和文化遗产学界接受。加拿大盖尔·洛德(Gail Dexter Lord)和拜伦·洛德(Barry Lord)甚至提出"博物馆本质上就是从事信息传播的":博物馆的职能是向公众传播有关博物馆藏品的信息,对藏品信息的管理与对藏品本身的管理一样重要。② 黄明玉在遗产保护的框架下讨论记录建档与信息管理,"'遗产信息'的概念包含了遗产保护中记录、建档和信息管理的活动与结果,但其定位应不只是作为保护规划项目的一环,在完成处理干预后,遗产的信息汇集仍然是一项持续的工作"③。"遗产信息"是在遗产消失前将其记录下来的方式,当下可使遗产管理得以周全地维持与保护,也为后代提供了传达遗产知识的一种方式。

8.1.2.1 藏品档案的形成路径

传统村落文化遗产及其保护形成的档案,征集工作会由乡村博物馆或其他文物保护机构具体操作。博物馆是职业化的收藏单位,它的征集文物的方式更适合传统村落实物档案的零散性、碎片化以及来源多元化特征。在博物馆学视域下,传统村落档案可被看作:一是乡村博物馆或民俗馆的藏品档案,二是文化遗产保护过程中形成的记录档案。

在博物馆学领域,文物入藏就是使一件物品成为博物馆正式藏品的合法过程,藏品档案沿着文物搜集的不同路径(考古发掘、民族学调查、田野采集或社会征集)及其保管途径(管理、修复或展览等)而形成。它围绕藏品入藏前和入藏后的活动过程而建立,严建强认为:"文物形成后在被博物馆入藏前的漫长时间内所形成的相关资料,属于入藏前档案,而入藏后档案则是在博物馆各

---

① 黄明玉:《文化遗产的价值评估及记录建档》,上海:复旦大学,2009年,第148页。
② [加]盖尔·洛德、拜伦·洛德:《博物馆管理手册》,郝黎等译,北京:燕山出版社2017年版,第63页。
③ 黄明玉:《文化遗产的价值评估及记录建档》,上海:复旦大学,2009年,第148页。

项活动中形成的大量档案材料。有关它们身份的证明材料和有关它们的一切细节都显得异常重要。"①张淑华说,完整的文物或藏品档案,可概括为藏品的历史资料、鉴定记录、研究与著录资料、保护措施记录、提供使用记录、形象资料诸多方面。② 档案是文物的管理手段,藏品档案是对文物进行著录的一种方式,也是对文物或文化遗产进行管理的方式和手段。

用档案的方法来保护和利用文物和藏品,我国古代便已盛行。古文字学家许慎就利用古器物上的铭文做过大量文字演变研究,其研究成果集中体现为他所著《说文解字》一书;欧阳修《集古录》,将碑刻的碑文用拓片加以著录③,赵明诚《金石录》是仿欧阳修《集古录》体例,对于商周彝器以及汉唐石刻进行铭文传拓,著有目录和辨正。笔者认为,因为脱离原生环境的碑刻、金石不会表达自己,需要档案来证明其身份,是为碑刻建立一种身份档案,对于今天而言,就是藏品档案。如今,藏品档案的建立已有相关法律法规,藏品档案管理制度已渗透到我国文物法律体系的各个层次。1986 年的《博物馆藏品管理办法》第九条规定,博物馆必须建立藏品档案,"除填写总登记账的项目外,还必须填写鉴定意见、铭记、流传经历等。文字必须准确、简明,并附照片、拓片或绘图"④。

然而,"在纸媒阶段,……信息孤岛普遍存在,博物馆通常使用多种叙词和各类标准满足信息提取。随着互联网络和网上数据库的发展,互相间有效的信息互换的重要性日渐显现。……以此为背景,国家文物局出台了《关于发布〈博物馆藏品信息指标体系规范(试行)〉和〈博物馆藏品二维影像技术规范(试行)〉的通知〉》"⑤。2001 年颁布的《博物馆藏品信息指标体系规范(试行)》(文物博发〔2001〕81 号),为全国博物馆藏品信息处理与交换所需要的基本信息,提供了规范的信息格式,共有 33 个指标集,139 个指标项。⑥ 新近颁布的《博

① 严建强:《博物馆的理论与实践》,杭州:浙江教育出版社 1998 年版,第 130-133 页。

② 张淑华:《博物馆藏品档案综述》,《中国博物馆》2002 年第 1 期,65-68 页。

③ 肖飞:《〈集古录〉开创"金石学"》,《联合日报》,2017 年 10 月 24 日,第 A02 版。

④ 中华人民共和国文化部:《博物馆藏品管理办法》,1985 年 1 月 25 日。https://baike.baidu.com/item/%E5%8D%9A%E7%89%A9%E9%A6%86%E8%97%8F%E5%93%81%E7%AE%A1%E7%90%86%E5%8A%9E%E6%B3%95/10648460? fr=aladdin。

⑤ 姚一青:《藏品管理信息化研究》,上海:复旦大学,2014 年,第 4-16 页。

⑥ https://wenku.baidu.com/view/aa516c80d4d8d15abe234e56.html。

物馆条例》规定博物馆应当建立藏品账目及档案,这是重视和强化博物馆基础性工作的体现。安来顺说:"账目和档案是藏品征集、鉴定、登记、管理、保护、研究、使用等一系列活动的真实记录,是博物馆各项业务活动的基础和依据。"①2015年颁布的《博物馆条例》(国务院令第659号)第二十二条涉及博物馆建立藏品账目及档案等内容。②

笔者认为,博物馆学的文物入藏相当于档案学中的文件归档。档案相关法规的"归档流程""归档范围""接收制度"也都是为了保证所接收文件材料程序上的合法性,从而保证档案的客观性,因而乡村博物馆藏品的收集及档案合法性的需要符合相关法规。因此,在传统村落档案征集过程中,最好由当事人实事求是写成文字材料,或当场将有关人员反映的与文物相关的情况,准确详细地记录下来,不得事后追记;记录当事人或搜集人员对搜集品初步鉴定意见及对文物价值的认识,重要材料应附上照片、拓片或绘图;还要坚持写搜集日记,以备后续调查、分析与研究之用,等等。

总之,博物馆藏品档案的理论与实践相对成熟,文物收集过程做好相关记录的工作已经有很长的历史积累,并且具有相关法律法规为支撑和规范,藏品搜集时的原始记录或访问记录在博物馆学领域是具有合法性的,是博物馆藏品中的一个类别,或称之为文物与博物馆学中的目录学。博物馆藏品档案的理论与实践可为档案学领域所借鉴,特别是在传统村落可移动文物的建档过程中加以采用。

8.1.2.2 不可移动文物的建档路径

我国"文化遗产"的观念,习惯上是更侧重于不可移动文物。因而,文化遗产记录建档的研究成果,对于传统村落中的不可移动类物质文化遗产,如历史建筑、传统风貌建筑、塔桥亭阁、井泉沟渠、壕沟寨墙、堤坝涵洞、码头驳岸、碑幢刻石、庭院园林、古树名木等,不仅有借鉴作用,也有遵循的必要。而且虽然今天文化遗产记录建档要求见诸各种国际宪章和法规,但这样的记录建档方式也是一种西方的方式,我们也不能忽视我国古代对于工程项目、建筑的记录方式。黄明玉写道:记录建档这种基础工作只被视为行政程序的一环而没有

---

① 安来顺:《藏品管理和保护是博物馆工作的基础》,《中国文物报》,2015年3月10日,第003版。

② 中华人民共和国中央人民政府:《博物馆条例》(国务院令第659号),2015年2月9日,http://www.gov.cn/zhengce/2015-03/02/content_2823823.htm。

被赋予专业性,而如今有研究者认为,记录建档是保护工作者最有趣的工作之一,因为"研究"正如同神秘事物的追寻,而记录建档则把信息的片段如线索般组合在一起,导向记录遗产重要性所需的答案,即"组合呈现遗产价值的信息"。① 记录建档对于文化遗产保护越来越重要。

在国外不可移动文物建档实际上具有很长的历史,如前述有尤基莱托回溯的建筑保护史中,布拉乔利尼于 1431 到 1448 年间编写的《关于罗马故城及其废墟之记述》、阿尔伯特用极坐标以中心点为参照物发明的地图绘制技术,并用于 1450 年发表等诸多的记录案例,因而形成近代建立在实证主义基础上的"物质至上"遗产观,如今也体现在相关国际文件中如《雅典宪章》(1931)、《威尼斯宪章》(1966)、《奈良真实性文件》(1994)的附属文件《会安协议》和国际古迹遗址理事会通过的《古迹、建筑群和遗址的记录原则》(1996)等中。总的来说,国际文件都要求,遗产保护工作应有准确的记录,并应建立官方档案,存放于对公众开放的档案馆,使研究人员都能查到,并建议出版。

可见,文化遗产保护建档是一种体制化过程,这包括初始、评估、选择、项目发展、执行、实施的科学流传程序,遗产信息在其中流转,然后作为活动的副产品固化下来。《会安协议》(1994)指出,遗产地的独特"个性"存在于细节当中,要建立一个遗产群落最小"核心"层次上的普查清单;这份清单上记录的档案即构成了有关遗产地真实性的信息来源等。②《古迹、建筑群和遗址的记录原则》(1996)提出应该有记录的标准和程度范围,以作为遗产存在时的持续活动标准;因为文化遗产是"人类成就的独特表现"的固有价值,遗产一直处于风险当中,记录作为一种有助于理解文化遗产的相关价值主要手段;记录的几个方面包括:记录的理由(为何记录),记录的责任(由谁记录),记录的规划(如何记录),记录的内容(记录什么),管理、传播和分享(记录),等等。③

在我国,不可移动文物曾有"四有"档案制度作为保障。1991 年和 2003 年,国家文物局先后发布了《全国重点文物保护单位保护范围、标志说明、记录档案和保管机构工作规范(试行)》和《全国重点文物保护单位记录档案工作规范(试行)》,规范全国重点文物保护单位的"四有"工作。"四有"是确定文物保

---

① 黄明玉:《文化遗产的价值评估及记录建档》,上海:复旦大学,2009 年,第 148 页。
② 黄明玉:《文化遗产的价值评估及记录建档》,上海:复旦大学,2009 年,第 150-151 页。
③ 黄明玉:《文化遗产的价值评估及记录建档》,上海:复旦大学,2009 年,第 153-156 页。

护单位级别后应完成的四项工作的统称,即:划定必要的保护范围、作出标志说明、建立记录档案,并区别情况分别设置专门机构或者专人负责管理。笔者认为,我国关于文化遗产记录的规定比较粗放、简单,是源于我国传统建筑的修缮制度中的"除旧布新"传统或习惯,但《中国文物古迹保护准则案例阐述》(2015)与国际文化遗产保护理念接轨后,对于"记录"有更精准的阐释和要求,这与前述藏品档案的规定叠加的话,就完整地体现了我国文化遗产的记录规定。

文物保护单位的记录档案,应当包括文物保护单位本体记录等科学技术资料和有关文献记载、行政管理等内容。不断扩充的记录档案既包含文物保护单位的全部信息,也包含对该古迹不断研究、进行管理的具体成果,留下有历史价值的相关详尽资料,成为保护工作的依据和参考。

《中国文物古迹保护准则》,2000年由国际古迹遗址理事会中国国家委员会(中国古迹遗址保护协会)与美国盖蒂保护所、澳大利亚遗产委员会合作编制,2015年完成修订。笔者分析了《中国文物古迹保护准则》中相关条款,总的来说,保护的每一个程序都要有记录,其要求已经与国际相关文件接轨。《中国文物古迹保护准则案例阐述》则是对《中国文物古迹保护准则》的深度解读,是其附件。《案例阐述》中用一段话强调了档案的重要性:"档案是文物价值的载体之一。现代保护工程中通常需要查阅前代留下的档案、图纸并以之为参考或依据。历史上中国古代建筑的复杂性及其建造传统决定工匠在建造过程中有相当的随机自由。虽有图纸流传,但因施工时无意识或者习惯性而疏于记录实际操作与设计的出入点,以至一些细节无案可查。而现代完整的保护工程档案所做的工作就是让后人不会再因为难于找到记录而感到被动,为后代保护工程及研究开展提供便利。"[①]该文本以案例说明文化遗产保护过程中如何形成档案,如前述诸葛村的保护记录。《案例阐释》阐明了如今文化遗产保护方面的记录档案,相比于古代这类工作有进步之处。

然而,我国古建筑记录传统也值得研究和传承。陈蔚认为我国建筑从古到今都在传递着自己的印记,"在我国古代建筑中其实早有可识别性的诸多印

---

① 国际古迹遗址理事会中国国家委员会:《中国文物古迹保护准则案例阐释(征求意见稿)》,http://www.icomoschina.org.cn/uploads/download/20141113_chanshu.pdf.2005[2016];24-26.

记。比如历代修缮建筑时工程人员、工匠在构件上作出题记,工程完工后,一般立石碑记载维修情况。我们也可以加强对文物建筑的建档立案工作,借助文字、图像和声音等多种媒体,让新旧景象同时展现出来,并让相关档案永远地保存下去,作为'可识别性'的证据"①。同时,乡土建筑可以参照我国"城建档案"的做法立档,建设"乡村建筑档案"。我国有《城市建设档案管理规定》(2001 年中华人民共和国建设部令第 9 号),在这之前是《基本建设项目档案资料管理暂行规定》(国档发〔1988〕4 号),也有"城市建档案馆"和《城市建设档案》相关杂志。

　　总之,在一系列国际国内相关法规文件的约束下,文化遗产记录建档已经是一项制度化的工作,倘若这些记录建档的制度得到很好的长期执行,传统村落的物质文化遗产及其档案就会很完善。然而目前看来差强人意,才会有住建部等行政部门、冯骥才等知识精英发起传统村落建档项目,而后者前面已经论述过。

8.1.2.3　非物质文化遗产的记录路径

　　非物质文化遗产是动态记录历史的方式,是体现群体特殊的生活生产方式的"活"的显现,因而被称为"活化石",这也正如哈布瓦赫坚持认为的:历史是死的记忆,是一种保存过去的方式,而集体记忆是活跃的过去,能够形成我们的认同。非物质文化遗产与乡村集体记忆的相关性,在国内许多文献得到认同,即非物质文化遗产需活态传承。

　　非物质文化遗产无形地存在,也会无形地消失,它是过程性的,是未固化并未及时存留的。向云驹认为非物质文化遗产已经进入到"一个不断被记录的新时代":非物质文化遗产只有用文字记录下来并文本化,或者用录音、摄像技术记录转化为固化的对象,才能成为静观、研究、储存、传播、传世的对象。②王文章也认为要将非物质文化遗产转变为有形的形式,通过搜集、记录、分类,用文字、录音、录像、数字化媒体等手段来建立档案,而有些要在它产生、生长的原始氛围中保持活力,以生产性方式保护并保护传承人。③ 王云庆则认为:

---

① 　陈蔚:《我国建筑遗产保护理论和方法研究》,重庆:重庆大学,2006 年,第 176 页。

② 　向云驹:《记录:从研究到保护——非物质文化遗产保护的一个重要命题》,《河南教育学院学报(哲学社会科学版)》2009 年第 5 期,第 1-7 页。

③ 　王文章:《非物质文化遗产概论(修订版)》,北京:教育科学出版社 2014 年版,第 22-23 页。

"非物质文化遗产的保护在很大程度上就是对非物质文化遗产传承人的保护，要在非物质文化遗产普查中详细记录非物质文化遗产传承人的人生历程，建立口述历史来全面记录传承人的生命历程、精湛技艺、艺术传承过程以及他们对艺术的思考。"①

　　非物质文化遗产档案化保护除上述论点外，事实上，在实践中已展示了一定的合理性。首先，有关非物质文化遗产的法律法规中已有涉及非物质文化遗产档案或档案化保护的相关内容。联合国教科文组织1989年的《保护民间创作建议案》中就多次提到档案机构、档案人员；2003年的《保护非物质文化遗产公约》指出："保护"包括这种遗产的确认、立档；我国2011年的《中华人民共和国非物质文化遗产法》第三条指出："国家对非物质文化遗产采取认定、记录、建档等措施予以保存"，第十三条指出："文化主管部门应当全面了解非物质文化遗产有关情况，建立非物质文化遗产档案及相关数据库。"等等，这些法律法规中"立档""建档"等就是非物质文化遗产档案。其次，非物质文化遗产保护中现已采取的有关措施也与档案工作契合度很高。为保护非物质文化遗产，很多地方都在用文字、录音、录像等手段和方式记录非物质文化遗产，如民间艺术家阿炳的《二泉映月》，由中央音乐学院的杨教授等抢救录音下来，成为旷世之作永流传。②

　　然而，非物质文化遗产的"有形"形态、静态固化的方式保护也有缺陷，如麻国庆、朱伟认为这种方式显然不是文化遗产保护最有效的方式：这种静态的保护往往将有形的物质固态化，缺乏一种社会内容的涵括，更缺乏一种文化文法上的表达，它的生命往往止步于收藏者将其带回并妥善保管的那一刻，成为只会诉说过去的一件藏品，缺乏物后的人与社会的情境。③ 因而对传统村落档案也不能"束之高阁"，犹如"民族档案是行进中的档案"一样，传统村落档案也是活着的档案，不能脱离原生境，否则会带来"保护性"破坏。非物质文化遗产的传承路径没有标准，但主要依靠世代口传心授、身体操演保留下来。例

---

　　① 王云庆：《山东非物质文化遗产项目及传承人立档保护研究》，济南：山东大学，2017年，第14页。

　　② 吴品才、储蕾：《非物质文化遗产档案化保护的理论基础》，《档案学通讯》2012年第5期，第75-77页。

　　③ 麻国庆、朱伟：《文化人类学与非物质文化遗产》，北京：生活·读书·新知三联书店2018年版，第13页。

如,剪纸艺术既是我国民间美术中特有的一种艺术样式,也是民间流行的一种表达理想、情感的手段,可用于制衣的绣花图样、日常的装饰或节日的庆贺。河南庆阳剪纸传承人张玉珍是庆阳的一张文化名片,她传授技艺给她女儿贺彩霞,从 2009 年开始进入学校,通过社会传承使更多的年轻人喜欢这门艺术;剪纸这种手工的镂空艺术,纸上得来终觉浅,艺术与传媒专业的博士生于富业专程去向张玉珍学习剪纸,并成立了"剪纸工作坊"。再如,CCTV 一部纪录片《天生剪纸狂》(央视网 2011 年 6 月 14 日)记录了民间艺术家孙二林从年画中获得图案的灵感,自学成才,她家的窗花一年一换,剪半年不出门也不觉得辛劳,自觉为邻里服务;当她为 1990 年亚运会剪纸后,获得收藏证书,逐渐成为剪纸艺术名人,等等。

传统村落中的非物质文化遗产保留着人类文明多元化的传承,但经济发展落后的困境使得传统村落的非物质文化遗产保护工作充斥着艰难和矛盾,以致诸多非物质文化遗产逐渐没落、遗失。如今在保护非物质文化遗产的同时也把它当成了商业契机,文化传承和保护力度势必会大打折扣,这将加速非物质文化遗产在无声无息中消亡,因此对于传统村落中非物质文化遗产进行档案化保存是非常必要的举措。总之,传统村落中多采用静态保护方式如文物保护单位、民俗博物馆、乡村博物馆等职业化的收藏方式,固化有形化方式比较容易操作,而非物质文化遗产的无形的、有机的活态传承不太容易掌控,但却非常重要,二者需要兼顾。

8.1.3　文化人类学视野下的田野调查式采集

当用档案学来衡量传统村落档案的"泛化"内容时,注意力会发散,而运用文化人类学模型之后,思维逐渐开始凝聚:分析"传统"二字带来的传统村落档案与现代档案的不同。文化人类学特别是人类学民族志调查和"大、小传统"论说的运用,可定位传统村落档案的研究焦点和把握模型。芮德菲尔德说:往昔的人类学学者们曾经把各种孤立的、原始型的社区看成若干种完全自给自足型的社会制度,但这些风俗、习惯、组织、规章、制度都不外乎是用来指引人们在社会生活里走上正当轨道的是非的准绳而已。[①] 运用人类学的方法，有助于对传统村落那些纷繁的风俗、习惯、组织、乡规民约有一个整体的认识。

文化人类学视野下的长时段田野调查，以及对于村落的"彻底解释"，也许是形成村落"总体档案"的重要路径。传统村落档案的田野研究，虽然传统村落容易进入，但是过于广袤，需要很大的田野调查成本。而且档案学出身的研究者如笔者缺乏田野调查经验，在进行田野工作时旧有的思维惯性会成为一种障碍：如正式立档单位和正式文本的思维模式，档案形成流程的权威性等，对此，应加以突破。人类学调查观点对于传统村落建档调查很重要。"人类学者并不研究村落，而是在村落里研究；人类学的一个根本原则是，尽量不干扰当地的生活，而是看到人们的'日常生活'并参与到人们的生活中去。有时候，'观察者反被观察'，这是多么精辟的人类学见解！"[②]然而芮德菲尔德也对人类学田野调查搜集的资料有所反思，他说："有关农村风土人情、风俗习惯方面的资料，搜集手工艺品及有关资料，以及绘制与上述资料有关的地图等等。……其结果就是积累下了一大堆的条分缕析、现象罗列的文字资料，一大堆规划、方案和问卷答案，一大堆关于被调研过的诸多种文化的细枝末节方面的——而不是被调研过的诸多种文化及它们社会的全方位的——对比分析的文字资料。"[③]他认为人类学的碎片化研究，缺少全息信息，建立不起来社会模型，因而提出了著名的"大传统和小传统"论断。显然，这都是研究传统村落建档的工具。

日本学者小林正美选择日本冈山县高梁市，以"专家工作营"的"他者"方式，从1993年起至2001年使高梁的"城下町"实现传统街区重生，以五要素为景观要素特征的街区被明确地保存下来，他把工作过程进行了归档，包括①1993—1995：基本信息收集期，通过行政为窗口开展的"不请自来式调查"，最终提出了与调查区域没有任何牵连的广域的一般性提案；②1996—1998：居民进行意见交换及方向摸索期，他们通过青年会议所和工商会议所，与年轻的市

---

① 〔美〕罗伯特·芮德菲尔德：《农民社会与文化：人类学对文明的一种诠释》，王莹译，北京：中国社会科学出版社2013年版，第52页。

② 潘守永：《"一个中国的村庄"的跨时空对话——"台头"重访》，《广西民族学院学报：哲学社会科学版》2004年第1期，第69-75页。

③ 〔美〕罗伯特·芮德菲尔德：《农民社会与文化：人类学对文明的一种诠释》，王莹译，北京：中国社会科学出版社2013年版，第28-29页。

民朋友确立了活动网络,共同开展了"去电线杆化""石板地面景观改善"及"门"的策划案设计,接着又分别作了"仓库再利用设计"和"历史人物纪念馆"策划等;③1999—2001:计划实施和反馈期。① 小林正美这一工作营方式的街区重生,受到各方面的欢迎,因为其做了充分的调查和归档工作。

　　一项学术成果是否属于人类学学科成果,也取决于研究者做了多少田野调查,并遵循了基本原则。真实性原则,调查者必须参与到调查对象之中去直接获取调查材料,并在亲历中扫除一切文化隔阂与阻碍;中立性原则,不隐匿、不避讳、不感情用事;完整性的原则,追求对文化事象描写的完整性,而不是七零八落、支离破碎;标本性原则,记录的第一手材料必须能够经受历史、时间和他人的科学追问与质疑;当事人讲述原则,必须有调查对象、当事人的自述与阐释,缺少当事人的自述只会是一种主观记录。② 这种人类学调查方法在藏品档案的形成、文化遗产的记录中已经被运用。

　　人类学的"地志学"方法对传统村落建档有更贴切的借鉴作用。朱晓阳地志学"彻底解释"方法的引入,也使人类学重新强调"田野调查"和"民族志"作为知识基础的重要性:"它是一种将地理、居住、政治性边界、法律现实、过去历史的踪迹、地方、名字等包容进特定空间的综合知识。从'综合性'着眼,地志可以看作与莫斯所称之'总体社会事实'相当。"③朱晓阳笔下的这种"总体社会事实",犹如档案学上"总体档案"之称谓,只是笔者认为档案学界虽然常引用这外来的"总体档案"一词,至于"总体档案"轮廓怎样、"总体档案"形成路径如何,却莫衷一是。类似朱晓阳对小村的"彻底解释",也许是形成村落"总体档案"的重要路径。在档案学领域,杨毅、张会超等档案学者所做的民族档案田野调查或许属于此种方式。

　　笔者认为,传统村落乡土建筑等文化遗产本属于个人或集体财产,但在作为文化遗产之后,从私人领域进入公共领域,只有达到公私利益的平衡,村落才会可持续发展。传统村落入选名录成为合法的"国家遗产"之后,作为公共资源许多建筑被无偿征用,应给与物权人对等的精神上和经济上的补偿,这样

---

① ［日］小林正美:《再造历史街区:日本传统街区重生实例》,张光玮译,北京:清华大学出版社2015年版,第110-114页。

② 向云驹:《草根遗产的田野思想》,北京:中华书局2011年版,第5-6页。

③ 朱晓阳:《小村故事——地志与家园(2003-2009)》,北京:北京大学出版社2011年版,第3页。

可促使被征收的文物建筑等在丧失原有功能之后，仍然得到村民的爱好和社区的参与。而且，吴干事、全老先生、李医生等，是拥有解释自己文化的"地才"，他们的解读胜过"异文化"学者的调研，应给予应有的重视。

8.1.4 "泛化"收集路径的多学科和多行业交融

传统村落文化遗产及其档案的草根性或世俗性，其形成的零碎特征或非正式性，与主流档案学理论有偏差，其重构特征有待与现代档案学理论相协调。由于农村生产力和生产关系的特殊性，仍然保持着"熟人社会"的乡土特征，因而无文字的交流、传承方式还是占多数，这带来收集的难度。传统村落档案的田野收集路径，与正统档案学里接收程序有质的区别。一些档案学者从正统档案视野出发，不自觉地抵触传统村落非正式文件的非正式形成和收集路径。很多学者包括档案学者介入传统村落档案收集工作之后，一般是经过这一系列现代科学如档案学教育，秉持着或传统或现代的科学档案理念，戴着"专业"的眼镜来看传统村落档案，提出的收集路径可能合理，却不可行。

传统村落既然是聚居年代久远拥有丰富文化遗产的村落，应尊重根植于村落的档案文化，同时它也是活态存在的村落，因而新农村档案建设必与此相涉，需要注意这种关联性，不能混淆自上而下制度下形成的档案和自下而上自发形成的"泛"档案，否则提出的对策必打折扣。但任何时候我们都应保证档案来源的客观性，应在这前提下考虑传统村落档案的真实性调查的路径，保证其形成路径的一手资料。村落里并没有经过专业训练的档案专职人员，并不代表乡村记忆难以维持和传递，因为即使从正统档案理念"来源原则"出发，也是档案"形成者"的作用要大于档案工作者，"档案是实践的副产品""档案是由其形成者在业务活动中自然产生的，是有机联系而非人为编造的"这些档案学断论，都是强调形成者的作用，而档案工作者只是记录、维护、整理或保管者。因而严建强的"由当事人书写，不得事后追记"，向云驹的"学者亲历原则、中立性原则、当事人讲述原则"、朱晓阳的"总体社会事实"等都是殊途同归，虽然他们来自不同的学科领域，在这里，博物馆学、文化遗产学、人类学等与档案学方法相融合。

文化遗产档案，是一种大文物观，也是一种大档案观，关于文物档案、藏品档案管理的成熟的理论与实践，可以直接运用到传统村落档案收集上来，稍做的只是适应性调整。英语单词 archives(档案)与 archeology(考古学)有着共同的词根,都标志着起源、开始,这两个领域没有把档案与物品当做落满灰尘的古董,而是看中了它们把新认识从过去带进现代生活的价值。[①] 田野档案收集方法在档案学领域是特例,而在博物馆学领域通常用的藏品搜集路径,是工作常态。"藏品档案"有搜集过程的记录、不可移动文物有"四有"档案作保障。传统村落文化遗产的档案,对于文化遗产的收集虽然主要是文物与博物馆界的任务,但是收集过程伴随的记录,也完成了传统村落的建档。记录的方法,既是博物馆界收集的必须方法,也是传统村落形成档案的过程。

还值得注意的是,对于档案学领域而言,这种田野征集路径目前还是边缘化的方式,即"泛化"收集,它不是程式化的接收和移交,而是有一种随意、一种灵感在里面,不仅受时代风潮影响,也受个人兴趣、阅历、知识积淀的影响,"泛化"收集路径常常无法预先规划和设计,收集过程也常无法进行人为控制,如农耕技艺传承到什么程度,如对联、匾额、碑刻、家谱等传世品的质量和数量,都是无法人为控制的,因而"他者"如档案机构、学者对于传统村落档案的关注,也许对村落而言是一种惊扰,成为一种过场,成为一种乡村的负担。"泛化"收集也是一种发现。如"永修县发现 30 张老照片,生动记录了虚云老和尚在云居山最后的日子"[②];永修县档案馆偶然发现的一本影集里,有 30 张照片记录了 20 世纪 50 年代佛教泰斗虚云和尚在云居山真如禅寺重振道场的活动,是曹洞宗等民间禅风的写实。这 30 张珍贵的照片,是偶然发现而来的。换句话说,对于会产生什么样的档案,我们无法预知,无法管控,并且应存一份敬畏。

8.2 传统村落档案"泛化"管理模式

传统村落档案是传统村落保护的工具,因而对于传统村落的"保护"模式

---

① [美]珍妮特·马斯汀:《新博物馆理论与实践导论》,南京:江苏美术出版社 2008 年版,第337 页。

② 搜狐新闻网:《永修县发现 30 张老照片,生动记录了虚云老和尚在云居山最后的日子》,2017年 6 月 15 日,https://www.sohu.com/a/149123958_326722。

的正确解读,也是理解传统村落档案管理模式的前提;选取了不同的保护模式,实际上传统村落档案的管理模式也基本确定。"模式"的认同度稍弱于"范式",或者说是"范式"的前期探索。特里·库克说:"'范式'一词(向其首创者托马斯·库恩表示歉意)暗指关于态度、信仰及某个现象之规律的一个正式的(或至少是被认可的)体系或心理模式。大概可以把这些'范式'称为思考档案的框架、档案心态或想象档案和档案管理的方法。"①借助特里·库克对自1898年《荷兰手册》出版以来档案学范式的经典总结分析传统村落的档案模式:"在与记忆和证据的不断斗争中,档案认同已经经历或正在经历四个范式或框架或心态的转移。我称之为四个框架:证据、记忆、认同、社会/社区。必须强调,这四个框架是超越时间的,它们没有相互取代。"②

因而根据这四个"范式",笔者把传统村落档案管理路径分为三种模式,即"一村一档"的建档模式、现代博物馆化管理模式(乡村博物馆或生态博物馆)、农村社区和社群档案模式,它们不是相互继替、取代的关系而是竞争中共存的关系,它们超越时间在传统村落中共存,共同构成传统村落的"泛化"管理模式,也各有优势和不足。这种"泛化"管理模式不是同化、同质化或排斥异己,而是宽容、包容的关系,也即包容传统村落的社区、社群、个人等形成的档案,农村社区或社群组织是一个动态的、开放的、自然的学习型组织,没有凝固的边界和规则,表现为一种后现代哲学思维下的"后保管模式"。本节的传统村落档案"泛化"管理模式研究,也就是提供一种工作思路和可能性。

8.2.1 "一村一档"全宗管理模式分析

倘若参照"机关档案""企事业档案"等"立档单位"名称的话,传统村落档案顾名思义就是以某一村落为"立档单位"的档案,那么"传统村落单位"就需要满足"立档单位"的要求,即村落的完整性要求,因此首要的是确定传统村落的边界,在此基础上,保证档案的完整性,"反映一个立档单位或个人活动,特别是反映主要职能活动的有保存价值的档案应该齐全;重要的活动、事件、案

---

① 特里·库克:《四个范式:欧洲档案学的观念和战略的变化——1840年以来西方档案观念与战略的变化》,李音译,《档案学研究》2011年第3期,第81-87页。

② 特里·库克:《四个范式:欧洲档案学的观念和战略的变化——1840年以来西方档案观念与战略的变化》,李音译,《档案学研究》2011年第3期,第81-87页。

件、会议等形成的档案应齐全;维护进馆档案的完整性"①。因此,笔者就需要论证传统村落建立"一村一档"全宗管理模式的可行性。全宗是档案管理的基本单位,"全宗是一个国家机构、社会组织、个人形成的具有有机联系的文件整体"②。全宗要全面、完整地反映"立档单位"的历史,在主流档案理论里,"立档单位"是一个重要概念,是全宗形成的基础。因而,需要探究"一村"是如何界定的,以及"一村"档案建成的"全宗"与正统"单位全宗"的区别和联系。倘若缺乏对传统村落整体研究,就会像盲人摸象一样,只会取得碎片化记忆。笔者认为,"立档单位"制度也是对档案学的核心理论——"来源原则"的具体执行。

8.2.1.1　传统村落档案"全宗"的可能性

档案学者研究传统村落档案时,常看到宗族、村民个体的存在,比较缺乏对一个传统村落作为"单位"的整体性讨论,如王萍、卢林涛所说,目前已形成的传统村落档案成果虽然为数不少,但无一可称得上真正意义上的以村落为立档单位形成的档案全宗。③ 住建部等提出的"一村一档"措施,也还需要研究传统村落的边界。

传统村落单位完整性的证明,也即前述传统村落保护的真实性和完整性原则要求,有一个怎么从环境中界定出来,以及怎么与环境融为一体的问题,还有一个从时间上怎么划分传统和现代的问题,从而明辨传统村落的完整边界。传统村落设立了边界,才便于掌控归档范围,即使其内容是宽泛的。目前的实践已有相关限定村落边界的做法,如我国《村级档案管理办法》中的"村级"就是指村的行政级别和区划限定,从而与城市各级"机关单位""企事业单位"档案相区别;乡土建成遗产作为"文物保护单位"时,也就是一个"专门照管对象",即有明确边界的一个完整的保护单位;某"传统村落"作为一个整体列入保护名录,也就有了一个文化遗产边界;传统村落作为文化遗产进行"博物馆化"保护,也是对于信息保全的重要方式,等等。如杨建民等的《遗产传承视域下的古村张家塔》一书就是为"张家塔村"立传,"不同于以往的村史、村志以

① 《谈谈维护档案完整性的一些问题》,《北京档案》1990 年第 2 期,第 46 页。

② 邓绍兴、陈智为:《档案管理学(修订版)》,北京:首都师范大学出版社 2004 年版,第 80 页。

③ 王萍、卢林涛:《档案机构在传统村落档案工作中的角色再探》,《档案学研究》2018 年第 6 期,第 70-77 页。

人的故事、事件为书写中心,而是以遗产传承视角,围绕原住民的历史传承性(村的沿革有参照《张家塔民居考》)和当代独特性(人口现状、经济现状、发展需求),用现代记录手段如摄影、三维建模、三维激光点云数据采集、无人机全景拍摄及近景摄影测量技术等记录了其物质遗存(自然环境和人工环境),用村民口述的视频音频记录来为村史记录更详尽的细节资料"①。既有历史材料还有现实材料,既包括文化遗产档案也包括农村档案,反映了本成果前述传统村落"泛化"档案内容。

然而,问题是,传统村落并不是完全自给自足的小社会,它响应大社会的工业化、市场化、现代化,从而开放地、动态地变化着,它的边界发生着一系列的变化,如由自然村变成行政村,由农业村变成工业村,由农业村变成观光旅游村,如陈志华、李秋香所说,"村落的整体,是乡土建筑研究中一个最复杂也最有意义的课题,但村落的整体性是很脆弱的,极易破坏,而它们的历史资料,尤其是文献方面的,又十分贫乏,能够知道一鳞半爪的村人几乎已经没有,所以,研究工作十分迫切"②。特别是在当今的城市化过程中,在经济体制改革大潮下,"村落单位"有转向"村落(旅游)公司"的可能,也有被旅游公司承包或者被文物管理局当成一处景观遗址的可能,村落的政治经济和行政管理体制都发生着深刻的变化。针对于此,传统村落档案全宗模式应该采取开放的、动态的管理模式,不能静止看待传统村落档案,传统村落档案"泛化"现象也就是一种"文化适应"。

虽然如上所说,传统村落并不是封闭的,而是一直在响应外界发生一系列的变化,但并不是不好把握。正如芮德菲尔德所说,"如果把这样一个小型群体的全部风俗、习惯、规矩、禁忌、生活方式、思维特征都当成一种特定的文化的方方面面的话,那么我们应该承认这种文化是一种非常独特的文化"③。这种"非常独特的文化"以一种不同于其他文化的姿态独立成章,自然形成一个体系。李培林从农村社会学角度论述过这样的"村落单位制",其特征有:一是

---

① 杨建民、曹天一、张家榜:《遗产传承视线域下的古村张家塔》,北京:北京理工大学出版社2019年版,第131页。

② 陈志华、李秋香:《中国乡土建筑初探》,北京:清华大学出版社2012年版,第78-96页。

③ [美]罗伯特·芮德菲尔德:《农民社会与文化:人类学对文明的一种诠释》,王莹译,北京:中国社会科学出版社2013年版,第44页。

村社共同生活的社会关系网络的影响,这种深层的传统力量奠定了村落大家庭的基础框架;二是村落集体行政管理制度的约束,这是集体化的制度遗产;三是村落集体经济的分红和福利,这是村落"单位化"成为可能的物质基础。①"村落单位制",有时被称为"村落共同体",如欧洲的"村庄共同体"也是一个独立的组织单位,而且其模式也在我国被复制。陈立军说,从中世纪的庄园档案中可以看到,"最经常用来描绘村庄居民的就是 communitas ville,即村庄共同体这个词",其权力机构就是"村民大会","尽管到了庄园时代,我们很难在档案中找到有关村民大会的资料了,但是并不代表村民大会已经完全消失了,村民大会此时已经演变为其他的形式,仍然是村庄的重要权力机构"②。笔者认为,我国乡村的村民大会显然不是我国古代宗族制度的延续,却类似于西方村庄共同体模式,这一系列研究都有助于我们档案学界把传统村落当成一个整体——立档单位。

8.2.1.2 传统村落档案全宗之"新特征"

"传统村落单位"与村级行政组织比较类似,但又有不同。一个村落内具有有机联系,传统村落档案是由其形成者——村民、农民、居民在农村生产生活中自然产生的,是有机联系而非人为编造的。因而,此处传统村落档案的"一村一档"模式是新颖的,这种模式涵盖上述的档案内容,即农村档案、文化遗产档案和传统村落保护档案、农民档案,是一个多元主体、多向来源形成的档案全宗。它不同于住建部等行政部门下发通知要求建立的"一村一档"和冯骥才等知识精英普查采风而建的"一村一档",也不同于村级组织建立的"一村一档"。经典全宗理论和来源原则,要求的是一个来源、一个立档单位形成的档案,而这里的"一村一档"是一个更为宽泛的概念,需以一种包容的视野容纳各路学者和机构及村民形成的所有传统村落档案信息,同时满足它的边界和"传统"的尺度要求,从而也能体现乡土社会隐性秩序和显性制度的共融。

这种"一村一档"模式由于是"新"的全宗管理模式,它会有不同于一般全宗的特征。

第一,是与"村落单位"有关的特征。村落单位是非正式组织,应遵循非正

---

① 李培林:《村落的终结——羊城村的故事》,北京:商务印书馆 2004 年版,第 44 页。

② 陈立军:《西欧村庄共同体研究》,长春:东北师范大学,2011 年,第 49-50 页。

式制度或乡土社会隐性档案秩序。"正式制度就是由法律、行政法规和政府政策组成的一套行为约束;而非正式制度大体相当于我们所说的习俗和惯例,也包括具有行为约束力的道德、信仰和意识形态等。"①非正式制度或隐性秩序,对于传统村落的记忆、档案和传承有重大影响,也是现代管理学中常见的一个研究命题,即"泛化"管理。

第二,这种模式的另一个可能特征是,村落的官方他律控制和村民自律秩序一直在同时发挥作用,正式制度或显性制度、非正式制度或乡土隐性档案秩序,在传统村落中共融相生。但非正式制度如村民自治有时候是一种过场,话语权实际上还是在村落"精英"手中,形成的村落档案倾向于能够支持村落主流意志和价值观的历史文件,比如隐恶扬善、为尊者讳等,还有可能是这种建档方式立足于文件的狭隘的证据性价值,只对形成者发生作用。因此,要给予适应纠偏。

第三,这种模式的特征是,对于以"追忆"的方式形成的文化遗产档案及村落历史不大信任,需要经过专家学者、地方志办公室的转化,才能"登堂入室",即一个由小传统转化为官方传统的过程。如今的村志编修就是一种追忆,而村史的编修起初是修谱传统的延续,又是地方志编撰制度向基层的扩展。从目前收集的资料来看,一些村史志的编修缘起是民间的知识分子甚至是退休职工主动修史,收集材料,书写历史,但要经过学者利用这些史料和口述史为村庄立传的过程,以及村志、村史编修的过程,才能归入档案范畴。

在地方史志办,以前史志编写到县志一级,如今村史、村志编撰流行,笔者认为,这是在试图弥补当代修谱传统的式微。张全海说,20世纪80年代修谱的活动开始复兴,"虽然谱牒和祖先崇拜曾遭遇过劫难,但近年的形势应该是有所变化了,可以说越来越多地得到了还原与认可",如"中国谱牒学研究会"(山西,1988)、上海图书馆谱牒研究中心(1997)的成立,《中华族谱集成》(1995)、《北京图书馆藏家谱丛刊》(2003)、《中国家谱综合目录》(1997)、《中国家谱总目》(上海,2008)等等大型丛书及工具书的出版。② 不过笔者认为,学界族谱研究热,并不等于乡土社会修谱传统的复兴,村志、村史的编撰,相当一

---

① 李培林:《村落的终结——羊城村的故事》,北京:商务印书馆2004年版,第82页。
② 张全海:《世系谱牒与族群认同》,上海:上海世界图书出版公司2010年版,第80页。

部分内容主要以干枯的资料数据形式出现，离开了族谱的村史毫无生气。蔡杰说村史编撰应借鉴族谱记述方式编写宗族章，其中族姓篇可谓一个村庄的身份标识之一。[①] 而且相比较于家谱，村史村志也许是间接性的资料，属于二次文献；特别在最近兴起的以学者主导"村史馆"项目，多成为样板工程，与宗族成员修谱传统的深入人心无法比拟。如 2019 年 8 月 14 日笔者见到，钓源古村的村史馆"铁将军"把门，无人问津。因而，"一村一档"全宗管理"新"模式的实现路径还需要探索。

8.2.2　现代博物馆化式分析

传统村落博物馆化管理，是尝试用科学和规范化人为的方式、成熟的经验来控制传统村落及其遗产，努力使其得到更好的保护，也是把隐性的"技艺"转化为显性"知识"的过程。这是各国普遍采用的方式，也是我国传统村落常实行的保护实践，是对文化遗产保护显性制度的一种执行，在博物馆化过程中形成一系列藏品档案或文化遗产记录。博物馆保护模式，也决定了传统村落的档案标本化的方式。

8.2.2.1　乡村博物馆式的标本化分析

传统村落作为文化遗产的信息富集地，"乡村博物馆"就是凝固传统村落文化基因的一种记录方式，这一称谓朴实又发乎自然。笔者曾写道："乡村博物馆，是保护和展示传统村落的民居、传统生活方式、民俗的博物馆，是一种就地保护方式，它可能是露天的，也可能是在村民正常的生活环境里，以一种传统的博物馆手段，用宗祠或小学为馆舍，以实物、模型展示传统建筑和生活方式。"[②]有的指出乡村博物馆具有乡土性，也有观光性质，对文化遗产保护与乡村旅游有极大促进作用。[③] 贺传凯说："乡村博物馆虽显粗陋，还只是博物馆的初级形态，但从某种意义上说，它是博物馆向民众的回归，对于乡村的发展

---

①　蔡杰：《村史编纂在传统村落保护中的意义与可行性分析》，《中国传统村落：记忆、传承与发展研究》，北京：中国农业科学技术出版社 2017 年版，第 191-195 页。

②　徐欣云：《乡村博物馆的界定及社会价值研究》，《中国博物馆协会博物馆学专业委员会 2016 年"博物馆的社会价值研究"学术研讨会论文集》，2016 年，第 65-71 页。

③　廖国一：《乡村博物馆的建设与乡村旅游业的发展——以海南省五指山市冲山镇历史名村番茅村为例》，《广西自治区博物馆会议论文集》，2009 年，第 185-195 页。

具有深远的意义。"①我国已出现一些乡村博物馆,如张济民先生从南京中医药大学退休后,用毕生心血在家乡如皋市常青镇草张庄村建造一座"济民博物馆"②,还有前述金溪竹桥的乡村博物馆等。

此外,乡村博物馆还有其他一些社会特征,如它是一种特殊的地域博物馆,是从一个地域生命中自然生长起来的博物馆。它与我国基层博物馆不同,基层博物馆遵循的是主流博物馆陈展手段,与城市博物馆仅是规模上的不同,倘若乡村博物馆因循这种基层博物馆的话,就会因其馆藏实物较少、价值偏低、资金来源少等草根性,而显得无足轻重,以至于不能发挥社会作用。这样一来,在现代城市文明不甚发达的村落,乡村博物馆在博物馆体系中自然处于从属的边缘地位,被认为"只是博物馆的初级形态"。实际上,乡村博物馆不应像基层博物馆那样受制于行政区划,而应立足地域社会、天然承载的民族传统文化,这是基层博物馆无法比拟的。③ 因而,乡村博物馆是现代化背景下出现的一种新的博物馆形式,它就如一个个邻里博物馆,自主、自愿、自我管理,门槛低,保留某一乡村的共同记忆,联接共同情感。因此,乡村博物馆应是"为自己的后代而不是游客建一座博物馆"④,它无需太大的市场,无需很多游客来维持其运营,因为游客也很难真正与一个乡村产生情感共鸣,特别是我国乡村还容纳着相当数量的居民。

民俗博物馆是乡村博物馆中最常见的形式,展示日常生活的俗信、节庆、婚丧嫁娶礼仪以及手工产品技艺如农具、纺车、榨油工具、制陶器的工具、酿酒作坊工具等。有时候乡村民俗博物馆没有传统意义上的实物展品,而是用口述、幻灯、影像、数字显示设备进行展示、解释和传播。如前述美国老斯图布里奇村的民俗博物馆,还如德国的乡土文化博物馆,吴秀杰写道:在德国各类博物馆中,数量最多的是民俗学、乡土文化类的博物馆,占德国博物馆总数的45.1%,其类别包含民俗、乡土知识、农民住宅、磨坊、农业、地方史等内容;这类博物馆往往规模很小,它们或者展示本土过去的日常生活,或者集中于某个

---

① 贺传凯:《乡村博物馆发展之我见》,《新西部》2015年第32期。

② 鞠九江:《乡村九旬老人建起博物馆》,《人权》2012年第1期。

③ 徐欣云:《乡村博物馆的界定及社会价值研究》,《中国博物馆协会博物馆学专业委员会2016年"博物馆的社会价值研究"学术研讨会论文集》,2016年,第65-71页。

④ 潘守永:《地域博物馆学理论与村寨博物馆形态的发展:基于中国经验的讨论》,《北京民俗论丛(第一辑)》,北京:学苑出版社2013年版,第43-49页。

主题,不做面面俱到的收藏。① 一些民俗、乡土博物馆就是一种露天博物馆,即将展品从室内展柜中解放出来,将其放回原本的存在条件之中。

民俗博物馆是对村落历史的一种"重构",体现了一种舞台化的真实,以真实"演示"的方式为传统农业生产生活方式营造了一个完整情境,为观众活态地再现过去生活场景。这类博物馆中没有原住民,有一般博物馆所具备的馆舍。利用乡土历史建筑作为馆址,这是与乡村环境交相辉映,处于大自然中的博物馆;而且乡村博物馆常以祠堂、文馆、住宅等为馆舍,本身常常也是一个"文物保护单位"。《江西省传统村落保护条例》(2016)鼓励利用传统村落的古建筑以开设博物馆、纪念馆、陈列馆以及非物质文化遗产展示、传习所等方式展示传统村落的文化遗产,也可作民宿、古商铺、传统作坊之用。乡村博物馆内所存的基本是一些民俗文物,其实也是一个"类"民俗博物馆。

在博物馆学领域,许多国家博物馆设立有"文化遗产信息员"或信息主管CIO(Chief Information Officer)一职,管理着信息部的正常运作,保障信息系统的平稳运行。② 在我国乡村博物馆,这类"文化遗产信息员"就是档案管理员、乡村景观的讲解员或导游,一般是由本地村民经过一段时间培训后上岗,他们本身非常了解本地的历史文化和礼俗风情,属于"边缘性人才",也非常珍惜这种脱离"农民"的工作。据笔者所知,抚州金溪竹桥村、浒湾镇,吉安渼陂村、陂下村、王家村的导游都属此类。

8.2.2.2 生态博物馆式分析

生态博物馆与乡村博物馆的不同,就是立足社区建设。生态博物馆是一种不脱离实际存在背景的露天博物馆,能够赋予展览以鲜活的生活气息。生态博物馆则是保护即将消失的真实的社会生活方式,早在 1911 年挪威博物馆学家理查德·伯奇就讨论过这种形式说:"对于遗产的保护,把它们置于其自身的社区内要比集中于一个博物馆内要好得多;对于一个居民来说,用他们自己的眼睛每日看到它们引以自豪的遗产,要比一生去一次遥远的博物馆来敬仰他们的纪念物要重要得多;对于学者来说,在其自身的环境中研究这个物

① 吴秀杰:《多元化博物馆视野中的物质文化与非物质文化保护——德国民族学、民俗学博物馆的历史与现状概述》,《河南社会科学》2008 年第 6 期,第 23 页。

② [加]盖尔·洛德、拜伦·洛德:《博物馆管理手册》,郝黎等译,北京:燕山山版社 2017 年版,第 50 页。

体,要比在隔绝状态中研究要好得多。"①在 1971 年第 9 届国际博协大会上国际博协领导人乔治·亨利·里维埃强调生态博物馆在空间上、时间上、人与自然的关系上、管理人员上,都与以往一般的博物馆不同。②此后,环境科学的系统性、整体性原则被引入到博物馆。对此,笔者的理解是:生态博物馆,也是生态档案馆,在传统村落中,文物、档案已经浑然一体,是传统村落档案"活态"管理模式。

生态博物馆与社区或社群相关,更像是社区居民自我管理的一种方式。如果说乡村博物馆是要把乡村社区的生活方式和文化"定格"于某一个时间空间片段当中,留下永久的记忆,而生态博物馆则是在社区的参与下动态地随着村落的变化而变化。在这方面,国内一些文章进行了研究。潘守永认为:"一般由村寨的文化环境、自然环境及一些辅助的陈列室或博物馆所组成,其特点就是以村寨为单位进行保护,整个村寨中的建筑、服饰、饮食、生产生活工具及活动、各种节日都是博物馆的'展品'。"③潘守永笔下的"村寨博物馆"已经不是上述"乡村博物馆",而是一种生态博物馆。一般博物馆将教育、科学研究看作博物馆的重大使命,而远离了社区民众,社区博物馆研究是对社区与社区文化发展的进一步深化,如吕建昌认为,传统博物馆把藏品作为私有物品,束缚在一个相对封闭的空间中,社会化程度还很低,而社区博物馆可以看成是传统博物馆以社区为对象的一种服务形式,是传统博物馆自发地突破自身瓶颈的一种尝试。④

8.2.2.3　博物馆式与宗祠式关系辨析

很多乡村博物馆就建设在祠堂或庙堂里,代替祠堂成为主要的乡村记忆实践和载体,就如正在用村史、村志来代替家谱的编修,然而很多时候,却起不到凝聚人心的作用:投资颇大,却成为摆设。乡村博物馆是不符合中国乡村特色吗?是祠堂的功能需要活化,还是乡村博物馆的功能需要深化?这些问题

---

①　胡朝相:《贵州生态博物馆的实践与探索——为贵州生态博物馆创建十周年而作》,《中国博物馆》2005 年第 2 期,第 3-8 页。

②　王宏钧:《中国博物馆学基础(修订本)》,上海:上海古籍出版社 2014 年版,第 10-11 页。

③　潘守永:《地域博物馆学理论与村寨博物馆形态的发展:基于中国经验的讨论》,《北京民俗论丛(第一辑)》,北京:学苑出版社 2013 年版,第 43-49 页。

④　吕建昌、严啸:《新博物馆学运动的姊妹馆——生态博物馆与社区博物馆辨析》,《东南文化》2013 年第 1 期,第 111-116 页。

都摆在研究者面前。

　　祠堂曾是乡土社会的记忆载体,具有神圣性,而乡村博物馆却缺少这方面的内涵。如今在乡土建筑和传统村落保护运动下,祠堂被当作一处物质文化遗产如文物保护单位或乡土建成遗产来看待,然而这是发挥宗祠的文化遗产功能,而其所体现的宗族教化等功能则沦为过时的遗产,祠堂正逐渐退出历史舞台;而且祠堂成为文物后,具有的更是可以收藏和拍卖的资产性,变成一种财物,更失去了往日的神圣性。如今天许多古村旅游公司或当地政府机构以征收、购买、协议开发的方式处理祠堂资产。即使今天有新修祠堂,其功能也是从神圣性转向世俗化。一些地方在兴建祠堂,也不复往日的辉煌,其记忆乡村、祭奠祖先的功能也在削弱。近十几年来,祭祖、修祠堂在许多地区重新活跃起来,但是李桂平的话也可以进一步佐证祠堂的式微,"新修的祠堂并不讲究……重要的是失去规制的祠堂建筑没有了庄重肃穆的氛围"[①]。新修的祠堂只剩下一个躯壳,也是"形式化"村落整合的一部分。祠堂被视为"遗产性仪式",宗教性、神圣性被抽离,增添了许多休闲娱乐功能。有的宗祠成为乡村文化礼堂,成为现代仪式展演的空间;有的宗祠建成乡村博物馆,成为游览教育的空间。

　　宗祠文化中虽然确有糟粕,如忽视人权、歧视女性、宗族械斗等,但其毕竟在历史风雨中屹立延续了几千年。有学者认为,在村落现代化过程中,乡土社会"原有宗族制度的解体,并不意味着宗族观念的消除,更不是民俗民风的消失,恰恰是隐匿于民间婚丧嫁娶、节日庆典等日常生活和人们的记忆中,还会对社会文明、社会秩序起到积极的推动作用"[②]。笔者认为,对祠堂原有的记忆功能的保护,才是真正保护了祠堂。祠堂作为物质文化遗产被保护,对祠堂中的祭祀祖先、教化、伦理文化,可以以非物质文化遗产的"文化空间"类别进行保护。宗祠记忆更偏重是今天所谓的非物质文化遗产的"文化空间"。

　　在联合国教科文组织的《保护非物质文化遗产公约》中,非物质文化遗产实际上分为两种,一是各种传统文化表现形式,二是文化空间。乌丙安认为文化空间这一定义兼具空间性和时间性,它是"一个人类学的概念,它指的是传

---

　　① 李桂平:《被颠覆的村庄》,南昌:江西人民出版社 2012 年版,第 84-85 页。

　　② 吴祖鲲、王慧姝:《宗祠文化的社会教化功能和社会治理逻辑》,《吉林大学社会科学学报》2014 年第 4 期,第 155-162 页。

统的或民间的文化表达方式有规律性地进行的地方或一系列地方"①。向云驹认为"文化空间"是作为非物质文化遗产的一种重要或主要的样式来表述与认定的,这使"文化空间"同时具有了一种类型学的意义。② 李墨丝解读的文化空间是指"一个集中呈现传统和民间文化活动的场所,同时也是以某一周期或某一事件为标志的时段。……这一时段和这一地点的存在取决于以传统方式进行的文化活动本身的存在"③。季诚迁则认为,非物质文化遗产的文化表现形式和文化空间,其实是互相兼容的,任何一种文化表现形式都会有文化空间,任何一种文化空间都有一种或集中文化表现形式,选择文化表现形式,是由于形式是显性的,有较高知名度、影响力,而选择文化空间,则由于某种非物质文化遗产具有较强的区域指定性,相对闭合完整。④

世界各地入选世界非物质文化遗产名录的文化空间很多,如摩洛哥杰·马夫纳广场文化空间(摩洛哥,2001)、梅拉镇孔果圣灵兄弟会文化空间(多米尼加共和国,2001)、塞梅斯基文化空间(俄罗斯,2001)、土著亡灵节(墨西哥,2003)、江陵端午祭(韩国,2005),⑤等等。由于理解上的偏差,我国目前还没有一个"文化空间"项目入选世界非物质文化遗产名录。祠堂遍布我国乡村,是祖先死后的灵魂所在地,是后人祭奠、怀念先人的场所,并且有固定的祭祀时间,祠堂中没有保存多少先人的"实物",祖宗牌位也是象征性的代表,因此,笔者认为,祠堂符合"文化空间"的界定,对之进行"文化空间"的遗产性仪式的保护,也可填补我国在世界非物质文化遗产名录上的"文化空间"类遗产的空白。

那么中国的乡村博物馆,如今多少也延续了宗祠的记忆功能。如果说祠堂记忆是属于某一个家族和家庭的,而有些农具、手工器具等也是因在今天的

---

① 乌丙安:《"人类口头和非物质遗产保护"的由来和发展》,《广西师范学院学报》2004 年第 3 期,第 10-16 页。

② 向云驹:《论"文化空间"》,《中央民族大学学报(哲学社会科学版)》2008 年第 3 期,第 83-90 页。

③ 李墨丝:《非物质文化遗产保护法制研究——以国际条约和国内法为中心》,上海:华东政法大学,2009 年,第 23-24 页。

④ 季诚迁:《古村落非物质文化遗产保护——以肇兴侗寨为个案》,北京:中央民族大学,2011 年,第 12 页。

⑤ 季诚迁:《古村落非物质文化遗产保护——以肇兴侗寨为个案》,北京:中央民族大学,2011 年,第 11-13 页。

日常生活中没有使用空间而被收纳入了博物馆中,成为过程性记忆。传统村落是一个"活态的"博物馆,其中所建设的乡村博物馆、民俗博物馆,也是反映乡村过往和现实生活的过程性现象。然而,与祠堂不同的地方是,乡村博物馆是一个把私有财产公共化、社会化的过程,这是一种文明、进步,然而同时由于私人领域的打破,也会给村民一种祖先"记忆"被连根拔起的感觉,从而造成一种伤害。因而,乡村博物馆和祠堂记忆之间,要寻得一种平衡,才会成为一个成功的乡村博物馆。比如,西湖李家村"陇西堂"中建设的乡村博物馆,是比较成功的案例,笔者认为,这得益于落叶归根的李豆罗的故乡情结,而不是纯粹的来自政府、旅游公司的样板工程。

乡村博物馆是乡村记忆工程的现当代记忆载体,它不应是人工装饰物或景观,而是将乡村社区居民凝聚在一起的工具。积极地讲,它是一种新式的开放阳光的公共场所。如果说,今天的村史、村志的修编,是弥补家谱等修谱传统的式微;那么,乡村博物馆这一实体,是弥补祠堂这一村落公共建筑的功能的消逝,起到凝聚乡民和人心的作用。而且很多乡村博物馆就是建设在村落祠堂内。它与档案的区别就在于它收集的文化遗产、实物,我们在绪论中的概念界定已经说明了:传统村落本身就是一个"活的"档案,是历史信息的真实记载,它包含文化遗产实物及其档案。传统村落过去以祠堂的纪念方式,今天以博物馆的纪念方式,期望二者殊途同归。

8.2.2.4　博物馆化作用及标本化劣势

传统村落中这些新型博物馆把"过往"和"现生"结合起来收藏和展现,这种就地性博物馆,符合 2007 年国际博物馆协会关于博物馆的定义的三个新特征:把教育功能调到第一位,博物馆收藏内容的外延延伸到非物质文化遗产,去掉了"证据"这一属概念。这种新功能的发展特征,就是从收藏过去的和"死"的物品拓展到现在的"活"的和现生的物品,其最突出的表现就是将现实生活中正在发生的过程性现象,也纳入博物馆化的范畴,而反映当代社会生活、文化生活,动态收藏和展示传统村落的各种信息。

传统村落的这些博物馆的功能,与一般博物馆的收藏、研究、教育功能侧重点有所不同。笔者认为,传统村落博物馆的功能,一是强调社会记忆,为当地村民梳理历史秩序、增强文化认同的历史功能;二是村落的荣耀及伤痛警示的纪念作用,比如流坑村被战争烧毁的牌坊遗址;三是以符号化展品为特征的展示方式,就如祠堂是宗法制度的象征物,乡村博物馆是一种集体记忆的凝结物,特别是乡村的非物质文化遗产展示馆,"实物"较少,是一种再现性、舞台化、展演式博物馆,展览要素复杂化与多元化。在此,"实物"藏品的观念被拓展,产生质的变化,重在教育、研究、休闲活动功能,侧重于中小学生的乡土教育。

相比较而言,"生态博物馆"的称谓用得比较少,其名称过于高冷,对于乡村居民来说是阳春白雪,有点费解、难于执行;"乡村博物馆"或"民俗博物馆"用得多,直观形象,文化遗产原生地紧密相连。笔者以为,民俗博物馆可以而且应该异地而建,因为对于本地人而言,日常生活才是该民俗的延续,民俗馆是不甚久远的生活中民俗的保留,因而民俗馆所发挥的增强凝聚力作用收效甚微;凝聚力的增强更体现在祠堂、家谱等记忆和真正的民俗活动这种活态传承的方式上。笔者在调研中甚至发现,许多博物馆内的工作人员一般是由本地村民担当,而他们本人都对乡村博物馆建设热情不高,本地人也没有参观的欲望。在"移风易俗"后传统生活方式已经不在,生活在新民俗下的新一代,通过民俗馆反映的旧时民俗可了解父辈的生活,此时民俗馆对于本地新生代是有作用的,或者老一辈从旧民俗文物中找回熟悉的记忆。民俗馆的作用,更主要体现于古村的"旅游热"当中,比较引起异国或异民族游客的注意,所起的作用就是"猎奇"和长见识,因为任何民俗的形成都是有其伦理、社会关系、生产力的秩序影响的。汉民族民俗,虽有地域上的差别,但在主要节点上大同小异,因而对于本民族游客难以有吸睛的作用。因此,也可以说,乡村民俗馆或少数民族的民族学博物馆,不一定要建设于当地,可以异地而建或异地保护,比如建设在大城市的学校、研究院所,或作为城市综合性博物馆的民俗分馆。

因此,传统村落博物馆化管理,有上述种种正向功能,但也有不足,具体还表现为如下五点。

一是在乡土建筑改造成博物馆过程中有许多值得探讨的问题。乡土建筑曾经是适合人生活和居住的地方,为适合人居住都要讲究"风水",要保持一定的湿度,而且人是流动的。传统建筑改造为博物馆后,无论收藏文物还是档案,其馆舍都需满足"七防"或"八防"要求,比如防光,因为自然光不可控,现代遗产保护一般采用人造光源;比如防湿、防高温,一般会用空调和去湿机调控温湿度,传统建筑要改为封闭式的博物馆馆舍,那种讲究"风水"的古建造特征就成为不利因素。笔者曾看到许多乡村博物馆,对传统建筑进行封闭改造,布置人造光源、安装空调,但是封闭之后的传统建筑,在南方多雨的地区,建筑内因无法通风更加潮湿滋生霉菌,而一天 24 小时空调运作也不甚"值得",因而走进去看到那些民俗老物件,愈发感觉阴森。对此,笔者的建议是,可以利用古建筑的自然光和通风,加以适当的调整,比如安装水晶玻璃以阻隔紫外线,就如由世界华人建筑师贝聿铭设计的苏州博物馆,把中国古典式的建筑造型与所处环境自然融合,突破了中国传统建筑在采光方面的束缚,不仅解决了传统建筑在采光方面的实用性难题,更丰富和发展了中国建筑的屋面造型样式。① 不过乡村博物馆没有这么大的实力进行改造,但是因地制宜的设计是非常必要的。这是一个有待探索的课题。

二是,乡村博物馆式管理常常也是项目式管理,而项目是有一定时限的。政府部门或学者们对于传统村落建档的参与,常常千里迢迢当作项目来"参与",是一种"另起炉灶"式的参与,而不是平时工作生活的需要。因而,笔者认为,这种人为的转变工作、生活方向的参与方式,是不可持续的。因为也许参与的项目结束了,人马撤走了,事情就淡了,甚至会比原来更糟——因为原来传承的基础断了,很多村史馆、乡村博物馆都是如此,不具有长久维持的动力,达不到曾经祠堂纪念祖先、使祖先"如在"的功能。因此,"地才"式的社区或社群建设的博物馆、档案馆才具有可持续性。

二是,传统村落博物馆的空心化。村落的分散性和开放性很难像城市里博物馆一样全部封闭起来,而国家特别要求和收藏展览的东西,基本也都移交给国家博物馆了,因此对传统村落进行标本化的乡村博物馆、民俗博物馆建设,甚至是生态博物馆的打造,有时候会加速其空心化。

四是,在传统村落博物馆的模式下,还需要时时记住档案与遗产的联系和区别,即档案既是文化遗产本身,又是文化遗产的记忆(存档)。此处要特别提醒注意文化遗产与档案的不同。文化遗产有一种要满足观众的审美和可读性的要求,因此存在修复的问题;而文化遗产倘若是作为档案,主要价值不是为满足观众审美需求,而是满足存史、编史保护历史真实性的需要,倘若损毁,就

---

① 搜狐网:《贝聿铭的 100 年:用尽一生,只为呈现最极致的设计》,2016 年 10 月 20 日,https://www.sohu.com/a/116681711_481639。

不存在修复的问题。文化遗产与档案之间的细微区别可以用比尼亚斯一段话进行说明:"古锈虽然不是人们期冀的,却提升了对象的价值。修复也有助于提升对象的价值,但它是一种蓄意的改变。另一方面,只有那些会降低对象价值的改变通常被认为是'恶化'或'破损'。……咖啡渍对戈雅绘画的破坏比一份手稿更严重。因为有咖啡渍的文件依然可读,而绘画的美感却会大幅降低。……废墟和许多其他'破坏'的对象正因为'破坏'的存在而变得更有意义。"①此处绘画、废墟是文物、文化遗产,而手稿是档案,由于时光带来的老化或管理疏忽造成的人为"破坏",带来了一种"废墟美",对于文化遗产来说遗址的意义超越了其作为物质史料的价值,而对于作为实物档案的文化遗迹,其史料价值则由于破坏而失去了真实性。

　　五是,从档案学视角对乡村博物馆进行分析,它也是一种面向利用者的乡村记忆模式。一些古村旅游开发公司或政府的基层组织"村落管委会"成为古村的管理者和经营者,他们在追求政绩或经济利益驱动下,根据上级行政理念或游客的喜好,打造村落文化名片。从档案学的角度来看,这是"利用决定档案"的视角,正如 20 世纪谢伦伯格为代表的学者强调的根据实际利用和预期利用,提出的档案人员"以利用者为中心"的鉴定标准,这一视角的鉴定模式会造成"某种武断"或"鉴定标准的暴力",因为对未来利用预期的判断不同,档案人员或"他者"操作起来会有主观性偏差,模糊了来源原则的边界,而且利用者"众口难调",以利用者为"风向标",无法客观地广泛地反映乡村生活的方方面面。这种"利用决定档案"的方式实际上在档案学发展史上已经被否定。

　　总的来说,乡村博物馆、生态博物馆、社区博物馆等都期望用生态的、整体性的、规划,保证传统村落生态演化过程、历史形成过程的完整,以及原住民以社区集体的方式参与,来保证副产品档案的"活态"管理,但是需要注意的是套用博物馆的成功案例,采用繁琐的所谓严格程序,也会导致僵化和失真。

---

① 　[西]萨尔瓦多·穆尼奥斯·比尼亚斯:《当代保护理论》,张鹏、张怡欣、吴霄婧译,上海:同济大学出版社 2012 年版,第 90-92 页。

8.3　传统村落档案后保管模式
——打破学科壁垒的村民自我管理

　　社群档案理论可以用来更好地指导我国乡土社会中具有相对独立性的宗族文化特征的传统村落档案管理。社群档案一般被认为是近年来(大约在 20 世纪 60 年代)欧美国家新出现的一种档案类型和档案现象,弗林曾尝试给出社群的定义:"一些社群定义指的是'地理、文化或共同兴趣',但我更倾向于宽泛和明确地将社群称为一个群体,该群体基于地方性、文化、信仰、背景或其他共同身份或兴趣来定义自己。许多社群倾向于具有地方性这一特征,即使他们网络上相遇,但是其他社群完全具有另一个共同的特征,例如性取向、职业、种族、信仰或兴趣,或者上述一个或多个的组合。"①在我国,连志英(2014)较早引述欧美国家社群档案的概念、形成背景及发展现状,研究其对我国档案工作的启示是,认为因此档案工作者有了新角色,如档案记忆构建有了新模式的社会参与模式和后保管模式等。②谭雪则提出了社群档案与我国社区档案的不同,"社群档案对应于英语中的'Community Archives',不同于中国的社区档案概念,这里的社群不仅是指基于地理的传统意义上的社区和基于互联网的虚拟社区,而是包括所有基于血缘、关系、情感甚至是某种身份的共同体"③。档案学者们大都认为,在我国至今没有典型的社群档案实践。

　　然而我国社区档案的研究和实践较早,甘敏认为,"社区档案的研究始于 1998 年,2001 年以前发文量较少,但从 2002 年开始呈极值增长趋势,到 2003 年达到总趋势图中的最高值"④。孙一鸣认为社区档案的研究类文章出现过两次峰潮,"第一次在 2004 年,当时我国正大力主张建设社区,所以在这一时期以研究分析社区特点、介绍社区档案概念的文章居多。第二次是在 2007—

---

　　①　Andrew Flinn. (2007). Community Histories, Community Archives: Some Opportunities and Challenges. *Journal of the Society of Archivists*, 28(2): 151-176.

　　②　连志英:《欧美国家社区档案发展评述与启示》,《浙江档案》2014 年第 9 期,第 6-9 页。

　　③　谭雪:《西方社群档案研究热点及其引入障碍分析》,《档案学通讯》2015 年第 6 期,第 40-43 页。

　　④　甘敏:《社区档案服务生态系统研究》,南昌:南昌大学,2017 年,第 13 页。

2008 年期间,这期间我国建设和谐社会,故对于社会结构的分析类文章又出现一次高峰。"①在我国出现的农村社区档案,与社群档案有很大的不同,对于传统村落档案管理的作用也不一样。

8.3.1　农村社区档案管理及其与社群档案理念之不同

社区仅指地域上相联系并结成的社会关系,传统村落档案就在农村社区内。"社区"一词,在乡村逐渐从陌生词汇变成热点词汇。传统村落"活着"依赖的是生生不息的农民群体,务农群体结成的农村社区参与建档尤为重要,在这里,农村社区侧重于同一地理区域特征人群的聚集,目前因为血缘、地缘或农村户籍的限制,相对比较稳定。费孝通曾说,因为社会学以全盘社会结构的格式作为研究对象,这对象并不能是概然性的,而"社区"确定人们在"时空的坐落",联系着各个社会制度,"每一个社区都有它的一套社会结构,各制度配合的方式。因之,现代社会学的一个趋势就是社区研究,也称作社区分析"②。

我国近来关于"社区档案"的研究文章非常之多,其研究者虽然多来自基层如县区档案局、街道办事处、村委会,但反映了现实中另一个角度的传统村落档案工作状况。社区档案研究文章之多,也因为社区服务站在我国已经全地开花,据胶州市阜安街道办事处陈梦统计道:截至 2016 年年底,我国的社区服务站数量已经成功突破 35000 所,社区内的服务设施覆盖率也高达 51%。③城市和农村有如此大规模的社区服务站,社区建设曾有大规模的推广工作,如娄红、徐健说,2008 年 12 月全国农村社区建设试验工作经验交流会在诸城召开,之后诸城的农村社区工作事迹先后 5 次在 CCTV-1《新闻联播》《东方时空》节目中播出,社区工作及档案内容涉及党建、精神文明创建、民政、劳动、司法、公安、文化、宣传、教育、卫生、城建、环保等方方面面,农村社区真正成了居民和谐、文明生活的重要平台。④ 天津市档案局法制处崔平把社区档案与农村档案平等并列为比较低级别的档案,应该却没有纳入法制管理。⑤ 章丘市

---

① 孙一鸣:《社区档案管理工作常见问题及对策》,《科技资讯》2017 年第 5 期,第 136-137 页。
② 费孝通:《乡土中国　生育制度　乡土重建》,北京:商务印书馆 2011 年版,第 95 页。
③ 陈梦:《社区档案管理的现状及发展策略》,《环球市场信息导报》2017 年第 25 期,第 121 页。
④ 娄红、徐健:《中小城市农村社区档案工作初探》,《山东档案》2010 年第 5 期,第 42 和 50 页。
⑤ 崔平:《将社区、农村档案工作纳入〈档案法〉管理》,《中国档案》2009 年第 7 期,第 38-39 页。

档案局黄艳楠、许立强认为"农村社区档案有效记录了区域内社会发展进步历程和历史文化传统,记录了当地农业、农民的物质文化生活面貌,反映了社区发展工作取得的成就"①。新宾县档案局焦凤英直接以"新宾召开农村(社区)档案管理规范化建设动员会"②为标题发文,认为农村档案与农村社区档案似乎是可以互换的词汇,等等。

我国的《城市社区档案管理办法》(2015 年修订,国家档案局、民政部第 11号令)第 2 条定义③:本办法所称社区档案,是指城市社区党组织、居民委员会、社区服务机构、社区社会组织(以下简称社区各类组织)和居民在社区建设中形成的具有保存价值的各种文字、图表、声像、电子数据等不同形式和载体的历史记录;社区档案工作在业务上接收街道办事处(乡镇人民政府)以及档案行政管理部门和民政部门的监督和指导。吴建华等曾指出,社区居民委员会本应"是居民自我管理、自我教育、自我服务的基层群众性自治组织",而归属街道领导后,它已经不具有自治的独立性,这是矛盾的。④

笔者认为,目前推行的农村社区档案,是对"城市社区"档案工作的模仿,二者大同小异。农村社区工作性质实际上也还是政府工作的衍生,是政府行政转向治理的职能转型在农村地区的体现,农村社区档案是适应时代变化的农村档案、新农村档案、村级档案的新称呼,是"一村一档"模式的升级版。目前有一些文字证实了笔者的说法,如在社区档案性质方面,娄红、徐健认为,"中小城市的农村社区地位逐步强化,过去一些由政府和单位承担的社会管理职能正在逐步转向农村社区"⑤;长春市双阳区清江社区张晓红说,"社区档案管理作为档案管理工作当中的一个全新领域,是政府为提高人民生活质量利用的一个全新手段,社区档案管理不但可以提高居民信息查询与归类的效率,

①　黄艳楠、许立强:《抓好农村社区档案管理提升新型社区建设水平》,《山东档案》2013 年第 2期,第 32-46 页。

②　焦凤英:《新宾召开农村(社区)档案管理规范化建设动员会》,《兰台世界》2010 年 8 月上旬刊,第 33 页。

③　中华人民共和国民政部:《城市社区档案管理办法(国家档案局、民政部第 11 号令)》,2015 年12 月 10 日,http://www.mca.gov.cn/article/gk/fg/jczqhsqjs/201512/20151215878105.shtml。

④　吴建华、何小菁、徐欣云:《我国社区档案管理的现状与发展趋势》,《档案与建设》2003 年第 1期,第 54-56 页。

⑤　娄红、徐健:《中小城市农村社区档案工作初探》,《山东档案》2010 年第 5 期,第 42-50 页。

还有利于落实国家法规政策,为我国调查社会问题带来极大的便利"①。对于农村社区档案工作对策,一般也是自上而下的视角,如钱海峰提出的"做好新型农村社区试点建设过程中档案管理工作的对策",通过加强领导、完善制度、加强监督指导,确保"原行政村所形成的档案移交给新成立的社区"②,更证明了农村社区档案就是政府治理下服务转型的村级档案。

笔者还认为,农村社区档案模式实际上也是如今"档案治理"的一种实现,如徐拥军等认为,"档案治理"是指:"以档案部门为主导,社会组织和公民个人广泛参与为协同,在坚持民主、法治的原则下,对涉及档案及其相关的一切事务进行谋划、组织、协调和决策等的活动与过程。"③他们还认为,"档案治理的理念具有明显的社会化内涵,其价值取向之一,便是强化档案为民服务,凸显档案治理的人本内涵。……从档案管理到档案治理,并不是简单的语词更迭,而是认知形态与价值尺度不断现代化的过程"④。"以档案部门为主导"实际上是档案行政机构主导,即国家档案工作的代理机构主导,显然不是社区居民主导的模式,因而"档案治理"不是档案事业从"国家模式"走向"社会模式"的实现。

因而农村社区档案与"社群档案"理念相去甚远。然而,社区作为一个有地域性的群体,本应自然成长并具有内部凝聚力,社区档案本应是农民自我管理的模式,如前述孟德拉斯所说:"农民社会是在一个更大范围的总体社会中相对自治的整体。"⑤如李培林所说,"村落社区管理与城市街道社区管理实际上有根本的差异"⑥,它应该有乡土社区宗族自治的影子,又有符合现代行政、法治管理的面子,这样一种有相对独立性的传统村落实体,其建档模式也或许通过"社群档案"理念来实现。换句话说,农村社区与城市人为设置的行政性社区不应是同一的概念,在城市也有历史积淀下自然形成的历史城区。因而,

---

① 张晓红:《社区档案管理工作常见问题及对策》,《办公室业务》2019 年第 9 期,第 81 页。

② 钱海峰:《关于做好新型农村社区建设过程中档案管理工作的思考》,《北京档案》2017 年第 9 期,第 27-28 页。

③ 徐拥军、熊文景:《档案治理现代化:理论内涵、价值追求和实践路径》,《档案学研究》2019 年第 6 期,第 12-18 页。

④ 徐拥军、李孟秋:《再论档案事业从"国家模式"走向"社会模式"》,《档案管理》2020 年第 3 期,第 7-11 页。

⑤ [法]孟德拉斯:《农民的终结》,李培林译,北京:社会科学文献出版社 2010 年版,第 8 页。

⑥ 李培林:《村落的终结——羊城村的故事》,北京:商务印书馆 2004 年版,第 49 页。

陈建、赵丽认为社区档案应参与社会记忆构建的路径,除了政府主导之外,还有市场参与、公益补充。[①] 甘敏则认为,应构建"居民至上"的社区档案生态服务模式,如社区"一站式"档案服务、"社区 APP"档案服务推广,[②]等等。而"社区"概念是无差别的既适合城市也适合乡村,用来表示一个内部有紧密联系和社会结构的团体。从遗产传承视域下的研究,也必须重视"原住民"及其结成的社区。社区成员自认为具有某种关联性,这种社区关联性常常表现为认同感或共同的行为,以及相同的活动和地域。

8.3.2　社群档案理论的本土化实践思路

我国"社区档案"实践,是把社区档案当成政府管理和服务的工具,是政府功能的衍生,而不是"社群档案"在发挥作用。传统村落档案,则类似于社群档案,而不是我国社区档案。社群档案这一理念更侧重于由自己形成的、自己保管的而且自己使用的档案,弗林、斯蒂文和谢帕德称之为"记录社群遗产的一个或多个方面、由社群并且为社群形成和收集的由其成员照料的任何材料的集合"[③]。

本文强调以"农民"为核心的档案最为重要、"人"是传统村落档案的"核心"载体,就是强调传统村落档案的这种社群性。政府、学者的支持对于传统村落保护很重要,但是更多的还得依靠村民自身力量,他们才是古村的主人,也是古村核心的生命力;"金溪共识"就是强调外界力量和科学技术都不能替代本乡本土的主体意识,保护古村落最终要依靠的是村民自身,将村民的情感注入古村,唤醒于心,才能留住村民,才能让古村重焕活力。[④] 金溪县在传统村落推行的村民当文保员的制度颇有成效。村民作为文保员实现了社区参与的意义,传统村落档案在文保员的一言一行之中,在那拐弯抹角之处,在墙壁、地面、天空之中。传统村落的一点一滴在村人眼里,都是那么津津有味,在"他

①　陈建、赵丽:《论社区档案参与社会记忆构建的作用及路径》,《档案管理》2017 年第 1 期,第 15-17 页。

②　甘敏:《社区档案服务生态系统研究》,南昌:南昌大学,2017 年,第 59-63 页。

③　Flinn A, Stevens M and Shepherd E. (2009). Whose Memories, Whose Archives? Independent Community Archives, Autonomy and the Mainstream. *Archival Science*, 9: 71-86.

④　新浪江西:《唤醒占村——"重焕活力"数字遗产中国行在金溪》,2016 年 4 月 14 日,http://jx.sina.com.cn/news/wtsh/2016-04-14/detail-ifxriqqx2377176.shtml。

者"眼里或许"不入大雅之堂",或许也只会变成枯燥的数字和文字,因而自者保存历史记忆尤其重要。传统村落的保护和建档,既要修缮外在的"筋骨肉",更要有传承内在的"精气神"的内容,而地才、普通村民正是起了这样的作用,同时政府的政策和专家的支持、旅游公司活化也必不可少,游记也是公众参与方式之一。总之,文保员的口述、专家学者的调研、公众的游记,你一言我一语,尝试凑成一个村落全景图、全段历史,合力构成传统村落的世俗档案。

据此,笔者认为,传统村落档案类似于社群档案。传统村落档案所具有的以地才、村民为核心形成主体的特征,它的草根性、边缘性、地域性、活态性及相对真实性等,都与社群档案相类似;它有一套乡土秩序或礼制的制约,这与国外的所谓的"一种复杂的自适应的文件保存系统"的社群档案特征也是相一致的。莎拉·贝克介绍了世界范围内 41 个 DIY(Do-It-Yourself)机构组成的社群档案数据库,这些数据通过现场观察、访谈志愿者和网络调查等多种方式采集,而收录的实体 DIY 是通过互联网搜索引擎查找来的;此外,还可以想象一些 DIY 机构没有网站,然而,根据对 10 个国家的 DIY 机构进行的定性研究,尽管不完全,但起码记录了西方流行音乐的传统文化。①

在本文中,笔者也通过网络搜索了许多传统村落官网如千年古村流坑、渼陂古村、安义古村等,尽管不完全,还是代表了大多数传统村落档案的形成历史、内容和管理模式。也可以想象,一些传统村落没有网站,然后根据笔者对"江西传统村落档案'世俗万象'""诸葛村""老斯图布里奇村(Old Sturbridge Village)"的定性分析,起码描绘了绝大多数传统村落建档模式。而"泛化",也是笔者创造的一个术语,目的是包容传统村落的"世俗万象",一些学者也在引用这一"术语"。"泛化"是社群档案的特征,而且是其游离于主流档案行政机构的重要特征,在传统村落中就有"类社群档案机构"如家族修谱室,这类机构也逐渐更多地与地方档案机构合作,如把旧谱存于地方档案馆或图书馆一份,以借助公共力量来保存它。农村社群组织是一个动态的、开放的、自然的社群组织,没有凝固的边界和规则。

虽然国内许多研究者认为,目前"社群档案"理念多是从国外引进,在我国

---

① Baker Sarah. (2015). Do-it-yourself Institutions of Popular Music Heritage: The Preservation of Music's Material Past in Community Archives, Museums and Halls of Fame. *Archives and Records*, 37(2): 170-187.

社群档案建设有很多现实困境,如李孟秋认为社群档案"中国化"任重而道远,需要来自国外社群档案概念的包容性、对抗性减弱、加强合作的启示,从而发展中国特色的社群档案。[①] 所以倘若从考虑传统村落档案的社群价值方面出发,前面所述住建部等国家行政机构就会化解传统村落建档困境,即"逐步放手,更多地让社群成员在其中发挥更大的作用和价值,逐渐完成由政府主导到社群成员积极推动的转变过程"[②]。

弗林在其 2007 年关于社群档案理论的奠基之作中就指出,"社群档案并不是一个新现象,虽然经常以许多不同的名称出现",因为"对社群表达和收集有关话题的兴趣和认识,多年来已经在当地历史图书馆馆员、博物馆的社会历史馆员,以及一些本地档案工作者中良好地建立起来。……虽然社群档案或有关项目不是新现象,而更是随着对其重要性及其潜在影响的专业意识的提高而提高,但是这些项目的数量近年来无疑也大幅增加。"[③]换句话说,"社群档案"理论新进的崛起和迅速传播,使曾经默默无闻的地方史、口述史、修谱活动,逐渐规模化和得到更多人认同,"地方史、口述史、社区历史和记忆项目等,这些曾经被经常使用的用语,都可以归结到'社群档案'这一术语上来,近年来这一术语已经被越来越多的人接受,作为一种有效的手段(即使有时不那么完美),将这些常常完全不同且名称各异的项目和计划组合到一个社群档案'运动'中。"[④]不仅如此,莎拉·贝克也指出"尽管最近文献记录了档案职业向社群档案和参与式档案转变,但必须指出,DIY 机构并不是一个新现象"[⑤]。据此,笔者也进一步可以把乡村记忆工程、村史馆项目、农村社区档案、村志编修等归结到社群档案这一术语上来,都是一种追寻档案证据式的管理模式;而旅游公司面向利用者的建档模式,则以风物、传说为主要内容,这与社群档案有

---

①　李孟秋:《我国社群档案建设的意义、困境与路径》,《档案学研究》2019 年第 2 期,第 71-76 页。

②　钱明辉、贾文婷:《国际社群档案包容性实践模式研究与启示》,《档案学通讯》2018 年第 4 期,第 40-44 页。

③　Andrew Flinn. (2007). Community Histories, Community Archives: Some Opportunities and Challenges. *Journal of the Society of Archivists*, 28(2): 151-176.

④　Andrew Flinn. (2007). Community Histories, Community Archives: Some Opportunities and Challenges. *Journal of the Society of Archivists*, 28(2): 151-176.

⑤　Baker Sarah. (2015). Do-it-yourself Institutions of Popular Music Heritage: The Preservation of Music's Material Past in Community Archives, Museums and Halls of Fame. *Archives and Records*, 37(2): 170-187.

所不同。因而传统村落官网相当于社群档案收集各方信息的平台,包括对于传统村落及其古村文化感兴趣的专家、学者、游客,都可以聚集于此,如本项目组成员之一江西师范大学软件学院王渊老师一直在致力于"古村数忆"研究,获得了一系列专利成果,如《古村落数字化展示系统》(软件著作权登记权登记授权号:2019SR0869913)、《基于 Unity3D 的漫游古村落游戏软件(软件著作权登记权登记授权号:2019SR0288605)》,也可看作传统村落社群档案的一部分。

笔者还认为,"社群档案"对应的"Independent Community Archives"这一词汇,实际上包含了社区档案和群体档案两部分,据此上述"农村社区档案"也是传统村落社群档案的一部分,这也可化解李孟秋所认为的我国"重社区而轻社群"①理念的困境。在联合国教科文组织的《保护非物质文化遗产公约》中,对非物质文化遗产的形成主体,用的就是社区＋群体＋个人的方式,定义为:"非物质文化遗产,指被各社区、群体,有时是个人,视为其文化遗产组成部分的各种社会实践、观念表述、表现形式、知识、技能以及相关的工具、实物、手工艺品和文化场所。这种非物质文化遗产世代相传,在各社区和群体适应周围环境以及与自然和历史的互动中,被不断地再创造,为这些社区和群体提供认同感和持续感,从而增强对文化多样性和人类创造力的尊重。"其中,所谓的"社区",是指在植根于实践、参与和传承非物质文化遗产的共同的历史联系中形成认同感和联通感的人们结成的网络;所谓的"群体",是由共同拥有独特技能、知识、经验,并因此在其非物质文化遗产当下和未来的实践、再创造传承中发挥特点作用的社区内部或跨社区的人组成的。② 从词义上看,群体是一个弹性很大的概念,可以是一个文化圈,也可以是一个民族,还可以是一个家族、一个社会团体。社区与群体的结合,就如弗林等对于社群的定义。

因此对于传统村落档案的保管模式,可以采用社群档案的后保管模式。弗林指出,后保管模式适合于社群档案,原因有很多。最重要的是,它解决了许多社群将档案存放在正式遗产机构时的矛盾心理;但是在决定什么是值得存入和保存的时候,也避免了专业档案管理员制定困难且常令人不安的决定

①　李孟秋:《我国社群档案建设的意义、困境与路径》,《档案学研究》2019 年第 2 期,第 71-76 页。
②　李墨丝:《非物质文化遗产保护法制研究——以国际条约和国内法为中心》,上海:华东政法大学,2009 年,第 143-144 页。

的必要性；最后考虑到许多社群档案的数字特性，分散的监管和保存方法可能更有效。无论如何，在后保管框架内工作，意味着社群档案的最终目标无法预先设立。社群团体与正式档案馆或博物馆之间紧密联系，最终可能建立互信而让档案直接、永久地交到正式机构手中，但在其他情况下，社群团体希望在可预见的将来保留对其档案的直接监管权。[①]

8.3.3　后保管模式的实现路径——社群档案的"档案化"过程

后保管模式的提出已经有 30 多年。最近冯惠玲、加小双对于档案后保管理论的演进与核心思想再次进行了梳理，是在后现代语境下对于传统保管理念和方法的质疑与超越，主要表现为超越实体保管，关注背景与联系；超越保管地点，聚焦保管需求和能力；超越闭门保管，扩展档案管理功能；超越阶段性保管，在合作中走向连续。[②] 后现代档案学理论研究，令我国档案观越来越开放包容、多元，档案措施越来越公众化、平民化，对"后保管模式"这种新范式也越来越达成共识。而笔者的"泛化"论也正是对"现代性"的反拨。在社群档案方面，其涵义和价值也基本取得了共识，即社群参与、控制和拥有所有权至关重要，然而提出的实现路径多样化，有的重点在"档案治理"，有的重点在"社会参与"，但基本可归入"共同参与"模式。笔者认为，"社会模式""多元论""后保管模式"的实现本不应是单一的，无论哪一种都还有很长的路要走，而"社群参与模式"更加具体和更具备群体力量。以血缘或地缘结成的传统村落，就是一个个社群组织，这样的社群参与是在档案工作中实现村民自治的较好路径。

传统村落社群具有对传统村落"档案化"的能力。在整个世界、社会都热衷记录、记忆的趋势下，在"档案热""博物馆热""文化遗产热"的推动下，在乡村振兴、乡村旅游、怀旧情怀的感化下，人人都可以成为记录者，而影像时代的到来、数据技术的发展也为我们提供了物质条件。人们都可以发现传统村落与人类的精神世界关联的意义与价值，这种意义与价值超越了它本身的物质功能。这种意义与价值，可称之为"档案性"，正是出于对档案性的热爱与尊

---

① Andrew Flinn. (2007). Community Histories, Community Archives: Some Opportunities and Challenges. *Journal of the Society of Archivists*, 28(2): 151-176.

② 冯惠玲,加小双,《档案后保管理论的演进与核心思想》,《档案学通讯》2019 年第 4 期,第 4-12 页。

重,促使人们将该记忆从其现实的时空中分离出来,将它们纳入收藏的领域,以便进行格外的呵护。随着档案化动作的完成,原先的"记忆",就转化为"档案"实体,或者是一段文字、一首小诗、一个录像、一个民俗文物,然后进行静态化保护。

随着档案学领域的进一步拓展,现实生活中正在发生的过程性现象、多元视野也被纳入档案化的范畴。"后保管模式"是观念上的档案化,不是真正把事实上的记忆实体或"物"交给档案机构,而是在某种程度上超越了收藏机构,因而传统村落档案"后保管模式",超越了实体档案馆的实体收藏的方式。传统村落的"一村一档"新模式,仍然以尊重全宗、来源原则为理论支撑,要求一个传统村落档案全宗是一个有机整体,而且以形成者为主体,其他外来的档案人员、档案学者、地方史学家、游客等所参与档案的形成和鉴定,是作为第二、第三证据;这仍然是在一种制度制约下的管理模式,正统档案显性制度和乡土档案秩序互融是其根本。

传统村落档案的"后保管模式"在"文物化""档案化"保护外,"活态"保护也是必须的,这意味着对传村落档案不能"束之高阁",而应随传统村落变迁而有所增添。这一模式鼓励与支持从农村中走出来的离退休干部及知识分子"叶落归根""告老还乡",秉承中国历史上的传统,传承弘扬中国传统信仰及民俗,这对于农村而言是一笔巨大的财富。西湖李家的案例也说明,"告老还乡,参与乡建",对传统村落建设非常有益。这一模式鼓励跨学科、跨领域的合作。传统村落的档案形态多样、丰富多彩,村民自治、行政干预、农民文化自觉等也许都应该达到一个平衡、一个"尺度"。传统村落"档案"是多元的、动态的,它伴随村落本身发展变化而动态变化,因而动态变化的"过程性"档案也很重要,这一模式可满足"过程性"档案保存要求。

传统村落后保管模式的实现路径,笔者认为就是"档案化"过程路径,在此提出三个路径设计方案,它们有时候共同发挥作用。

路径一:在传统村落中,自上而下的专业保管,档案行政机构、档案学者的参与和调研,常常是短期的,与村落的合作是拼凑的,很少能单独长期持续下去,因而需要建立一个集合式的平台,一个虚拟档案馆,让村落管理主体、地才、村民、游客、学者添加材料。如英国社群档案发展小组(CADG)创设的网站"英国社群档案与遗产小组"(Community Archives and Heritage Group,简称 CAHG,https://www.communityarchives.org.uk/)。弗林写道:"为了从轶事传说的性质转向更加有证据性的定位,2006 年,CADG 制作了关于社群档案的社会影响的第一次学术研究,而且报告和该报告所依据的案例研究于 2007 年夏天发表。该报告估计,英国可能已经有 3000 个社群档案机构,大约有 100 万人。"①至 2021 年 4 月 20 号有已覆盖全英国的 710 个社群已经登录在线,CAHG 把全英国社群档案组织集合于一处,提供定期进行观点和信息交流的论坛,支持和促进社群档案建设。该网站设立有持续成就奖,颁发给持续 10 年以上辛勤并连续获得成果的社群组织,这样的组织有可能在确保他们档案持续性方面有特别的经验,包括他们观念、方法、收藏或者整个社群的特质。网站提供了如何评选、如何提名等方法。②

　　路径二:传统村落社群机构与档案行政机构合作。通过档案行政机构的努力,在社群档案建设方面的积极主动的举措,传统村落的家谱、碑刻、普通村民的信件和日记就有可能存活下来并找到进入主流档案馆的路径。在这个过程中要注意三个核心问题,"第一个问题是社群档案馆'在关键创始人的参与之外'如何维持社群档案馆,因为这些工作的开展依赖于'极大的奉献、热情和个人能量',一旦'原始动力离开或消失',志愿者可能无法维持这些工作;第二个问题是能否在没有公共资金资源情形下自筹资金维持社群档案机构生存。这标志存在一种微妙的平衡,因为公共资金(通常用于短期项目)被认为对于短期项目的运营是必需的,但并不直接有利于中长期的稳定发展,实际上还可能损害到机构的自主权;第三个问题是如何保留对社群档案的保管、控制和所有权,而不是将档案收藏交给公共机构"③。

　　路径三:传统村落的"社群档案"模式,需在尊重、包容社群共同体及其成员的基础上,对村民培训和辅导相关档案专业知识。如前述传统村落档案的"世俗万象",有古村官网、村落公开"文件"信息、祠堂门上宗族聚会的"做事人

---

　　①　Andrew Flinn. (2007). Community Histories, Community Archives: Some Opportunities and Challenges. *Journal of the Society of Archivists*, 28(2): 151-176.

　　②　Community Archives and Heritage Group: Sustained Achievement Award, 07/12/2015, https://www. communityarchives. org. uk/content/awards/sustained-achievement-award/sustained-achievement-award.

　　③　Sarah Baker, Jez Collins. (2016). Popular. Music Heritage, Community Archives and the Challenge of Sustainability. *International Journal of Cultural Studies*, June 4: 1-16.

员安排表",对于村民而言,是重要的记忆,笔者认为它们就是"村民自主形成和管理"下的村落档案的一部分。而村委会张贴的告示、标牌,显然是文件的宣传和执行过程,如在流坑、棠阴、燥石村农户堂屋墙上挂的"干部结对帮扶联系牌"及晏殊村管委会的扶贫档案柜等,表示了传统村落与现代农村政策的对接,其背后是一系列活动的"刻痕"。在真正的后保管范式中,"保管机构只有容纳了文件所涉及的人和事以及文件所生成的集体记忆,才能长期实现存档的目标"[①]。

在城市中有档案学专业分工、档案职业分化,有档案行政管理部门及档案专兼职档案工作者、档案学家及专家(档案科研院所学者、硕博研究生),这是一支庞大的队伍。在传统村落中没有所谓的档案职业和档案人员这样一支队伍,"农民"不是职业称谓,农民是浑然一体地完成各项工作:农艺学、气候学(天时地利)、手工业者、经营者等。与城市人相比,农民身兼数职,因而形成自己的智慧。农民何时以及如何完成档案工作,是在农忙时还是农闲时,是"档案休闲"还是在"祭祀"中形成,有自身的特征。作为职业档案工作者要尊重农时、农业、农民特性,而不是强调"年度归档"制度等,正如库克所说,"职业档案工作者应该成为辅导员、宣传员、教练员,鼓励作为社会参与过程的建档工作"[②]。这种现代档案管理学理论对于管理者的定位,可适用于传统村落档案管理。

在社群档案的后保管模式下,村民实现自我管理。社群成员可以按照风俗习惯生活、生产,可以融传统文化于日常生活中,如礼制的传承、风俗的延续、家法族规的施行。"活态"的传统村落档案由变化中的"农民"主导,也取决于农民对于家乡管理的贡献模式,如也可把传统村落社群档案管理模式分为三种:"地才式""叶落归根式""旅游开发式"等,都是村落自我造血的社群档案模式,传统村落保护和建档才有一个比较好的可连续的力量。

社群档案的后保管模式,也是一种村民自治模式,是一种传统村落档案活

---

① Natalia M. Fernández & Cristine N. Paschild. (2013). Beyond a Box of Documents: The Collaborative Partnership Behind the Oregon Chinese Disinterment Documents Collection. *Journal of Western Archives*, 4(1): 1-16. doi: 10.26077/90e9-fad3.

② Terry Cook. (2013). Evidence, Memory, Identity, and Community: Four Shifting Archival Paradigms. *Archival Science*, (13): 95-120.

态保存的方式,是对乡土社会隐性档案秩序的继承,也可体现对官方显性制度的遵循,既能较好地实现真实性和完整性要求,也能掌握好传统与现代的"尺度",能更好地实现社区自治。

8.4　小结:传统村落档案后保管模式的"双轨制"特征

传统村落档案的后保管模式,是一种社群档案主导和官方主导的"双轨制"。

社群主导的前提是村民自治,目前的村民自治,是一种按照国家级—省级—县级—村级的等级建构的模式,实际上还是一种记忆的"单轨制"。无论是"村民自治"还是"官方控制"的单轨制,都会使得乡村记忆被一方所主导而失衡。村委会作为村民自治主体,对自上而下的行政系统有依赖性,除村委会和农户外,倘若传统村落没有正式的"立档单位"或社群档案机构,村民邻里的想法和信息无法上达,会使得地方行政僵化。因此,研究村民及其自治组织的建档行为还是必要的,虽然村民也许表现出对自己的文化无意识。也就是说传统村落档案应该有自上而下的管理和自下而上的记忆这样的双轨制:村落自治下的社群自发记忆系统和政府主导的村级组织档案管理。这也就是孟德拉斯所说的农村的两种类型的信息传递系统:一种是非正式的基于邻里关系的隐性渠道传递,另一种是正式的机构组织的传递,笔者认为,这两种方式构成了记忆的"双轨制"。档案"双轨制"是村民自治秩序和官方主导的他律之间的互融,也是隐性知识和显性知识、大小传统的互动,实际上也就是什么样的记忆能够转化为档案的问题。

传统村落档案的"双轨制",是乡土社会的"自律"和"他律"秩序,映射到记忆方式上就是"隐性记忆秩序"和"显性档案制度"。

特里·库克说,记忆"是某种'能动'的东西,某种有机和有生命的东西,某种更多是现在而非过去的东西。……浩瀚的人类文件宇宙,如今保存下来的只是沧海一粟,也许可以视之为适者生存?……但谁来决定'适者'?"[①]特里·库

---

① 特里·库克:《四个范式:欧洲档案学的观念和战略的变化——1840 年以来西方档案观念与战略的变化》,李音译,《档案学研究》2011 年第 3 期,第 81-87 页。

克的这一段话生动形象,适者生存下来的记忆,就能被记录在案。在传统村落中,谁来决定"适者"或谁来挑选需要文本化的内容?今天人们认为社会记忆不应该是选择性的,显然,在传统村落中,历史、档案、文物、文化遗产几乎分不开,浑然一体,无法划分其专业工作领域;在传统村落建档过程中,档案同仁支持档案机构的介入,想进行专业分割,想把乡村故事、记忆痕迹都化为档案。但"档案就是社会记忆"的全部的说法,有时候只能存在于学理中,在日常工作和生活中,还是需要选择性记忆。在此,"鲜活的记忆"和"固化的档案"这两种表达,笔者认为是确切和形象的,而传统村落建档就是对村落"鲜活的记忆"进行"固化的过程",选择什么进行固化,或者哪些"适者"能生存,一方面还是取决于话语权,即社群与官方的力量博弈结果;另一方面,取决于记录技术,否则也是记不胜记。

有学者所说的"村落在官方档案中的长期缺位",这显然不是事实,也是对农村档案历程的失察,从"乡村记忆工程""美丽乡村建设""传统村落保护"一开始,档案机构就介入了相关工作。正统档案工作遵循归档制度,为保证材料"客观性",必须长时段制度化地记录和收集,必须程序化地履行接收,也必须采用村落文化的长期田野采集方式。信息的采信制度,实际上也反映了一种政治等级制度,对传统村落"泛化"档案的轻忽,也表现出非体制内的村民或社群"人微言轻",难以存档立言,也因为村落"文件"的非正式而难以采集。需要避免的是,传统村落建档制度化的运动"雷声大雨点小",事实上,农村也并没有因为村委会没存足够的档案而失序,这是因为有一套隐性档案秩序在起作用,如熟人社会或社群的口头传统、集体记忆、修谱制度等。

传统村落档案后保管模式要遵循大小传统互动的"双轨制"。

目前档案同仁对于传统村落建构的"村民自治",甚至是乡村记忆工程的记忆固化,也还是自上而下的精英思维模式。比如,前述王萍、满艺认为"村民自治建档模式"是"真正自我视角的历史书写",并提出传统村落建档策略为"建档为民、赋权予民、用档惠民"①。"建档为民、赋权予民、用档惠民"这种缺乏主语的表达方式,对于村落而言还是"他者"思维,意思就是"我们"要"建档

---

① 王萍、满艺:《以村民为主体的传统村落文化建档策略研究》,《档案学通讯》2018年第5期,第73-77页。

为民、赋权予民、用档惠民","我们"就是精英阶层。但如果把王萍等笔下的"乡村"这一背景换成城市,把"村民"换成"市民",该论述似乎也行得通,因为档案权、文化权的问题是不独存在于乡村,在城市也存在市民档案权的问题。倘若笔者反问,在论及"城市档案"时,学者作为一个市民其档案文化主体地位是否得到了重视?因此在乡村呼吁档案权、乡村自治权,似乎"来自上面"的学者可以替乡民做主,所以说这也是一种类似于"上智下愚"的单轨文明结构下的知识精英模式。

村档案室、村史馆、社区博物馆由农民自己出资办的,是存在但是很少,而且农民大多对这些新型记忆机构漠不关心,在他们心目中,祠堂才是有神圣性的记忆场所。也许如罗德胤所说,村落保护关键在于激活人心:与中央政府的积极推进形成强烈反差的是大多数基层政府和社会民众对遗产保护的疏离、冷漠甚至抵触。[①] 在一项项自上而下的传统村落改造运动中,村民曾经被强迫改造和放弃这些旧物,如今又要保护这些"残余",怪罪村民没有文化遗产保护的"文化自觉",显然是不妥的。

这种记忆的"双轨制",是建立在政治制度的"双轨制"之上。

传统村落档案的显性制度体现为一系列的农村档案、村级档案、传统村落建档调查等政府机构颁发的文件,而隐性的非正式记忆秩序体现为乡土社会的家法族规、祠堂祭祀、口头传统,后者虽不是国家法律,但并非独立于法律之外,在一定程度上说,是国家法律的一种有益的补充。芮德菲尔德也提到中国农村的这种双轨制:某种形式的"链接"(或曰"铰链")的存在,它把务农人们社区的当地人的生活与国家或某种封建式的体制连接了起来。[②]

传统村落建档需要"地才":仅仅靠经过专业训练的深居学府、书斋、院所里的专家,是不可能对民俗、村落文化、田野考古面面俱到的。因此需要依靠地才,重视社群。"地才"是引领村落前行的灵魂人物,村级档案管理办法的推行,是由"地才"来完成,村落民俗、民风、碑刻等由"地才"来收集,学者和官员共同来研究推动,学者下乡采风也依赖的是"地才"。而"地才"又出自于社群,代表的是社群。"社群自治"和"官方控制"的村落记忆"双轨制",就化为"地

---

① 罗德胤:《村落保护:关键在于激活人心》,《中国文化报》,2015 年 7 月 25 日,第 001 版。

② [美]罗伯特·芮德菲尔德:《农民社会与文化:人类学对文明的一种诠释》,王莹译,北京:中国社会科学出版社 2013 年版,第 63-65 页。

才"和"精英"促成乡村上下层文化记忆的互动。双轨制,使记忆多种模式能够多元共生、变得有序化。双轨制同时发挥作用,虽然某两条记忆轨道强弱会发生变化,但只要存在记忆的双向渠道,就是促进后保管模式实践的发展。

参考文献

中文期刊：

[1] 王士伦.浙江省为配合农业合作化运动开展保护文物的宣传教育工作[J].文物,1956(2).

[2] 徐国锐.福建征集土改和农业合作化的文物资料[J].文物,1959(8).

[3] 大家来关心人民公社的档案工作[J].档案工作,1960(10).

[4] 冀安.王国藩同志谈农村档案[J].档案工作,1963(2).

[5] 人民日报评论员.把社队档案建立起来[J].档案工作,1963(3).

[6] 蔡遇返.关于体制改革中农村档案工作几个问题的探讨[J].档案工作,1984.

[7] 冯惠玲,丁志民.对当前档案工作特点与问题之研讨[J].档案学通讯,1985(1).

[8] 钟保华.对县级档案馆接收农村公社、镇档案几个问题的看法[J].档案学通讯,1985(2).

[9] 游汝杰.方言与中国文化[J].复旦学报(社会科学版),1985(3).

[10] 潘发义.关于乡、村档案工作管理体制改革初探[J].档案学通讯,1985(4).

[11] 于希贤.中国风水地理的起源与发展初探[J].中国历史地理论丛,1990(4).

[12] 陈志华.请读乡土建筑这本书[J].读书,1991(9).

[13] 丁海斌.论先秦文明与档案[J].档案学通讯.1993(5).

[14] 杨志刚.文化遗产:新意识与新课题[J].复旦学报(社会科学版),1997(4).

[15] 陈勤建.现实性:中国民俗学的世纪抉择[J].民俗研究,1998(4).

[16] 林立.从明清流坑竹木贸易看我国封建经济的内部关系[J].抚州师专学报,1998(4).

[17] 兰久富.世俗合理性与历史合理性[J].学术月刊,1999(3).

[18] 黄存勋."档案泛化"论驳议[J].四川档案,1999(3).

[19] 钱进.当代中国青年的世俗化[J].青年研究,1999(9).

[20] 蒋国保.儒学世俗化的现代意义[J].孔子研究.2000(1).

[21] 陈利顶,傅伯杰.干扰的类型、特征及其生态学意义[J].生态学报,2000(4).

[22] 银光灿.流坑古村的特色与价值[J].江西社会科学,2000(6).

[23] 陈勤建.山道思想——稻作鸟化宇宙观的展示[J].上海道教,2001(4).

[24] 弗朗西斯·布劳因.档案工作者、中介和社会记忆的创建[J].晓牧,李音译.中国档案,2001(9).

[25] 张淑华.博物馆藏品档案综述[J].中国博物馆,2002(1).

[26] 徐艺乙.民俗文物刍议[J].民俗研究,2002(4).

[27] 覃兆刿.档案传统与档案事业现代化[J].档案与建设,2002(8).

[28] 张斌.企业的记忆与知识管理[J].图书情报工作,2003(1).

[29] 吴建华,何小菁,徐欣云.我国社区档案管理的现状与发展趋势[J].档案与建设,2003(1).

[30] 何晓昕.景观的阅读与理解[J].建筑师,2003(1).

[31] 陈勤建.民俗是人类文化生命的基因[J].粤海风,2003(6).

[32] 潘守永."一个中国的村庄"的跨时空对话——"台头"重访[J].广西民族学院学报:哲学社会科学版,2004(1).

[33] 张成渝.《世界遗产公约》中两个重要概念的解析与引申——论世界遗产的"真实性"和"完整性"[J].北京大学学报(自然科学版),2004(1).

[34] 邓洪武,邹元宾,郭晓康.濂陂古建筑的文化艺术及其价值——江西古村落群建筑特色研究之三[J].南昌大学学报(人文社会科学版),2004(2).

[35] 周星.民族民间文化艺术遗产保护与基层社区[J].民族艺术,2004

(2).

[36] 乌丙安."人类口头和非物质遗产保护"的由来和发展[J].广西师范学院学报(哲学社会科学学版),2004(3).

[37] 李国栋.小桥流水人家——李坑[J].中国地产市场,2004(10).

[38] 方志远,诸慧菁.明清江南"好讼"成风[J].小康,2004(10).

[39] 温春香.杨救贫与江西形势派风水术[J].广西民族学院学报(哲学社会科学版),2005(S1).

[40] 韩锋,徐季丹.古村流坑的风水格局与环境意象[J].东华理工学院学报(社会科学版),2005(2).

[41] 胡朝相.贵州生态博物馆的实践与探索——为贵州生态博物馆创建十周年而作[J].中国博物馆,2005(2).

[42] 赵永强.档案:历史话语的霸权、缺失及丰富[J].档案学研究,2005(2).

[43] 李军.什么是文化遗产?——对一个当代观念的知识考古[J].文艺研究,2005(4).

[44] 全国馆藏一级文物建档备案工作[J].中国文化遗产,2005(4).

[45] 郭红解."泛档案"现象析[J].中国档案,2005(5).

[46] 宋建林.中国现代对非物质文化遗产的保护[J].文艺理论与批评,2005(6).

[47] 徐欣云,黄建年.档案平民化的理论基石——市民社会理论[J].浙江理工大学学报,2006(1).

[48] 许智范,刘禄山."历史碎片"啄探——江西民间契约文书考察[J].南方文物,2006(1).

[49] 常青,沈黎,张鹏等.杭州来氏聚落再生设计[J].时代建筑,2006(2).

[50] 李军.文化遗产保护与修复:理论模式的比较研究[J].文艺研究,2006(2).

[51] 杨安邦.汤显祖家世述略[J].抚州社会科学,2006(3).

[52] 刘国能.农村档案工作是建设新农村的必要条件——湖南农村档案工作调查[J].今日中国论坛,2006(3).

[53] 丁华东.信息资源管理:当代档案管理之主流范式[J].档案学通讯,2006(4).

[54] 施由明.明清时期宗族与农村社会控制——以江西安义县千年古村为例[J].农业考古,2006(4).

[55] 黄胜进.从"文化遗产"到"文化资本"[J].青海民族研究,2006(9).

[56] 李永乐.世界农业遗产生态博物馆保护模式探讨——以青田"传统稻鱼共生系统"为例[J].生态经济,2006(11).

[57] 陈志华.乡土建筑保护论纲[J].文物建筑,2007(1).

[58] 楼庆西.中国古村落:困境与生机——乡土建筑的价值及其保护[J].中国文化遗产,2007(2).

[59] 沈艳,傅建平.试论渔农村新型社区档案的管理[J].浙江档案,2007(3).

[60] 陆元鼎.中国民居研究五十年[J].建筑学报,2007(11).

[61] 赵琳琳,王云庆.论非物质文化遗产档案及其保护原则[J].档案与建设,2007(12).

[62] 王文章,陈飞龙.非物质文化遗产保护与国家文化发展战略[J].中国文化产业评论,2008(1).

[63] 周克华.贯彻《关于加强社会主义新农村建设档案工作的意见》应把握的几个方面[J].中国档案,2008(2).

[64] 彭兆荣.以民族——国家的名义:国家遗产的属性与限度[J].贵州社会科学,2008(2).

[65] 向云驹.论"文化空间"[J].中央民族大学学报(哲学社会科学版),2008(3).

[66] 傅荣校,韩云云,陆加敏.论档案学研究角度的转变[J].浙江档案,2008(5).

[67] 梁洪生.捕捞权的争夺:"私业","官河"与"习惯"——对鄱阳湖区渔民历史文书的解读[J].清华大学学报(哲学社会科学版),2008(5).

[68] 吴秀杰.多元化博物馆视野中的物质文化与非物质文化保护——德国民族学、民俗学博物馆的历史与现状概述[J].河南社会科学,2008(6).

[69] 任汉中.别把"档案"一词当狗皮膏药[J].档案管理,2008(6).

[70] 张斌,徐拥军.档案事业:从"国家模式"到"社会模式"[J].中国档案,2008(9).

[71] 张松.20世纪遗产与晚近建筑的保护[J].建筑学报,2008(12).

[72] 喻学才.孔子的遗产观[J].华中建筑,2008(26).

[73] 丁华东.档案记忆观的兴起及其理论影响[J].档案管理,2009(1).

[74] 朱晓阳.水利、"天助"与乡村秩序——滇池小村的地志[J].法律和社会科学,2009(2).

[75] 任越.档案双元价值观的信息哲学依据探寻——从理论信息学中信息产生和本质谈起[J].档案学研究,2009(2).

[76] 徐拥军.从档案收集到知识积累[J].山西档案,2009(2).

[77] 刘华.江西古村落:遗珠遍布人未识[J].华夏地理,2009(4).

[78] 周克修.再忆我的父亲周銮书[J].大江周刊,2009(4).

[79] 胡鸿杰.再论中国档案学的学术尊严[J].档案学通讯,2009(5).

[80] 向云驹.记录:从研究到保护——非物质文化遗产保护的一个重要命题[J].河南教育学院学报(哲学社会科学版),2009(5).

[81] 崔平.将社区、农村档案工作纳入《档案法》管理[J].中国档案,2009(7).

[82] 王思明,卢勇.中国农业遗产研究:进展与变化[J].中国农史,2010(1).

[83] 高大伟.中国档案学尊严的回归——基于学科范畴体系的考察[J].档案学通讯,2010(1).

[84] 张全海.漫谈谱牒与档案[J].档案学通讯,2010(1).

[85] 史宁中."形而上者谓之道,形而下者谓之器"评析[J].古代文明,2010(3).

[86] 王杰文.北欧民俗档案研究工作的历史轨迹[J].档案学研究,2010(4).

[87] 喻学才.遗产活化:保护与利用的双赢之路[J].建筑与文化,2010(5).

[88] 娄红,徐健.中小城市农村社区档案工作初探[J].山东档案,2010

(5).

[89] 娄红,徐健.中小城市农村社区档案工作初探[J].山东档案,2010
(5).

[90] 焦凤英.新宾召开农村(社区)档案管理规范化建设动员会[J].兰台
世界,2010(8).

[91] Marsha Mac Dowell.美国创建和利用民间生活收藏的新方向[J].
陈熙,译.文化遗产,2011(1).

[92] 杨毅,张会超.范式转换——民族档案学的学科建构之路[J].档案
学通讯,2011(1).

[93] 谭楚子.非物质文化遗产判定准则及其内在价值依据——人类"内
在理想尺度"超越时空面向未来的诗性建构[J].徐州工程学院学报
(社会科学版),2011(1).

[94] 叶舒宪.重释古代中国的大小传统[J].文化遗产研究,2011(1).

[95] 黄英伟.工分制下农户劳动配置的经济分析[J].中国经济史研究,
2011(2).

[96] 丁华东.论档案记忆研究的学术坐标[J].档案管理,2011(2).

[97] 张小军,张晓松.文化? 文物? ——简论文化遗产保护中的"文物
化"困境[J].原生态民族文化学刊,2011(3).

[98] 丁华东.论档案与社会记忆控制[J].档案学通讯,2011(3).

[99] 李根蟠.农史学科发展与"农业遗产"概念的演进[J].中国农史,
2011(3).

[100] 曾平.论我国非物质文化遗产保护的基本立场与核心理念对《中华
人民共和国非物质文化遗产法》的学理解读[J].中华文化论坛,
2011(3).

[101] 特里·库克.四个范式:欧洲档案学的观念和战略的变化——1840
年以来西方档案观念与战略的变化[J].李音,译.档案学研究.
2011(3).

[102] 周乾松.历史村镇文化遗产保护利用研究[J].理论探索,2011(4).

[103] 李培超.中国环境伦理学的十大热点问题[J].伦理学研究,2011
(6).

［104］李飞.基于乡村文化景观二元属性的保护模式研究［J］.地域研究与开发,2011(4).

［105］魏爱棠,彭兆荣.遗产运动中的政治与认同［J］.厦门大学学报(哲学社会科学版),2011(5).

［106］朱晓阳."彻底解释"农民的地权观［J］.法律和社会科学,2011(8).

［107］田兆元.民俗文物与民俗文献的价值研究［J］.中国文物科学研究,2012(2).

［108］杨景春.民俗档案和档案中的民俗［J］.忻州师范学院学报,2012(2).

［109］肖汉江,雷莹.非物质文化视角下的南海神庙历史建筑保护［J］.华中建筑,2012(2).

［110］枫林,李兴祥.记忆:传承古村落的文化血脉［J］.浙江档案,2012(4).

［111］黄英伟.集体化时期农村经济分配档案述论——以江苏祖堂大队为例［J］.古今农业,2012(4).

［112］吴品才,储蕾.非物质文化遗产档案化保护的理论基础［J］.档案学通讯,2012(5).

［113］吴宗杰.话语与文化遗产的本土意义建构［J］.浙江大学学报(人文社会科学版),2012(5).

［114］姚锐敏."乡政村治"行政体制的利弊分析与改革出路［J］.行政论坛,2012(5)

［115］朱光亚.大运河的文化积淀及其在新世纪的命运——大运河遗产保护规划和申遗工作的回顾与体会［J］.东南文化,2012(5).

［116］冯占江.试析档案概念的泛化［J］.档案,2012(6).

［117］胡伟.瑶里·严合·沧溪——景德镇的三个"中国历史文化名村(镇)"［J］.江西画报,2012(6).

［118］周峰林,张大华,胡良田.延续古村落的文化血脉——磐安县档案元素对接特色文化村保护利用［J］.中国档案,2012(6).

［119］喻学才.中国古代的遗产登录原则［J］.旅游学刊,2012(6).

［120］杨毅,张会超.记录田野:民族档案重构的实现与突破［J］.思想战

线,2012(6).

[121] 冯占江.试析档案概念的泛化[J].档案,2012(6).

[122] 蒋国勇.社会认同视野下的乡村档案文化建设类型与特点[J].浙江档案,2012(8)

[123] 吕建昌,严啸.新博物馆学运动的姊妹馆——生态博物馆与社区博物馆辨析[J].东南文化,2013(1).

[124] 黄艳楠,许立强.抓好农村社区档案管理提升新型社区建设水平[J].山东档案,2013(2).

[125] 侯松,吴宗杰.遗产研究的话语视角:理论·方法·展望[J].东南文化,2013(3).

[126] 赖国栋.历史和故事的距离——以"层累说"为例[J].人文杂志,2013(4).

[127] 杨毅,张会超.民族档案在田野中生成的实践探索[J].思想战线,2013(5).

[128] 冯骥才.传统村落的困境与出路——兼谈传统村落是另一类文化遗产[J].民间文化论坛,2013(10).

[129] 吴志刚.最忆是乡村——写在《台州古村落》出版之际[J].浙江档案,2013(10).

[130] 刘雅静,罗鹏.江西古村风水文化对当代人居环境营造的启示[J].老区建设,2013(18).

[131] 蒋国勇,应小丽.社会认同视野下乡村档案文化建设的实践逻辑——基于浙江省畈田蒋村的调查分析[J].档案学通讯,2014(1).

[132] 劳拉简·史密斯,侯松,谢洁怡.反思与重构:遗产、博物馆再审视——劳拉简·史密斯教授专访[J].东南文化,2014(2).

[133] 李平亮,赵鹏飞.清代萍乡许真君信仰的发展与乡村权力格局的演变[J].宗教学研究,2014(2).

[134] 归吉官.不能全盘否定档案"泛化"[J].档案与建设,2014(4).

[135] 李清华.重墨青山绿水绘我故乡美画[J].江西农业,2014(5).

[136] 王云庆,韩桐.传统村落档案的收集整理[J].中国档案,2014(7).

［137］吴祖鲲,王慧姝.宗祠文化的社会教化功能和社会治理逻辑［J］.吉林大学社会科学学报,2014(4).

［138］胡鸿杰.《档案"泛化"现象研究》序［J］.上海档案,2014(5).

［139］徐欣云.建构的相对性:非物质文化遗产档案与集体记忆建构的关系［J］.档案学通讯,2014(5).

［140］连志英.欧美国家社区档案发展评述与启示［J］.浙江档案,2014(9).

［141］安小米,郝春红.国外档案多元论研究及其启示［J］.北京档案,2014(11).

［142］王义,范念念.基于特示关系的生态学信息及其认识论意蕴［J］.华东师范大学学报:教育科学版,2014(32).

［143］胡海胜,张玲.红色古村镇旅游发展模式研究——以江西渼陂古村为例［J］.中国旅游评论,2015(1).

［144］肖波.左江花山岩画申遗——实现文化遗产保护与利用的有效途径［J］.齐鲁艺苑,2015(2).

［145］丁华东.论社会记忆数字化与乡村档案记忆工程推进策略［J］.档案学通讯,2015(4).

［146］孟若蓝,刘迪.文化遗产与集体记忆——档案学经典著作的当代价值［J］.档案学通讯,2015(5).

［147］胡名芙.论陂下古村祠堂建筑的艺术特征［J］.中外建筑,2015(5).

［148］梁洪生."中国传统村落"的评选与保护及江西现态初步考察［J］.农业考古,2015(6).

［149］胡琳菁.省级"一村一品"示范村打造生态乡村样本——记南昌市进贤西湖李家［J］.江西农业,2015(6).

［150］谭雪.西方社群档案研究热点及其引入障碍分析［J］.档案学通讯,2015(6).

［151］韦星."农民市长"李豆罗的田园梦［J］.南风窗,2015(16).

［152］贺传凯.乡村博物馆发展之我见［J］.新西部,2015(32).

［153］叶舒宪.从"玉教"说到"玉教新教革命"说——华夏文明起源的神话动力学解释理论［J］.民族艺术,2016(1).

[154] 丁华东.在乡村记忆保护传承中不能缺位——论城乡档案记忆工程推进的现实必要性与存在合理性[J].档案学研究,2016(4).

[155] 李豪,南雪倩.千年民居藏古韵——赣东民居聚落走访实录[J].北京规划建设,2016(4).

[156] 彭蕾.文物管理现代化指标体系构建与评价研究[J].中国文物科学研究,2016(4).

[157] 丁华东.讲好乡村故事——论乡村档案记忆资源开放的定位与方向[J].档案学通讯,2016(5).

[158] 荥阳市档案局的司俊贤.荥阳古村落档案记忆保护现状及对策[J].档案管理,2016(5).

[159] 张光玮,徐知兰.安徽呈坎村古建筑群之村落博物馆构想及其试点探索[J].遗产与保护研究,2016(5).

[160] 李娜,刘同彪.美国民间生活中心(AFC)的民俗档案实践与经验探讨[J].文化遗产,2016(6).

[161] 郑艳萍,胡林波,胡海胜.传统村落旅游业扶贫开发的路径选择——以江西省新干县燥石村为例[J].老区建设,2016(6).

[162] 刘佳慧.记忆观视角下我国传统村落档案工作的方式与价值[J].档案建设,2016(8).

[163] 林鹏,安小米.新旧 ISO 15489—1 文件管理标准比较[J].中国档案,2016(8).

[164] 郑艳萍.基于供给侧改革的传统村落旅游转型升级——以新干县燥石村为例[J].旅游纵览(下半月),2016(9).

[165] 林敏霞,颜玲云.从宗祠到文化礼堂:村落传统建筑遗产功能研究[J].民族论坛,2016(12).

[166] 陈建,赵丽.论社区档案参与社会记忆构建的作用及路径[J].档案管理,2017(1).

[167] 柯芳.毛泽东时代村落文化改造的基本路径及其成就[J].毛泽东思想研究,2017(1).

[168] 范霄鹏,仲金玲.赣东地区竹桥村古建田野调查[J].遗产与保护研究,2017(2).

[169] 刘佳慧,王云庆.档案部门参与我国传统村落档案工作的方式——档案部门与传统村落合作关系建构探析[J].档案学研究,2017(2).

[170] 任越.基于文化自觉的我国传统村落文化建档理论探究[J].兰台世界,2017(2).

[171] 王萍,卢林涛.传统村落档案研究——现状、困境与展望[J].档案学研究,2017(2).

[172] 杨眉,张伏虎,奉朝洋.凤凰展翅——李家山明清窑洞古村落研究[J].西北美术,2017(2).

[173] 余厚洪,丁华东.符号与意义:乡村档案记忆解析[J].档案学通讯,2017(2).

[174] 武志伟,马广海.仪式重构与村落整合——以烟台市北头村祠堂修缮为例[J].山东社会科学,2017(3).

[175] 杨冰.古村落保护与博物馆建设——以云南诺邓村为例[J].中国博物馆,2017(3).

[176] 徐欣云,刘霄霞.古村落档案与农村档案的内涵及异同解读[J].档案学研究,2017(4).

[177] 安宏清.传统村落档案管理工作初探[J].北京档案,2017(5).

[178] 黄霄羽,陈可彦.论社群档案工作参与模式[J].档案学通讯,2017(5).

[179] 孙一鸣.社区档案管理工作常见问题及对策[J].科技资讯,2017(5).

[180] 陈珍.档案学领域社群档案理论基础探析[J].浙江档案,2017(6).

[181] 王萍,满艺.传统村落档案建构模式比较研究[J].档案学研究,2017(6).

[182] 徐欣云,刘迪.古村落档案的"泛化"现象及"泛化"收集研究——以江西古村落为例[J].档案学通讯,2017(6).

[183] 钱海峰.关于做好新型农村社区建设过程中档案管理工作的思考[J].北京档案,2017(9).

[184] 连湘,翟倩妮.我国传统村落档案管理初探[J].档案时空,2017

(10).

[185] 刘慧梅,姚源源.书写、场域与认同:我国近二十年文化记忆研究综述[J].浙江大学学报(人文社会科学),2017(10).

[186] 傩汉一百零八像——邓勇摄影作品展[J].江西画报,2017(18).

[187] 陈梦.社区档案管理的现状及发展策略[J].环球市场信息导报,2017(25).

[188] 徐欣云,刘迪.古村落"泛化"档案的收集路径探索——档案学与博物馆学双重视域的交融[J].中国档案研究,2018(1).

[189] 高巍,周清华,赵玫.赣中地区传统村落公共空间特质研究——以渼陂古村为例[J].华中建筑,2018(3).

[190] 刘晋如.档案概念泛化现象分析[J].档案天地,2018(3).

[191] 张文立.卢作孚与中国早期社区博物馆实践[J].博物院,2018(3).

[192] 侯江,卢作孚.博物馆科学教育的先行者[J].自然科学博物馆研究,2018(4).

[193] 钱明辉,贾文婷.国际社群档案包容性实践模式研究与启示[J].档案学通讯,2018(4).

[194] 王萍,满艺.以村民为主体的传统村落文化建档策略研究[J].档案学通讯,2018(5).

[195] 王萍,卢林涛.档案机构在传统村落档案工作中的角色再探[J].档案学研究,2018(6).

[196] 祁天娇.新时代村级档案管理研究——基于40年来我国村级档案管理的回顾与展望[J].浙江档案,2018(7).

[197] 刘莉.从"印度法的现在"发现"英国法的过去"——梅因的比较法律史研究[J].清华法治论衡(辑刊),2018-8-31.

[198] 何斌.传统村落档案的收集[J].城建档案,2018(9).

[199] 李菲.对话:在人类学遗产研究的国际平台上[J].贵州社会科学,2018(12).

[200] 胡伯申,田密蜜.新农村建设中浙江乡村祠堂的保护与延续[J].建筑与文化,2019(1).

[201] 胡建升.中西文化大传统理论的比较研究[J].文化人类学研究,

2019(1).

[202] 李孟秋.社群档案研究进展与趋势[J].中国档案研究,2019(1).

[203] 谢丽,冯惠玲,马林青.转型身份认同过程中档案的功用——以中国农民工群体为例[J].档案学通讯,2019(1).

[204] 李孟秋.我国社群档案建设的意义、困境与路径[J].档案学研究,2019(2).

[205] 冯惠玲,加小双.档案后保管理论的演进与核心思想[J].档案学通讯,2019(4).

[206] 闫静,徐拥军.后现代档案学理论的思想实质研究[J].档案学研究,2019(4).

[207] 冯惠玲,梁继红,马林青.台州古村落数字记忆平台建设研究——以高迁古村为例[J].中国档案,2019(5).

[208] 徐拥军,熊文景.后现代主义档案观批判——基于唯物史观的视角[J].思想教育研究,2019(5).

[209] 徐拥军,熊文景.档案治理现代化:理论内涵、价值追求和实践路径[J].档案学研究,2019(6).

[210] 安德鲁·弗林.社群历史,社群档案:一些机遇和挑战[J].徐欣云,译.北京档案,2019(8).

[211] 李沛,苏小燕.话语分析视角下中国文化遗产的国际地位提升路径研究[J].河南社会科学,2019(9).

[212] 张晓红.社区档案管理工作常见问题及对策[J].办公室业务,2019(9).

[213] 徐拥军,李子林,李孟秋.后现代档案学的理论贡献与实践影响[J].档案学通讯,2020(1).

[214] 张衍,黄清晨.后保管理论与文件连续体理论关系的重新审视[J].档案学研究,2020(1).

[215] 孙金,卢春天.卢作孚乡村文化建设的理念和路径[J].浙江学刊,2020(2).

[216] 土炎松,土必成,刘雪.传统村落保护与活化模式选择——以江西省金溪县四个传统村落为例[J].长白学刊,2020(2).

[217] 徐欣云."历史层累"阐述——传统村落档案研究语境的真实性探析[J].档案学研究,2020(3).

[218] 徐拥军,李孟秋.再论档案事业从"国家模式"走向"社会模式"[J].档案管理,2020(3).

[219] 徐欣云,徐梓又.试析传统村落档案的涵义及与乡土社会隐性档案秩序的关系[J].档案学通讯,2020(5).

[220] 刘越男.关于文件管理国际标准 ISO 115489《信息与文献—文件管理》更新之处的思考[J].北京档案,2020(7).

[221] 闵庆文.让农业文化遗产助力乡村振兴[J].中国政协,2020(7).

中文图书：

[1] 司马迁.酷吏列传序/史记卷一二二[M].北京:中华书局,1959.

[2] 班固.司马迁传/汉书卷六十二[M].北京:中华书局,1962.

[3] 范华龚,唐李,李贤等.后汉书:卷七十六[M].北京:中华书局,1965.

[4] [明]徐弘祖.徐霞客游记[M].上海:上海古籍出版社,1980.

[5] 马林诺夫斯基.文化论[M].北京:中国民间文艺出版社,1987.

[6] 梁思成.中国建筑史[M].天津:百花文艺出版社,1998.

[7] 吴宝康.档案学概论[M].北京:中国人民大学出版社,1988.

[8] 潘谷西.序[A]//何晓昕.风水探源[M].南京:东南大学出版社,1990.

[9] 刘沛林.古村落——和谐的人居空间[M].上海:三联书店,1997.

[10] 周銮书.千古一村——流坑历史文化的考察[M].南昌:江西人民出版社,1997.

[11] 梁启超.中国历史研究法[M].上海:上海古籍出版社,1998.

[12] 严建强.博物馆的理论与实践[M].杭州:浙江教育出版社,1998.

[13] 钟敬文.民俗学概论[M].上海:上海文艺出版社,1998.

[14] 张新民.流坑——中国传统农业社会最后的标本(摄影集)[M].杭州:浙江摄影出版社,2000.

[15] 汉声杂志社.最美最美的中国童话[M].南京:江苏美术出版社,2001.

［16］梁思成.梁思成全集:第四卷［M］.北京:中国建筑工业出版社,2001.

［17］冯惠玲,张辑哲.档案学概论［M］.1 版.北京:中国人民大学出版社,2001.

［18］葛剑雄,周筱赟.历史学是什么［M］.北京:北京大学出版社,2002.

［19］王名.非营利组织管理概论［M］.北京:中国人民大学出版社,2002.

［20］李秋香,陈志华.流坑村［M］.石家庄:河北教育出版社,2003.

［21］余英时.士与中国文化［M］.上海:上海人民出版社,2003.

［22］邓绍兴,陈智为.档案管理学(修订版)［M］.北京:首都师范大学出版社,2004.

［23］李培林.村落的终结——羊城村的故事［M］.北京:商务印书馆,2004.

［24］梁漱溟.乡村建设论［M］.上海:上海人民出版社,2006.

［25］王文章.非物质文化遗产概论［M］.北京:学苑艺术出版社,2006.

［26］赵世瑜.小历史与大历史:区域社会史的理念、方法与实践［M］.北京:生活·读书·新知三联书店,2006.

［27］段玉裁.说文解字注(上)［M］.许惟贤,整理.南京:凤凰出版社,2007.

［28］张松.城市文化遗产保护国际宪章与国内法规选编［M］.上海:同济大学出版社,2007.

［29］陈志华.乡土建筑保护论纲［A］//陆元鼎,杨新平主编.乡土建筑遗产的研究与保护［M］.上海:同济大学出版社,2008.

［30］陆元鼎,杨新平.乡土建筑遗产的研究与保护［M］.上海:同济大学出版社,2008.

［31］李秋香,楼庆西,叶人奇.赣粤民居:中国古代建筑知识普及与传承系列丛书(中国民居五书)［M］.北京:清华大学出版社,2010.

［32］乌丙安.非物质文化遗产保护理论与方法［M］.北京:文化艺术出版社,2010.

［33］苑利.保护农业文化遗产及其动态保护前沿话题［M］.北京:中国环境科学出版社,2010.

［34］浙江省档案局.农村村级档案管理［M］.北京:中国档案出版

社,2010.

[35] 张全海.世系谱牒与族群认同[M].上海:世界图书出版公司,2010.

[36] 阿尔村人.阿尔档案[M].北京:文物出版社,2011.

[37] 梁思成.中国建筑史[M].北京:生活·读书·新知三联书店,2011.

[38] 费孝通.乡土中国 生育制度 乡土重建[M].北京:商务印书馆,2011.

[39] 向云驹.草根遗产的田野思想[M].北京:中华书局,2011.

[40] 喻学才,王健民.文化遗产保护与风景名胜区建设[M].北京:科学出版社,2010.

[41] 朱晓阳.小村故事——地志与家园(2003—2009)[M].北京:北京大学出版社,2011.

[42] 周星.乡土生活的逻辑——人类学视野中的民俗研究[M].北京:北京大学出版社,2011.

[43] 陈志华,李秋香.中国乡土建筑初探[M].北京:清华大学出版社,2012.

[44] 费孝通.怎样做社会研究[M].上海:上海人民出版社,2013.

[45] 何鲁成.档案管理与整理[A]//档案学经典著作(第二卷)[M].上海:世界图书出版公司,2013.

[46] 潘守永.地域博物馆学理论与村寨博物馆形态的发展:基于中国经验的讨论[A]//北京民俗论丛(第一辑)[C].北京:学苑出版社,2013.

[47] 吴铮争.国际文化遗产保护理念在中国的适用性研究[M].北京:科学出版社,2013.

[48] 薛林平.建筑遗产保护概论[M].北京:中国建筑工业出版社,2013.

[49] 苑利,顾军.非物质文化遗产保护(干部必读)[M].社会科学文献出版社,2013.

[50] 张杰,吕舟.世界遗产保护与城镇经济发展[M].上海:同济大学出版社,2013.

[51] 班固.白虎通义[A]//纪昀等:钦定四库全书第603册[M].北京:中国书店,2014.

[52] 冯骥才.中国传统村落立档调查田野手册[M].北京:文化艺术出版社,2014.

[53] 刘华.百姓的祠堂[M].北京:商务印书馆,2014.

[54] 柳肃.营建的文明:中国传统文化与传统建筑[M].北京:清华大学出版社,2014.

[55] 秦晖.传统十论[M].北京:东方出版社,2014.

[56] 王宏钧.中国博物馆学基础(修订本)[M].上海:上海古籍出版社,2014.

[57] 王文章.非物质文化遗产概论(修订版)[M].北京:教育科学出版社,2014.

[58] 汪欣.传统村落与非物质文化遗产保护研究——以徽州传统村落为个案[M].北京:知识产权出版社,2014.

[59] 徐欣云.档案"泛化"现象研究[M].上海:世界图书出版公司,2014.

[60] 刘奔腾.历史村镇保护模式研究[M].南京:东南大学出版社,2015.

[61] 蒋廷黻.中国近代史[M].北京:中国法制出版社,2016.

[62] 邵鸿,王德保,黄志繁.江西古村落档案丛书.长沙:岳麓出版社,2016.

[63] 周星.本土常识视野中的民俗意味——人类学视野中的民俗研究[M].北京:北京大学出版社,2016.

[64] 张芳霖.雕版古村——金溪竹桥村档案[A]//王德保,黄志繁.江西古村落档案丛书[M].长沙:岳麓出版社,2016.

[65] 郭崇慧.大数据与中国古村落保护[M].广州:华南理工大学出版社,2017.

[66] 罗德胤.传统村落从观念到实践[M].北京:清华大学出版社,2017.

[67] 梁漱溟.中西文化的差异[A]//项锦熙编.民国时期嘉陵江三峡地区演讲集[C].北京:人民日报出版社,2017.

[68] 胡彬彬,吴灿.中国传统村落文化概论[M].北京:中国社会科学出版社,2018.

[69] 陆德明.纂图互注礼记第3册[A]//张元济.四部丛刊第22册[M].北京:商务印书馆,2018.

[70] 麻国庆,朱伟.文化人类学与非物质文化遗产[M].北京:生活·读书·新知三联书店,2018.

[71] 闵忠荣,段亚鹏,熊春华.江西传统村落[M].北京:中国建筑工业出版社,2018.

[72] 姚佳昌.村落文化记忆的书写与呈现——以晋东南北天河村为调查对象[A]//传统村落与建筑遗产的保护与活化[M].北京:学苑出版社,2018.

[73] 杨建民,曹天一,张家榜.遗产传承视域下的古村张家塔[M].北京:北京理工大学出版社,2019.

中译图书:

[1] S.缪勒,J.A.裴斯,R.福罗英.档案的整理与编目手册[M].北京:中国人民大学历史档案系档案史教研室,1958.

[2] 谢伦伯格.现代档案——原则与技术[M].黄坤坊,译.北京:档案出版社,1983.

[3] 米歇尔·福柯.知识考古学[M].谢强,马月,译.上海:生活·读书·新知三联书店,1998.

[4] 亚瑟·亨·史密斯.中国人的性格[M].乐爱国,张华玉,译.北京:学苑出版社,2001.

[5] 埃里克·霍布斯鲍姆,特伦斯·兰杰.传统的发明[M].顾杭,庞冠群,译.北京:译林出版社,2004.

[6] 威廉·J.穆尔塔夫.时光永驻:美国遗产保护的历史和原理[M].谢靖,译.北京:电子工业出版社,2004.

[7] 斯蒂芬·P.罗宾斯,玛丽·库尔特.管理学[M].孙建敏,译.7版.北京:中国人民大学出版社,2006.

[8] 阿摩斯·拉普卜特.宅形与文化[M].常青,等译.北京:中国建筑工业出版社,2007.

[9] 西村幸夫.再造魅力故乡:日本传统街区重生故事[M].王惠君,译.北京:清华大学出版社,2007.

[10] H.孟德拉斯.农民的终结[M].李培林,译.北京:社会科学文献出

版社,2010.

[11] 伯纳德·鲁道夫斯基.没有建筑师的建筑——简明非正统建筑导论[M].高军,译.天津:天津大学出版社,2011.

[12] 尤嘎·尤基莱托.建筑保护史[M].郭旃,译.北京:中华书局,2011.

[13] 萨尔瓦多·穆尼奥斯·比尼亚斯.当代保护理论[M].张鹏,张怡欣,吴霄婧,译.上海:同济大学出版社,2012.

[14] 罗伯特·芮德菲尔德.农民社会与文化:人类学对文明的一种诠释[M].王莹,译.北京:中国社会科学出版社,2013.

[15] 威廉·J.穆尔塔夫.时光永驻:美国遗产保护的历史和原理[M].谢靖,译.北京:电子工业出版社,2012.

[16] 小林正美.再造历史街区:日本传统街区重生实例[M].张光玮,译.北京:清华大学出版社,2015.

[17] 梅因.东西方乡村社会[M].刘莉,译.北京:知识产权出版社,2016.

[18] 池田雄一.中国古代的聚落与地方行政[M].郑威,译.上海:复旦大学出版社,2017.

硕博论文:

[1] 徐欣云.档案平民化研究[D].南京:南京大学,2004.

[2] 陈蔚.我国建筑遗产保护理论和方法研究[D].重庆:重庆大学,2006.

[3] 杜娟.欧阳修《集古录跋尾》研究[D].济南:山东大学,2007.

[4] 曹永康.我国文物古建筑保护的理论分析与实践控制研究[D].杭州:浙江大学,2008.

[5] 张长海.政府内部隐性知识共享障碍因素研究[D].北京:中国人民大学,2008.

[6] 黄明玉.文化遗产的价值评估及记录建档[D].上海:复旦大学,2009.

[7] 李墨丝.非物质文化遗产保护法制研究——以国际条约和国内法为中心[D].上海:华东政法大学,2009.

[8] 陈立军.西欧村庄共同体研究[D].长春:东北师范大学,2011.

[9] 季诚迁.占村落非物质文化遗产保护——以肇兴侗寨为个案[D].北京:中央民族大学,2011.

[10] 吴莉.农业文化遗产的法律保护[D].武汉:华中科技大学,2011.

[11] 徐知兰.UNESCO 文化多样性理念对世界遗产体系的影响[D].北京:清华大学,2009.

[12] 肖明卉.世俗化祠堂与适应型宗族:宗祠的结构与功能分析[D].重庆:西南政法大学,2011.

[13] 林琴.考古遗址公园保护规划研究——以长沙铜官窑国家考古遗址公园为例[D].长沙:湖南师范大学,2012.

[14] 王志平.江西非物质文化遗产保护利用与产业发展研究[D].南昌:南昌大学,2013.

[15] 张黎明.西方权威遗产话语及其与中国传统遗产保护理念的对比[D].天津:天津大学,2013.

[16] 李日升.论私有历史建筑物权的立法保护[D].广州:华南理工大学,2014.

[17] 姚一青.藏品管理信息化研究[D].上海:复旦大学,2014.

[18] 张瑞.朱熹风水思想历史学研究[D].济南:山东大学,2014.

[19] 郭永军.山西省传统村落的传统资源分类研究[D].太原:太原理工大学,2016.

[20] 孔鑫.乡贤文化视域下的乡村治理研究——以南昌进贤西湖李家为例[D].南昌:南昌大学,2016.

[21] 周津丞.博物馆视野下的美丽乡村建设——以南京地区为例[D].南京:南京师范大学,2016.

[22] 陈珍.社群档案资源体系多元化建设路径探析——以澳大利亚"强制收养历史项目"为例[D].济南:山东大学,2017.

[23] 甘敏.社区档案服务生态系统研究[D].南昌:南昌大学,2017.

[24] 王云庆.山东非物质文化遗产项目及传承人立档保护研究[D].济南:山东大学,2017.

[25] 赵丽.乡村记忆工程视角下城子古村建档研究[D].昆明:云南大学,2017.

[26] 李梦影.基于图像的湘西传统村落数字化研究[D].长沙:湖南大学,2018.

[27] 李玉珂. 档案学视角下乡村记忆建构研究[D]. 南京：南京大学,2018.

[28] 刘万春. 论生态博物馆在传统村落保护中的作用[D]. 南京：南京师范大学,2018.

[29] 谢奇伶. 乡村如何记忆？[D]. 济南：山东大学,2018.

[30] 张翔. 基于共生理论的婺源汪口旅游古村落善治研究[D]. 昆明：云南大学,2018.

[31] 高晗. 吕梁市李家山传统村落建档式保护调研分析[D]. 哈尔滨：黑龙江大学,2019.

[32] 段丽萍. 安义古村群的乡村博物馆考察和研究[D]. 南昌：江西师范大学,2020.

网络资料：

[1] 陈志华. 乡土建筑就是一部史书[EB/OL]. (2008-07-08)[2020-05-02]. 中国日报网站—环球在线—人物志《环球人物》杂志 http://www.chinadaily.com.cn/hqzx/2008-07/08/content_6827253.htm.

[2] 中华人民共和国人民政府网. 生土夯就的中国世界文化遗产——福建土楼[EB/OL]. (2008-07-08)[2020-5-21]. http://www.gov.cn/test/2008-07/08/content_1038986.htm.

[3] 磐安新闻网[EB/OL]. (2012-04-20)[2018-05-12] http://panews.zjol.com.cn/panews/system/2012/04/20/014956522.shtml.

[4] 潘建英. 省档案局副局长到我县调研古村落档案文化建设[EB/OL]. (2013-11-13)[2016-08-15] http://syxww.zjol.com.cn/syxww/system/2013/11/13/017291138.shtml.

[5] 潇湘晨报. 南昌老市长李豆罗的田园梦[EB/OL]. (2015-06-12)[2018-02-06]. http://www.xxcb.cn/depth/shendu/2015-06-12/8992592.html.

[6] 桂林理工大学. 学员风采——邓兴东[EB/OL]. (2015-07-16)[2020-06-08]. https://lyxy.glut.edu.cn/info/1087/2840.htm.

[7] 范霄鹏,李尚. 书山垂荫——金溪疏口村[EB/OL]. (2015-09-19)

[2019-10-20]. https://weibo.com/p/230418537278ee0102wpce.

[8] 搜狐网. 贝聿铭的 100 年:用尽一生,只为呈现最极致的设计[EB/OL].（2016-10-20）[2020-3-01]. https://www.sohu.com/a/116681711_481639.

[9] 中央电视台.《记住乡愁第二季》第 51 集西湖李家村[DB/OL].（2016-02-24）[2017-05-01]. http://news.cntv.cn/2016/02/24/VIDEhrIlMIMS6iy45WSTc0QT160224.shtml.

[10] 新浪江西. 唤醒古村——"重焕活力"数字遗产中国行在金溪[EB/OL].（2016-04-14）[2020-06-08]. http://jx.sina.com.cn/news/wtsh/2016-04-14/detail-ifxriqqx2377176.shtml.http://www.mca.gov.cn/article/gk/fg/jczqhsqjs/201512/20151215878105.shtml.

[11] 邹晓化. 保护古村落"金溪模式"让人惊喜[EB/OL].（2016-12-04）[2021-03-08]. https://www.sohu.com/a/120626573_488785.

[12] 参考消息网. 外媒看江西竹桥村延续古老习俗:城市生活未触动淳朴村民[EB/OL].（2016-12-27）[2020-06-08]. http://www.cankaoxiaoxi.com/china/20161227/1556733.shtml.

[13] 黄永松. 每个人都有力量传承传统文化[EB/OL].（2017-02-28）[2021-03-28]. https://www.sohu.com/a/127501919_558478.

[14] 邓兴东. 全坊古村:家训家风励后昆[EB/OL].（2017-03-29）[2019-05-04]. http://www.zgfznews.com/dianzibao/B/B/2017/0329/1477119.shtml.

[15] 吉安新闻网. 鹊巢宫营造技艺[EB/OL].（2017-08-25）[2020-08-26]. http://www.jgsdaily.com/2017/0825/55410.shtml.

[16] 周靖康. 平凡中的坚守——记第四届"感动吉安"人物李勤如[EB/OL].（2018-01-29）[2020-9-21]. http://www.jgsdaily.com/2018/0129/67922.shtml.

[17] 安义千年古村. 安义古村群旅游开发有限公司[EB/OL].[2018-03-05]. http://www.anyigucun.com/about.html.

[18] 江西省金溪县老科协疏口古村保护开发调研报告[EB/OL].（2018-

03-18）［2020-07-08］. http://blog. sina. com. cn/s/blog _ 55dd06050102xoxa. html.

[19] 江西奋力迈向中国旅游强省——专访江西省副省长. 香港商报网［EB/OL］.（2018-05-21）［2020-06-08］. http://www. hkcd. com/content_p/2018-05/21/content_58774. html.

[20] 宜黄县政府官方网站. 棠阴古镇介绍［EB/OL］.［2019-03-25］. http://www. jxyh. gov. cn/art/2019/3/29/art _ 2029 _ 1891243. html.

[21] 吉安市委宣传部. 一诺一生的痴心守护——记吉安市新干县燥石村党支部书记、主任兼乡村医生李勤如［EB/OL］.（2019-05-06）［2020-09-21］. http://www. wenming. cn/sbhr _ pd/ywjj/201905/t20190506_5103290. shtml.

[22] 潘鲁生,萧放,胡彬彬. 保护传统村落,守护乡土文化之根［N/OL］.（2019-07-09）［2019-07-20］. http://www. wenming. cn/djw/djw2016sy/djw2016whdg/201907/t20190709_5179529. shtml.

[23] "何长恩和他的博物馆"［EB/OL］.［2019-12-12］. https://v. qq. com/x/page/n07298o0j9f. html?

[24] 江西省人民政府［EB/OL］.［2019-12-15］. http://www. jiangxi. gov. cn/artl.

[25] 百度百科. 中国传统村落名录［DB/OL］.［2020-01-02］. https://baike. baidu. com/item/％E4％B8％AD％E5％9B％BD％E4％BC％A0％E7％BB％9F％E6％9D％91％E8％90％BD％E5％90％8D％E5％BD％95/1647247? fr＝Aladdin.

[26] 乐安市文广新旅局谭赣明. 深入乐安流坑古村和宜黄曹山景区调研［EB/OL］.（2020-03-03）［2020-04-18］. http://www. jxfz. gov. cn/art/2020/3/3/art_3826_3325684. html.

[27] ISO. 文件管理国际标准 ISO15489：2001. 安小米,焦红艳译［DB/OL］.［2020-03-04］. https://max. book118. com/html/2017/0405/98767792. shtm.

[28] 国务院新闻办. 中华人民共和国文物保护法［EB/OL］.［2020-03-

08]. http://www. scio. gov. cn/xwfbh/xwbfbh/wqfbh/2015/
33065/xgbd33074/Document/1440173/1440173. htm.

[29] 印象渼陂之作家笔下的渼陂[EB/OL]. [2020-04-11]. http://
www. cnmeibei. cn/news/42. html.

[30] 百度百科. 王氏宗祠[DB/OL]. [2020-04-11]. https://baike. baidu.
com/item/％E7％8E％8B％E6％B0％8F％E5％AE％97％E7％
A5％A0/20825861？ fr＝Aladdin.

[31] 世界文化遗产——皖南古村落[EB/OL]. 中华人民共和国人民政府
网（2020-04-24）[2020-05-17]. http://www. gov. cn/test/2006-03/
29/content_239263. htm.

[32] 邓勇伟. 吉安：李勤如——坚守大山的"健康卫士"[EB/OL]. （2020-
05-12） [2020-12-30]. http://news. ncnews. com. cn/dsxw/
202005/t20200512_1580751. html.

[33] 江西省人民政府信息公开. 我省出台全国首部传统村落保护省级地
方性法规[EB/OL]. [2020-07-08]http://www. jiangxi. gov. cn/ar.

[34] 中国十大名人祠堂，文丞相祠排名第二[EB/OL]. （2020-05-14）
[2020-08-20]. https://www. sohu. com/a/395108780_753114.

[35] 历史文化名村名镇保护条例. 中华人民共和国中央人民政府.
http://www. gov. cn/flfg/2008-04/29/content _ 957342. htm.
[2020-06-06]

[36] 温凡. 古村留乡愁，活化寻归处[EB/OL]. http://epaper. jxwmw.
cn/html/2020-06/12/content_5411_2839417. htm. （2020-6-12）
[2020-08-12].

[37] 竹桥古村官网[EB/OL]. [2020-7-20]. http://www. zhuqiaochina.
com/portal. php.

[38] 百度词条. 流坑村[DB/OL]. [2020-08-01].

[39] 吉安市文陂旅游发展有限公司. 渼陂古村[EB/OL]. [2020-08-01].
http://www. cnmeibei. cn/Home1. html.

[40] 宗祠网. 吉安王家大祠堂[EB/OL]. [2020-08-06]. http://www.
100citang. cn/citang/455.

［41］百度百科.燥石村［DB/OL］.［2020-08-08］.https：//baike.baidu.
com/item/％E7％87％A5％E7％9F％B3％E6％9D％91/
51075127？fr＝aladdin.

［42］渼陂古村之古色建筑［EB/OL］.［2020-08-08］.http：//www.
cnmeibei.cn/about12.html？introId＝17.https：//baike.baidu.
com/item/％E6％B5％81％E5％9D％91％E6％9D％91/1458137？
fr＝aladdin

［43］百度百科.周銮书［DB/OL］.［2020-8-9］.https：//baike.baidu.
com/item/％E5％91％A8％E9％8A％AE％E4％B9％A6/
8892124？fr＝Aladdin.

［44］中华人民共和国人民政府［EB/OL］.http：//www.gov.cn.［2020-
8-10］

［45］乐安县流坑管理局.流坑：千古第一村——流坑古村［EB/OL］.
［2020-8-20］.http：//www.cnliukeng.com/news/102.html.

［46］宣讲家园网.匈牙利霍洛克古村落及其周围地区［EB/OL］.［2020-
08-26］.http：//www.71.cn/2014/0724/775566.shtml.

［47］江西金溪：全坊古村古韵悠长［EB/OL］.（2020-09-08）［2020-10-
08］.http：//vip.people.com.cn/albumsDetail？aid＝1368809.

［48］抚州日报.金溪县：“美丽经济”美村富民［N/OL］.（2021-03-19）
［2021-03-28］.http：//jx.ifeng.com/c/84iZHIZrb5D.

报刊资料：

［1］郑振满等.碑刻——正在消逝的历史档案［N］.光明日报,2002-1-24.

［2］贾治安.文物鉴定的渊源［N］.中国文物报,2004-09-29/第7版.

［3］苏东海.新农村·农村文化·生态博物馆［N］.中国文物报,2006-11-
17/第5版.

［4］傅华,姚岷.国家档案局召开全国社会主义新农村建设档案工作现场
会［N］.中国档案报,2008-11-27/第001版.

［5］杨玉昆.杂谈走进大众文化的档案文化［N］.中国档案报,2010-
04-20.

［6］彭兆荣.非物质文化遗产体系的"中国范式"［N］.光明日报,2012-06-06.

［7］叶舒宪.中国文化的大传统与小传统［N］.光明日报.2012-8-30/第15版.

［8］苑利.《传统村落立档调查体例》解读［N］.中国艺术报,2014-11-26/第S04版.

［9］安来顺.藏品管理和保护是博物馆工作的基础［N］.中国文物报,2015-03-10/第003版.

［10］罗德胤.村落保护:关键在于激活人心［N］.中国文化报,2015-7-25/第001版.

［11］加小双.延续"档案、和谐与友谊"的精神［N］.中国档案报,2016-09-22(3).

［12］肖飞.《集古录》开创"金石学"［N］.联合日报 2017-10-24/第A02版.

会议文集:

［1］特里·库克.1898年荷兰手册出版以来档案理论与实践的相互影响［A］//国家档案局、中央档案馆编.第十三届国际档案大会文件报告集［C］.北京:中国档案出版社,1997.

［2］黄庆萱."形而上者谓之道,形而下者为之器"析议［A］//易学与儒学国际学术研讨会论文集(易学卷)［C］,2005.

［3］廖国一.乡村博物馆的建设与乡村旅游业的发展——以海南省五指山市冲山镇历史名村番茅村为例［A］//广西自治区博物馆会议论文集［C］,2009.

［4］徐欣云.乡村博物馆的界定及社会价值研究［A］//中国博物馆协会博物馆学专业委员会.2016年"博物馆的社会价值研究"学术研讨会论文集［C］,2016.

外文文献

［1］Masao Miyoshi, H. D. Harootunian. (1991). Japan in the World

[J]. Boundary, 18(3).

[2] Lanra E. Abing. (1997). Old Sturbridge Village: An Institutional History of a Cultural Artifact[D]. Marquette University.

[3] Flinn A. (2007). Community Histories, Community Archives: Some Opportunities and Challenges[J]. Journal of the Society of Archivists, 28.

[4] Flinn A. (2007). Community Histories, Community Archives: Some Opportunities and Challenges[J]. Journal of the Society of Archivists, 28(2).

[5] Xing Long and Ma Weiqiang. (2008). Rural Grassroots Files from the Collectivization Era: Archives of the Chinese Social History[J]. Journal of Modern China, 34(3).

[6] Flinn A, Stevens M and Shepherd E. (2009). Whose Memories, Whose Archives? Independent Community Archives, Autonomy and the Mainstream[J]. Archival Science 9.

[7] Natalia M. Fernández & Cristine N. Paschild. (2013). Beyond a Box of Documents: The Collaborative Partnership Behind the Oregon Chinese Disinterment Documents Collection[J]. Journal of Western Archives,4 (1), doi: 10.26077/90e9-fad3.

[8] Terry Cook. (2013). Evidence, Memory, Identity, and Community: Four Shifting Archival Paradigms [J]. Archival Science, 2013 (13).

[9] Baker, Sarah. (2015). Do-it-yourself Institutions of Popular Music Heritage: The Preservation of Music's Material Past in Community Archives, Museums and Halls of Fame[J]. Archives and Records, 37(2).

[10] Sarah Baker. (2015). Do-it-yourself Institutions of Popular Music Heritage: The Preservation of Music's Material Past in Community Archives, Museums and Halls of Fame. Archives and Records,37(2).

［11］Sarah Baker, Jez Collins（2016）. Popular, Music Heritage, Community Archives and the Challenge of Sustainability［J］. International Journal of Cultural Studies, June 4.

［12］Caswell Michelle; Marika Cifor; & Mario H. Ramirez.（2016）. "To Suddenly Discover Yourself Existing": Uncovering the Impact of Community Archives［J］. The American Archivist, 79（1）, 56-81, doi: 10. 17723/0360-9081. 79. 1. 56.

［13］Huiling Feng.（2017）. Identity and archives: return and expansion of the social value of archives［J］. Journal of Archival Science, 17: 97-112.

［14］Caswell M, Gabiola J, Zavala J, et al.（2018）. Imagining Transformative Spaces: the Personal-Political Sites of Community Archives［J］. Archival Science,18(1).

［15］Zhiying Lian, Gillian Oliver.（2018）. Sustainability of Independent Community Archives in China: A Case Study. Archival Science, 10.

［16］Belinda Battley.（2019）. Authenticity in Places of Belonging: Community Collective Memory as a Complex, Adaptive Recordkeeping System［J］. Archives and Manuscripts, 3.

［17］Leisa Gibbons.（2019）. Memory-making: a Review of the Community Heritage Grant Program 1994-2018［J］. Archives and Records, 47(2).

法规文件、标准：

［1］中共中央,国务院.关于推进社会主义新农村建设的若干意见（中发〔2006〕1 号）［EB/OL］.（2005-12-31）［2018-01-02］. http://www. gov. cn/gongbao/content/2006/content_254151. htm.

［2］联合国教科文组织,中国古迹遗址保护协会.实施《保护世界文化和自然遗产公约》的操作指南.

［3］中华人民共和国文化部.博物馆藏品管理办法［DB/OL］.（1985-01-

25）［2015-01-25］．https：//baike. baidu. com/item/％E5％8D％
9A％E7％89％A9％E9％A6％86％E8％97％8F％E5％93％81％
E7％AE％A1％E7％90％86％E5％8A％9E％E6％B3％95/
10648460？fr＝aladdin.

［4］国家档案局,民政部,农业部关于印发《关于加强社会主义新农村建
设档案工作的意见》的通知(档发〔2007〕10号)［EB/OL］.（2007-12-
11）［2015-05-06］. http：//www. saac. gov. cn/daj/gfxwj/201910/
d7167f1afb564a518ffbd79c7ddb291d. shtml.

［5］中华人民共和国住房城乡建设部,中华人民共和国文化部,中华人民
共和国财政部.关于做好2013年中国传统村落保护发展工作的通知
(建村〔2013〕102号).（2013-07-01）［2015-05-06］. http：//www.
mohurd. gov. cn/wjfb/201307/t20130705_214236. html.

［6］中华人民共和国中央人民政府.博物馆条例(国务院令第659号).
（2015-02-09）［2016-02-09］. http：//www. gov. cn/zhengce/2015-
03/02/content_2823823. htm.

［7］中华人民共和国人民政府.国务院关于公布第五批全国重点文物保
护单位和与现有全国重点文物保护单位合并项目的通知［EB/OL］.
（2014-07-21）［2020-08-10］. http：//www. gov. cn/guoqing/2014-07/
21/content_2721168. htm.

［8］国际古迹遗址理事会中国国家委员会.中国文物古迹保护准则案例
阐释（征求意见稿）［M/OL］.［2014-11-17］. http：//www.
icomoschina. org. cn/uploads/download/20141113_chanshu. pdf.

［9］中华人民共和国民政部.城市社区档案管理办法(国家档案局、民政
部第11号令)［EB/OL］.（2015-12-10）［2017-06-08］. http：//www.
mca. gov. cn/article/gk/fg/jczqhsqjs/201512/20151215878105. shtml.

［10］国家档案局,中华人民共和国民政部,中华人民共和国农业部.村级
档案管理办法(第12号令)［EB/OL］.（2017-11-23）［2019-06-01］.
http：//www. mca. gov. cn/article/gk/fg/jczqhsqjs/201801/
20180115007254. shtml.

［11］艺术档案管理办法(文化部、国家档案局令第21号)［EB/OL］.

［2019-08-30］. http：//www. saac. gov. cn/daj/bmgz/200112/
c30040e015b44b559f0bc0f7fae0b8ce/files/4475b3b2748e438cbc375
68c0e2ca023. pdf.

［12］联合国教科文组织，保护世界文化与自然遗产政府间委员会，世界
遗产中心. 实施《世界遗产公约》操作指南 2019（中文版）［EB/OL］.
（2019-07-10）［2020-6-08］. http：//www. icomoschina. org. cn/
news. php? class＝649.

［13］中国人大网. 中华人民共和国档案法［EB/OL］. ［2021-3-08］.
http：//www. npc. gov. cn/wxzl/gongbao/2017-02/21/content _
2007620. htm.

后　　记

本书是本人在国家社科基金项目"古村落档案'泛化'现象及管理路径研究"(批准号 15BTQ072)成果的基础上完善而成。该项目的申请立项,是源于本人的乡恋,却也正巧赶上我国传统村落保护及其档案研究的一阵东风,从2015 年立项到 2021 年本书出版,用了 6 年多时间,最终将与读者见面。

本人在初次进入传统村落田野调查,开始接触有关通知中传统村落调查建档的纷繁内容之时,其实非常茫然,感觉失去了曾经对"档案"的掌控力。面对"谜"一样存在的传统村落,在对其描绘或建档时,每次都有"盲人摸象"之感,每次见到的都是村落的不同方面,每次抓住的只是村落的某一个时刻的横断面。当本人恭敬地倾听当地村民及当地人讲述村落历史,并作录音、笔记及摄影时,却也怀疑记录的唯一性和客观性;当本人作为"专家学者"尝试为传统村落"立档存照"时,从"档案专业"理念出发却有"隔靴搔痒"之感,似乎没能接触"真正"的档案;再当本人把村落当成调研样本时,便又与村落拉开了距离,村民们被套上光环,他们的话不再活泼、亲切,而是微言大义,沉甸甸地要负起传统文化之重责。但是,通过项目组的长时段调研,积累到一定程度,也能完成一个较完整的拼图。

传统村落的俗信、民俗、民间技艺、民间美术、民间故事,乡土建筑中住宅、寺庙、祠堂、书院、戏台、酒楼、商铺、作坊、牌坊、小桥等,都高度世俗化,与日常生活融为一体。村落"地才"是"活历史",古建山川草木是无言的证据,巧夺天工的民俗文物、风水传奇、祖先传说源远流长,难以一言以概之。传统村落蕴藏的这些生活习俗、文化气息,难以静态笔描,它们像那行云流水变幻出万千气象。那些建筑寓意、风水传说,为当地人津津乐道;那些祖先祭祀、民间故事、山歌等,村民仍能张口就来、乐在其中。这一切在家谱、地方志、村史等文献中或许并无记载,本人认为,文字记载是"档案",口头表达也是"档案","导游词"更是一部"亮化"的村落历史,是土味和接地气的"世俗"档案。这些非正式途径形成的非正式文件,其片面或附会的内容或许很多,倘若以主流档案的"真实性"理念来要求,乡村记忆因此没有"资格"成为档案,然而这样的多种"说辞"体现了村落"档案"的多面性,是一种相对的真实。

本人认为,这样的"档案"也是活态的。传统村落本身就像一个有机体,有产生、兴旺、衰弱的过程,有机更新和可持续发展是其不变的主题,也因此对之"文物化""档案化"的静态保护方式,是在传统村落濒危时采取的不得已的手段。传统村落更应该是在有农民维护下的"活态"保护,农民是农耕文化的"活载体",是乡村文化传承的"人间活宝"。传统村落"活着"依赖的正是这样生生不息的群体。传统村落保护,首先应该保护农民,"无农"的村落是"农民的终结""村落的终结"的根本原因。在传统村落档案的"世俗万象"中,每一个人都可能成为传统村落档案的"利益相关方",从而合作与共建完整的集体记忆,而"自者"保存历史记忆尤其重要。但是,在以精英文化或官方文化掌握话语的框架下,村落遗产因其普通或在艺术、法制中级别低,常被忽视;在主流档案学以正式组织为来源的价值评价体系下,会被边缘化或"不入法眼"。

因此,本人认识到,每一个传统村落都是个性的存在,每个传统村落都不可复制,每一个村落的历史形成路径都有特殊性。传统村落中的民间故事、祖先传奇、风水传说、栉风沐雨的碑铭等,都处于似是而非之间。生活与历史界限模糊,真实与假象也在一线之间,文件与档案之间的界限也没必要分明。在传统村落档案研究中,档案学、文化遗产学、博物馆学的边界已经模糊,档案、记忆、文物、文化遗产等已融为一体。大道无形,怎么可以完全"道"得出来呢?!因此,本书与其说是为传统村落建档寻找合适的理想的路径,不如说是为当今传统村落保护及其建档运动建立一份存照、描绘一幅画卷,揭示大量有价值却貌似不相关思想背后的相关性。传统村落档案是一圈圈年轮褪下的生命之"壳",它超出了档案学或专业意义上的范畴,因而是"泛化"的,需要主流档案学之外的另一种思维。

传统村落这些一点一滴在村人眼里,都是那么津津有味。这样的"活态"档案,在他者眼里或许"不入大雅之堂",或许也只会变成枯燥的数字和文字。倘若因为建档工作妨碍或异化了农民的日常生活,那就适得其反了。因此,本人强调,传统村落及其档案是生长在民间的与人们日常生活相关的世俗档案,但又在世俗生活中孕育了传统,表达的是一种根文化、母文化,如人们常说大地是母亲一样,世俗生活蕴含着强大的生命力。正如村落哺育着城市,村落中的文化遗产也是孕育其他文化的母文化,这就是"传统的发明"。主流档案文化也应该有一个通俗化或因地制宜地选择的过程,然后植入乡村环境中,而不是强硬地宣传城市档案文化,或者乡村以城市档案文化为模范执行下去,否则这样的嫁接不会成功。传统村落档案研究要突破主流档案学的按"来源、单位职能设类"的方法,认识目前的传统村落档案的"内容设类"的重要性,与其他学科领域、行政部门沟通,消除各自为政、各行其是带来的浪费。目前文化遗产固化的静态方式,常常导致文化遗产的僵化、空壳化,主要是因为档案式保护或许有悖于文化遗产的"活态传承"要求。另外,中西方文化遗产理念的不同,也因中国传统文化是具有开放性、群体性、共享性特征,而不是如西方重视个体的、享有知识产权的文化传承模式。因此后保管模式和社群档案理论应在此得到更好地运用。

在本项目研究和本书完善期间,得到很多学者、同仁、村民、学生及各级部门力量的帮助、支持和推动,在此一并致谢。

他们是中国人民大学信息资源管理学院的诸多老师。胡鸿杰教授作为我的博导,在我毕业后也一直关心和支持我的教学科研,并于 2016 年 6 月带领师门来婺源考察古村落群;冯惠玲教授是近来为数不多的研究传统村落、农民工档案的档案学教授,她和她团队的研究方法、研究成果令我大开眼界和深深思索;王英玮教授中正平和,他对日常艺术自然之美的摄影、捕捉,令我尊重和欣赏古村落的自然之美;安小米教授勤奋灵慧,她是我赴英国伦敦大学学院(UCL)访学的推荐者,从而使我深度了解了社群档案理论。中国人民大学的张全海编审,是我同门师兄,也是本项目第一参与人,他对我的相关文章提出的意见中肯、严谨、规范,使我受益匪浅。

他们是湘潭大学王协舟教授和陈艳红教授,作为学长和国家社科项目资深专家,多次提供帮助,并邀我赴湘潭面授相关经验,也因而我得以人生第一次参观了毛泽东故居。他们是安徽大学李财富教授、马仁杰教授,感谢他们对我项目的支持。

他们是南京大学吴建华教授和南京财经大学黄建年研究馆员。吴建华教授为南京大学信息管理学院副院长,也是我硕士导师,他一直在社会经济科技档案方面有专深的研究;黄建年研究馆员为我高中同窗,他是北大高材生,其学识渊博,于一言一行之间影响着我。项目期间,他们带着家属从南京来到南昌,送来浓浓的家乡情谊,一起踏上江西的龙虎山、三清山、婺源等山山水水,成为链接江西这一异乡与江苏故乡的纽带,从而使我对江西的山水有了认同感,也利于后来的传统村落走访调研。

他们是江西省档案局(馆)的谭向文馆长、南昌市档案局黄副局长、宜黄县档案局的江苏华局长、金溪县档案局的饶木兰局长、吴新荣副局长、左会明副局长及安义县档案局的宋大根局长等。谭馆长作为人大档案学的学长,也是本项目的参与者之一,他慷慨的支持使我获得地方档案局的信息和帮助。

他们是村落中结识的一位位地才、村民,他们有安义古村的龚声森老师、棠阴镇的吴小儿副镇长、金溪全坊村全镇刚老先生、"金溪传统文化博物馆"馆主何长恩先生、进贤文港笔庄周鹏程先生等,还有更多叫不上名字的村民,他们淳朴、憨实,一副副鲜活的面孔时不时浮上我的脑海。

他们是江西师范大学的师生。我从2004年入职于江西师范大学,至今已有17个年头。现供职的江西师大历史文化与旅游学院,是我安身立命之基。李平亮教授在本项目立项之初,提供了选题建议;刘迪副教授、康勇卫讲师,都是项目参与者;张震雄副研究馆员跟随项目先后发了几篇文章。他们曾陪同我多次深入传统村落调研,并合作发表相关论文。江西师大软件学院的王渊老师在项目申请过程中,一起帮助筹划立项和篇章结构逻辑思维导图。还要特别感谢江西师大文物与考古学、博物馆学的几位学生,他们是段丽萍、徐梓又、周澄、武晓琪、胡官金、王笑航等。胡官金、段丽萍、徐梓又多次随我走访传统村落,对访谈录音进行了文字转录、整理和统计工作,在我思维比较模糊、结论还没有水落石出之时,他们不厌其烦做了很多甚至是重复性的工作。徐梓又、周澄、武晓琪在一个暑期继续整理"江西传统村落档案开放式调研报告",查阅、收集、整理了许多正式和非正式的文献,并对于"非物质文化遗产档案"和"传统建筑遗产修旧利废制度"两节贡献了许多意见,最后这三位同学对本成果稿件又进行了认真校对,徐梓又对全书的参考文献和注释进行了规范化。

他们是浙江大学出版社本书责任编辑李海燕,也是我中国人民大学的学姐,她认真仔细,以精湛的专业技能统稿,提升了我的稿件质量;杭州电子科技大学的马春晓副编审,她是我大学同学,因她的推荐而使我与浙江大学出版社结缘。他们是国家社科基金项目评审专家,他们的专业建议都被我一一吸纳于本著作中,虽然不知他们姓甚名谁。

他们是我的家人。父母虽年迈,却抖擞精神生活,时不时鞭策我前行。姐姐徐欣文,作为宝应县人民医院的副主任护师,陪伴父母身边,使我没有后顾之忧。弟弟徐欣公,作为上市公司"广东德美精细化工集团股份有限公司"的副总(曾任总经理一职),在繁忙的工作之余,时时照顾父母,关心我的生活。小女贾宛青在我忙于工作之时独立生活,也多次随同我调研,成为小帮手。

千言万语道不尽,唯有一躬!

徐欣云

2021 年秋于南昌

图书在版编目（CIP）数据

传统村落档案"泛化"现象及管理模式研究 / 徐欣云著. —杭州：浙江大学出版社，2021.11
ISBN 978-7-308-21732-3

Ⅰ．①传… Ⅱ．①徐… Ⅲ．①村落－档案－研究
Ⅳ．①G275.9

中国版本图书馆 CIP 数据核字（2021）第 187827 号

传统村落档案"泛化"现象及管理模式研究

徐欣云　著

责任编辑	李海燕	
责任校对	孙秀丽	
封面设计	雷建军	
出版发行	浙江大学出版社	
	（杭州市天目山路 148 号　邮政编码 310007）	
	（网址：http://www.zjupress.com）	
排　　版	杭州好友排版工作室	
印　　刷	杭州高腾印务有限公司	
开　　本	710mm×1000mm　1/16	
印　　张	27	
字　　数	442 千	
版 印 次	2021 年 11 月第 1 版　2021 年 11 月第 1 次印刷	
书　　号	ISBN 978-7-308-21732-3	
定　　价	79.00 元	